运动生物化学

Sports Biochemistry

《运动生物化学》编写组　编

北京体育大学出版社

序

人才培养是高等学校的根本任务，对处于学校工作中心地位的教学工作来说，其质量建设是高等学校的永恒主题。作为传授知识、掌握技能、提高素质的载体，教材在人才培养过程中起着非常重要的作用，是高等学校提高教学质量，促进内涵发展的有力抓手。

一本好的教材，不仅要充分体现教材应有的基础性、示范性和权威性，还要正确把握教学内容和课程体系的改革和创新方向，充分反映学科的教育思想观念、人才培养模式以及教学科研的最新成果，集中展现教材体系的创新，教材内容的更新和教学方法、手段的革新，善于处理好理论与实践、继承与创新、广度与深度、知识与技能、利学与利教的关系，成为开拓学生视野、引导学生探索、鼓励学生奋进的学业与人生兼备的“工具书”。

从中央体育学院到北京体育学院再到北京体育大学，这60年的办学历程，是继承发展的60年，是改革创新的60年，也是教材建设硕果累累的60年。学校不断探索教材建设的内在规律，引领高等体育教育教材建设的创新之路，发展了具有自身特色的教材体系，形成了特色鲜明的三个发展阶段。第一阶段是在20世纪50年代至60年代，我校教师在苏联专家的指导下，制定和编写了各专业的教育计划、大纲和主要教材。这批教师在主持和参与1961年国家体委组织的体育院校18门课程教材编著工作中发挥了重要作用：而这批教材也成为我国独立编写的、对苏联教材模式有所突破的第一批体育院校教材。第二阶段是20世纪70年代末至90年代，我校教师在大量承担第二次重编体育院校教材牵头组织工作的同时，针对学校“三结合”的办学目标和人才培养模式，开始了多学科、多专业的自编教材建设。第三阶段是进入21世纪以后，特别是国家体育总局于2002年下拨教材建设专款480万元之后，我校教材建设在数量和质量上都取得了重大突破。至2010年，共立项建设了涵盖我校各专业课程的187项教材，其中有4项教材获得国家级优秀（精品）教材称号，14项教材获得北京市精品教材称号。可以说上述三个阶段的发展，使我校教材建设水平达到了一个空前的高度，为高等体育人才的培养发挥了重要的作用。

为全面提高高等体育教育质量，深化高等体育教育教学改革，继续加强体育学精品教材建设，2012年年初，在北京体育大学教学指导与教材建设委员会的具体指导下，我们启动了高等教育体育学精品教材建设工程。学校遴选教育部新颁布的体育学类所属的体育教育、运动训练、社会体育指导与管理、武术与民族传统体育、休闲体育、运动康复、运动人体科学7

个本科专业的部分基础课程和主干课程开展精品教材建设。我们整合了全校的优质资源，组织专家、教授全程参与教材的规划、编写、初审、终审等过程。按照精品教材的要求，以优秀的教学团队编写优质的教材，出精品、出人才为建设思路，编委会优选学术水平与教学水平兼备、具有创新精神的专家、教授担任教材主编，组织优秀教学团队成员参与教材编写：精确定位教材适用对象，准确把握专业知识结构、能力结构和综合素质要求，深刻领会课程内涵，简洁洗练地表达知识点、能力点和素质点：融人最新的教改成果和科研成果，吸收国外优秀教材的先进理念和成果，创新利于学生自学和教师讲授的教材体例：学校还投入专项资金，对教材进行一体规划、一体设计、一体编审，并采用多色印刷技术增加教材的可读性：为全力保证教材编写质量，北京体育大学出版社资深编辑深度介入教材编写的所有环节。当这批教材展现在读者面前时，我们充满了期待。

岁月如流，薪火相传。60年的教材建设成绩斐然，推动着体育学教材建设步人新的起点、站在新的高度。展望未来，一批批体育学精品教材将随世界一流体育大学的建设进程应运而生，不仅在学校内涵式发展的改革进程中发挥重要作用，而且在全国高等体育院校人才培养中做出积极贡献，在高等教育教材建设中留下浓墨重彩的一笔。

北京体育大学校长

校教学指导与教材建设委员会主任

2013年9月

北京体育大学高等教育体育学
精品教材编委会

教材编写组

顾　问：冯炜权

组　长：谢敏豪

副组长：曹建民　张爱芳

成　员：（以姓氏笔画为序）

王　斌　许春燕　张　缨　严　翊

邱俊强　宋淑华　苏　浩　李　妍

房冬梅　崔玉鹏　常　波

前　言

为了适应2012版新教学大纲大幅提高实践教学比例的特点，同时为体现运动生物化学最新发展趋势，便于体育教育、运动训练、民族传统体育专业学生学习运动生物化学编写本教材。

本教材以先进性、实践性、新颖性、实用性与可读性为编写宗旨。

教材先进性一方面体现在编写内容不仅仅局限于传统竞技体育所涉及的能量代谢规律、提高能量代谢水平的手段、运动疲劳等领域，而且扩展到运动与健康、运动营养与运动能力领域；另一方面体现在编写中增加较新的研究数据和研究结果。

教材实践性体现在三个方面：①在新版教材编写过程中，很多章节采用先给出相关事例的报道，以这些事例引出章节的内容，体现出理论与实际的联系。②在编写内容上编入学生可实际操作的一些知识点。③在知识点的巩固上增加学生主动回忆，完成表格的思考题。

教材新颖性体现在三个方面：①编写时每一章节的重要知识点与重要概念均以知识框的形式单独列出，便于学生集中掌握重要知识点。②扩展的相关知识点以知识框的形式列出。③课后思考题增加学生主动参与的题型。

教材实用性体现在结合理论知识的基础之上，为学生提供一些可简便使用的实用方法。

教材可读性体现在以增加图、表的形式，通过图、表替代文字叙述，使得知识点展示更为直观。

本教材的编写集中了我校和其他兄弟院校从事运动生物化学研究的知名专家、青年学者。北京体育大学谢敏豪教授负责教材整体思路、结构的确定以及定稿，曹建民教授和张爱芳教授负责教材编写大纲的确定、分派写作任务及统稿，苏浩博士负责联络、组稿。各章节分工如下：

谢敏豪、冯炜权教授编写教材绪论；许春燕副教授编写第一章第一、二、三节；严翊副教授编写第一章第四、五节；房冬梅教授编写第二章第一节；苏浩博士编写第二章第二节；张爱芳教授编写第二章第三节；宋淑华副教授编写第二章第四节；许春燕副教授编写第三章第一、二、三节；苏浩博士编写第三章第四、五节；李妍讲师编写第四章第一、二节；常波教授编写第四章第三节；崔玉鹏教授编写第五章；邱俊强副教授编写第六章；苏浩博士编写第七章第一、二、三节；张缨教授编写第七章第四、五、六节；张爱芳教授编写第八章第一节；严翊副教授编写第八章第二、三节；王斌副教授编写第九章第一、二、三节；曹建民教授编写第九章第四、五节。

本教材邀请我国运动生物化学资深专家、北京体育大学冯炜权教授为编写顾问。在此对冯老师表示真挚的感谢！

由于时间紧迫，编写人员水平有限，若书中出现不妥之处敬请各位专家、同人和学生批评指正。

《运动生物化学》教材编写组

2013年8月

目录
CONTENTS

第四章　运动性疲劳与恢复的生化基础

第五章　体能训练的生物化学

第六章　运动训练的生化监控

第七章　运动促进健康的生物化学

第八章　运动预防慢性疾病的生物化学

第九章　运动营养与运动能力

附录

绪 论

运动生物化学是体育科学中一门重要的应用基础理论课，是体育专业大学生必须掌握的重要知识。

一、运动生物化学的任务

人们参加运动的目的是促进健康、增强体质和提高运动能力，要达到这个目的，只有掌握了运动引起机体变化规律的知识，才能做到科学地安排各种体育活动，使身体不断提高对运动的适应，促进健康和提高运动能力。运动生物化学是从分子水平研究揭示运动引起机体变化规律的科学。对于体育专业的本科学生学习运动生物化学这门课程，主要掌握两方面的知识：①运动—身体适应—促进健康与提高运动能力的基本规律；②运动促进健康与提高运动能力的分子水平的物质基础。

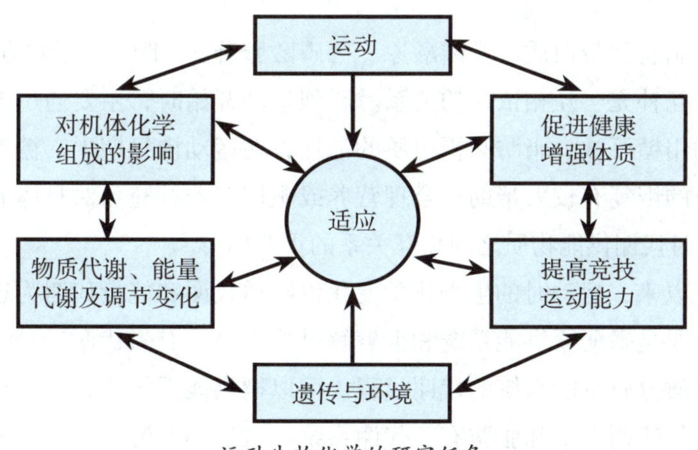

运动生物化学的研究任务

人体运动对身体的影响其本质是适应。如果身体对运动能够逐步适应，就能达到促进健康、增强体质和提高竞技运动能力的目的；如果运动负荷过大、身体总不能适应、体力得不到恢复，就会出现疲劳甚至伤病。

人体化学组成有糖类、脂类、蛋白质、核酸、水、无机盐等，由这些成分组成人体各组织和器官，并体现出人体的各种生命活动，而身体运动是生命活动的综合表现。另外，人在先天遗传和生活环境的基础上，科学地进行不同的运动使人体的化学成分及其代谢机能会发生相适应的变化。例如：举重运动员以力量训练为主，肌肉相应较发达，肌肉中不但蛋白质数量增多，而且瞬间供能增强使肌肉收缩的力量增强；长跑运动员以耐力训练为主，肌肉糖原储量较多，而体脂相对减少等。

众所周知，汽车行驶需要燃烧汽油产生能量来驱动。人体则不然，运动时燃烧的能量物质不是汽油，而是糖、脂肪和蛋白质，这些物质产生能量的过程是通过一系列的化学反应，叫作物质代谢、能量代谢。运动时物质代谢和能量代谢是密不可分的，是一个问题的两个方面。完成任何运动动作时，都要求必需的能量供应，体内供能物质有高能磷酸化合物（三磷酸腺苷、磷酸肌酸等）、糖类（包括血液和组织液葡萄糖、肝糖原、肌糖原等）、脂肪、氨基酸和蛋白质等。运动时这些供能物质代谢和供能是有序的、相互调节的，它与运动负荷的强度、量度和时间及运动时身体机能状态等相关，因此，在学习时应注意其整体关系。

人体的代谢能够适应不同形式的运动，有赖于身体内部的调节机制。在人体生命活动中，对代谢起调节作用的主要物质有酶、激素、遗传信息和各种代谢间传递调节信息的分子，其在运动的影响下，相互作用、相互影响、不断达到新的平衡。如在运动过程中，加速物质分解供能代谢的肾上腺素、肾上腺皮质激素和酶等活动加强，以适应运动对能量的需求；在运动后恢复期间，加速合成代谢的雄性激素和生长激素等活动加强，以保证恢复和机能提高；代谢调节物质在运动时和运动后在人体内平衡调节，是促进健康、提高运动能力的物质基础。

运动时，糖、脂肪和蛋白质以及磷酸原（三磷酸腺苷，ATP）、磷酸肌酸（CP）等供能物质之间存在着相互补充、互相依存的关系。激烈运动开始时，主要通过磷酸原供能，如果糖类储量充足，动用糖可减少脂肪和蛋白质的消耗；在运动恢复期中，糖类供应量充足对肌肉能源与运动能力的恢复有较大帮助；合理营养或服用营养补充品对身体成分和代谢的加速适应等，都是运动时代谢供能物质之间相互关系的重要内容。

20世纪60年代以来，运动时的生物化学变化以物质代谢和能量代谢为理论基础，运动时的无氧代谢过程主要是磷酸原供能系统和糖酵解供能系统；有氧代谢运动时存在磷酸原代谢及糖、脂肪和蛋白质分解供能系统的代谢过程。可以把供能系统概括分为磷酸原系统、糖无氧酵解系统、糖有氧代谢系统和脂肪有氧代谢系统。从运动与健康要求来说，有氧运动是基础；在运动训练中，应按各项运动特点，如短跑、中跑、马拉松跑和超长距离跑、各种距离游泳、举重、球类和体操等各个运动项目的供能代谢特点和运动员的训练水平、处于不同训练周期等，应用科学训练方法来提高运动员需求的物质代谢和能量代谢间的协调性，从而提高运动能力并创造优异成绩。

运动时负荷强度和量度安排，要按照身体内能源物质消耗、代谢过程和调节以及恢复期代偿性变化的规律进行安排，也就是说在运动中要根据促进健康和提高运动能力要求，运动负荷强度和量度都要达到最大的能源消耗和代谢协调水平，运动后休息期各种活动、营养及辅助手段（如按摩、桑拿浴等）都要科学合理，才能取得良好的运动效果。

近年来，运动生物化学的大量研究成果，在运动训练中已被广泛应用，如运动员身体机能评定方法、运动疲劳和恢复过程的理论、过度训练的早期诊断、运动训练的科学监控和运动员合理营养等。所以，运动生物化学是一门应用性很强的基础理论课。

二、运动生物化学的简史

20世纪40年代以前，最早期的运动生物化学研究，是从分析动物运动时肌糖原、磷酸肌酸以及人体的血糖和尿液的变化开始的。20世纪40年代以后，在生物化学中，物质和能量代谢过程、人体正常和病理的生物化学过程的大量成果为运动生物化学提供了基础理论，适应了体育运动和体育科学的发展。我国运动生物化学的研究始于20世纪50年代，在运动员身体机能评定、血乳酸和乳酸阈与运动训练、运动内分泌调节、运动营养、运动疲劳和运动健康研究方面，都取得了很多成果，在21世纪初期，由运动生物化学研究者牵头的两项研究：《中国优秀运动员运动训练的生理生化监控理论与方法》（冯连世等，2008年）和《提高运动员体能关键技术研究》（谢敏豪等，2009年），先后获国家科技进步二等奖。由此可见，运动生物化学科学研究在我国体育科学研究处于先进水平，运动生物化学已成为体育科学中的一门重要学科。

运动生物化学是体育学专业学生的重要课程。北京体育学院1955年开始招收四年制本科生时，就将化学和运动生物化学列为必修课，共144学时。

1958年10月，北京体育学院设立理论系，运动生物化学又被正式列为必修课。此后，在各专业系科中相继都开设运动生化课程，有必修，也有选修。

1979年，北京体育学院率先成立运动生物化学教研室。并在1982年开设了运动生物化学专业；并招收运动生物化学专业的硕士生和博士研究生，全面培养各层次的运动生物化学教学和科研人才。其后，华东师范大学体育系在1982—1983年也先后两次开办运动生物化学教师进修班，为体育师范院系培养教师，其后又招收硕士生和博士研究生，使运动生物化学教学在全国体育教育中得到普遍开展。

北京体育大学接受了国家体委体育院、系教材编审委员会等的任务，先后于1983年、1989年、1999年、2008年4次作为牵头单位组织编写了本科《运动生物化学》教材；专科用的《运动训练生物化学》；运动人体科学专业教材《运动生物化学原理》和《实用运动生物化学》；主编研究生用的《运动生物化学研究进展》《运动内分泌学》等教材；在体育师范院校系统和某些单位也出版了自编的运动生物化学教材，运动生物化学已具有各层次教学的教材。1988年，北京体育学院的运动生物化学被国家体委评为重点学科，随后华东师范大学的运动生物化学也被评为重点学科，广州体育学院设立省重点运动生化实验室。运动生物化学的发展出现了蓬勃发展的新局面。目前，运动生物化学已建立起适合我国的教学体系和雄厚的师资、科研力量。

三、运动生物化学与其他学科的关系

体育科学是一门综合性的科学，是自然科学和人文社会科学与体育的相互渗透、交叉所产生的学科。运动生物化学是其中一门专业应用性学科，它与其相关学科必然存在紧密的关系，在运动生物化学的发展和应用过程中，必须处理好相互关系，才能加速本学科的发展。

（一）运动生物化学与健康科学

健康是人类生活的头等大事，运动生物化学与人体健康密切相关，身体健康是任何人的生命活动基础。由于当代科学与技术的发展，机械化和自动化程度越来越高，人们的体力活动减少、生活节奏加快、心理压力加剧、生活水平提高，而又不注意合理膳食，并出现运动不足和文明病，主要表现为代谢综合征，如肥胖、高血脂、糖尿病和高血压等及亚健康和慢性疲劳综合征。在这种情况下，通过加强体育活动，以充沛的精力、乐观的精神投入工作和各种体育活动，是当前社会发展的需要。为提高健康水平的各种运动随之兴起，有氧代谢运动是促进身体健康、增强体质的科学锻炼手段，为了发挥运动生物化学在全民健身中的作用，要求体育工作者都应具备运动与健康的运动生物化学知识。

（二）运动生物化学与运动训练学

运动训练学是研究运动训练规律的科学，运动训练是为了提高运动员的竞技能力和运动成绩。运动生物化学中的物质和能量代谢——有氧代谢和无氧代谢在不同运动项目竞技过程中的需求，已成为提高运动能力的重要物质基础。运动时血乳酸浓度变化的特点是评定专项素质训练方法和负荷强度的重要指标之一；血清睾酮、血清肌酸激酶、血尿素氮、血红蛋白和尿液指标是评定训练和比赛期运动员身体机能状态的常用指标；在运动员的合理营养和特殊营养补充品的应用中，运动生物化学的理论和技术是不可或缺的。如2006年冯连世等编的《运动训练的生理生化监控方法》，是运动生物化学在运动训练监控中的理论和应用体系。运动生物化学的知识已成为运动训练科学化的重要基础。

（三）运动生物化学与运动人体科学中其他学科的关系

运动生物化学是运动人体科学中的一门学科，是直接为运动实践服务的专业基础课。它与运动营养、运动生理、运动医学、运动生物力学、运动心理学和运动解剖学等都有密切关系，在各学科中互相渗透、互相促进。运动生物化学教学要从运动人体科学整体观出发，既要掌握好本学科的地位和教学任务，又要避免学科间不必要的重复，以免增加学生负担。

第一章
运动的物质基础

内容概述

生命的主要物质基础是蛋白质和核酸，蛋白质是构成生物体细胞结构的基本物质。运动时能量需求增加，糖类、脂类是人体运动时能量来源的主要物质。水、无机盐、维生素的含量和代谢平衡对人体正常的生理功能和运动均起着重要的作用。酶是人体各种重要代谢过程的调节物质。本章主要阐述上述物质的组成、结构及其在运动中的生物学功能。

主要概念

必需氨基酸
酶
糖类
必需脂肪酸

学习目标

1. 了解蛋白质的组成、结构和生物学功能
2. 掌握糖类的概念、分类，了解糖类的生物学作用
3. 掌握脂类的概念、分类，了解脂类的生物学作用
4. 理解水平衡及其对人体维持正常功能的必要性
5. 了解无机盐、维生素在提高健康和体能中的作用
6. 了解酶的生物学功能

第一节 蛋白质

蛋白质在生命活动过程中起着各种生命功能执行者的作用。正常人体内重量的16%～19%是蛋白质，在人体内蛋白质处于不断的分解和合成的动态平衡中，组织蛋白的不断更新和修复。总体来说，人体内每天约有3%的蛋白质更新。

一、蛋白质的组成

（一）蛋白质的化学组成

蛋白质主要由碳、氢、氧、氮4种元素组成，最大特点是含有氮。有些蛋白质还含有硫、磷、铁等其他元素。蛋白质的分子大小可相差几千倍，但它们含氮的百分率相当恒定，每100克蛋白质中的氮含量都约含16克。这样，我们要测定某一种食物的蛋白质含量可以先测定其氮含量，再乘以6.25（100÷16）即可得出该食物的蛋白质含量。

人体内大约有30万种蛋白质，而且蛋白质分子很大，结构复杂，但它的组成单位并不复杂。所有的蛋白质都是由20种基本氨基酸构成的。尽管氨基酸的种类有限，但由于氨基酸在蛋白质中连接的次序以及氨基酸数目的不同，可以组成几乎无限的不同种类的蛋白质。

（二）氨基酸

氨基酸的结构比较简单，一个碳原子同时与一个氨基和一个羧基相连，其基本结构见图1–1。

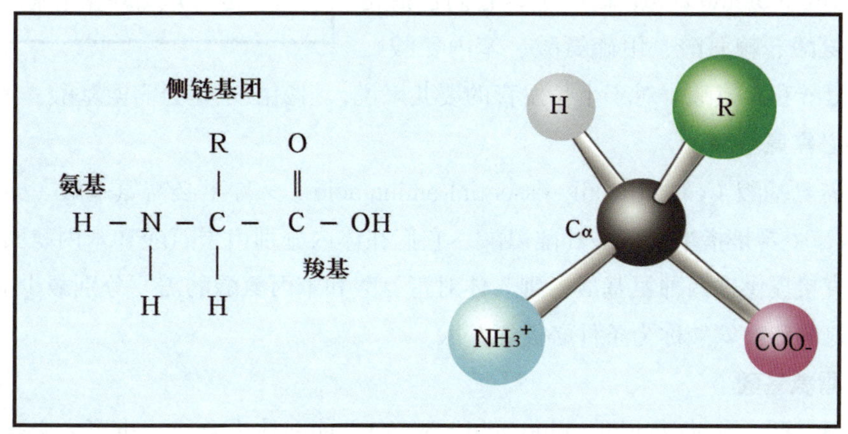

图1–1 氨基酸结构通式示意图

人体对蛋白质的需要实际是对氨基酸的需要。人体内20种氨基酸从营养角度分，可分为两大类：必需氨基酸和非必需氨基酸。（表1–1）

表1–1　组成蛋白质的20种氨基酸

氨基酸	英文名称	英文缩写	
丙氨酸	alanine	Ala	A
精氨酸	arginine	Arg	R
天冬氨酸	aspartic acid	Asp	D
半胱氨酸	cysteine	Cys	C
谷氨酰胺	glutamine	Gln	Q
谷氨酸	glutamic acid	Glu	E
组氨酸	histidine	His	H
异亮氨酸	isoleucine	Ile	I
甘氨酸	glycine	Gly	G
天冬酰胺	asparagine	Asn	N
亮氨酸	leucine	Leu	L
赖氨酸	lysine	Lys	K
甲硫氨酸	methionine	Met	M
苯丙氨酸	phenylalanine	Phe	F
脯氨酸	proline	Pro	P
丝氨酸	serine	Ser	S
苏氨酸	threonine	Thr	T
色氨酸	tryptophan	Trp	W
酪氨酸	tyrosine	Tyr	Y
缬氨酸	valine	Val	V

1. 必需氨基酸

> **重要知识点**
> 必需氨基酸：人体不能合成或合成速度很慢，不能满足机体的需要，必须从食物中获得的氨基酸。

在构成人体蛋白质的20种氨基酸中，有8种必需氨基酸（essential amino acid，EAA），它们包括亮氨酸、异亮氨酸、赖氨酸、甲硫氨酸、苯丙氨酸、苏氨酸、色氨酸和缬氨酸。对于生长发育的婴儿来说，组氨酸也是必需氨基酸。

2. 条件必需氨基酸

条件必需氨基酸（conditionally essential amino acid）又称半必需氨基酸（semi–essential amino acid），主要是指半胱氨酸和酪氨酸，它们在体内分别由蛋氨酸和苯丙氨酸转变而成，如果饮食能直接提供这两种氨基酸，则人体对蛋氨酸和苯丙氨酸的需要分别减少30%和50%，所以将半胱氨酸和酪氨酸称为条件必需氨基酸。

3. 非必需氨基酸

非必需氨基酸（nonessential amino acid，NEAA）能在体内合成，也可由必需氨基酸转变而来，不一定通过食物直接供给。通常有9种，包括丙氨酸、精氨酸、天冬氨酸、天冬酰胺、谷氨酸、谷氨酰胺、甘氨酸、脯氨酸和丝氨酸。

二、蛋白质的结构特点

蛋白质结构包括一级结构、二级结构、三级结构和四级结构四个层次（图1-2）。图1-2显示出4种结构层次之间的关系，一级结构是以肽键连接的氨基酸序列；一级结构盘绕折叠成有规律的二级结构；二级结构进一步折叠形成更复杂空间结构的三级结构；2个以上折叠成三级结构的肽链组成四级结构。

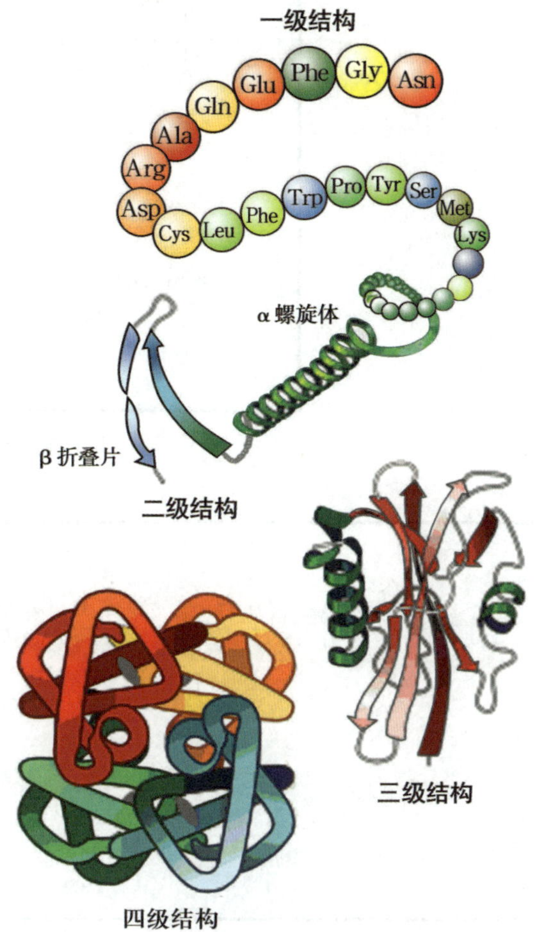

图1-2 蛋白质结构

（一）肽键与肽链

蛋白质分子中的氨基酸是靠肽键连接而成。肽键是由一个氨基酸的羧基与另一个氨基酸的氨基缩合，除去一分子水形成的酰胺键（图1-3）。两个或两个以上氨基通过肽键共价连接形成的聚合物称为肽。肽是氨基酸通过肽键相连的化合物，蛋白质不完全水解的产物也是肽。肽按其组成的氨基酸数目为2个、3个和4个不同而分别称为二肽、三肽和四肽等，一般含10个以下氨基酸组成的称寡肽，由10个以上氨基酸组成的称多肽，它们都简称为肽。蛋白质就是许多氨基酸残基组成的多肽链（图1-4）。多肽链有两端，一端具有自由氨基，称为氨基末端（N-末端）；另一端具有自由羧基，称为羧基末端（C-末端）。

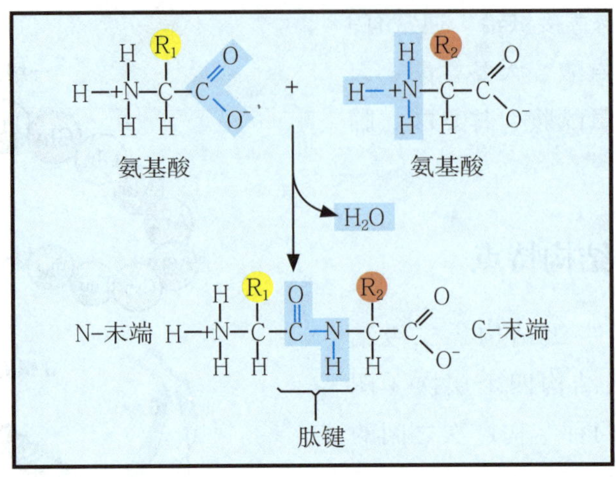

图1-3 肽键的形成

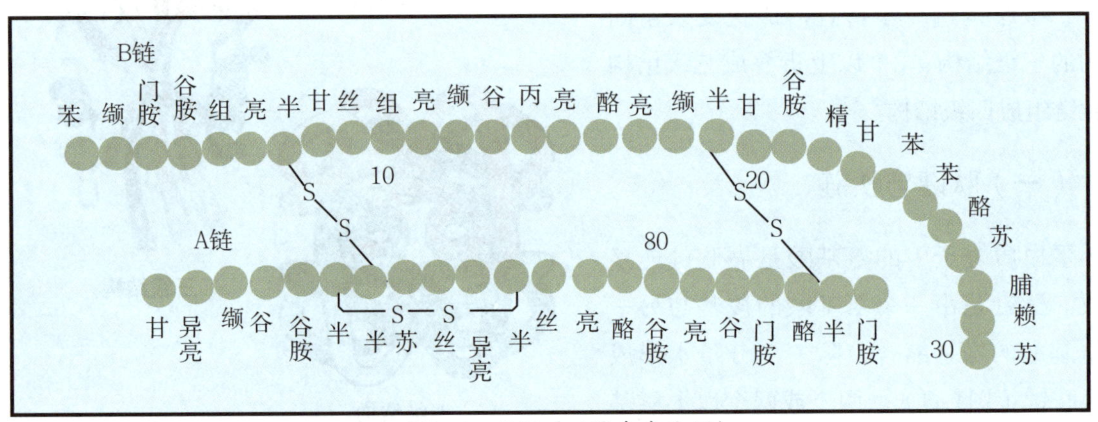

图1-4 肽链（以胰岛素为例）

（二）蛋白质一级结构与空间结构

在一级结构的基础上，蛋白质分子的多肽链自发地绕曲、折叠形成复杂的空间结构。蛋白质的空间结构包括二级结构、三级结构和四级结构。（图1-5）

蛋白质的一级结构又称初级结构或基本结构，是指多肽链的氨基酸残基的排列顺序。它是由基因上遗传密码的排列顺序决定的，各种氨基酸按遗传密码的顺序通过肽键连接起来。每一种蛋白质分子都有自己特有的氨基酸的组成和排列顺序即一级结构，由这种氨基酸排列顺序决定它的特定的空间结构，也就是蛋白质的一级结构决定了蛋白质的二级、三级等高级结构，蛋白质的一级结构对于蛋白质空间结构的形成非常重要。

蛋白质的二级结构主要指的是有规律盘绕、折叠形成的 α -螺旋体和 β -折叠片（图1-2）。多肽链通过氢键折叠和卷曲成不同形状的结构，氢键在维持蛋白质分子的二级结构上具有重要意义。

三级结构是指一条多肽链形成紧密的一个或多个球状单位或结构域。四级结构并不是每个蛋白质都具有，只有那些是由两条或两条以上多肽链组成的蛋白质才具有四级结构。维持蛋白质空间结构的作用力有氢键、盐键和范德华力，有些蛋白质还依赖于二硫键。

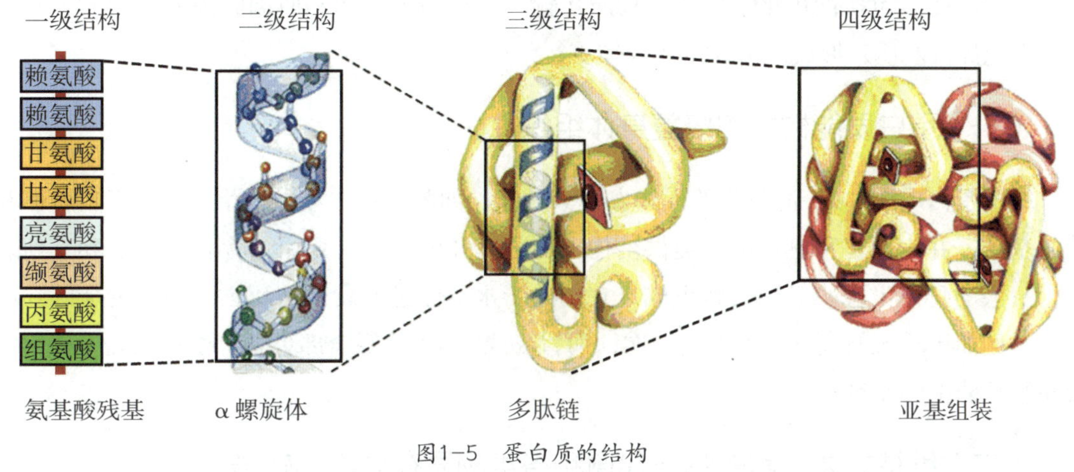

图1-5　蛋白质的结构

（三）蛋白质结构与功能的关系

蛋白质的结构是蛋白质功能的基础，蛋白质结构的多样性导致了其功能的多样性。因此，蛋白质的结构决定其功能，而蛋白质的功能是其结构的体现。一级结构与空间结构对维持蛋白质的生物学活性均有重要的作用。一级结构是空间结构的基础，空间结构又是蛋白质功能维持的基础。镰刀形贫血病就是一个典型的例子。由于血红蛋白中的一条或者两条肽链上第六位氨基酸谷氨酸被缬氨酸取代，一级结构发生改变，进而导致蛋白质的空间结构发生改变，由正常的双凹圆盘状变为镰刀形，血红蛋白运输氧气能力下降，形成“镰刀形贫血病”。（图1-6）

图1-6　镰刀形贫血病

三、蛋白质的生物学功能

蛋白质结构复杂、种类繁多，其功能也呈现出多样性的特征。蛋白质在人体内发挥着许多重要的功能。包括催化化学反应、物质运输、调控新陈代谢和肌肉收缩，蛋白质为骨骼和结缔组织提供基质，形成结构并组成人体。

（一）蛋白质能构成和修复身体组织

结构蛋白质以“砖-泥浆”的模式发挥其功能。如胶原蛋白和弹力蛋白，可形成骨骼和韧带的基质，并为器官和血管系统提供结构上的强度和弹性。α角蛋白存在于头发和其他表皮组织。人的身体由百兆亿个细胞组成，它们处于永不停息的衰老、死亡、新生的新陈代谢过程中。例如年轻人的表皮28天更新一次，而胃黏膜2~3天就要全部更新。蛋白质是人体组织更新和修复的主要原料。

（二）维持机体正常的物质代谢和各类物质在体内的输送

载体蛋白对维持人体的正常生命活动是至关重要的，可以在体内运载各种物质。比如血红蛋白和肌红蛋白分别在血液及肌肉中运输氧气，脂蛋白运输脂肪等。许多药物也都是通过与蛋白质结合进行运输的。

（三）绝大多数酶的组成成分

大多数酶都是具有催化功能的活性蛋白质。每种细胞的特性是由特定酶类组成所决定的。

（四）收缩与运动功能

蛋白质还参与了收缩机制。肌球蛋白和肌动蛋白在肌肉收缩及肌细胞变形过程中发挥着作用。

（五）免疫防御作用

具有保护功能的蛋白质包括免疫球蛋白、干扰素、纤维蛋白原等。免疫球蛋白和干扰素可以抵抗细菌或病毒感染；当血管系统损伤时，纤维蛋白原可以阻止出血。

（六）某些蛋白质或多肽是激素

一般情况下，蛋白质是指含有超过50个氨基酸的分子，肽是指含有少于50个氨基酸的分子。胰岛素、生长激素、促甲状腺激素等均是蛋白质。重要的肽类激素包括肾上腺皮质激素、抗利尿激素、胰高血糖激素和降钙素。

（七）参与代谢供能

蛋白质是机体三大能源之一，1克蛋白质完全氧化能产生约17千焦的能量，一般情况下，蛋白质的产能主要用于机体的自我更新，不参与供能。但在饥饿、长时间低糖膳食或长时间大强度运动时，体内糖储备大量消耗，而脂肪供能又受到缺糖限制时，体内非结构性蛋白质分解加速，蛋白质供能作用明显加强。

> **重要知识点**
> 酶：生物细胞产生并具有催化功能的物质。

四、酶

人体内各种代谢快速而又协调地进行，几乎都是由酶催化或参与调节，所以它在物质代谢中发挥非常重要的作用。在酶作用下进行化学变化的物质称为底物，反应的生成物称为产物，有酶催化的反应称酶促反应。在已知的2000多种酶中，绝大多数酶都是蛋白质，但也有少数酶是核酸，本知识点主要介绍蛋白质酶的特征。

（一）酶的命名

酶的命名通常有习惯命名和系统命名两种方法。习惯命名是根据底物和反应类型来进行的。主要有以下两种：

（1）根据酶的底物进行命名。如作用于糖的酶称糖酶，作用于脂肪的酶称脂肪酶。

（2）根据酶催化的反应类型来进行命名。如催化底物水解的酶类称水解酶，包括淀粉酶、蛋白酶和脂肪酶；催化底物进行氧化还原的酶类称为氧化还原酶，包括乳酸脱氢酶、过氧化酶等。

在上述命名的基础上，也有根据上述两项原则综合命名或加上酶的其他特点，如琥珀酸脱氢酶、碱性磷酸酶等。

（二）酶的化学本质

大多数酶是蛋白质。有的酶为单纯蛋白质，其分子组成全部为蛋白质，不含非蛋白质物质，其催化活性由蛋白质结构决定，如大多数水解酶类；有的酶为结合蛋白质，其分子中除蛋白质外，还有非蛋白质物质，如氧化还原酶类。结合蛋白酶的蛋白质部分为酶蛋白，非蛋白质部分称辅酶或辅基，酶蛋白与辅酶组成的完整分子称全酶。

全酶=酶蛋白+辅酶

只有全酶才能起催化作用，分开后的酶蛋白或辅酶皆无催化作用。

有些辅酶与酶蛋白结合紧密，不易分开，称为辅基；有些辅酶与酶蛋白结合疏松，称为辅酶。辅酶是指直接参与催化反应的有机化合物。辅酶相同而酶蛋白不同的几种酶能催化同一种化学反应，但各作用于不同的底物。按照近代意思，游离金属离子，如Mg^{2+}、Mn^{2+}等，不能称为辅酶，只能称为辅助因子。

（三）酶活力

酶促反应具有高效性、专一性、不稳定性和可调控性的特点。在酶促反应中，酶催化一定化学反应的能力称为酶活力，也称为酶活性。酶活力的大小可用在一定条件下，酶催化以某一化学反应的速度来表示，酶催化反应速度愈大，酶活力愈高，反之活力愈低。如果酶失去催化能力称为酶的失活。酶活力的大小直接影响酶促反应的快慢，进而影响运动时骨骼肌的能量供给。酶的催化功能除由自身结构决定外，各种理化条件变化都能影响酶的催化能力，从而影响酶促反应，这些因素包括温度、酸碱度、酶浓度、激活剂和抑制剂等。（表1-2）

表1-2　外部条件对酶促反应速度的影响

条件变化	酶促反应速度
最适温度	一般酶的合适温度为37℃，温度升高反应加速，温度过高酶蛋白失活
最适pH值	一般合适pH值为6~8，个别酶除外，如胃蛋白酶合适pH值为1.5~2
加激活剂	加快
加抑制剂	减慢
底物浓度增加	加快，达最大值后不再加快
酶浓度增加	加快，当酶被底物饱和时，不再加快
产物浓度增加	产物量达到一定程度后会减慢

（四）同工酶

同工酶是指能催化同一化学反应，但其酶蛋白这一组酶本身的分子结构、组成有所不同。由于同工酶的分子结构、组成不同，从而使它们的理化性质和代谢调控等方面有明显的不同。这类酶存在于同一生物个体或统一组织甚至同一细胞。目前已知的同工酶有百余种，运动生物化学中研究较多的是乳酸脱氢酶和肌酸激酶的同工酶。

1. 乳酸脱氢酶

乳酸脱氢酶（LDH）是糖酵解中的一种酶，能催化乳酸脱氢生成丙酮酸。LDH由4个亚基组成，为四聚体，其亚基分为M型亚基（骨骼肌型）和H型亚基（心肌型）两种类型，两种亚基组成四聚体有LDH_1（H_4）、LDH_2（H_3M）、LDH_3（H_2M_2）、LDH_4（HM_3）、LDH_5（M_4）5种分子形式。电泳时5种同工酶都移向正极，其速度以LDH_1为最快，依次递减，以LDH_5最慢。LDH几乎存在于所有组织中，LDH同工酶的分布有明显的组织特异性（图1-7），其中心肌中主要是LDH_1（H_4），简称心肌型乳酸脱氢酶；骨骼肌中主要是LDH_5（M_4），简称肌型乳酸脱氢酶。

LDH_1对乳酸的亲和力较高，它的主要作用是催化乳酸转变为丙酮酸再进一步氧化分解，所以心肌中乳酸很少，心脏一刻也不停地跳动，如果乳酸一多，心肌就很容易疲劳。LDH_5对丙酮酸的亲和力较高，它的主要作用是催化丙酮酸转变为乳酸，以促进糖酵解的进行。

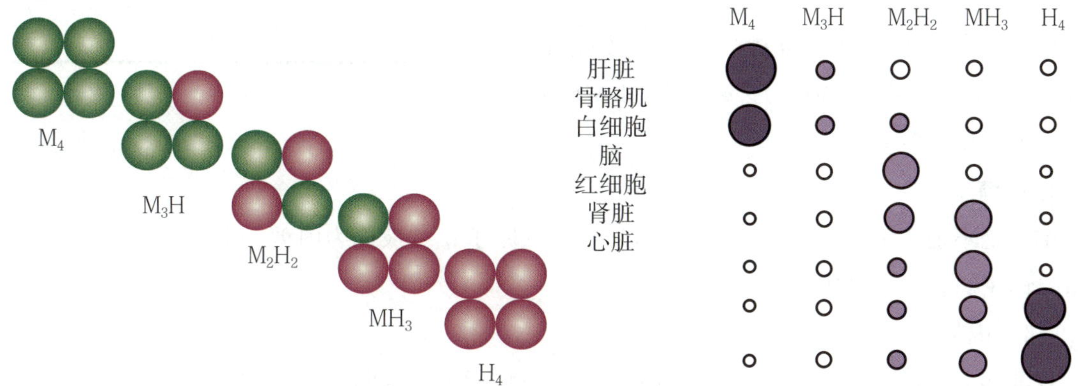

图1-7　5种乳酸脱氢酶的组成和分布

2. 肌酸激酶

肌酸激酶（CK）又称磷酸肌酸激酶（CPK），是二聚体酶，在代谢过程中催化磷酸肌酸与肌酸之间的转换。

CK有3种同工酶，分别为MM型（肌型）、MB型（脑型）和BB型（线粒体型）。MM型主要存在于骨骼肌和心肌；心肌除MM型外，还有MB型；BB型存在于脑、红细胞和前列腺等。

正常血清中的CK同工酶几乎全为MM型。运动时骨骼肌膜通透性增加或肌膜受损，都可使血清中MM型CK浓度升高；血清MB型水平升高，预示心肌受损；而BB型血清浓度升高时，可能为红细胞破坏增加。因此，测定运动后CK变化，要通过测定同工酶，才能明确运动对身体影响的具体部位。

第二节　糖类

糖类是地球上最为丰富的生物大分子。糖类将太阳的辐射能转化为一种生命能利用的形式，驱动生命过程。它们形成了食物链的第一环，支撑着地球上的所有生命。

一、糖的化学组成及分类

（一）糖的化学组成

大部分但不是全部的糖类物质可以用通式Cn（H_2O）n表示，所以糖类也被称为碳水化合物，实际上，糖类分子不是碳和水的简单混合，只是人们习惯使用而已。

（二）糖的分类

> **重要知识点**
> 糖类：多羟基的醛或酮的化合物以及它们的衍生物。

糖类的分类有不同的方法，其中，按照其水解程度将其分为单糖、寡糖和多糖。糖的结合物有糖脂、糖蛋白和蛋白多糖3类。

1. 单糖

单糖是不能水解的最简单的糖，含有3~7个碳原子，常被称为丙糖、丁糖、戊糖、已糖和庚糖。让我们看一下其中常见的几种单糖。

（1）丙糖

甘油和二羟丙酮这两种丙糖是最小的单糖（图1–8）。这两种化合物是互为同分异构体，分子式均为$C_3H_6O_3$。它们之间的不同在于羰基的位置。

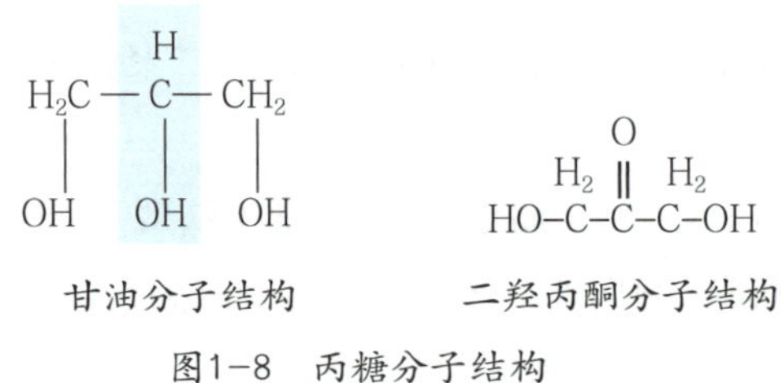

图1–8　丙糖分子结构

（2）戊糖

戊糖中最重要的有核糖、脱氧核糖（图1–9）。核糖和脱氧核糖是核酸的重要成分。

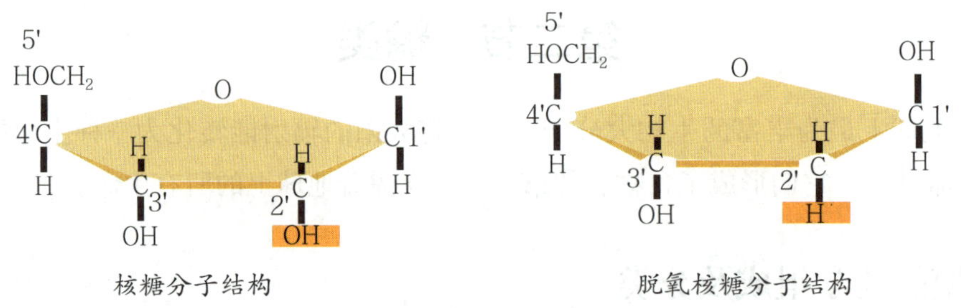

图1–9　核糖及脱氧核糖分子结构

（3）已糖

葡萄糖、果糖和半乳糖是最常见的已糖。

① 葡萄糖　葡萄糖（图1–10）是构成食物中各种糖类的基本单位。有些糖类完全都是由葡萄糖构成，如淀粉；有些则是由葡萄糖和其他糖化合而成，如蔗糖。葡萄糖较少以单糖形式存在于天然食品中。葡萄糖有D型和L型，人体只能代谢D型而不能利用L型。所以在食品中经常用L型葡萄糖作为甜味剂，以达到增加食物甜味同时又不增加能量摄入的效果。

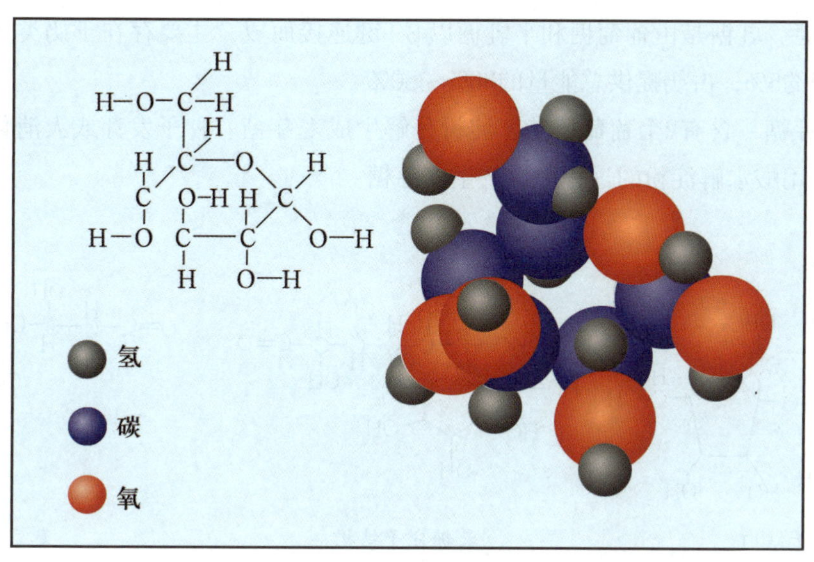

图1-10　葡萄糖的分子结构

② 果糖　果糖（图1-11）在水果和蜂蜜中的存在量非常丰富，是常见糖类中最甜的糖，是由葡萄糖异化而形成的。纯净果糖是白色晶体，易溶于水。

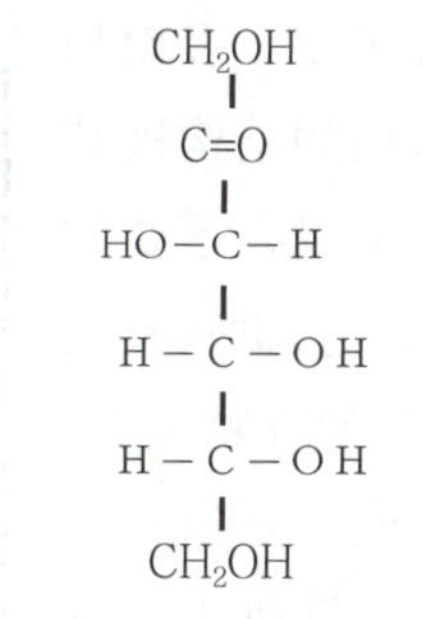

图1-11　果糖的分子结构

③ 半乳糖　半乳糖和葡萄糖以及果糖分子组成相同，但结构却不同。半乳糖是形成牛奶中乳糖的2种单糖中的一种。在自然界，半乳糖不以游离形式存在，母乳中半乳糖在体内合成，而非食物中直接获得。

2. 寡糖

寡糖也称低聚糖。寡糖是由2～9个单糖分子构成的小分子糖。最多的寡糖是二糖（也称双糖）。二糖是由2分子单糖分子缩合而成。在天然的食品中，常见的二糖有蔗糖、乳糖和麦芽糖等。（图1-12）

（1）蔗糖　蔗糖是人们最熟悉的糖。作为食用糖，一提到糖人们就会想到它。蔗糖是由葡萄糖和果糖组成的。甘蔗、甜菜和蜂蜜中含量较多。食用糖通过精炼甜菜或甘蔗的汁液得到，但蔗糖也在很多水果和蔬菜里自然存在。

（2）乳糖　乳糖是由葡萄糖和半乳糖以β-键连接而成，主要存在于奶类及奶制品中。乳糖约占鲜奶的5%，占奶提供总能量的30%～50%。

（3）麦芽糖　含有2个葡萄糖基，淀粉分解生成麦芽糖。种子发芽或人消化淀粉时就会生成麦芽糖，用酸水解淀粉的过程中也产生麦芽糖。

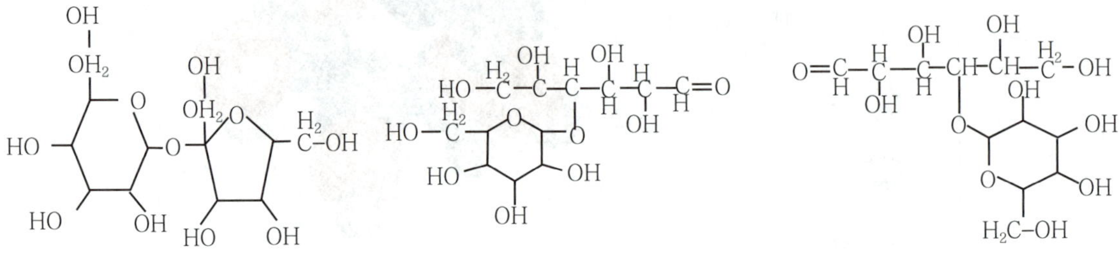

蔗糖分子结构　　乳糖分子结构　　麦芽糖分子结构

图1-12　常见二糖的分子结构

3. 多糖

由10个及以上单糖分子组成的大分子糖。多糖相对分子量较大，不溶于水，无甜味。多糖的结构极其复杂而且数量和种类都很庞大。营养学上具有重要作用的多糖有3种，即淀粉、糖原和纤维素。多糖具有复杂的生理功能，其中的糖原是重要的能量储存物质。

（1）淀粉　淀粉由许多葡萄糖组成，是植物存储葡萄糖的形式。当植物成熟时，它不仅要为自己提供能量，还要在它的种子里为下一代提供能量。例如，当玉米长大后，它有许多叶片可以生产葡萄糖。它将淀粉分子团组成颗粒，并存储到种子里，为下一季植物的生长提供能量。淀粉是人类的养分，它能在体内被消化成葡萄糖并释放出储存在化学键中的能量。

知识卡片

抗性淀粉(resistant starch)又称抗酶解淀粉及难消化淀粉，在小肠中不能被酶解，但在人的肠胃道结肠中可以与挥发性脂肪酸起发酵反应。抗性淀粉存在于某些天然食品中，如马铃薯、香蕉、大米等都含有抗性淀粉，特别是高直链淀粉的玉米淀粉含抗性淀粉高达60%。这种淀粉较其他淀粉难降解，在体内消化缓慢，吸收和进入血液都较缓慢。其性质类似溶解性纤维，具有一定的瘦身效果，近年来开始受到爱美人士的青睐。

在植物细胞中，淀粉以直链淀粉和支链淀粉的混合物形式储存于直径3~100微米的颗粒中。直链淀粉没有分支（图1-13），不能真正溶于水，但可以形成水化聚集物。支链淀粉是直链淀粉上带有分支的淀粉（图1-14）。自然界中的淀粉是直链淀粉和支链淀粉的混合物。

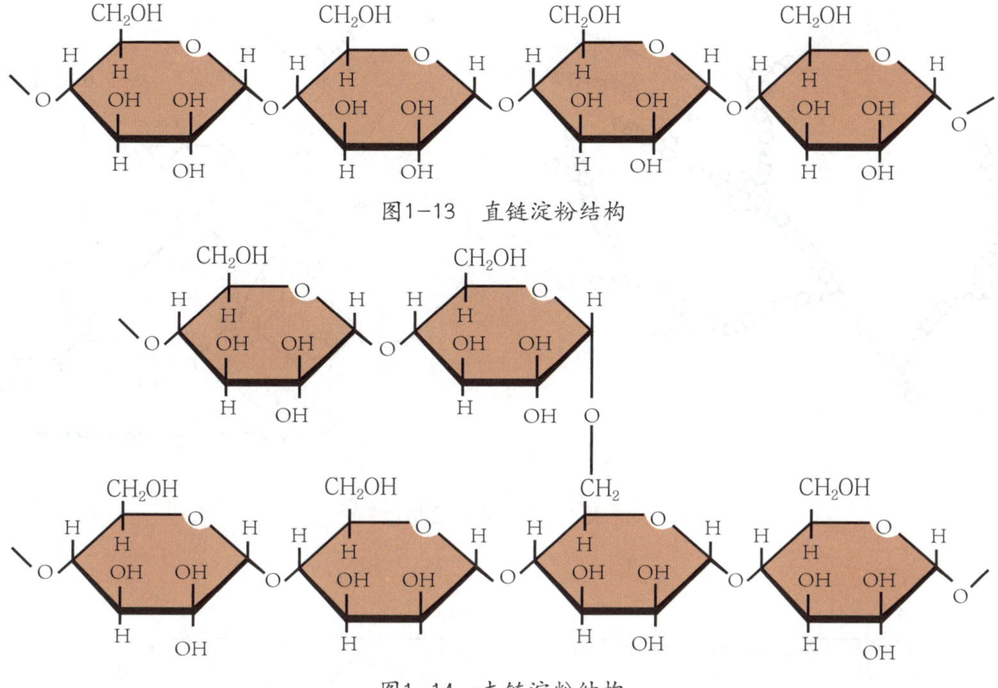

图1-13 直链淀粉结构

图1-14 支链淀粉结构

（2）糖原 植物通过淀粉的长链储存葡萄糖，动物体内则通过糖原的长链储存葡萄糖。故糖原又被称为动物淀粉。糖原的结构（图1-15）和支链淀粉相似，都是由连成链的葡萄糖分子组成，不同之处在于糖原的链较长且分支较多，分支多有利于糖原快速降解，提供能量。

在哺乳动物中，糖原以糖原颗粒形式出现在细胞质中，由肝脏和肌肉合成并储存，有时糖原含量可以达到肝脏质量的10%和肌肉质量的1%。肌肉糖原可提供机体运动所需要的能量，尤其是维持高强度和持久运动时的能量；肝糖原可以分解成葡萄糖，并释放到血液中，供给肌肉以及其他器官，提供身体的能量来源，负责补充血糖使之维持稳定浓度。肝糖原还有助于修复肝脏细胞。因此平时多补充糖类，可帮助人体补充能量，有助于保持肝脏健康。

（3）纤维素 纤维素（图1-16）大约占生物圈中有机物质的50%以上。纤维素同直链淀粉一样，是葡萄糖残基的线性同多糖，但纤维素中的葡萄糖残基是以β（1-4）糖苷键连接的，人体内的淀粉酶不能破坏这种化学键，因此，人体不能消化吸收纤维素。按照其在水中的溶解度不同，可将纤维素分为不溶性纤维和可溶性纤维。纤维素与人体消化和排泄功能有关。

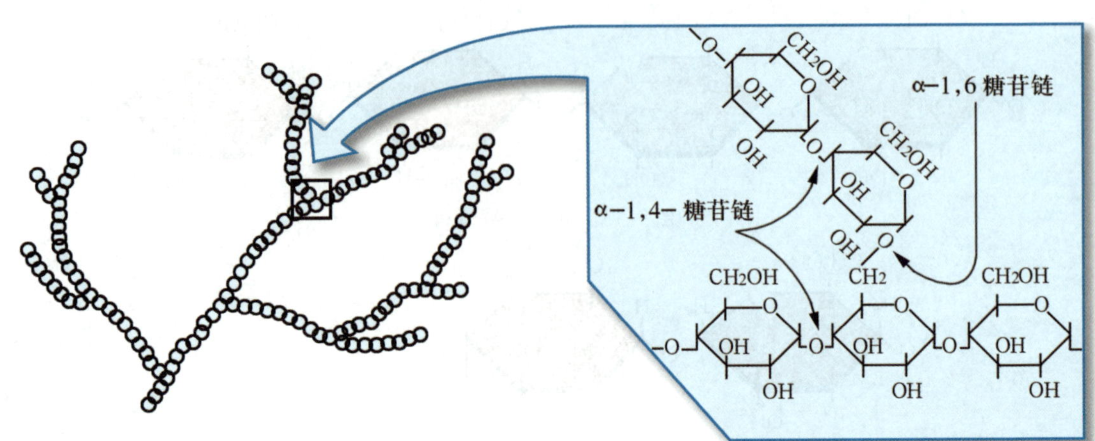

图1-15　糖原结构

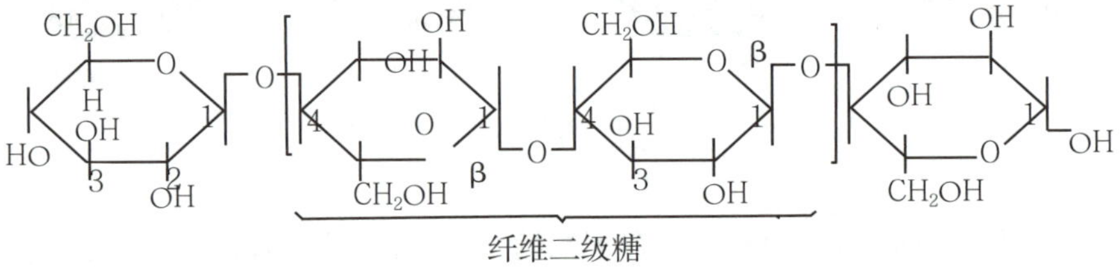

纤维二级糖

图1-16　纤维素结构

二、糖类的生物学功能

（一）组成身体成分

人体各组织、器官均含有糖类。糖是组织细胞的重要组成成分，如核糖和脱氧核糖是细胞中核酸的成分，肝脏和肌肉中的糖原是人体能源物质。糖与脂类形成糖脂，是神经组织和细胞膜的重要成分。糖与蛋白质形成糖蛋白，是骨骼肌肌腱、黏液、眼球玻璃体和角膜的重要成分。

（二）提供机体所需能量

70%人体所需要能量是由糖类物质提供的。人体的糖类存在有三种形式，血糖、肝糖原和肌糖原。其中血糖是糖的运输形式，肝糖原和肌糖原是储存形式。肌糖原含量最多，其次是肝糖原，血糖含量最少。1克葡萄糖在体内完全氧化分解可释放16千焦。糖可以透过血脑屏障直接供脑组织利用。糖是脑组织能量主要来源，因此，当人体由于各种原因导致血糖降低时，首先影响中枢神经系统的能源，产生头晕等现象。

（三）调节脂肪和蛋白质代谢

运动时，机体储存的糖首先被动用，可以减少蛋白质和脂肪的分解，同时糖类物质也有减少脂肪不完全氧化的产物——酮体生成的作用。

第三节　脂类

脂也像糖和蛋白质一样广泛存在于所有的生物体中，它也是维持生命所必需的营养物质。但脂类不同于糖和蛋白质，包括的范围很广，在化学组成和结构上呈现出多样性。

一、脂类的化学组成及分类

（一）脂类的化学组成

脂类都包含有碳（C）、氢（H）、氧（O）这三种元素，有的还有氮（N）和磷（P）。

（二）脂类的分类

1. 脂肪和类脂

如果把脂类进行简单分类，可以分为两大类：脂肪和类脂。

（1）脂肪

人体内的大多数脂肪都储存在脂肪组织中，脂肪组织是由特殊细胞——脂肪细胞组成（图1-17）。每个脂肪细胞都含有大的脂滴，几乎占据了整个细胞空间。脂肪广泛分布于人体内，但大多数脂肪组织主要出现在皮肤下和腹腔内。

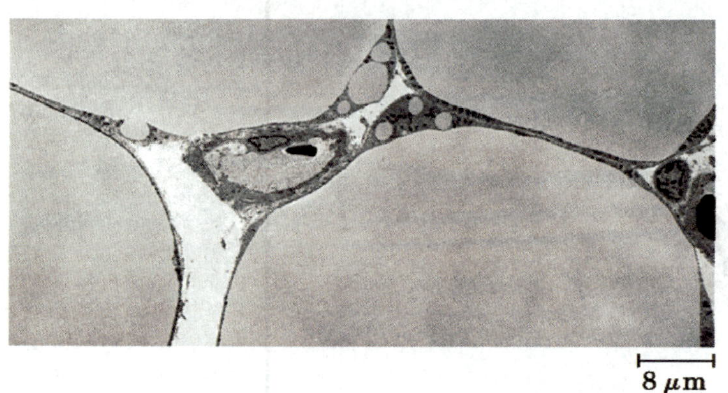

图1-17　脂肪在细胞中的储存（4个猪脂肪细胞的横切面，显示了细胞中的大脂滴）

① 脂肪的组成

脂肪又称甘油三酯（图1-18），是由1分子甘油和3分子脂肪酸结合而成。膳食脂类主要为甘油三酯。由于甘油的分子比较简单，而脂肪酸的种类和长短却不同，因此脂肪的性质和特点主要取决于脂肪酸。组成天然脂肪的脂肪酸种类很多，所以由不同脂肪酸组成的脂肪对人体的作用也有所不同。

② 脂肪酸

脂肪酸（图1-19）是指一端含有一个羧基的长的脂肪族碳氢链。脂肪酸是最简单的一种脂，它是许多更复杂的脂肪的成分。脂肪酸一般由4~24个碳原子组成。尽管有些有机体也合成奇数个碳原子的脂肪酸，但几乎所有的哺乳动物脂肪酸均含偶数个碳原子。人体内常见的脂肪酸见表1-3。通常4～12 碳的脂肪酸都是饱和脂肪酸，碳链更长时可出现1 个甚至多个双键，称为不饱和脂肪酸。有单个双键的脂肪酸称单不饱和脂肪酸，有多个双键的称为高度不饱和脂肪酸或多不饱和脂肪酸。哺乳动物体内能合成饱和脂肪酸和单不饱和脂肪酸，但不能合成多不饱和脂肪酸，如亚麻酸等。

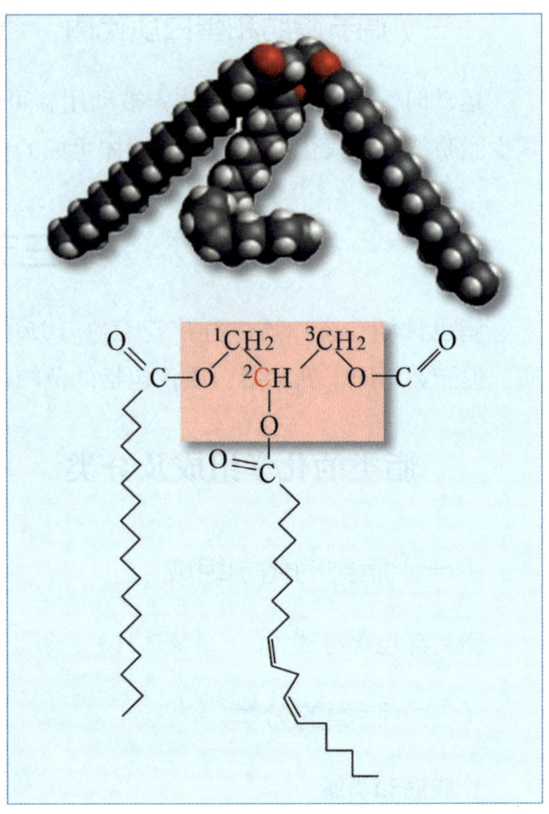

图1-18　脂肪（甘油三酯）（1-硬脂酰 2-亚油酰基 3-棕榈酰甘油）

氢-白色；碳-灰色；氧-红色

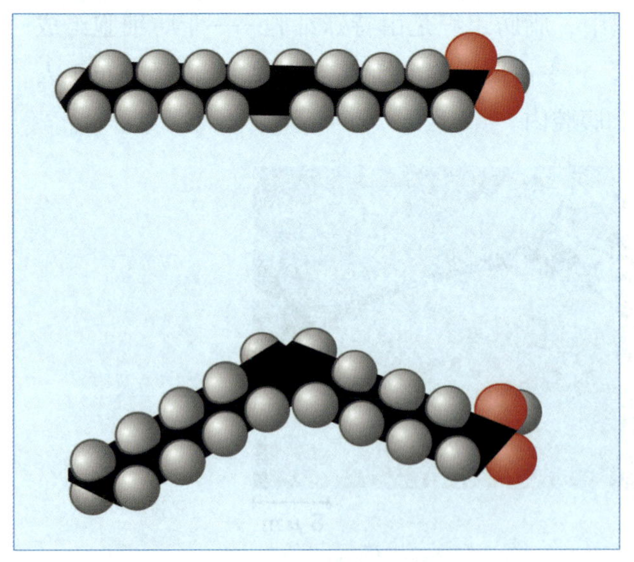

图1-19　脂肪酸（上图为饱和脂肪酸 下图为不饱和脂肪酸）
氢-白色；碳-灰色；氧-红色

重要知识点

必需脂肪酸：维持哺乳动物正常生长所必需，但机体自己不能合成，必须依赖食物提供的不饱和脂肪酸。

反式脂肪酸：不饱和脂肪酸中由于双键的存在可出现顺式及反式的立体异构体。天然的不饱和脂肪酸几乎都是以不稳定的顺式异构体形式存在。脂肪酸中顺反构型对熔点有一定的影响，如顺式油酸熔点为14℃，而反式则为44℃。人类食用的反式脂肪主要来自经过部分氢化的植物油。反式脂肪对健康有害，是人体不必要的营养素。有研究显示，食用反式脂肪将会提高罹患冠状动脉心脏病的概率。

表1-3　人体内常见的脂肪酸

脂肪酸	别名	表达式
十八碳酸	硬脂酸	$C_{17}H_{35}COOH$
十六碳酸	软脂酸	$C_{15}H_{31}COOH$
十八碳烯酸	油酸	$C_{17}H_{33}COOH$
*十八碳二烯酸	亚油酸	$C_{17}H_{31}COOH$
*十八碳三烯酸	亚麻酸	$C_{17}H_{29}COOH$
*二十碳四烯酸	花生四烯酸	$C_{19}H_{31}COOH$
二十四碳烯酸	神经酸	$C_{24}H_{48}COOH$

注：*：必需脂肪酸。

（2）类脂

类脂包括磷脂和固醇类。

① 磷脂

磷脂按其组成结构可以分为两类：一类是磷酸甘油酯，包括：磷脂酸、磷脂酰胆碱（卵磷脂）、磷脂酰乙醇胺（脑磷脂）、磷脂酰丝氨酸和磷脂酰肌醇；另一类是神经鞘脂。

机体主要的神经鞘脂是神经鞘磷脂，其分子结构中不含甘油，但含有脂肪酰基、磷酸胆碱和神经鞘氨醇。

② 固醇类

固醇类为一些类固醇激素的前体，如7-脱氢胆固醇即为维生素D_3的前体。胆固醇是人体中主要的固醇类化合物。人体内的胆固醇有些已酯化，即形成胆固醇酯。动物性食物所含的胆固醇，有些也是以胆固醇酯的形式存在的，所以，膳食中的总胆固醇是胆固醇和胆固醇酯的混合物。

胆固醇酯中的脂肪酸通常含有16~20 个碳原子，且多属单烯酸或多烯酸。人体组织内最常见的胆固醇酯为胆固醇的油酸酯和胆固醇的亚油酸酯。这些酯类在血浆脂蛋白、肾上腺皮质和肝中都大量存在。低密度脂蛋白（LDL）中约有80%的总胆固醇是以胆固醇酯的形式存在；高密度脂蛋白（HDL）中则含90%。在动脉粥样硬化病灶中，堆积在动脉壁的脂类以胆固醇酯最多。胆固醇酯作为体内固醇类物质的一种储存形式，也是人体组织中非极性最大的脂类。胆固醇酯在细胞膜和血浆脂蛋白之间，或在各种血浆脂蛋白之间，都不容易进行交换，与游离的胆固醇不同。

植物中不含胆固醇，所含有的其他固醇类物质统称为植物固醇，其固醇的环状结构和胆固醇完全一样，仅侧链有所不同。

2. 从化学成分进行分类

如果把脂类按照化学成分进行分类，则可分为4大类。

（1）单纯脂

脂肪酸与醇脱水缩合形成的化合物，又称中性脂。三酰甘油、蜡等都是单纯脂。

（2）复合脂

单纯脂加上磷酸等基团产生的衍生物。磷脂是主要的复合脂。

（3）脂的前体及衍生物

萜类和甾类及其衍生物：不含脂肪酸，都是异戊二烯的衍生物。

（4）结合脂

脂与其他生物分子形成的复合物。糖与脂类通过糖苷键连接起来的化合物称糖脂，如霍乱毒素。脂与蛋白质通过非共价键结合形成脂蛋白。血液中的几种脂蛋白，乳糜微粒（CM）、极低密度脂蛋白（VLDL）、低密度脂蛋白（LDL）、高密度脂蛋白（HDL）是脂类的运输方式。

血液中VLDL将甘油三酯与肝脏形成的其他脂类物质运输到体细胞以便利用；当VLDL将自己的大部分脂肪给予体细胞之后与胆固醇结合就形成了LDL，LDL将甘油三酯和胆固醇从肝脏运动到其他组织；HDL将胆固醇从体细胞运输至肝脏，也就是说它可以将其他组织中多余的胆固醇和磷脂清除出来，并且运回到肝脏进行处理。LDL和HDL的载体蛋白都是在肝脏中制造的，LDL和HDL都可携带大量的胆固醇，并且HDL还携带了很多的磷脂。LDL和HDL的浓度暗示着心脏与血管的健康情况。血液中LDL浓度升高是心脏病最可能发作的信号，而HDL浓度升高则意味着心脏病发病的危险性比较低。但值得注意的是，LDL和HDL对心脏的作用不同，在于它们执行的任务不同，它们携带的胆固醇的类型是相同的。

二、脂类的生物学功能

脂类是维持机体正常生命活动不可或缺的物质，同时，脂肪作为人体能源储备库，供能作用不容忽视。在正常和运动情况下，脂类的生物学功能如下。

（一）储存并提供能量

脂肪是人体能源储备的主要形式，是人体最大的储能库。运动时，脂肪是长时间中低强度运动时的主要供能物质。而且，长时间运动中增加脂肪供能比例还可以起到节约糖原消耗的作用，这对运动员耐力的提高有益。脂肪作为供能物质还有其自身优势。

1. 储存能量丰富

脂肪是比糖原更高效的能量储存形式。在同样重量的前提下，它完全氧化产生的ATP是糖原的2.5倍。另外，储存脂肪不需要结合水，而糖原是亲水的，约结合其自身2倍重量的水。因此，每克储存的脂肪生成的能量是水合糖原的4倍。比起糖原，人体以脂肪的形式可储存更多能量。70千克体重的人在肝脏和肌肉中存储约350克糖原，相当于1400千卡热量，不足一天的能量需求。反之，同一个体含10千克脂肪，提供的能量足够饥饿时存活数周。而且，不像糖原和氨基酸的储存非常有限，脂肪的储存可根据摄入的热量而大大增加，因此，脂肪不失为一种极好的能量储存形式，但过多可以引起肥胖症，还能引发糖尿病。

2. 供能效率高

体内1克脂肪完全氧化可产生约38千焦的能量，而1克糖或蛋白质完全氧化则分别产能约16千焦。

3. 占据空间小

脂肪是以无水状态存在的，而糖原在体内存在必须结合水，1克糖原须结合2~3克水，所以1克无水的脂肪储存的能量是1克水合糖原的6倍多。

（二）细胞的重要结构成分

脂类也是构成细胞膜的重要成分，如磷脂和胆固醇，对于细胞膜结构和功能的完整及正常运转都具有重要作用。胆固醇又是合成胆汁酸、维生素D_3和类固醇激素的原料。

（三）脂溶性维生素的重要来源

鱼肝油和奶油富含维生素A、维生素D，许多植物油富含维生素E。脂肪还能促进这些脂溶性维生素的吸收。当脂类吸收不良时，脂溶性维生素的吸收大大减少，甚至会引起体内这些维生素缺乏。运动员或普通人在控体重期间，也应注意适当补充脂溶性维生素。

（四）防震和隔热保温

皮下脂肪可防止体温过多向外散失，减少身体热量散失，维持体温恒定。也可阻止外界热能传导到体内，有维持正常体温的作用。内脏器官周围的脂肪垫有缓冲外力冲击保护内脏的作用。脂肪还可以减少内部器官之间的摩擦。

（五）增加饱腹感

脂类在胃肠道内停留时间长，所以有增加饱腹感的作用。

第四节　水、无机盐

一、水

（一）概述

当我们生长为由数万亿个细胞组成的高度有序的、有氧呼吸的成熟个体时，我们的每一个细胞仍然必须存活在液体环境中。水为每一个细胞输送必需的营养素并带走其代谢的最终产物。因此，身体对水的需要远远超过对其他任何营养成分的需求。如果机体失水过多（如脱水），生命的支持系统就会受到损害。

成年人体重的40%~70%是水，其中成年男人体内的水量为体重的60%，成年女人为50%。女人体内的水含量较男性约少6%～10%，这是由于女性的脂肪含量较多。脂肪组织代谢率低，故含水较少（约为脂肪组织重量的10%），所以肥胖人体内的水相对量较少。不同器官和组织的含水量不同，器官中以肾脏的含水量最高，约82.68%，其次是心脏，约79.21%。肌肉中水的含量占65%～70%，脂肪组织中水含量占50%。体内的水大部分都位于细胞内，还有部分水则作为细胞间质存在于细胞外，剩下的部分则流动在血管中。一种特殊的供给机制需要用来确保防止细胞由于失水而萎缩或者由于过量水进入而涨破。水能够自由地进出细胞膜，因此细胞并不能直接通过将水吸入或排出来调节细胞内水分含量。

（二）水的平衡

人体每日从食物和饮料中这获取所需水分。在饮水量方面由于存在着个体差异及气候条件、活动强度与生理状况等不同而有所变化。但对于一般成年人而言，人体一天大概要排出0.473升的水用于清除体内废物，因此为了保持体内水分的平衡，一天至少要补充0.473升的水。体内总的水分含量受到一种精密平衡机制的调节，可以保持在一个恒定的水平。平衡打破时，如脱水、水中毒等，身体的调节机制能够尽可能快地恢复平衡。总之，如图1–20所示，机体对水的摄取和排出都会受到控制，以保持体内的水分平衡，多摄取则多排出，少饮水则少排出。

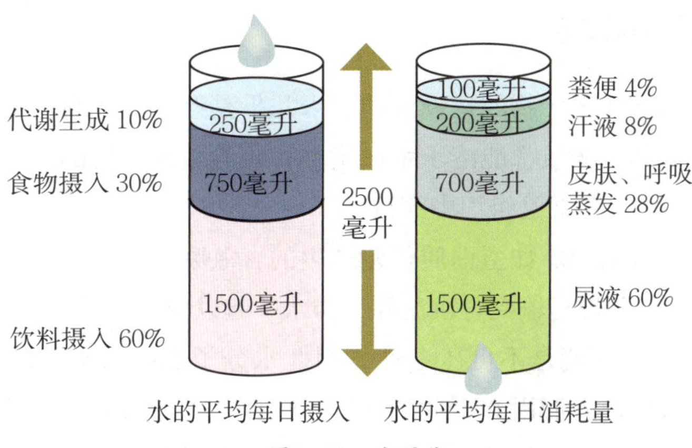

图1-20　水平衡

渴和饱这两种感觉控制着水的摄取量。当血液变得太浓时，血液中的某些分子和微粒子将从唾液腺中汲取水分，结果使你感到口干舌燥，要想喝水解渴。大脑中枢即下丘脑同样也监视着血液浓度。当血液浓度太高时，或者当血液总量或血压太低时，下丘脑将产生一种刺激信号使人喝水。同时下丘脑还刺激脑垂体产生一种激素，该激素作用于肾脏，使其将准备排出的水分重新转移到血液中。

产生渴的感觉比身体缺水滞后。身体缓慢缺水可以及时提醒人喝水从而防止严重的脱水，而失水过快则不行。如果失水过多而又得不到补充，会危及生命。脱水的第一个症状就是口渴，此时人体大约已失去500毫升体液。因此，人们应该每天定时补充一定的水分，而不是等到口渴才去喝水。

正在进行锻炼的身体主要通过汗液丢失水分，其次呼吸也消耗水分，会以水蒸气的形式排出。即使是占体重1%～2%的失水也会使肌肉做功的能力减退；如表1-4所示，失水在5%左右会明显出现口渴、虚弱、乏力和心跳加速等症状，这时机体将动用体内绝大多数水分，包括原本在汗液中的那些水分，来保持血压以维持生命；当机体失水在7%左右时很可能发生休克。

表1-4　轻度脱水和严重脱水的各种症状

轻度脱水（失水低于体重的5%）	严重脱水（失水大于体重的5%）
口渴	肤色苍白
体重骤减	嘴唇、指尖发蓝
皮肤干而粗燥	头昏、定向力消失
口、喉及体表干燥	呼吸急促、变浅
脉搏加快	脉搏变快、变弱、没有规律
血压降低	血液变浓
虚弱、乏力	休克、癫痫
肾功能衰退	昏迷、死亡
尿液量降低，尿变浓	

（弗朗西斯·显凯维奇·赛泽，埃莉诺·诺斯·惠特尼，2004）

（三）水的生物学功能

作为体内营养物质和代谢废物的运输介质，水几乎是万能的溶剂。氨基酸、葡萄糖、矿物质和细胞所需的很多其他物质都能溶于水。脂类物质的表面一般都由一些水溶性蛋白质包裹，因此可以自由地在血液和淋巴组织中穿行。

水同时也是体内的清洁剂。如蛋白质代谢产生的含氮废物可以溶解在血液中，在肝中转化（如氨转化为尿素），并被运输到肾脏滤除，与水一起以尿的形式排出体外。

水的另外一个重要特性就是不可压缩性，因此水分子能够抵抗压缩。正是由于这种特性，使得水可以在关节中起着润滑和缓冲的作用。同样，水还为那些比较敏感的组织如脊髓提供防震保护，眼睛内的房水能保持视网膜和晶状体的正常压力。另外，水还是消化管道和所有黏液组织中的润滑剂。

水还有一个特性就是它的热调节能力。汗水是人体的冷却剂。皮肤通过分泌汗液挥发水分，在水蒸发的过程中带走热量。因此，皮肤是人体丢失水分的主要组织。汗液在皮肤表面不停地蒸发，只是蒸发量少而不易被察觉。在湿热的天气中，由于周围的空气中含水量大，汗液不能蒸发，体温容易升高。在这种情况下，运动员必须采取措施以避免中暑。在低温的寒冷天气中，低体温或者体热的丢失也会出现类似中暑的危险。

总之，水在体内的作用包括：①给全身各处运输营养物质；②清除血液中的垃圾；③溶解矿物质、维生素、氨基酸、葡萄糖和其他小分子；④参与很多化学反应；⑤关节的润滑剂；⑥为眼睛、脊髓、关节和包裹在羊膜里的胎儿提供缓冲保护；⑦帮助保持体温。

二、无机盐

（一）概述

无机盐又称为矿物质，是人体的组成成分，总储量为43~44克/千克体重，约占体重的5%。其中含量较多的有钙、磷、钾、硫、钠、氟、镁7种元素，称为主要矿物质。其他矿物质，由于机体含量很少，称为微量矿物质，已知人体必需的微量矿物质有铁、锌、铜、锰、碘、硒等14种。

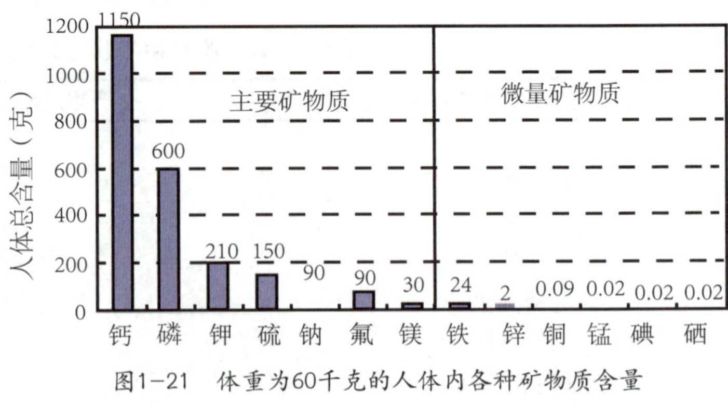

图1-21　体重为60千克的人体内各种矿物质含量

虽然矿物质有主要矿物质和微量矿物质之分，但并不是说主要矿物质比微量矿物质更重要。每天缺乏几微克的碘的严重性和缺乏几百毫克的钙一样。主要矿物质和微量矿物质在体内各司其职，都很重要。

矿物质虽然不能供给能量，但是对维持机体正常功能具有重要的作用，包括：

（1）构成机体组织的重要材料，如牙齿、骨骼；

（2）维持机体的渗透平衡，对细胞内外水分的转移和物质交流十分重要；

（3）维持体液的酸碱平衡，为内环境起稳定作用；

（4）维持神经肌肉的兴奋性，以保持其正常的应激能力；

（5）构成机体，并参与体内某些酶和激素的组分等。

（二）人体无机盐的分布与组成

1. 钙

钙是人体内含量最为丰富的矿物质，而体内99%的钙储存在骨骼中，并发挥两大重要功能：①构成骨骼的核心成分；②充当“钙库”，维持体液中钙离子浓度的平衡。其余1%的钙分布在体液和细胞内，虽然量很少，却起着很重要的作用，包括：

（1）调节肌肉的收缩和舒张；

（2）维持神经冲动的传递；

（3）参与凝血过程；

（4）与许多激素的分泌和释放因子有关。

细胞一刻都离不开钙，因此血液中的钙离子浓度需保持在一个稳定的水平。当血液中的钙离子浓度即便只有微小的下降时，骨骼中的钙也会被释放到体液中以维持平衡。骨骼中的矿物质每时每刻都在发生沉积和溶解，在不断地变化。

体内所有的钙均来自食物。钙的吸收与很多因素有关，其吸收率较低，未吸收的部分由粪、尿排出。钙的调节与甲状旁腺分泌的甲状旁腺素和甲状腺分泌的降钙素有关。甲状旁腺素和维生素D同时起着使钙浓度上升的作用，降钙素起着使钙离子浓度下降的作用。钙的日摄入量依年龄、性别等个体差异而定，有不同的标准。运动员，尤其是需要控制体重的女运动员，每日补充钙的量比正常人略多，约为1.0~1.25克。奶类、豆类等食品中含有丰富的钙。

2. 磷

磷在体内的含量在矿物质中占第二位。大约85%的磷与钙结合，存在于骨骼和牙齿的晶体里。剩下的部分分布在体内的每一个角落。磷酸盐是一类很重要的缓冲剂，用于维持体液的酸碱平衡。在组织的生长和更新过程中，磷是每个细胞内遗传物质DNA和RNA的组成部分。在能量营养素的代谢中，各种含磷的化合物负责运输、储存和释放能量，并协助许多酶和维生素将食物转化为能量。磷还参与构建细胞膜，是磷脂分子的组成部分。

动物蛋白是磷的最佳来源，正常情况下，人体不会缺磷。

3. 钾

钾是体细胞内主要的阳离子，人体内钾约占矿物质总量的5%，除钙和磷外，钾居第三位。钾对维持细胞内适宜的渗透压、酸碱平衡及细胞的完整性有重要作用。参与糖原和蛋白质代谢，维持细胞内某些酶的活性。血钾浓度过高时，会引起肌肉紧张力降低、心肌松弛。

脱水会导致细胞内钾的流失，缺钾可引起心律失常、肌肉衰弱和性情烦躁。即使这样，钾通过一些新鲜水果和蔬菜即可以轻易地补充。除非医生认为需要，否则不要补钾。多数情况下，规律的饮食能为运动员提供他们所需的全部电解质。

4. 钠和氟化物

钠是用来保持细胞外体液体积的主要离子，帮助维持酸碱平衡，在肌肉收缩、神经传导过程中也占有重要地位。

缺钠对身体十分有害，但食物中的钠通常比我们所需要的量多，因此，很少有谁的饮食中缺钠。在盐敏感人群中，盐和血压的关系直接明了：食用盐越多，血压越高。因此，应该将盐的摄入量控制在最大建议量水平——每人每天从食物中获得6克盐，甚至更低。

氟化物不是生命所必需的物质，但对人体有益，在食物中添加氟化物可以防止儿童和成人发生龋齿。人体中仅存在微量的氟化物，但这点氟化物能帮助在骨头和牙齿上更好的形成更多的结晶沉淀物。

5. 镁

镁在成人体内含量约20 ~ 30克，其中一半以上的镁分布在骨骼中，剩下的大部分镁主要分布在肌肉、心脏、肝脏以及其他一些软组织中，大约只有1%存在于体液中。当饮食中镁的摄入量太少时，骨骼中的镁会释放出来以维持血液中的镁离子浓度。另外，肾脏也能储存镁。

在产能营养物质代谢中，镁可以直接参与能量的释放和利用；肌肉伸缩时，钙促使肌肉收缩，镁则帮助肌肉恢复舒张；镁能直接影响钾、钙以及维生素D的代谢；镁参与300多种酶的催化反应。镁的缺乏已经被证实在某种运动量下能阻止肌肉进一步获得能量。

镁在叶类蔬菜、豆类、全麦产品中含量丰富。镁很容易在烹调过程中被冲洗损失掉，因此简单加工或未加工的食物对摄取镁是比较好的选择。方便食品中不含镁。

6. 铁

成人体内含铁总量为3.5~4.0克。体内大部分的铁用来构建两种蛋白质：红细胞中的血红蛋白和肌肉细胞中的肌红蛋白。血红蛋白负责将氧从肺部通过血液循环运送到全身各个组织器官；肌红蛋白负责为肌肉细胞运输和储存氧。两种蛋白都含有铁元素，用来帮助它们结合、运输和最终释放氧。另外，铁在能量传递途径中还帮助许多酶与氧结合，并在生成新细胞、合成氨基酸、激素和神经递质过程中必不可少。

人体对铁的吸收有所限制，正常情况下饮食中的铁只有10%~15%得到吸收，但是如果铁的供应量减少或者体内由于某种原因对铁的需求上升时，吸收率将会增加。如果吸收的铁低于损耗或者铁的摄入量过低，人体内的铁就有可能被耗尽，引起铁缺乏症。严重缺铁时就不能合成足够的血红蛋白供新生的红细胞使用，进而发生贫血。耐力性运动员，尤其是女运动员容易发生缺铁性贫血。一方面，铁可以随汗排出；另一方面，红细胞的破坏也能引起铁的流失。当身体组织与不易变形的表面强烈接触时，会挤压红细胞导致红细胞的破坏。运动还有可能导致消化道的少量出血。此外，运动中肌肉为满足需氧代谢而消耗更多的铁。习惯性的摄入低铁食物所增加的铁流失。在训练的早期，运动员可能会一度处于低血红蛋白的状态，这一状况被称为运动性贫血。运动性贫血可能是对运动训练的正常适应反应。有氧训练能促进血液的增多。真正的缺铁性贫血需要用铁补充品治疗，但运动性贫血会自动消失，即使继续训练也会如此。

缺铁通常是由于营养不良所致。食物中的铁主要以两种形式存在：血红素铁，主要包括家畜、家禽和鱼；非血红素铁，主要包括植物性食物及肉类中非血红素铁。血红素铁比非血红素铁容易吸收。维生素 C 可促进吸收，同时食用可使人体对食物中非血红素铁的吸收率提高2倍。

7. 锌

成人体内约含2～4克锌，是除铁之外含量最高的微量矿物质。锌在体内分布广泛，皮肤、毛发和指甲中均有较高含量的锌。锌的主要功能是参与组成胰岛素及很多酶；参与合成遗传物质和蛋白质；参与免疫反应，维生素 A 的运输，味觉，伤口愈合，精子形成以及胎儿的正常发育。缺少锌会导致儿童生长发育停止，会引发皮肤炎症，性功能障碍，丧失味觉，伤口愈合缓慢。

锌对运动员十分重要，缺锌是产生赛前紧张综合征的主要病因之一。长时间持续运动和排汗量增多时将引起锌丢失相应增多。常人正常膳食可以满足每日锌需要量，但运动员每日需要量是正常人的2~3倍。通常含有蛋白质的食物，如肉、鱼、家禽、贝壳类动物、谷物和蔬菜等，都含有丰富的锌。

8. 碘

碘是甲状腺素的组成成分，甲状腺素是一种激素，负责调节体内基础代谢的速率。甲状腺素合成必须有碘的参与，因此人体所需碘的量虽然极其微小，但它所起的作用却是不可或缺的。

血液中碘的浓度过低时，甲状腺细胞就会增生，以便尽可能多的收集碘。甲状腺增生会导致颈部的明显肿大，即甲状腺肿。儿童严重缺碘时会导致呆小病，成人会出现反应迟钝和发胖。

9. 硒

由于硒在抗氧化酶保护体内不稳定化学物质不被氧化的过程中所发挥的作用，目前已吸引了很多人的注意。硒可以协助一组酶与维生素E相互配合防止自由基的产生，以及防止对细胞和组织的氧化破坏。

三、体液和矿物质

体液是指机体含有大量的水分，这些水和溶解在水里的各种物质总称为体液，约占体重的60%。体液可分为两大部分：细胞内液和细胞外液。存在于细胞内的称为细胞内液，约占体重的40%；存在于细胞外的称为细胞外液。其中，细胞外液又分为两类：一类是存在于组织细胞之间的组织间液（包括淋巴液和脑脊液），约占体重的16%；另一类是血液的血浆，约占体重的4%。

（一）电解质平衡

主要矿物质能形成一些溶于体液的盐，并分解为单个的带电离子。由于这些带电离子在水溶液中能够形成电流，因此又被称为电解质。体液中主要电解质含量如图1-22所示。

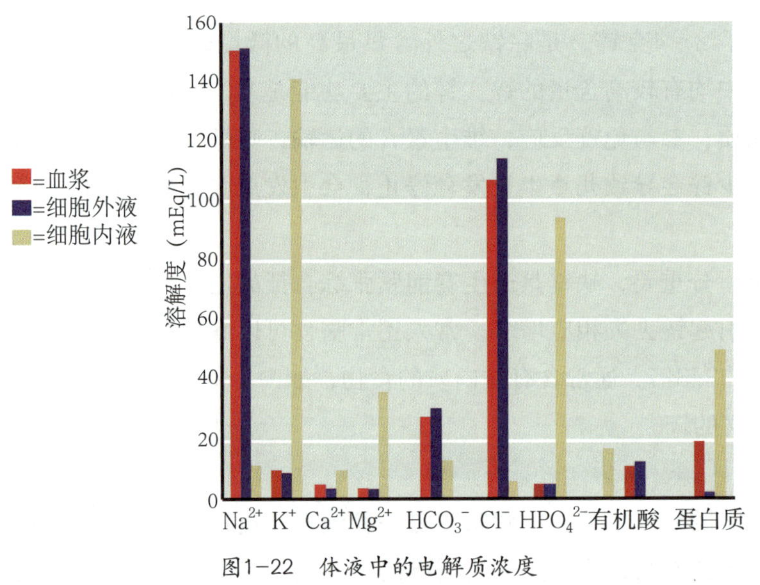

图1-22 体液中的电解质浓度

如图1-23所示，当电解质在半透膜（水可以自由通过）的两侧浓度不同时，水将由浓度低的一侧流向浓度高的一侧，直至两边浓度相等。细胞内外液体也遵循着相同的规律，即水能够自由地进出细胞膜，通常是从浓度低的一侧流向浓度高的一侧。因此为了按需要控制水的流向，机体必须消耗一定的能量将电解质从一个部位转移到另一个部位，来达到体液和电解质平衡，即体液的数量和类型在全身各部位的分布保持合适的比例。

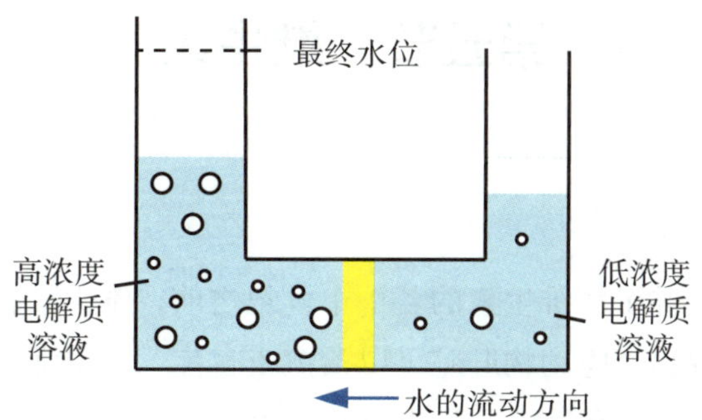

图1-23　电解质如何驱动水的流动

（二）酸碱平衡

矿物质还参与维持另一个平衡，即酸碱平衡。在纯水中，只有很小一部分水分子（H_2O）以氢正离子（H^+）和氢氧根负离子（OH^-）的形式存在，这两种离子正负电荷相等，彼此保持平衡。矿物质溶解在水溶液中后会生成酸性物质（H^+，氢离子），有些则生成（OH^-，氢氧根）。如果溶液中的氢离子过剩，则溶液表现为酸性，pH 值降低；相反，如果溶液中的氢氧根离子过多，则溶液表现为碱性，pH 值升高。

人体内各种体液必须具有适宜的酸碱度（即pH 值），这是维持正常生理活动的重要条件之一。组织细胞在代谢过程中不断产生酸性和碱性物质；还有一定数量的酸性和碱性物质随食物进入体内。保持体液的pH 值近似的稳定在某一个常数对人体来说至关重要。假如pH值变化过大，将会导致危险的酸中毒或碱中毒，造成昏迷甚至死亡。即使pH 值发生轻微的变化也会引起许多重要的生物活性分子结构和化学功能发生剧烈变化。体内的一些蛋白质与无机盐类可以起到缓冲剂的作用来维持体内的pH平衡，即根据需要结合或释放适量的氢离子来维持一定的pH值。此外，肾脏通过分泌或多或少的酸帮助调控pH平衡，肺在呼吸时通过调节排放或多或少的二氧化碳对控制pH平衡也有帮助。

第五节 维生素

一、概述

早在科学家分离纯化并了解维生素的若干个世纪之前，维生素就发挥着重要的作用。希腊名医希波克拉底最早提出“吃动物肝脏可以治愈夜盲症”，但那时候他并不知道其中的原因。现在我们知道，维生素A有助于预防夜盲症，而动物肝脏中含有丰富的维生素A。1897年，荷兰科学家发现给家禽喂食精米会导致家禽发生脚气病，而添加维生素B_1可治愈这种脚气病。19世纪初，人们发现在英国水手的食物中加入橘子和柠檬可以根除他们对疾病的恐惧，原因是这些水果中含有丰富的维生素C。1932年，科学家的实验证明抗坏血酸（肝脏代谢产物）在结构、功能上基本和维生素C一样。有趣的是，大多数动物可以通过自身来合成抗坏血酸，而人类、几内亚猪和某些猴子不能自身合成，因此需要通过食物来摄入维生素C。

维生素是维持人体正常物质代谢和某些特殊生理功能不可或缺的低分子有机化合物。维生素没有具体的结构通式，既不参与供能又不参与机体的组成，具有以下几个特点：①需要量少，一般毫克水平或微克水平即能满足维持正常生理功能的需要；②大多数维生素不能在体内自行合成，必须从食物中摄取；③不能提供能量；④有些维生素不稳定，容易在食物加工和烹调过程中被破坏。虽然维生素分子很小，含量也很少，但功能却极为强大，某些功能还处于不断发现之中。

很多食物都含有丰富的维生素。例如，植物的绿叶和根茎可以通过光合作用制造大量的维生素。动物通过进食的这些植物、种子、谷物和水果中获得维生素或者从进食含有维生素的其他动物的肉中获得维生素。有些维生素，如维生素A、维生素D、烟酸、叶酸是由它们的无生物学活性的前体物质（维生素原）转变而来的。例如，胡萝卜素就是一种维生素原，它含有维生素A的黄色素前体和橘黄色素前体，使蔬菜（胡萝卜、南瓜、玉米）和水果（杏、桃）呈现特殊的颜色。

（一）维生素的分类

目前，可以被分离、纯化，并可通过人工合成获得的维生素已有13种。根据这些维生素溶解性质的不同，将维生素分为脂溶性维生素和水溶性维生素两类，其中脂溶性维生素包括维生素A、D、E、K；水溶性维生素包括维生素C和B族维生素。（表1-5）

溶解性赋予维生素许多特征，决定了它们吸收和在血液循环运输的方式，是否在体内储存，以及从体内流失的程度。

表1-5　维生素的分类、功能、缺乏病和毒性

分类		别名	主要功能	缺乏病	中毒症状
脂溶性维生素	维生素A	视黄醇、视黄醛、视黄酸	视觉；角膜、上皮细胞黏膜和皮肤的健康；骨骼和牙齿的生长；生育；激素的合成和调节；免疫	维生素缺乏病A	视力模糊、易怒、食欲不振、皮肤干燥、生长延缓、腹泻等
	维生素D	钙化醇、胆钙化醇、二氢维生素D	骨质矿物化（通过消化道吸收和从骨骼提取钙以及通过促进肾脏保持能力，提高血液中钙和磷的水平）	佝偻病（儿童）骨质疏松（成人）	肾结石、动脉结石、智力和身体发育障碍
	维生素E	α-生育酚	抗氧化剂，保护细胞膜，调节氧化反应，保护PUFA和维生素A		
	维生素K	叶绿醌、萘醌	合成凝血蛋白和钙调节蛋白		干扰抗凝血药物的作用
水溶性维生素	维生素C	抗坏血酸	胶原的合成（强化血管壁，形成疤痕组织，骨骼生长的基质），抗氧化剂；甲状腺素合成、氨基酸代谢、增强抗感染能力、促进铁吸收	坏血病	恶心、腹泻、头痛、失眠、排尿过多、加重痛风症状
	B族维生素				
	硫胺素	维生素B_1	能量代谢中一种辅酶的组成部分，维护正常食欲和神经系统功能	脚气病	无症状报道
	核黄素	维生素B_2	能量代谢中一种辅酶的组成部分，维护正常视觉和皮肤健康	核黄素缺乏症	无症状报道
	尼克酸	维生素B_3	能量代谢中一种辅酶的组成部分，维护皮肤、神经系统和消化系统的健康	癞皮病	腹泻、恶心、溃疡、晕厥、肝功能异常、血压低
	维生素B_6	吡哆醇、吡哆醛、吡哆胺	氨基酸和脂肪酸代谢中一种辅酶的组成部分，帮助将色氨酸转换成尼克酸、帮助合成红细胞		抑郁、易怒、记忆力损伤、神经损伤等
	维生素B_{12}	氰钴胺	新细胞合成所需的一种辅酶组成部分，帮助维护神经细胞		无症状报道
	叶酸	蝶酰谷氨酸	新细胞合成所需的一种辅酶的组成部分		掩盖维生素B_{12}的缺乏
	生物素		能量代谢、脂肪合成、氨基酸代谢和糖原合成中的几种酶的辅酶因子		无症状报道
	泛酸		能量代谢中一种辅酶的组成部分		水滞留

（弗朗西斯·显凯维奇·赛泽，埃莉诺·诺斯·惠特尼，2004）

1. 脂溶性维生素

脂溶性维生素溶解并储存在机体的脂肪组织中。其中维生素A和维生素D主要储存在肝脏，维生素E则分布在全身脂肪组织，维生素K的储藏量非常少，主要也存在于肝脏中。一般来说，脂溶性维生素与脂肪类似，被淋巴组织吸收，依靠各种蛋白质载体在血液中运输。脂溶性维生素可以与其他脂质一起储存在脂肪组织中，由于可以储存，只要饮食总体上提供的平均量接近推荐的摄入量，即便食物中缺少这些维生素长达几周，也不会对身体造成太大危

害。但储存能力也为脂溶性维生素可以累积到毒性浓度提供可能，尤其是在以补品的形式过量摄入的情况下。过量摄入维生素A、D、E、K时特别容易达到毒性水平。当饮食中脂溶性维生素含量较低，或有时溶解在未消化的脂肪中造成流失时，可能会造成脂溶性维生素缺乏。而当饮食中脂肪过低时，也有可能造成脂溶性维生素的缺乏。

脂溶性维生素在体内的作用多种多样。维生素A是视觉维生素，维生素 A 和D的作用有点像激素，引导细胞将一种物质转化为另一种物质，或储存，或释放。维生素 E 遍布全身各处，防止组织受到氧化破化。维生素K是血液凝聚所必需的。（表1-5）

2. 水溶性维生素

水溶性维生素一般可直接吸收进入血液中，自由地进行转移。多数的水溶性维生素都不能大量储存，过量的部分会通过尿液排出。因此，水溶性维生素直接产生的毒性不像脂溶性维生素那样大，当然高剂量情况除外。食物中的水溶性维生素浓度绝对不会达到中毒剂量，但是某些维生素补品中含有大量浓缩的水溶性维生素，它们则不然，“水溶性维生素补品仅使你得到了最为昂贵的尿而已”。选择富含水溶性维生素的食物就可以确保每3天平均摄入量能够达到推荐的参考标准。

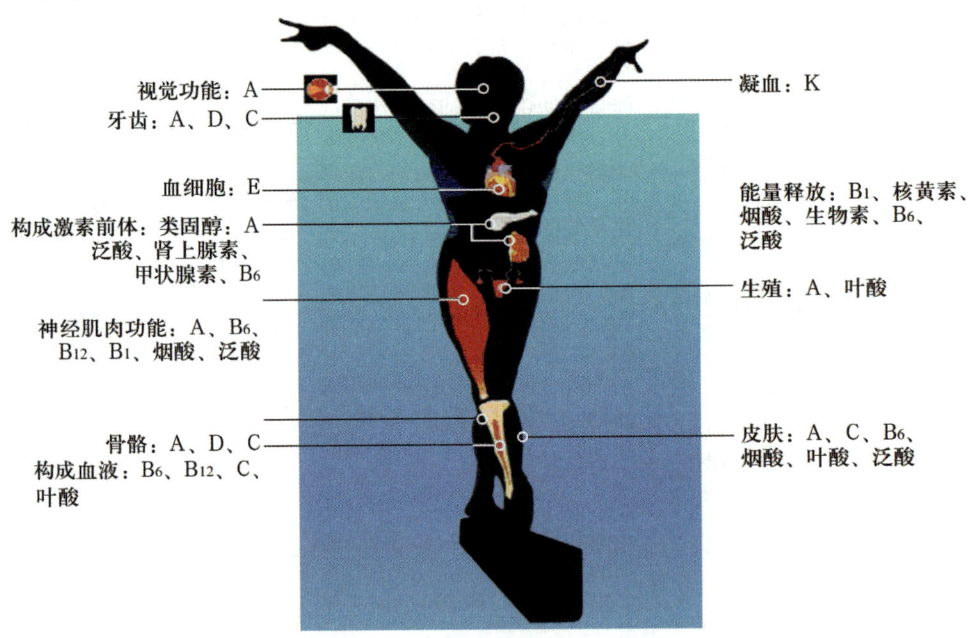

图1-24　维生素的生物学功能　（william D. McArdle，2009）

（二）维生素的补充

什么样的人应该服用维生素补品呢？几乎40%的人都在经常服用，但到底什么样的人才的确需要维生素补品呢？表1-6列举了一些服用维生素补品的有效和无效理由。

表1-6　服用维生素补品的有效和无效理由

	需要维生素补品的人	不需要维生素补品的人
1.	有营养缺陷的人	担心食物提供的营养物质不够的人
2.	育龄妇女（除了食物之外还需要更多叶酸，以减少胎儿神经管缺陷发生的危险性）	感觉疲劳，因此误认为补品能提供能量的人
3.	妊娠期或哺乳期妇女（需要铁和叶酸）	认为补品能帮助应付压力的人
4.	新生儿（需要经常补充维生素K）	希望不经锻炼就能长肌肉的人或者误认为用补品长肌肉比锻炼或食物本身更快的人
5.	婴儿（需要各种补品）	自作主张给自己看病（从感冒到癌症），并想使用补品来给自己防止疾病的人
6.	患有乳糖不耐受症的人（需要钙防止骨质疏松）	患有肾病或肝病的人，因为这些器官不正常
7.	习惯性节食者	希望过量的营养物质产生对身体有益的神奇效果的人
8.	艾滋病患者或其他消耗性疾病患者（营养物质入不敷出）	服用某些药物的人，因为补品可能会干扰这些药物的作用
9.	嗜酒或吸毒嗜药者（对营养物质吸收得少而排泄得多，营养物质不能弥补药物或酒精造成的伤害）	吸烟或服用β-胡萝卜素补品的人，因为这些补品可能会增加吸烟者发生肺癌的危险性
10.	手术、烧伤、外伤或疾病恢复期间的人（需要额外的营养物帮助组织恢复）	
11.	严格的素食主义者（需要维生素B_{12}、维生素D、铁、锌）	
12.	服用药物对身体利用营养物质有干扰作用的人	

（弗朗西斯·显凯维奇·赛泽，埃莉诺·诺斯·惠特尼，2004）

不同的人对高剂量的营养物质的承受能力不同，某些人能够承受的量对其他人可能就有毒性，而且没有人知道自己到底属于哪一类。无论怎样，维生素补充剂量越高，中毒的危险性就越大，表1-7列举了成人维生素补品的剂量。人们通常会认为“只要有补品，营养就不成问题”，而通常情况则是补品提供的营养物质恰恰是人们最不需要的，是人们通过食物都可以得到的，而饮食中缺少的那些营养物质补品却没有提供。

一般来说，营养物质从食物中的吸收效果最好，因为在食物中除了这些营养物质还含有促进它们吸收的其他成分。因此，多样性食物最有益于健康。精制糖是唯一一种几乎不含维生素的食物，水果、蔬菜、奶、蛋、全麦或强化谷物类、瘦肉，甚至一些油中都含有大量的维生素，因此维生素可以很容易地从平衡饮食中获得。即使是对于体育运动爱好者或者运动员，只要细心挑选食物，也几乎永远不会承受维生素缺乏带来的痛苦。原因很简单，运动要求机体摄入更高热量的食物，那么机体在获得这些食物的同时获得足够的维生素也不成问题。

表1-7　维生素和矿物质补品剂量

营养物质	每日安全用量	复合维生素－矿物质补品	单一营养素补品
维生素			
维生素A	300 微克RE(10000IU)	5000 IU	8000~10000 IU
维生素D	50 微克 (2000IU)	400 IU	400 IU
维生素E	200~800毫克 α－TE(130~530IU)	30 IU	100～1000 IU
硫胺素	*	1.5 毫克	50 毫克
核黄素	*	1.7 毫克	25 毫克
尼克酸	35 毫克	20 毫克	100~500 毫克
维生素B6	100 毫克	2 毫克	100~200 毫克
维生素B12	*	6 微克	100~1000 毫克
叶酸	1000 微克	400 微克	400微克
生物素	*	30 微克	300~600微克
泛酸	*	10 毫克	100~500微克
维生素C	1000 毫克	50 毫克	500~2000微克
胆碱	3500 毫克	10 毫克	250 毫克
矿物质			
钙	2500 毫克	160 毫克	250~600 毫克
磷	4000 毫克	110 毫克	&
镁	350 毫克	100 毫克	250 毫克
铁	10~40 毫克	18 毫克	18~30 毫克
锌	10~25 毫克	15 毫克	10~100 毫克
碘	#	150微克	&
硒	200 微克	10微克	50~200 微克
氟	10 毫克		&

注：※：这些营养素在补品中通常的用量是否会造成副作用尚无报道。
#：不建议使用补品。
&：单一营养素补品处方药。　（弗朗西斯·显凯维奇·赛泽，埃莉诺·诺斯·惠特尼，2004）

二、运动与维生素

维生素可定义为必需的、无热量的、饮食中所需的微量的有机营养物。许多维生素的作用都是帮助其他营养物质的消化、吸收和代谢或者用于构建身体组织。由于有学者提出维生素具有提高运动能力的作用，因此体育领域对维生素给予了极大的兴趣和关注。

维生素缺乏会导致运动能力降低。已经证实，对于缺乏维生素的人补充维生素可增进运动能力。将运动员作为研究对象，对他们的膳食问卷调查证实：维生素的补充在运动员当中普遍存在。一些研究显示：较高比例的运动员补充维生素，包括71%的女性跑步运动员和100%的女健美操运动员。通常运动员补充维生素的目的是：提高运动能力，延缓疲劳，加快恢复。尽管缺乏证据说明大量摄入维生素对运动能力有正面影响，但许多运动员由于缺乏营养学知识，缺乏膳食的指导而仍然补充维生素，而且剂量非常大。由于维生素补充的量超过推荐的水平的5000倍，不仅会造成浪费，而且会危害健康，见表1-5。

在现代化社会，一般人群中维生素缺乏症的发生率很低。理论上来说，由于运动训练使胃肠道吸收率降低，汗液、尿液、粪便使维生素排泄量增加，在体内的周转率加速，以及为适应剧烈训练和/或急性身体练习的最初阶段引起的能量代谢增加等情况，运动员膳食维生素的摄入量可能需要增加。但我们必须认识到：维生素实际摄入量的不足不能看作缺乏。具有平衡膳食的运动员应该得到按照维生素膳食营养推荐量（RDA）提供的能量，这种摄入对于支出平衡是足够的。大多数对运动员的膳食调查清楚地表明，如果给予运动员典型的平衡膳食，大多数运动员的维生素摄入量超过RDA水平。因此，当食物中给予维生素的膳食营养推荐量时，适宜的身体活动本身并不对维生素状态产生影响。

只有那些有充分证据提示维生素缺乏的人应当补充维生素，摄入平衡膳食的运动员一般不需要补充维生素。但是，对于剧烈运动的运动员，应对他们的维生素状态实施监测；对于那些特殊状态下的运动员，如摄入控体重膳食、饮食无规律，或摄入低能能量者，应建议他们补充维生素。

小 结

糖类、脂类、蛋白质是组成人体的主要成分。

糖类主要是环化的多羟基醛或酮，自然界中糖类包括单糖、寡糖（低聚糖）与多糖三种。糖具有构成机体成分、储备和提供机体所需要的能量、调节蛋白质和脂肪代谢的功能。

脂类可粗分为脂肪和类脂，脂肪是人体最大的储能库。脂肪又称甘油三酯，由1分子甘油和3分子脂肪酸组成。脂肪酸分饱和脂肪酸和不饱和脂肪酸，机体正常生长必需，且自己不能合成，必须依赖于食物提供的不饱和脂肪酸成为必需脂肪酸。脂类除提供能量外，还是细胞的结构成分，如磷脂和胆固醇是构成细胞膜的重要成分。此外，脂类还是脂溶性维生素的重要来源和载体，机体脂肪组织还可以防震、隔热保温。

蛋白质是生命信息的体现者，蛋白质种类众多，功能各异。但机体蛋白质基本结构单位——氨基酸只有20种。对于成人来讲，必需氨基酸有8种。蛋白质结构包括一级结构、二级结构、三级结构和四级结构四个层次。一级结构是以肽键连接的氨基酸序列；肽链盘绕折叠成有规律的二级结构；二级结构进一步折叠形成更复杂空间结构的三级结构；2个以上折叠成三级结构的肽链组成四级结构。蛋白质的一级结构对于蛋白质空间结构的形成非常重要。蛋白质具有构成机体组织，维持正常生命活动和物质代谢，提供能量等作用。

水是人体中含量最多的组分，是维持人体正常功能的营养物质之一，具有构成体液、调节体温、促进并参与物质代谢、润滑作用、维持组织形态功能的作用。正常情况下，人体水的摄入量和排出量应保持平衡。无机盐具有维持体液渗透和酸碱平衡，维持神经、肌肉兴奋性，构成组织细胞成分，维持细胞正常的新陈代谢等功能。

根据维生素的溶解性质通常将其分为两大类：一类是脂溶性维生素，另一类是水溶性维生素。维生素的营养价值是以组成辅酶或辅基的形式，参与体内的物质和能量代谢。

思考题

1. 试述糖类的生物学功能。
2. 必需脂肪酸概念，脂肪的生物学功能。
3. 必需氨基酸概念，列举这些必需氨基酸。
4. 蛋白质的生物学功能。
5. 水的生物学功能。
6. 运动中维生素和无机盐的作用。

推荐阅读材料

1. 郑集，陈钧辉. 普通生物化学[M]. 北京：高等教育出版社，2007年第4版.

2. David L.Nelson, Michael M. Cox. 生物化学原理[M]. 周海梦，等译. 北京：高等教育出版社，2005年第1版.

参考书目

1. Peter M. Tiidus, A. Russell Tupling, Michael E. Houston. *Biochemistry Primer for Exercise Science, 4E*[M]. Human Kinetics, 2012.

2. Donald Maclaren，James Morton. *Biochemistry for Sport and Exercise Metabolism*[J]. Wiley's global Scientific, 2011.

3. Vassilis Mougios. *Exercise Biochemistry*[M]. Human Kinetics,2006.

4. 张蕴琨,丁树哲. 运动生物化学[M]. 北京:高等教育出版,2005.

5.郑集，陈钧辉. 普通生物化学[M]. 北京:高等教育出版社,2005.

6.David L.Nelson，Michael M. Cox. 生物化学原理[M]. 周海梦，等译. 北京:高等教育出版社.

7.弗朗西斯・显凯维奇・赛泽，埃莉诺・诺斯・惠特尼. 营养学——概念与争论[M].王希成，王蕾,译.北京：清华大学出版社，2004.

8.William D. McArdle. *Sports and Exercise Nutrition*[M]. Lippincott Williams and Wilkins, 2009.

第二章 运动时物质能量代谢规律

内容概述

人体运动时物质与能量代谢的基本规律主要内容有：体内三大供能物质糖、脂肪、蛋白质通过无氧、有氧代谢途径合成三磷酸腺苷（ATP），ATP是人体内直接供能物质。

糖是人体运动的重要供能物质。肌糖原是骨骼肌运动的主要能量来源；血糖是肌肉和中枢神经系统供能物质；肝糖原是维持运动时血糖稳定的重要保障。乳酸是糖无氧代谢的重要产物，乳酸的产生与消除对运动有重要的影响；脂肪是人体内最大的储能库，是有氧代谢运动中的重要能量来源；人体不同部位脂肪供能能力、调节和影响因素；蛋白质作为人体主要的结构物质，在运动中参与能量代谢的量很少，运动对于蛋白质合成代谢的影响是提高运动能力的重要因素。

主要概念

物质代谢
能量代谢
磷酸原
磷酸原供能系统
糖无氧代谢——糖酵解
糖无氧代谢供能系统
有氧代谢
糖、脂肪有氧代谢供能系统
糖异生
蛋白质与运动能力

学习目标

1. 掌握人体运动的直接能源及其再合成途径
2. 掌握运动时人体糖供能的基本规律
3. 掌握运动中乳酸产生、消除特点以及规律
4. 掌握运动时脂肪供能的特点和规律
5. 掌握运动时、运动后蛋白质代谢特点及规律

第一节　运动时能量直接来源和代谢基本过程

磷酸原：ATP、CP分子内均含有高能磷酸键，在代谢中均能通过转移磷酸基团的过程释放能量，所以将ATP、CP合称磷酸原。

糖无氧代谢：糖原或葡萄糖无氧生成乳酸并合成ATP的过程称为糖无氧代谢。

有氧氧化：糖、脂肪、蛋白质在有氧条件下彻底氧化生成二氧化碳和水，并释放大量能量的反应过程，称为有氧氧化，也称为有氧代谢。

> **知识卡片**
>
> 地球上所有的能量均来自太阳。植物利用太阳能通过化学反应合成糖类、脂肪和蛋白质。动物消耗植物和其他动物以满足机体能量需求维持各项细胞活动。

一、维持人体生命活动的能量来源

思考与交流

人体的能量从何而来？

图2－1　光合作用

一方面，人体不断地从周围环境摄取营养物质如糖、脂类、蛋白质等其他物质加以转变、吸收和利用，使体内的各种结构能够生长、发育、修补和繁殖；另一方面，把体内的能源物质经生物氧化分解，释放能量，供生命活动需要，包括执行肌肉活动、分泌、排泄等功能，同时产生CO_2、H_2O 和其他不能再利用的物质排出至环境，这就是生物体的物质代谢，是生命现象和实现各种生理功能的化学基础（图2-1）。伴随着物质代谢过程发生的能量吸收、储存、释放、转移和利用的过程称为能量代谢。

重要知识点

物质代谢：泛指生物与周围环境进行物质交换和能量转移的过程。

能量代谢：伴随着物质代谢过程发生的能量吸收、储存、释放、转移和利用的过程。

二、能量的瞬时供体——ATP

运动时人体内能量消耗大大增加，但不能够直接利用糖、脂肪和蛋白质分子内储存的能量，只能直接利用储存在高能化合物三磷酸腺苷（ATP）分子中蕴藏的能量，满足运动的能量需求，与此同时，糖、脂肪和蛋白质通过各自的分解代谢，将储存在分子内部的化学能逐渐地释放出来，转移和储存到ATP分子之中，以保证ATP供能的持续性。ATP是存在于细胞内、由自身合成并可迅速分解被直接利用的化学能。在生物体内，在一切生命活动中都起着重要的作用，能量的储存和利用都是以ATP为中心的。人体运动是以消耗能量为主的生理过程，ATP的利用和再合成是运动能力的决定性因素。

（一）ATP的分子结构及其水解反应

ATP是由一个腺嘌呤、一个核糖和三个磷酸单位组成的核苷酸，也可以说ATP由一个大分子的腺苷和三个磷酸根组成，故称三磷酸腺苷。其分子结构如图2-2所示。ATP 的活化形式通常是ATP与Mg^{2+}或Mn^{2+}的复合物。

重要知识点

高能磷酸化合物：一般将水解时释放的自由能高于20.92千焦/摩尔（5千卡/摩尔）的化合物，称为高能化合物（high-energy compound），在生物机体的换能过程中发挥重要作用。

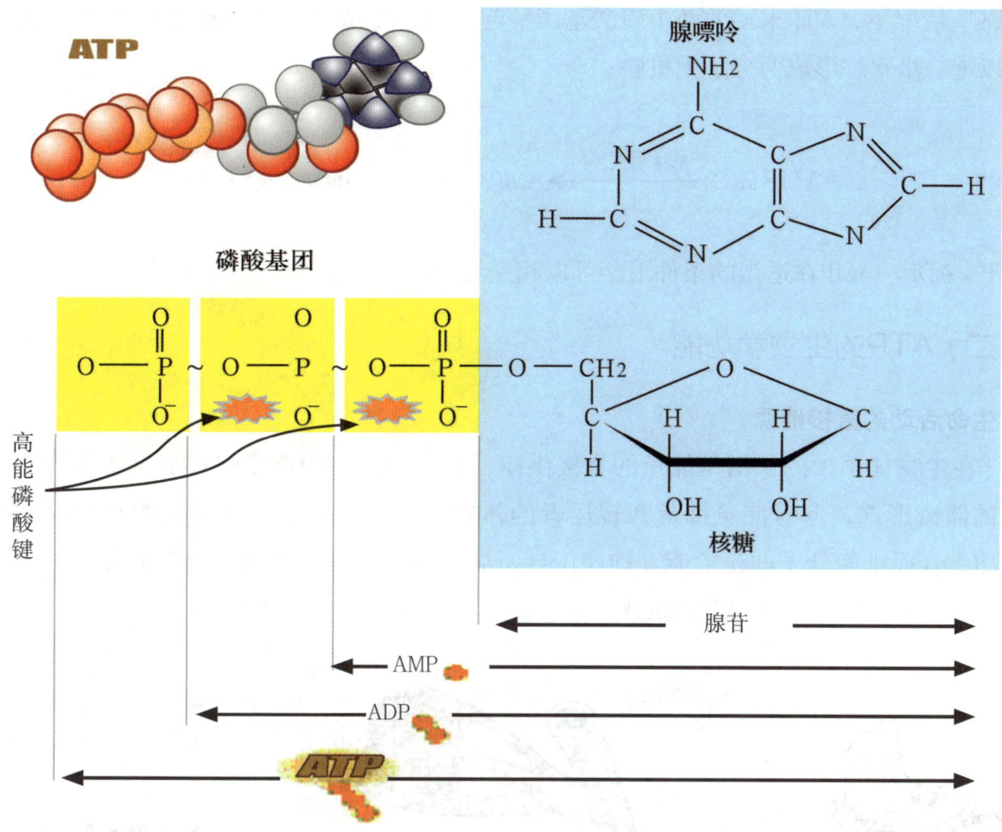

图2-2　三磷酸腺苷（ATP）结构式

在ATP分子结构中的三个磷酸根之间的结合键中蕴藏着大量的化学能，故称为高能磷酸键，用“~”符号表示（A—P~P~P）。ATP是高能分子，ATP水解末端的高能磷酸键释放自由能为机体各项生理活动提供能量，通常情况下，ATP在ATP酶的作用下水解最外侧端的高能磷酸键，生成ADP和磷酸，并释放大量的能量供细胞各项活动利用。（图2-3）

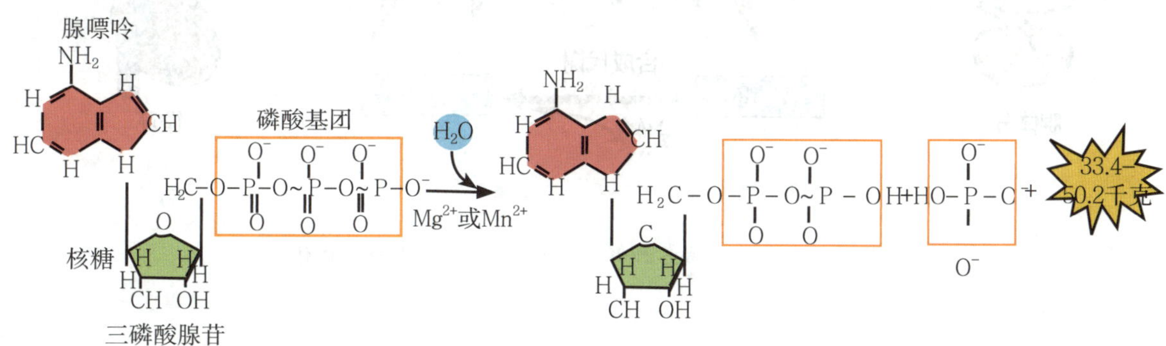

图2-3　ATP水解生成ADP

在某些情况下，ATP末端的两个磷酸基团一起去除，生成AMP和焦磷酸（PPi），无机焦磷酸可以进一步水解形成两分子无机磷。

$$ATP+H_2O \xrightarrow{\text{焦磷酸酶}} AMP+PPi\text{（焦磷酸）}+\text{能量}$$

ATP、ADP、AMP在适当的条件下，可以相互转变。

（二）ATP的生物学功能

1. 生命活动的直接能源

ATP在生物体系中的作用是能量的直接供体，是代谢反应中能量转移的重要载体，而不是能量的储藏形式，起着能量携带和转运者的作用，满足生命活动所需要的肌肉收缩所做的机械功、合成细胞分子的化学能、神经传导所需的电能、维持体温度的热能等各种能量消耗，因此，常常被称为"通用能量供体"或"能量通用货币"。（图2-4）

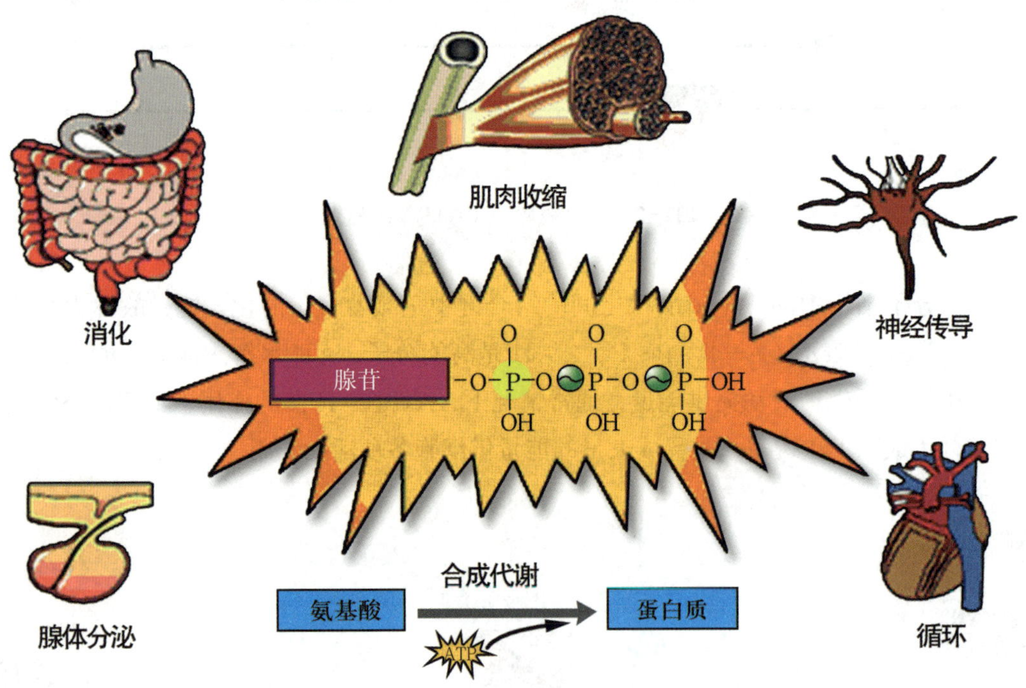

图2-4　ATP是完成各种形式的生物功能的直接能量供体

2. 参与细胞内磷酸肌酸、糖、脂、蛋白质等物质的代谢反应

运动后恢复期，当机体中ATP的合成量达到一定浓度时，ATP分子内的高能磷酸基团可以转移给肌酸，合成磷酸肌酸（creatine phosphate, CP）。

$$ATP + C \longrightarrow ADP + CP$$

此外，机体内还有其他的高能磷酸化合物，如三磷酸胞苷（CTP）、三磷酸鸟苷（GTP）、三磷酸尿苷（UTP）等，也是在许多物质代谢过程中起重要作用的能源物质，而且也都是从ATP中获得高能磷酸键分别转移给CDP、GDP、UDP而合成的。

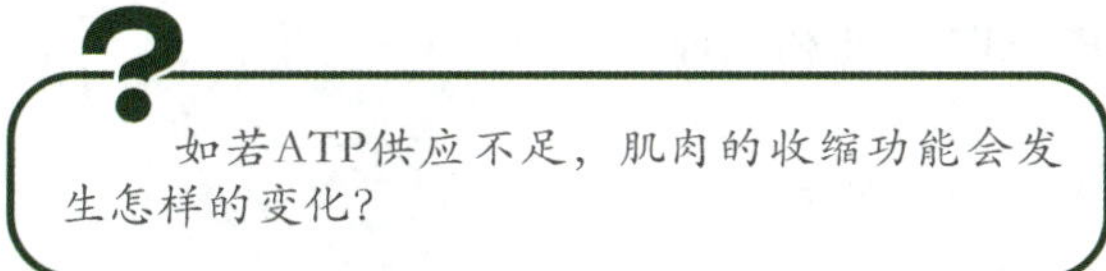

ATP还作为磷酸的供体，参与糖、脂肪等分解代谢起始阶段耗能的磷酸化（活化）反应。

（三）ATP储量及其供能能力

思考与交流

直接补充ATP可以提高机体的运动能力吗？

人体内ATP总量大约在80~100克，在任何时刻总量不超过100克。生物学家估计，一个静卧的人24小时内消耗约40千克ATP，久坐的人每天消耗ATP的重量相当于自身体重的75%。长跑运动员完成马拉松赛跑消耗的能量是3个小时安静状态能量消耗的20倍，相当于消耗80千克ATP。肌肉中的ATP储量不超过5毫摩尔/千克湿肌，仅能够维持全力爆发性运动1～2秒钟。肌细胞也不能直接吸收血液或邻近细胞的ATP，即使是长期的运动训练也不能明显增加肌肉中ATP的储量，而且，细胞内ATP的含量最多下降30%～40%。因此，运动时，骨骼肌消耗的ATP必须随时得到补足，才能维持肌肉的持续运动。

人体细胞每天的能量需要水解200~300摩尔的ATP，体内ATP不断水解又不断再合成，这意味着每个ATP分子每天要被重复利用2000~3000次，ATP的分解与再合成，即高能磷酸键的断裂与再连接在活细胞中是永不停息地进行着的。这也为能量代谢的调节提供了有效的生物学机制。为了维持这极少量的ATP 的储存量，其浓度和相应的ADP的浓度随细胞内能量需求发生快速变化。运动时ATP/ADP的浓度比的变化迅速激活其他能源物质分解再合成ATP。细胞内能量专一的增加取决于活动强度。散步时的能量转移速率是静坐于椅子上的4倍，全力冲刺跑的能量转移速率是散步时的120倍。不同强度运动时ATP的消耗速率不同，需要与其相匹

配的再合成ATP的能源物质和代谢途径。因此，向肌肉注射ATP可增加运动时的能量是不可能的！其一是量太少，其二是ATP不能自由通过细胞膜。

三、ATP再合成的原料

食物中只有糖、脂肪和蛋白质是能源物质，这些物质经过消化吸收后，通过血液运输到各组织细胞被利用。运动时，肌肉再合成ATP的能源物质包括肌内能源物质和肌外能源物质。因此，肌细胞中可以用于合成ATP的能源物质包括：

（1）肌细胞内储存的三酰甘油和糖原；

（2）血糖；

（3）游离脂肪酸。

它们的能源物质储存及其总能量估算值见图2-5与表2-1。

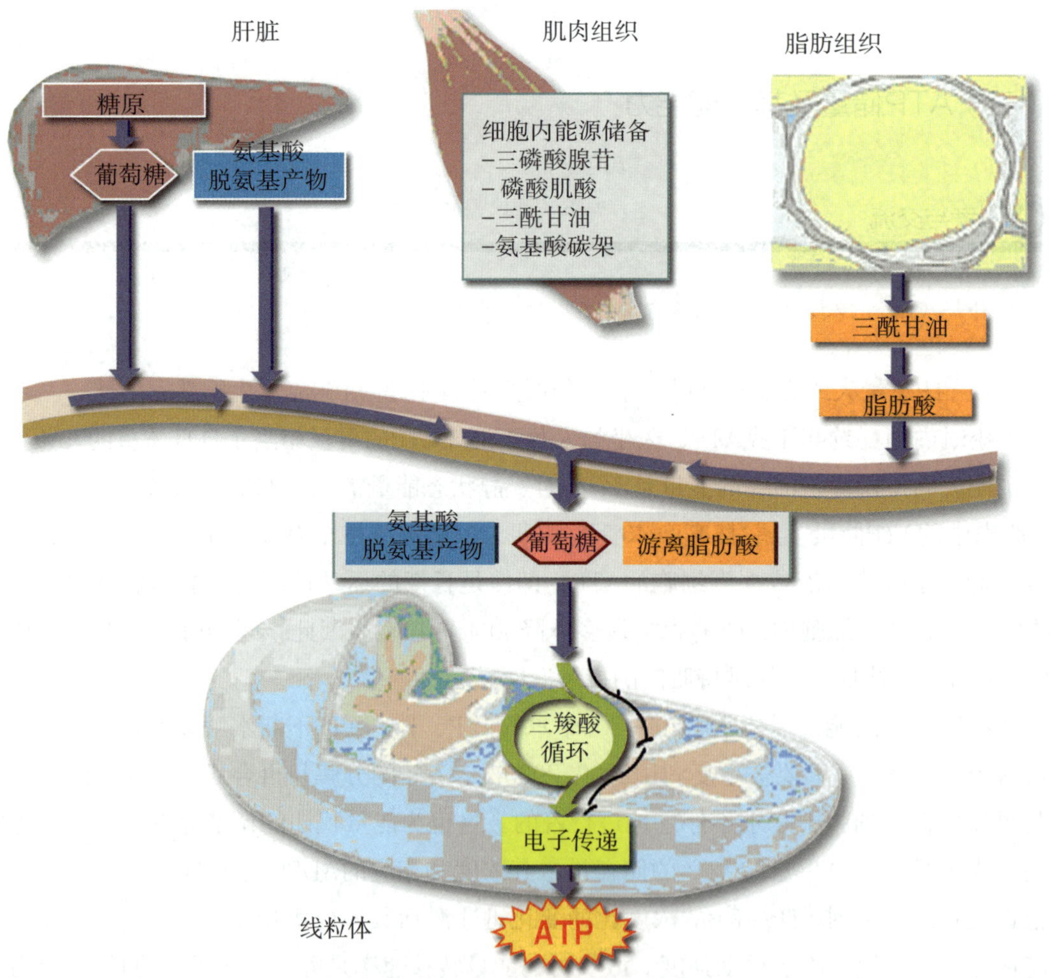

图2-5　ATP再合成的能源物质

表2-1 人体主要能源物质储存及其总能量估算值※

能源物质	主要储存形式	总卡路里数	总千焦数	运动距离（米）*
ATP	组织	1	4.2	16
CP	组织	4	16.8	64
糖	血糖	20	88	320
	肝糖原	400	1680	6400
	肌糖原	1500	6300	24000
脂肪	血浆脂肪酸	7	29.2	112.5
	血浆甘油三酯	75	315	1200
	肌内甘油三酯	2500	10500	40000
	脂肪组织甘油三酯	80000	336000	1280000
蛋白质	肌组织内蛋白质	30000	12600	480000

注：※：这些值随着个体的体积、体脂含量、体能水平和饮食状况不同而存在较大差异。
*：以每1.6千米消耗100卡路里计算。

四、ATP的再合成途径

（一）高能磷酸化合物合成ATP

合成ATP最简单、最迅捷的途径是磷酸肌酸将自身的高能磷酸键转移给ADP合成ATP。ATP、CP分子内均含有高能磷酸键，在代谢中均能通过转移磷酸基团的过程释放能量，所以将ATP、CP合称磷酸原。（图2-6）

$$CP + ADP \xrightarrow{CK} ATP + C$$

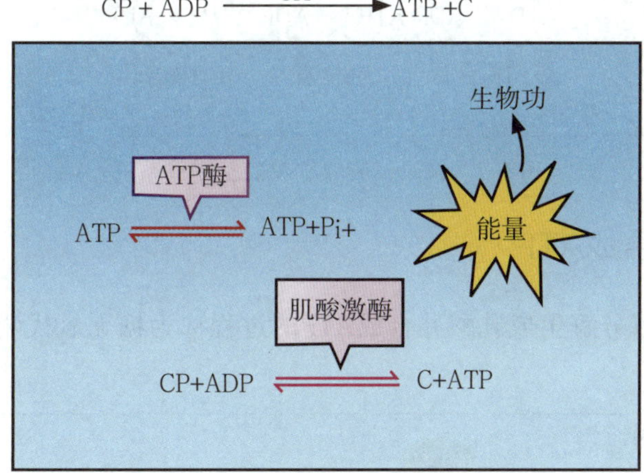

图2-6 ATP、CP断裂磷酸键释放能量

磷酸肌酸（CP或PCr）是肌酸（C）磷酸化的产物。其在肌肉的快速供能中发挥重要作用。

CP是高能磷酸基团的储存库。肌肉中的含量为20～30毫摩尔/千克湿肌，而ATP的含量为4.7～7.8毫摩尔/千克湿肌。当机体氧化释放的能量生成ATP供大于求时，在肌酸激酶的催化下，ATP分子内的高能磷酸键转移给肌酸，合成CP，作为暂时的储存能量形式；当机体需要大量消耗ATP时，磷酸肌酸在肌酸激酶的作用下将所储存的能量再转移到ADP分子上，生成ATP供能，组成肌酸－磷酸肌酸能量穿梭系统。使得ATP水解后可就地重新合成，有效地保证了ATP水解与再合成的紧密偶联。（图2-7）

由ATP、CP分解反应组成的供能系统称为磷酸原供能系统，或ATP-CP供能系统。ATP、CP分解释放能量均是通过一步反应释放、转移能量，供能速度快，功率大。

重要知识点

磷酸原：ATP、CP分子内均含有高能磷酸键，在代谢中均能通过转移磷酸基团的过程释放能量，所以将ATP、CP合称磷酸原。

磷酸原供能系统：由ATP、CP分解反应组成的供能系统，也称为ATP-CP供能系统。

重要知识点

糖无氧代谢：糖原或葡萄糖无氧分解生成乳酸并合成ATP的过程，称为糖无氧代谢，又称糖酵解。

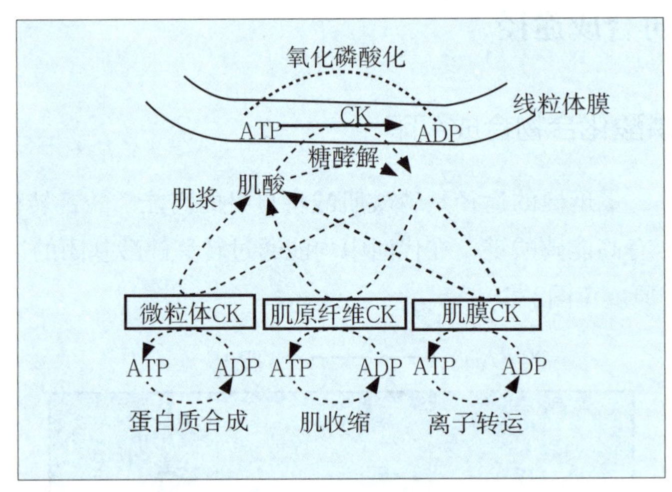

图2-7　肌酸－磷酸肌酸能量穿梭系统

（二）糖酵解合成ATP

糖原或葡萄糖无氧分解生成乳酸并合成ATP的过程称为糖无氧代谢，又称为糖酵解供能系统。

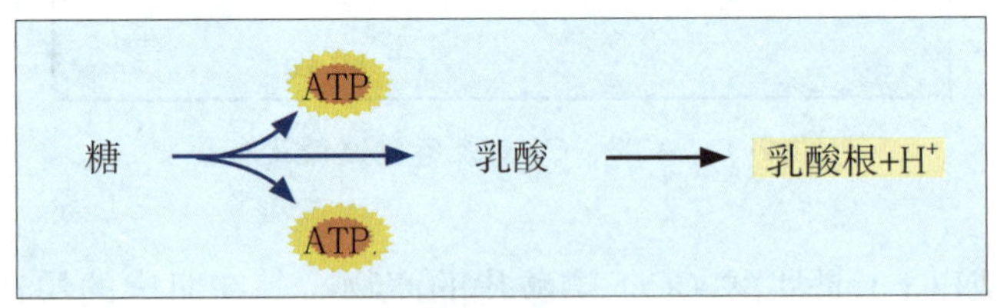

任何运动开始时，ATP都会迅速水解释放能量，肌肉中的ATP浓度一旦下降，CP立刻分解释放能量合成ATP，与此同时，糖无氧代谢过程被激活，肌糖原迅速分解，参与运动时能量供应。当运动强度增加、持续时间在1分钟左右时，糖无氧代谢供能占支配地位。

糖无氧代谢是经过一系列生物化学反应，生成乳酸，同时生成ATP的过程。糖的无氧代谢是由葡萄糖和糖原开始，每分子葡萄糖经过糖酵解净获2分子ATP，反应如果从糖原开始，每个葡萄糖单位净获3分子ATP。通过糖无氧代谢可以迅速得到ATP，维持肌肉的收缩。

糖无氧代谢供能产生乳酸，在激烈运动时糖无氧代谢供能过程可提高到安静状态下的100倍，使骨骼肌内的乳酸水平迅速增高，造成细胞pH显著下降，抑制ATP进一步再合成酶活性，使供能能力下降，不能维持预定的运动能力，因此也被称为短时间供能系统。

（三）有氧氧化合成ATP

糖、脂肪、蛋白质在有氧条件下彻底氧化生成二氧化碳和水，并释放大量能量的反应过程，称为有氧氧化，也称为有氧代谢。运动过程中，骨骼肌通过这三大能源物质有氧代谢释放能量合成ATP构成骨骼肌内有氧代谢供能系统。

重要知识点

生物氧化：有机物在细胞内经过一系列的氧化分解，生成二氧化碳或其他产物，释放出能量并生成ATP的过程，主要指糖、脂肪、蛋白质在体内分解时逐步释放能量，最终生成二氧化碳和水的过程。

有氧氧化：糖、脂肪、蛋白质在有氧条件下彻底氧化生成二氧化碳和水，并释放大量能量的反应过程，也称为有氧代谢。

在氧存在的条件下，糖原、葡萄糖经过在细胞中分解成为丙酮酸，经过三羧酸循环和氧化呼吸链的作用生成二氧化碳和水，并释放大量的能量，每分子葡萄糖经过有氧氧化可以净获38（36）分子ATP，每个糖原的葡萄糖单位经过有氧氧化可以净获39（37）分子ATP。

三酰甘油在脂肪酶的作用下水解为甘油和脂肪酸。脂肪酸是长时间运动的基本燃料。在线粒体一系列酶的催化下，脂肪酸生成乙酰辅酶A，再经过三羧酸循环和呼吸链氧化生成二氧化碳和水，并释放大量能量。动物体内天然存在的饱和脂肪酸，如十四碳酸（豆蔻酸）、十六碳酸（软脂酸）、十八碳酸（硬脂酸）β－氧化后，ATP生成数分别为113、130、147。

氨基酸的分解代谢在骨骼肌、心肌中脱去氨基后生成相应的α－酮酸，从不同部位进入三羧酸循环，最终氧化生成二氧化碳和水，并释放出能量，生成不等数目的ATP。具体过程见图2-8。

有氧代谢反应过程必须有充足的氧气供应，将代谢物氧化为二氧化碳、水和释放能量，通过呼吸和排汗维持运动，因此，有氧代谢供能的项目，运动强度不大，但维持运动的时间较长，它是数分钟以上耐力性运动项目的基本供能系统，也被称为长时间供能系统。

知识卡片

生物氧化：有机物在细胞内经过一系列的氧化分解，生成二氧化碳或其他产物，释放出能量并生成ATP的过程，主要指糖、脂肪、蛋白质在体内分解时逐步释放能量，最终生成二氧化碳和水的过程。

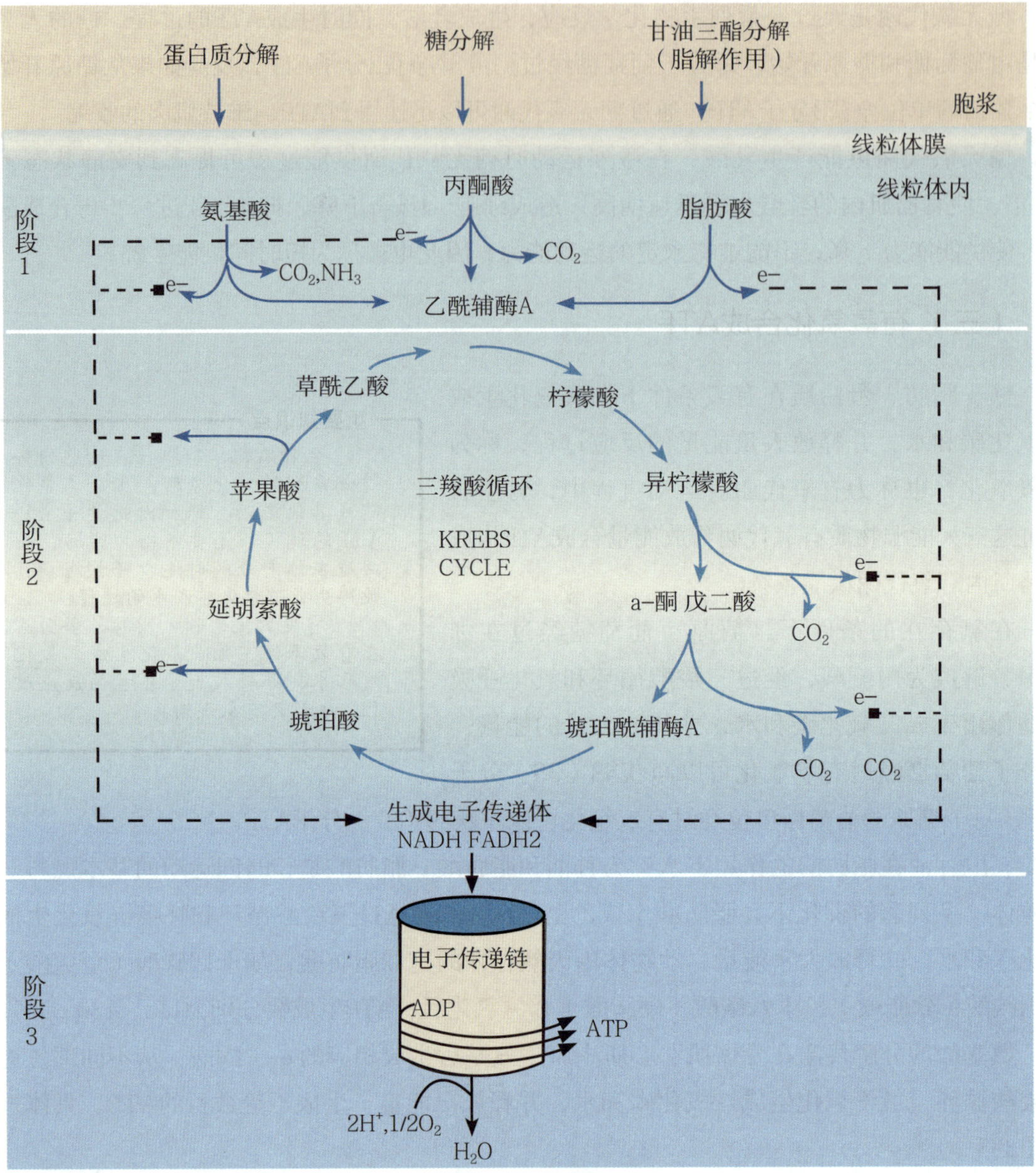

蛋白质分解
糖分解
甘油三酯分解
（脂解作用）
胞浆
线粒体膜
线粒体内
阶段1
氨基酸
丙酮酸
脂肪酸
e−
CO_2
CO_2,NH_3
e−
乙酰辅酶A
e−
阶段2
草酰乙酸
柠檬酸
苹果酸
三羧酸循环
KREBS
CYCLE
异柠檬酸
e−
延胡索酸
a−酮戊二酸
CO_2
e−
e−
琥珀酸
琥珀酰辅酶A
CO_2
CO_2
生成电子传递体
NADH FADH2
阶段3
电子传递链
ADP
ATP
$2H^+$,1/2O_2
H_2O

图2-8 糖、脂肪和蛋白质的有氧氧化过程

磷酸原（ATP，CP）系统、糖无氧代谢系统、糖有氧氧化系统和脂肪有氧氧化系统是四个运动时供能代谢系统；磷酸原供能系统、糖无氧代谢供能系统合成ATP是不需氧的代谢过程，故又合称为无氧代谢供能途径；糖有氧氧化系统和脂肪有氧氧化系统合成ATP一定需要氧气的参与，称有氧代谢供能途径。各系统功能特点见表2-2。

表2-2 人体供能系统的主要特点

	ATP-CP	糖酵解	糖有氧氧化	脂有氧氧化
主要能源物质	ATP、CP	糖	糖	脂肪
运动强度水平	最高	高	低	最低
ATP生成速率	最高	高	低	最低
功率输出	最高	高	低	最低
生成ATP总量	最低	低	高	最高
持久力	最低	低	高	最高
是否需氧	否	否	是	是
无氧代谢/有氧代谢	无氧代谢	无氧代谢	有氧代谢	有氧代谢
维持全力运动时间	1～10秒	30～120秒	长于5分钟	几个小时
典型代表项目	100米短跑	400～800米跑	5千米跑	超长距离

第二节 运动与糖代谢

为什么在运动中需要补糖？
为什么在运动中补充糖会使疲劳得以缓解？

一、概述

（一）人体糖的来源与分布

主食是我们糖的主要来源。（图2-9）

思考与交流

我们体内的糖是如何获得的？

图2-9 糖的食物来源

思考与交流

请你结合生活实际，举几个含糖物质的例子。
这些存在于动植物中的糖是怎样转变为人体内的糖呢？

那么，人体内一共有多少糖？人体内的糖都存在于人体的什么地方呢？
糖在人体内的总量一般不超过500克，分布见图2-10。

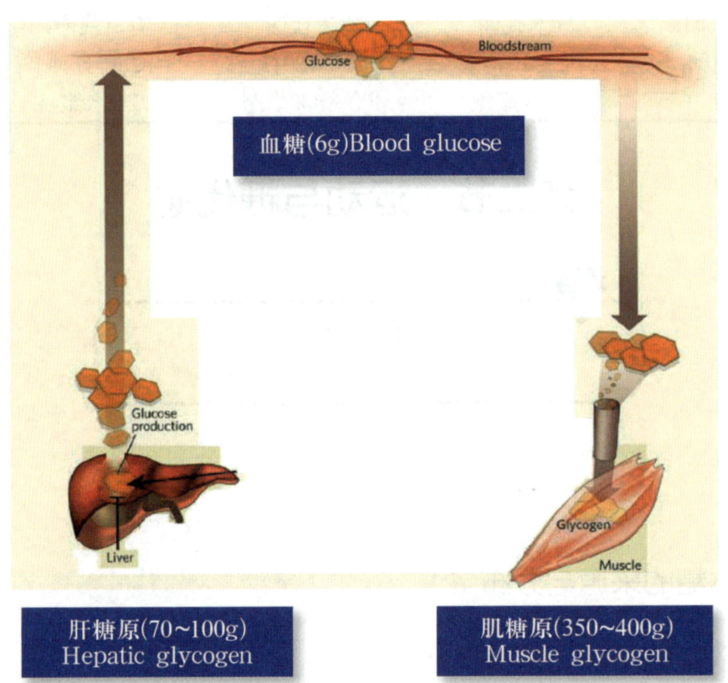

图2-10　人体内糖的分布与含量

思考与交流

为什么运动员不补充含糖食物会出现疲劳的情况？

糖是人体日常生理活动和运动过程中的主要能量来源。（表2-3、表2-4）

表2-3　人体日常生理活动时糖的供能比例

功能目的	糖供能比例（%）
正常生理活动	70%
大脑消耗	85%~95%

表2-4　不同类型运动中糖供能的比例

运动类型	糖供能比例（%）
90%~95%max强度运动	>95%
中强度运动	50%~60%

为什么糖能够成为人体的主要能源物质？

知识卡片

400米跑是典型的无氧条件下的运动。

铁人三项是典型的有氧条件下的运动。

（二）糖的供能特点

1. 无氧代谢与有氧代谢均可参与供能

作为人体的供能物质，糖既可以在无氧条件下（例如400米跑），也可以在氧气供应充足的条件下（例如铁人三项）产生能量。（图2-11、图2-12）

图2-11 400米跑运动

图2-12 铁人三项运动

2. 糖供能时的输出功率高于脂肪供能

糖无论是以无氧代谢还是以有氧代谢形式合成ATP的速率均显著高于脂肪产生ATP的速率，见表2-5。

表2-5　不同供能系统的ATP生成速率

产能方式	生成ATP速率（毫摩尔/秒/千克湿肌）
糖酵解	1.0
糖有氧氧化	0.5
脂肪有氧氧化	0.25

3. 糖供能时对氧气的利用率要高于脂肪供能

产生ATP的过程中1分子糖所消耗的氧气远远低于1分子脂肪所消耗的氧气，见表2-6。

表2-6　不同供能物质对氧气的消耗

产能物质	完全氧化耗氧量（氧气个数）
1分子脂肪酸	26
1分子糖	6

4. 糖氧化的最终产物对人体内环境的影响较小

糖进行有氧氧化产生的代谢产物仅为二氧化碳与水，相比较脂肪氧化供能时消耗氧较多、蛋白质氧化供能时产生的氨对人体内环境造成的影响要小。

5. 糖的储量远低于脂肪

人体内糖的含量远远低于脂肪。运动中引起的糖耗竭是导致运动疲劳的重要原因。

人体运动时肌肉收缩的能量主要由肌糖原提供，而肝糖原则通过释放葡萄糖入血满足运动时肌肉对糖的利用。血糖作为运动时糖的运输形式既保证了运动时糖的运输，也保证了运动时中枢神经系统对能量的需求。三者与运动能力的关系下面分别进行介绍。

二、肌糖原与运动能力

思考与交流

请结合第一部分内容，思考运动中肌肉的能量来源与糖的关系。

?

肌糖原在运动中参与能量代谢，有哪些因素影响其供能？

知识卡片

肌糖原：肌肉中糖的储存形式，肌糖原储量占人体糖储量的70%。

高糖饮食：是指所摄取的食物中糖的含量占食物总热量60%~70%的食物。

（一）影响肌糖原利用的因素

人体运动时肌糖原被迅速分解，人体运动时肌糖原利用的速度与数量受多种因素影响，但其中最主要的是运动强度、运动持续时间、训练水平、饮食、环境因素等。

1. 运动强度对肌糖原利用的影响

随着运动强度的增加，肌糖原的消耗速率也随之增加，见图2-13。

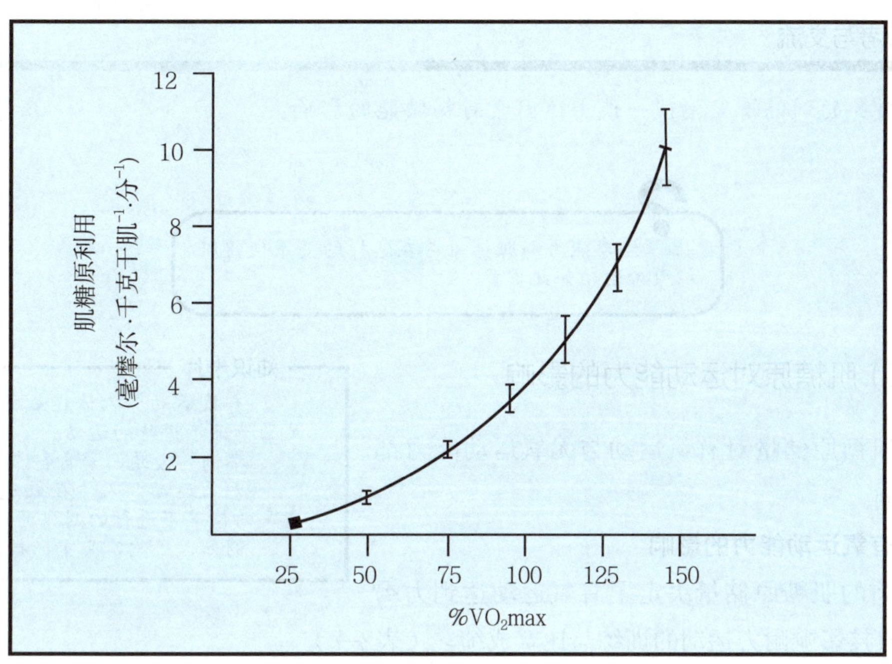

图2-13 不同强度运动时肌糖原的利用速率（Saltin等，1971）

2. 运动持续时间对肌糖原利用的影响

运动时间对于肌糖原的影响主要发生在中等强度运动。中等强度运动由于肌糖原消耗速度较快，同时运动持续时间达45~200分钟，随着运动时间的延长，肌糖原的消耗量也随之增加。

3. 训练水平对肌糖原利用的影响

长时间的耐力训练提高了肌肉对脂肪的氧化能力，使得肌肉对糖原供能的依赖程度相对降低，对肌糖原起到了节省的作用。

4. 饮食对肌糖原利用的影响

对于进行中等强度长时间运动（例如马拉松、竞走等）的运动员通过食物或运动饮料补糖可以节省肌糖原，防止机体糖消耗过快。

5. 环境因素对肌糖原利用的影响

环境因素对肌糖原利用的影响主要是气温和氧含量两个方面。

天气炎热时运动，使得脂肪有氧供能水平下降，肌糖原消耗增加。天气寒冷时运动，脂肪组织氧气供应充足，脂肪有氧供能水平上升，肌糖原消耗减少。

知识卡片

氧分压：是指溶解于血液中的氧气的张力。

正常范围：75~100毫米汞柱。

在含氧量较低的高原进行运动时，供氧不足造成糖酵解供能比例增加，肌糖原消耗增加。

思考与交流

结合自身的训练情况，谈一谈上述因素对糖供能的影响。

?

运动能力与肌糖原存在怎样的关系使得肌糖原对运动如此重要？

（二）肌糖原对运动能力的影响

人体肌糖原储量对有氧运动与无氧运动能力都有重要影响。

知识卡片

有氧运动：人体在氧气供应充足的情况下进行的运动。

举例：慢跑、骑自行车。

无氧运动：人体在氧气供应不充足的情况下进行的剧烈运动。

例如：短跑、举重、投掷。

1. 对有氧运动能力的影响

运动前的肌糖原储量决定了有氧运动达到力竭的时间，直接影响耐力运动的训练与比赛成绩。（表2–7）

表2-7　肌糖原储量与力竭时间

肌糖原含量（克/100克湿肌）	达力竭时间（分）
1.73	113.6
0.63	56.9
3.31	166.5

2. 对无氧运动能力的影响

骨骼肌中肌糖原储量过低时，使得糖的无氧代谢能力下降。因此，充足的肌糖原储备对于以无氧代谢为主的运动项目是必要的。

（三）肌糖原的恢复

肌糖原作为运动时骨骼肌重要的能源物质，运动时以及运动后肌糖原的恢复规律对于合理安排运动员间歇以及合理营养有十分重要的意义。

1. 运动中肌糖原的恢复

重要知识点

糖异生作用：非糖类物质转变为葡萄糖和糖原的过程。主要发生在肝脏。

之前的研究一直认为肌糖原在运动后才会开始恢复，但通过最近的研究表明骨骼肌在运动时能通过糖异生恢复肌糖原。糖异生是肌糖原在运动时进行恢复的主要方式。

虽然运动时肌糖原就有一定的恢复，但肌糖原的恢复主要发生在运动结束后。运动结束后肌糖原恢复的规律主要受到运动类型的影响。

2. 运动后肌糖原的恢复

（1）长时间持续运动后肌糖原的恢复

长时间持续运动结束后2小时内肌糖原恢复速度最快，10小时内恢复速度始终保持在较高水平，达到超量恢复需要46小时。

长时间持续运动后肌糖原的恢复效果受到膳食结构的影响。（图2-14）

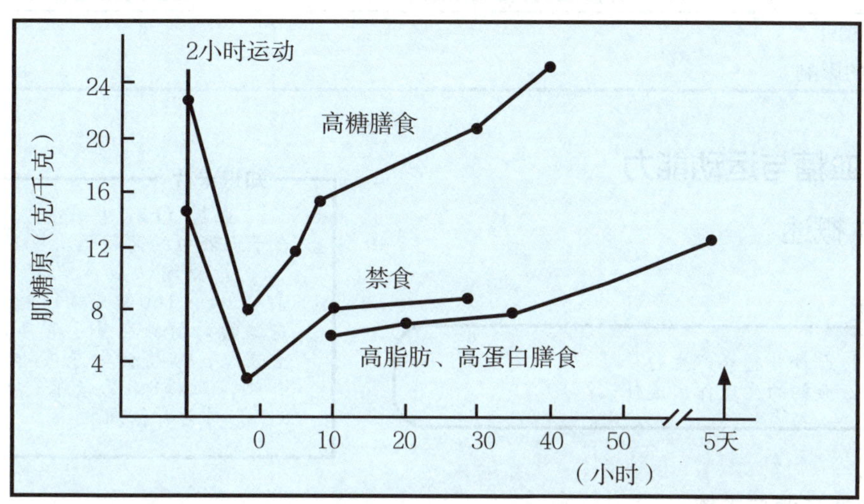

图2-14　长时间持续性耐力运动后膳食对肌糖原恢复的影响（Fox，1991）

（2）短时间大强度间歇运动后肌糖原的恢复

短时间大强度间歇运动结束后，2小时内不进食肌糖原仍然可以恢复。恢复的前5小时，恢复速率最快，运动结束后24小时肌糖原已经基本恢复，且肌糖原恢复不受膳食结构影响。（图2-15）

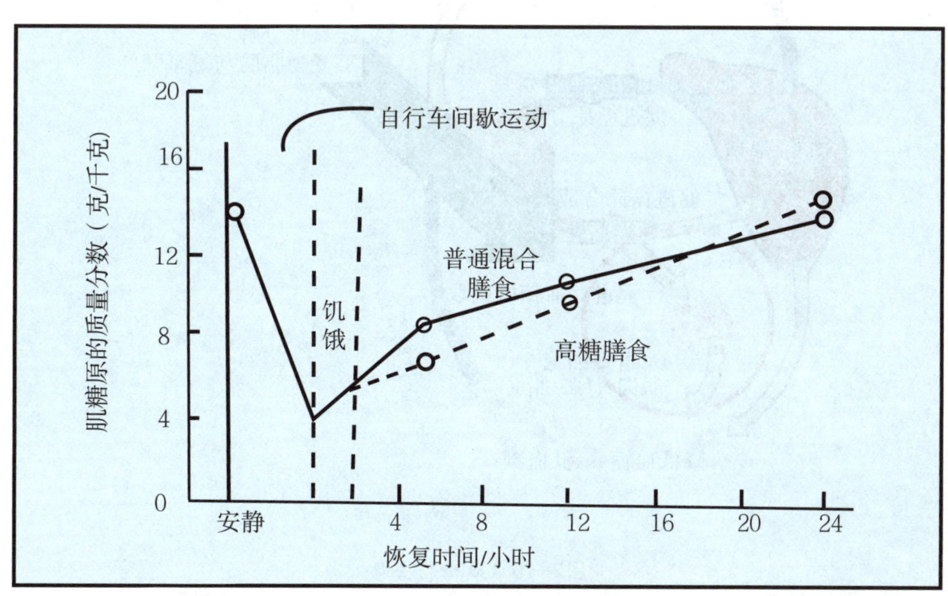

图2-15　大强度间歇性耐力运动后膳食对肌糖原恢复的影响（Fox，1979）

思考与交流

请根据所学内容，总结归纳长时间持续运动后与短时间大强度间歇运动后肌糖原恢复的差异，完成下列表格：

	长时间持续运动后肌糖原恢复	短时间大强度间歇运动后肌糖原恢复
恢复时间		
受饮食的影响		

三、血糖与运动能力

（一）概述

1. 血糖是怎样产生的？
2. 血糖的生理作用是什么？

知识卡片

血糖（blood sugar）：是指存在于血液中的葡萄糖。

肾糖阈：血糖浓度高于8.8毫摩尔/升（160毫克%）时，肾小球滤过的葡萄糖在肾小管不能被完全重吸收，糖将会由尿液排出体外，因此，血糖8.8毫摩尔/升（160毫克%）称为肾糖阈。

1. 血糖的来源与去路

血糖的基本来源是食物中的糖，主要来源于富含淀粉的食物。饥饿状态下肝糖原释放的葡萄糖是血糖的主要来源。血糖产生后进入组织和细胞中进行利用。（图2-16）

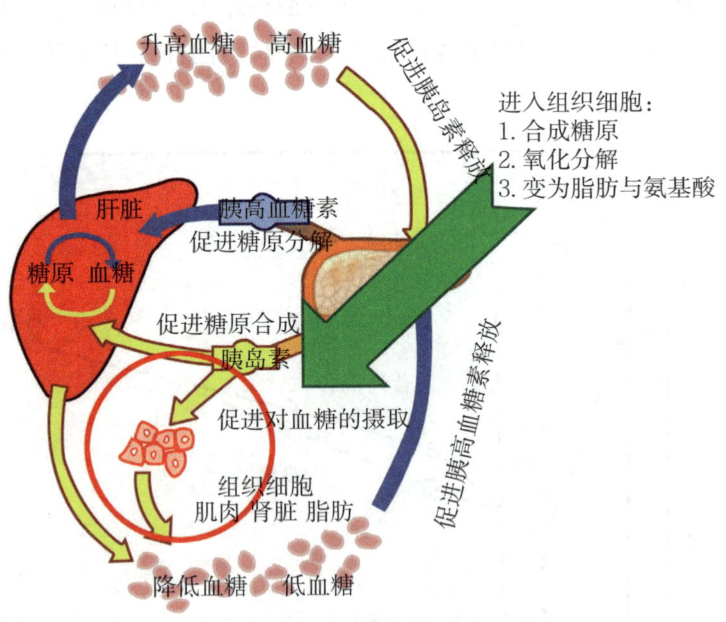

图2-16 血糖的去路

2. 血糖的生物学功能

> **知识卡片**
>
> 低血糖：血糖水平低于2.8毫摩尔/升所出现的异常现象
>
> 症状：面色苍白、头晕、出冷汗、心慌、恶心等。

血糖是葡萄糖转运到外周组织的媒介物，其主要具有以下生物学功能：

（1）血糖是中枢神经系统的主要供能物质

血糖用以维持中枢神经系统的正常功能。脑组织几乎完全依赖摄取血糖进行能量代谢。脑组织消耗血糖的速率为75毫克/分，每日消耗血糖总量为120~130克。

思考与交流

低血糖患者为什么会出现头晕、心慌等现象，其与血糖水平下降存在怎样的联系？应该如何预防？

（2）血糖是红细胞唯一的能源物质

成熟的红细胞没有线粒体存在，因此不能通过有氧氧化获得能量。进入红细胞中的葡萄糖以糖酵解这种无氧代谢的形式被利用。

（3）血糖是运动肌的燃料

运动时骨骼肌不断吸收血糖可以阻止肌糖原下降，保持和提高运动员的耐力。正常肌糖原含量的骨骼肌血糖供能比例仅占7%，而肌糖原储量较低的骨骼肌运动时，血糖供能比例达46%。

（二）运动中血糖的变化规律

安静状态下骨骼肌主要利用脂肪酸氧化提供能量，利用血糖供能的比例仅占10%。随着运动强度增大，骨骼肌摄取血糖的数量增多。（图2-17）

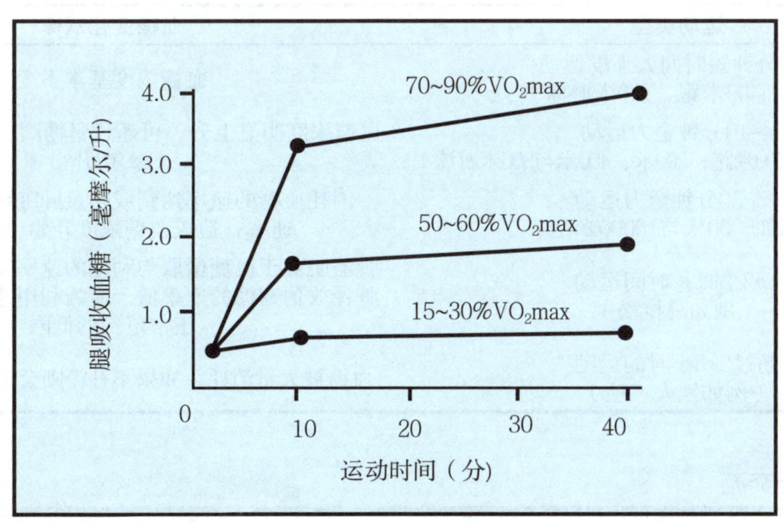

图2-17 运动强度与骨骼肌摄取和利用血糖的关系（Felig，1975）

运动时间对骨骼肌摄取与利用血糖的影响主要体现在运动最初几分钟运动部位的肌肉吸收血糖量迅速增加，随着运动时间的延长肌肉吸收血糖保持上升的趋势。在长时间运动后期，肌糖原储存已被大量排空，这时骨骼肌主要依靠摄取血液葡萄糖来获取糖。（图2-18）

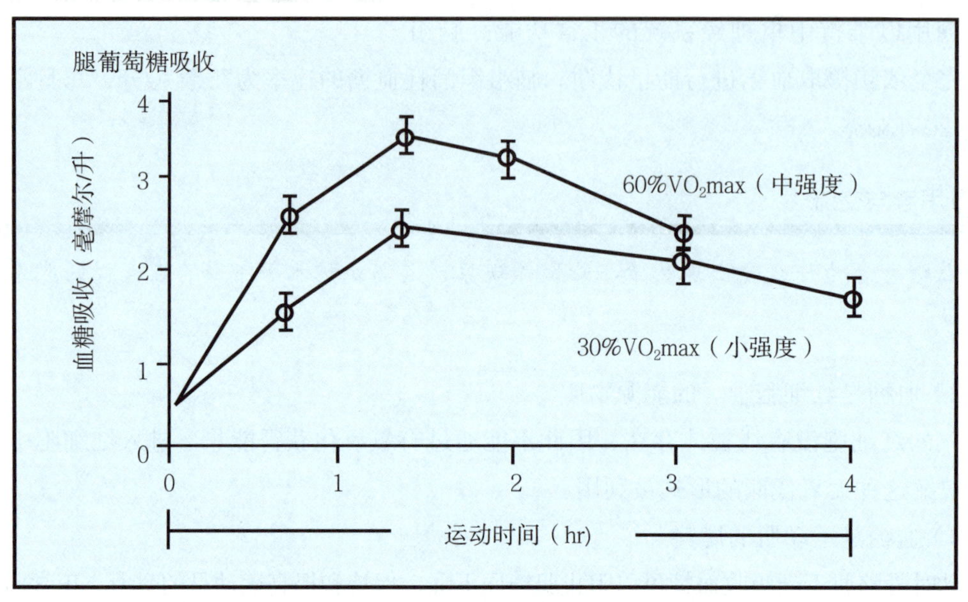

图2-18　运动持续时间与骨骼肌摄取和利用血糖的关系（Bjorkman，1988）

血糖浓度反映了骨骼肌与肝脏之间的动态平衡。肌糖原储量较低的骨骼肌，对于肌外能源物质的依赖性增加。在肌糖原含量较低的骨骼肌内，血糖供能的比例可以达到46%。（表2-8）

表2-8　不同类型运动中血糖变化规律

运动类型	血糖变化规律
1~2分钟短时间大强度运动（例如400米跑、100米游泳）	血糖浓度基本不变
4~10分钟全力运动（例如800米、1500米跑；200米、400米与800米游泳）	血糖浓度明显上升，可超过肾糖阈，达到10~11.1毫摩尔/升
15~30分钟全力运动（例如5000米与10000米跑）	消耗血糖的速率达到或超过肝脏释放葡萄糖的速率，造成血糖浓度开始出现下降
1~2小时长时间运动（例如马拉松）	骨骼肌对于血糖摄取与利用的速率接近最大值。肝脏释放葡萄糖的速率低于血糖利用速率，血糖处于正常范围的低限
超过2~3小时的运动（例如铁人三项）	血糖被大量消耗，如果不补糖则会出现低血糖症状

思考与交流

请结合不同运动中血糖的变化规律，分析其在糖补充上的差异。

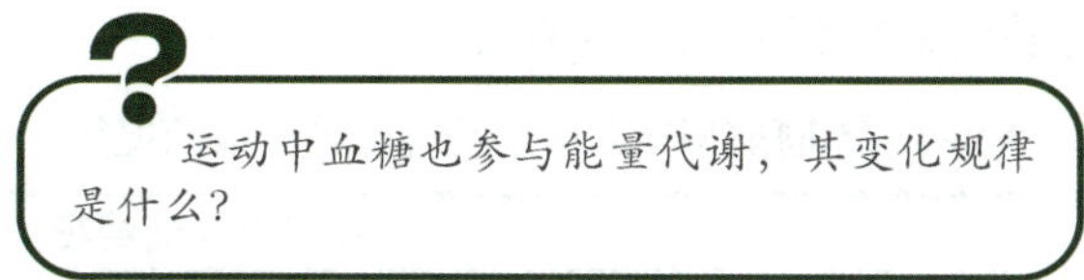

四、肝脏释放葡萄糖与运动能力

安静、运动时肝脏葡萄糖的释放主要分为肝糖原分解释放葡萄糖（图2-19）和肝脏糖异生释放葡萄糖（图2-20）。

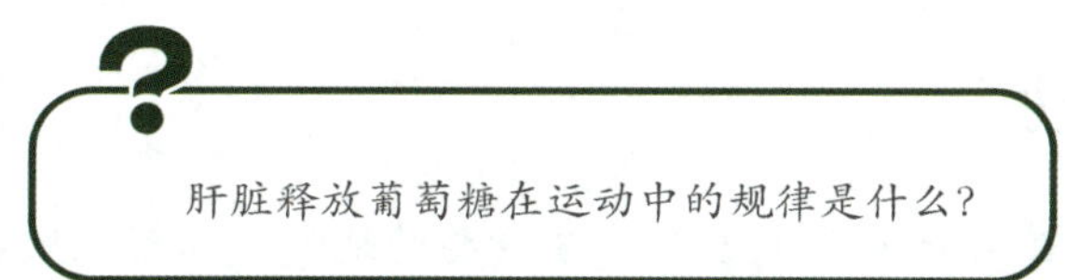

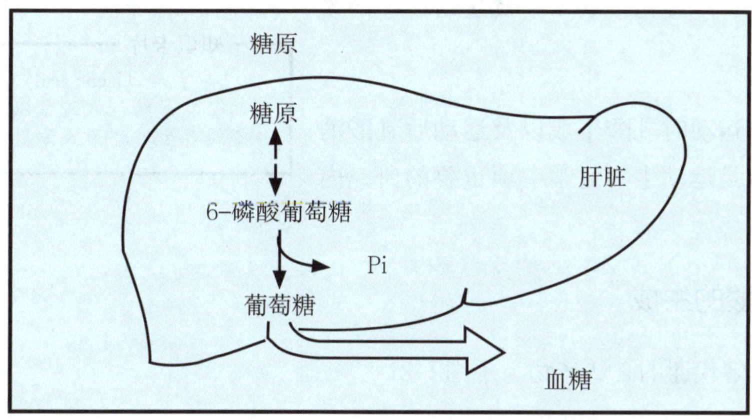

图2-19 肝糖原分解示意图

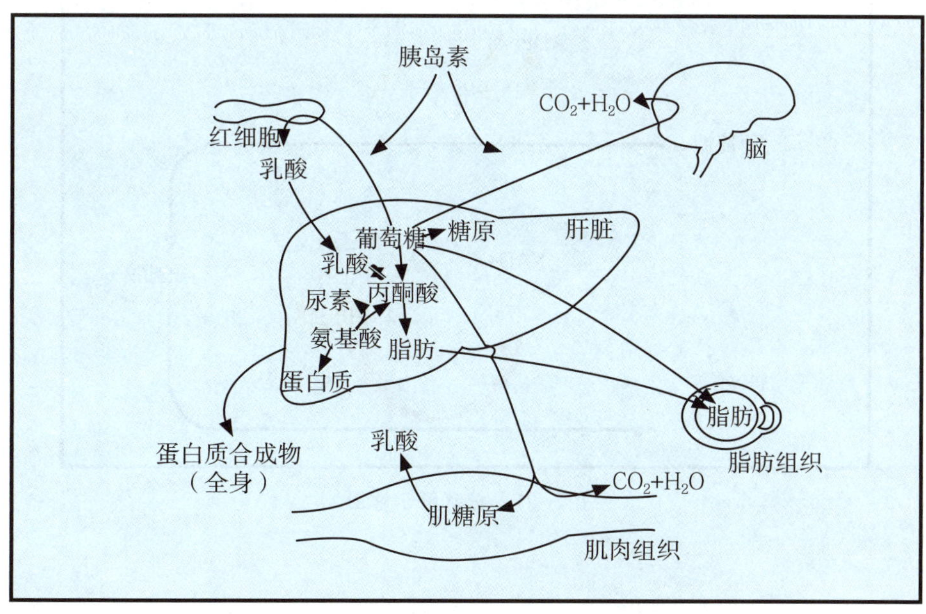

图2-20 肝糖异生分解示意图

在不同类型运动中肝脏葡萄糖释放的规律存在差异。

表2-9　不同类型运动中肝脏葡萄糖释放的规律

运动类型	肝脏释放葡萄糖变规律
安静	肝糖原分解占70%；糖异生占30%
短时间大强度运动	肝糖原分解占90%；糖异生占10%
长时间持续运动	起始阶段：肝糖原分解占90%；糖异生占10% 随着时间延长，肝糖原分解所占比重逐渐下降，糖异生比重逐渐增加

五、 乳酸与运动

乳酸（lactic acid）在供能体系中占有十分重要的地位。同时乳酸属于酸性物质，乳酸堆积也会导致人体出现酸化，从而造成运动疲劳的发生。

> **知识卡片**
>
> 乳酸（lactic acid）：糖酵解代谢的必然产物。乳酸可以通过有氧代谢或糖异生过程为人体提供能量。

因此，了解运动时乳酸生成以及运动后乳酸消除的特点与规律是运动生物化学一项重要的研究内容。

（一）乳酸的生成

乳酸是糖酵解代谢的必然产物。（图2-21）

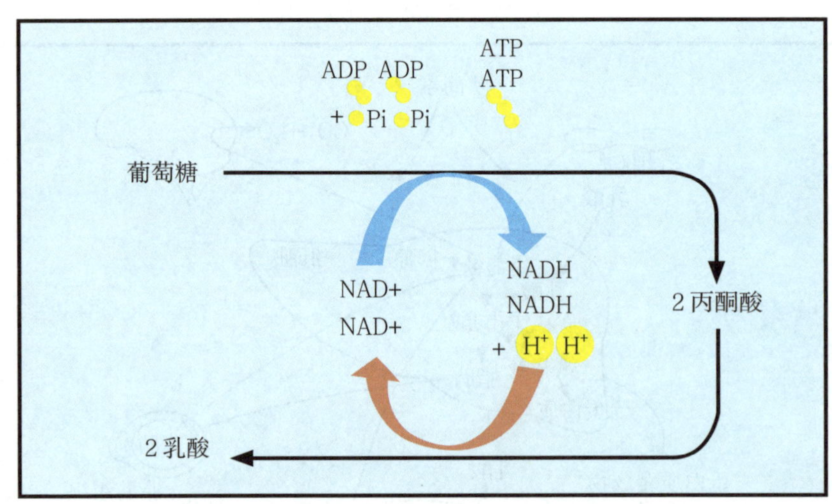

图2-21　糖酵解示意图

1. 安静状态下乳酸的生成

安静状态下仅有少量的乳酸生成，血乳酸浓度大约为1毫摩尔/升。骨骼肌产生占总量的35%。此外视网膜、红细胞、骨髓质等也需要通过糖酵解提供能量。如：

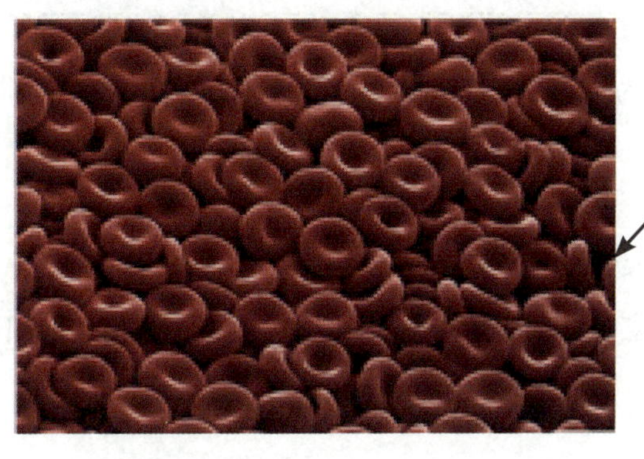

成熟的红细胞因为没有线粒体，其能量消耗需要通过糖酵解获得，因此会产生乳酸。

2. 运动时乳酸的生成

（1）短时间最大强度运动乳酸的生成

短时间最大强度运动刺激了糖酵解速率的提高，在运动进行30~60秒时糖酵解速率达到最大，乳酸迅速增多，直到运动结束。

任何运动在开始时只要能量需求超过有氧供应能力时，就有乳酸生成。例如，100米跑在10.6秒左右乳酸生成已达最大值。

（2）大强度运动时乳酸的生成

长时间大强度运动时，乳酸的增加主要发生在运动开始阶段与加速阶段。

3. 中低强度运动时乳酸的生成

低强度运动时，骨骼肌运动主要依靠有氧代谢进行供能，有氧代谢完全能够满足三磷酸腺苷再合成的需求，对于糖酵解的利用很少。

中等强度进行运动时，由于运动强度的提高，使得有氧代谢不能完全满足能量的需求，三磷酸腺苷的需要量与有氧代谢再合成之间出现了不平衡的情况，使得糖酵解的速率提高，运动中乳酸生成增加。

（二）乳酸的消除

机体产生乳酸的同时也会消除乳酸。

1. 乳酸消除的主要途径

人体乳酸消除的途径主要有四条：

（1）在骨骼肌、心肌等组织内有氧氧化生成二氧化碳和水

在心肌、骨骼肌等组织中，乳酸进入三羧酸循环中被彻底氧化生成二氧化碳和水并释放出能量供人体利用。

（2）在肝脏、肾脏内重新合成葡萄糖和糖原

乳酸在肝脏、肾脏和骨骼肌中通过糖异生作用合成葡萄糖和糖原，这对于维持血糖稳定有十分重要的意义。

（3）转变为脂肪酸或氨基酸

乳酸经过氧化生成的乙酰辅酶A可以作为原料合成脂肪酸或经过中间产物转变为非必需氨基酸。

（4）乳酸经汗液与尿液排出

约5%的乳酸直接通过汗液和尿液排出体外。

上述乳酸消除的四条主要途径中，乳酸直接氧化在乳酸消除中占主导地位。以下为乳酸通过各条途径消除所占的比重：

（1）直接氧化占55%~70%；

（2）生成肝糖原与肌糖原<20%；

（3）转变为蛋白质成分5%~10%；

（4）转变为葡萄糖和血乳酸<2%；

（5）转变为其他物质（氨基酸、三羧酸循环中间产物）<10%。

虽然上述消除比例还存在一定的争议，但直接氧化作为乳酸消除的主要途径已经得到了证实。

2. 乳酸消除的意义

（1）有利于乳酸的再利用

乳酸可以通过氧化供能或者是糖异生合成葡萄糖和糖原，促进肝糖原、肌糖原的恢复，同时也可以维持血糖的稳定。

（2）防止酸中毒

乳酸消除可以防止乳酸因堆积过多而导致的代谢性酸中毒。

（3）有利于维持糖酵解能力

人体进行活动时，乳酸通过各个途径进行消除可以防止糖酵解产生的乳酸过多堆积，有利于糖酵解继续进行。

（三）乳酸与运动能力的关系

以糖酵解供能为主的运动项目，例如400米跑、100米与200米游泳、500米与1000米皮划艇等，运动结束后乳酸生成量越大，表明人体糖酵解能力越强，有利于速度耐力的保持，提高运动成绩。（表2-10）

表2-10 我国优秀200米自由泳选手血乳酸值与运动成绩

时间	平均成绩（n=8）	平均血乳酸值（毫摩尔/升）
1974年	2:01	12.4
1984年	1:59.29	13.6
1986年	1:57.83	16.2

（四）乳酸消除与运动能力的关系

乳酸消除能力的提高一方面可以将乳酸作为一类重要的氧化底物为骨骼肌提供能量；另一方面，乳酸消除能力的提高可以防止乳酸在骨骼肌积累，延缓骨骼肌疲劳，维持糖酵解代谢的供能能力，保持运动时的速度耐力。

思考与交流

结合乳酸消除的特点，分析为什么剧烈运动后需要进行低强度运动而不是立即停止运动？

第三节 运动与脂肪代谢

一、概述

脂肪是运动时又一重要供能物质，与糖相比，脂肪储存量大、单位重量释放的能量多，但输出功率低，因此，脂肪是长时间运动时的主要供能物质。运动时脂肪的供能能力、代谢调节以及与糖代谢供能的相互关系，直接影响运动能力。

思考与交流

运动时消耗的脂肪从哪来？

——运动时消耗的脂肪主要来自脂肪组织、血液、肌细胞。

运动时参与供能的脂肪主要来自三个部位：脂肪组织（皮下、内脏周围）储存的脂肪（甘油三酯）；循环系统即血浆脂蛋白中的脂肪；肌细胞内的脂肪。

运动时脂肪参与供能的形式主要有三种：以脂肪酸形式供给体内大多数组织，如骨骼肌、心肌等氧化利用，是脂肪供能的主要形式；以甘油形式作为糖异生主要原料，在肝脏异生为糖，对维持血糖稳定起重要作用；以酮体（乙酰乙酸、β-羟丁酸和丙酮）形式，供给骨骼肌、中枢神经系统氧化利用。

二、运动时脂肪组织内甘油三酯的供能

思考与交流

脂肪组织的脂肪如何到达肌肉？

——通过血液运输。

脂肪组织中含有大量脂肪，是长时间运动时重要的供能物质。运动时脂肪组织内脂肪进入骨骼肌供能与多个环节有关：①脂肪组织内脂肪的动员；②脂肪酸在血液中的运输；③脂肪酸跨细胞膜转运；④脂肪酸在肌细胞内氧化等。

（一）脂肪动员

1. 概念和过程

> **知识卡片**
>
> 脂肪动员：脂肪组织中的脂肪在脂肪酶催化下生成甘油和脂肪酸，随血液循环供给全身各组织摄取利用的过程。
>
> 游离脂肪酸：体内没有被酯化的脂肪酸。

脂肪酶有三种，逐步水解甘油三酯生成甘油和脂肪酸。没有被酯化的脂肪酸称为游离脂肪酸（free fatty acid, FFA）。脂肪首先被甘油三酯脂肪酶水解成甘油二酯和脂肪酸，甘油二酯相继被甘油二酯脂肪酶和甘油一酯脂肪酶水解成甘油和脂肪酸。甘油三酯脂肪酶是脂肪分解的限速酶，因对激素敏感，故称激素敏感脂肪酶。肾上腺素、胰高血糖素、肾上腺皮质激素是激素敏感脂肪酶的激活剂，加速脂解作用。而胰岛素具有抗脂解作用，见图2-22。运动时肾上腺素、胰高血糖素、皮质醇分泌增加，胰岛素分泌减少，有利于脂肪分解供能。

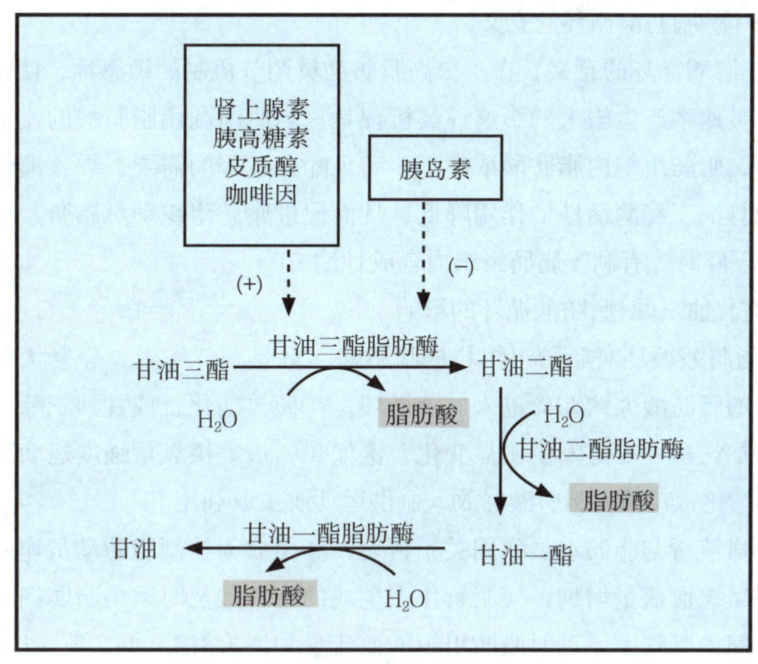

图2-22 脂肪酸动员过程及其调节 （张爱芳，2005）

2. 脂肪组织释放脂肪酸

（1）甘油三酯-脂肪酸循环的过程

脂肪组织中脂肪水解产生的脂肪酸只有部分释放入血，其余部分在脂肪细胞内可以再酯化合成脂肪（图2-23），这一过程称为甘油三酯-脂肪酸循环（TG-FFA循环）。

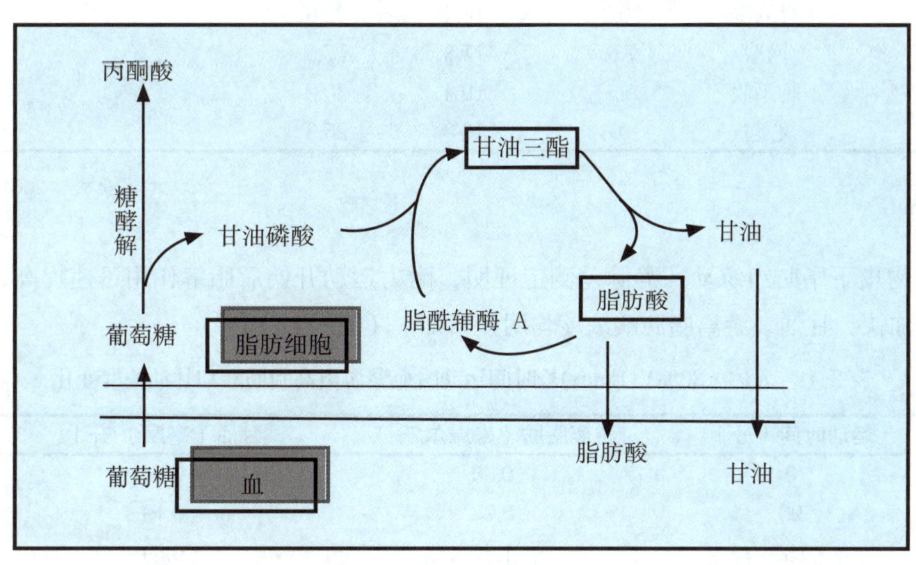

图2-23 脂肪组织内甘油三酯-脂肪酸循环 （张爱芳，2005）

（2）甘油三酯-脂肪酸循环的意义

甘油三酯-脂肪酸循环的意义，在于提高脂肪动员调节机制的敏感性，使脂肪酸浓度的微小变化对脂肪动员速率产生较大的影响。其机理是：当肌肉利用脂肪酸的速率增加时，血浆脂肪酸浓度下降，脂肪组织内脂肪酸浓度不能满足酯化过程的需要，导致酯化速度下降；同时，脂肪酸抑制甘油三酯酶活性的作用降低，从而促进脂肪组织动员脂肪。反之，当肌肉内脂肪酸氧化速率下降时，有利于脂肪组织内合成甘油三酯。

（3）运动对甘油三酯-脂肪酸循环的影响

甘油三酯-脂肪酸循环对脂肪组织释放脂肪酸起重要调节作用。静息状态人体脂肪组织内脂肪水解产生的脂肪酸大约30%进入血液循环，70%再酯化合成甘油三酯。运动时，由于机体消耗能量增加，这一比值发生明显变化，例如40%最大摄氧量强度运动30分钟时，只有25%的脂肪酸再酯化，75%的脂肪酸释放入血供运动肌摄取利用。

脂肪组织的血流量与脂肪动员作用关系密切，甚至成为控制脂肪动员作用的一个重要环节。运动时脂肪组织血流量增加，使脂解作用生成的脂肪酸及时运出脂肪细胞，使脂肪动员作用加强。长时间中等强度运动时脂肪组织的血流量约增大3倍。据布罗（Bulow，1988）报道，人、狗在长时间中等强度运动过程中各部位脂肪组织的血流量增加。（表2-11）

表2-11 长时间中等强度运动时人、狗各部位脂肪组织动脉血流量（ATBF)(毫升/100克/分)

物种	部位	静息状态	运动时间（小时）			
			1	2	3	4
人	皮下	2.0	4.7	6.2	7.9	7.6
	肾周围	2.3	4.3	8.1	12.8	15.4
狗	皮下	6.2	9.2	10.3		
	肾周围	10.2	16.4	32.6		
	网膜	7.6	11.8	17.5		
	肠系膜	9.5	19.4	30.2		
	心包	10.8	16.3	25.3		

（许豪文，2001）

对动物皮下脂肪组织动—静脉差测定证明，耐力运动开始后脂解作用迅速提高，在运动中进一步加快，甘油、游离脂肪酸浓度均明显增加。（表2-12）

表2-12 人体（30%VO_2max)长时间运动时血浆游离高脂肪酸和甘油浓度变化

运动时间（分）	游离脂肪（毫摩尔/升）	甘油（毫摩尔/升）
0	0.66	0.04
90	0.78	0.19
180	1.57	0.39
240	1.83	0.48

（冯美云，1999）

3. 脂肪组织释放甘油的代谢途径

体内的甘油，在磷酸甘油激酶的催化下，生成α-磷酸甘油。在肝脏内，根据供氧条件不同，α-磷酸甘油有三条代谢途径：

（1）无氧条件下，生成乳酸；

（2）有氧条件下，氧化成二氧化碳和水；

（3）经糖异生途径，合成糖。

脂肪细胞中磷酸甘油激酶的活性极低或无，脂肪水解产生的甘油，在脂肪细胞内既不能被氧化分解，也不能重复利用再合成甘油三酯，而是全部透过细胞膜，进入血液循环被其他组织（肝、肾）摄取利用。因骨骼肌中也缺乏磷酸甘油激酶，甘油在骨骼肌直接氧化供能的意义不大，因此，血液中甘油浓度可作为判断脂肪分解程度的指标。但应当注意，甘油在肝脏、肾脏、骨骼肌等组织中，可作为糖异生的底物被利用，所以，血液中甘油的浓度与血糖、血乳酸等指标一样，反映的是相应物质在体内代谢的动力学平衡问题。

由于脂肪组织缺乏甘油磷酸激酶，不能直接利用脂肪水解后所生成的甘油重新合成甘油三酯。在脂肪组织中合成甘油三酯所必需的α-磷酸甘油，间接来自糖酵解过程，是糖变成脂肪的重要步骤。

运动时，当血浆葡萄糖浓度处于低水平时，脂肪组织内α-磷酸甘油缺乏，脂肪酸再酯化的速率降低，促使大量的脂肪酸释放进入血液循环，供运动肌氧化利用。

（二）脂肪酸在血液中的运输

思考与交流

血液脂肪酸如何运输？

——有运输工具：血浆白蛋白。

1. 运输载体

脂肪分解作用生成的甘油和游离脂肪酸（FFA），透过脂肪细胞膜和毛细血管内皮细胞进入血液循环。甘油为水溶性物质，容易在血液中运输。脂肪酸的水溶性差，在血液中主要以血浆白蛋白为载体进行运输。因此，血浆白蛋白浓度、血浆白蛋白与游离脂肪酸的结合力以及血流速度、血流量就成为脂肪酸在血液中运输的重要限制因素。

血浆白蛋白浓度比较稳定，大约为0.6毫摩尔/升，每分子白蛋白大约可结合10分子游离脂肪酸。在正常静息状态，人血浆脂肪酸浓度相对较低，大约为0.1毫摩尔/升，比血糖浓度（4.4～6.1毫摩尔/升）低很多，但血浆脂肪酸转运速率快，半寿期大约为4分钟，所以，脂肪仍然是机体静息状态的重要供能物质。

2. 运动中血浆脂肪酸浓度的变化

长时间运动时，工作肌摄取利用血浆脂肪酸供能增多，通过神经和激素调节使脂肪组织脂解作用加强，血浆脂肪酸浓度也随之升高，比静息状态上升约20倍，接近2毫摩尔/升。血浆脂肪酸与白蛋白比值也由静息状态的0.2上升到3～4。血浆脂肪酸转运的半寿期可减少到0.9分钟。

3. 血浆脂肪酸浓度过高的危害

当大量血浆白蛋白与脂肪酸结合后，继续进行脂解作用必然使得血液中未与白蛋白结合的脂肪酸增多，由于其水溶性差，可能在血液中形成微胶粒，对人体产生一定的危害作用。例如，微胶粒会损伤细胞膜；增加血小板的粘聚而引起血栓形成；血管阻力增大，影响血液灌注及物质的运输；干扰心电传导，甚至引起心律失常。纽肖梅（Newshome,1982）对比不同生理状态下人体血液脂肪酸浓度，一般不超过2毫摩尔/升（表2-13）。因此，可以认为血液运输脂肪酸的能力是有限的。

表2-13　不同生理状态人血浆游离脂肪酸（脂肪酸)浓度（毫摩尔/升）

生理状态	血浆游离脂肪酸
正常进食后	0.10
运动应激（赛艇）	1.72
饥饿（8天后）	1.88
长时间运动（4小时）	1.83

（许豪文，2001）

4. 血浆脂肪酸浓度的调节

在人体内存在着一系列防止脂肪过度动员的调节机制，这也是为什么脂肪储量虽多，但在运动中骨骼肌不可能在单位时间内过多摄取利用脂肪供能的重要原因之一。

（1）血流量的调节

运动时增加脂肪组织、骨骼肌的血流量和血流速度，可以部分代偿血浆白蛋白运载脂肪酸的能力。

（2）酮体的调节

酮体是肝内脂肪酸不完全氧化的产物，对脂解作用有调节作用。血浆脂肪酸水平是肝内酮体生成速率的调节因素，而高浓度血酮体又可抑制脂解作用（图2-24）。当运动引起血浆脂肪酸浓度升高时，酮体生成作用加强，血浆酮体水平随之上升。血浆高酮体水平促进胰腺分泌胰岛素，胰岛素具有强抗脂解作用，降低脂肪动员；另外，酮体水平的升高可直接削弱脂肪组织的脂解作用。所以，酮体通过直接作用和促进胰岛素分泌的间接作用降低脂解速率，通过这种敏感的反馈调节，使血浆脂肪酸浓度维持在一定水平。

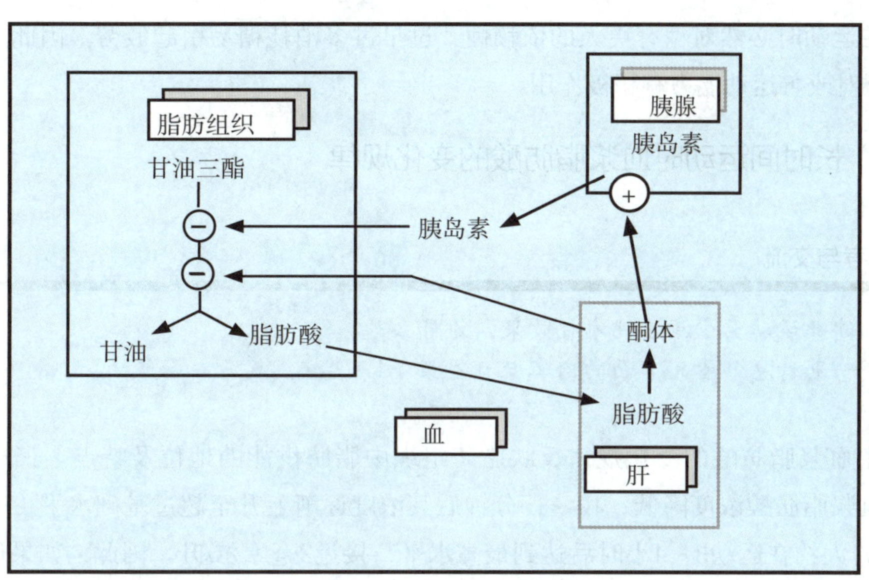

图2-24　酮体对脂肪组织脂解作用的反馈调节　（冯美云，1999）

（三）脂肪酸的跨膜转运

思考与交流

脂肪酸如何跨膜转运？

——听说过肉碱吗？这老兄功不可没哟！

脂肪组织中脂肪分解产生的脂肪酸释放入血，随血液循环被骨骼肌细胞摄取利用。目前，脂肪酸跨膜转运机制仍不十分清楚，较为普遍的认为是通过细胞膜上一种或几种蛋白构成的运载体系协同完成。

1. 脂肪酸跨细胞膜转运

脂肪酸在细胞间液或血液中运输时，是与白蛋白结合的形式存在，但在通过细胞膜或毛细血管内壁时，由于组织细胞膜对白蛋白-脂肪酸复合体的通透性很低，脂肪酸必须与白蛋白分离后才能转运。传统理论认为，脂肪酸以被动扩散的方式通过脂质膜。进一步研究发现，细胞膜上存在着脂肪酸运载蛋白，与脂肪酸的跨膜转运有密切关系。

2. 脂肪酸跨线粒体膜的转运

根据能量代谢状态，进入肌细胞浆后的脂肪酸可酯化为甘油三酯储存，或进入线粒体经β-氧化供能。长时间运动时，脂肪酸氧化利用相对占优势。脂肪酸活化生成脂酰辅酶A（脂酰CoA）的过程在胞浆中进行，而催化脂酰辅酶A进行β-氧化的酶系存在于线粒体基质内，因此，活化的脂酰辅酶A必须进入线粒体基质才能分解代谢。中短链脂酰辅酶A可直接穿过线粒体膜进入线粒体基质，而长链脂酰辅酶A进入线粒体需要肉碱的转运。缺乏肉碱，脂肪酸供能下降，在运动时必然对糖有更大的依赖性，过早过多消耗糖易引起疲劳。因此，运动员适当补充肉碱对改善运动能力有积极作用。

（四）长时间运动时血浆脂肪酸的变化规律

思考与交流

常听说健身运动至少20分钟才有效果，为什么？

——别着急，看完下面的内容就有答案了！

运动中血浆脂肪酸的变化规律反映脂肪组织中脂肪供能的地位及特点。长时间运动开始阶段，血浆脂肪酸浓度降低，10～15分钟后其浓度逐渐上升至超过基础水平（0.2～0.52毫摩尔/升），大约在运动3～4小时后达到最高水平，接近2毫摩尔/升。因此，如果运动时间太短，脂肪组织的脂肪动员少，锻炼效果差。

运动开始阶段，血浆脂肪酸浓度降低的主要原因有：①工作肌摄取脂肪酸增加，而脂肪组织脂解作用及脂肪酸释放相对滞后；②由于运动时血液重新分配，进入脂肪组织的血流量暂时下降，造成骨骼肌吸收血浆脂肪酸速率与脂肪组织向循环系统释放脂肪酸速率之间暂时的不平衡。

脂肪组织血流量对脂肪酸释放起重要作用。研究发现，与静息状态比较，运动开始后10分钟，脂肪组织血流量下降50%，然后逐渐回升；运动到30分钟时，血流量升高3倍左右，血浆脂肪酸明显升高。当血浆脂肪酸浓度接近2毫摩尔/升时，骨骼肌氧化脂肪酸供能约占总能耗的62%。可见，骨骼肌对血浆脂肪酸的摄取和利用，在耐力性运动时的能量供应中占据重要地位。因此，如果运动时间太短，脂肪组织的脂肪动员少，锻炼效果差。

（五）运动时血浆脂肪酸的供能作用

思考与交流

老兄，我就想知道如何运动减肥效果最好？

——哦？那就认真学习吧！

运动时血浆脂肪酸的转运和骨骼肌摄取利用速率与运动强度、运动持续时间、饮食等有关。一夜禁食后，脂肪提供安静时几乎全部的能量需要，其中血浆脂肪酸的转运率为每千克体重每分钟4～5微摩尔。运动时，骨骼肌摄取利用血浆脂肪酸增多，增加幅度与运动强度、运动持续时间有关。罗曼（Romijn，1993）研究揭示，低强度（25%～40%VO_2max）运动时，血浆脂肪酸能满足绝大部分脂肪供能。65%VO_2max强度运动时，血浆脂肪酸的摄取比率略微下降，但总脂肪氧化比25%VO_2max高40%，说明强度增大时肌肉内甘油三酯占总脂肪氧化比例增大。然而，当强度继续增大至85%VO_2max时，总脂肪和血浆脂肪酸氧化都下降（图2-25）。高强度运动时，脂肪氧化不能保持高功率输出，能量主要由糖提供，此时由脂肪氧化获得的能量约为25%～30%，血浆脂肪酸转换比65%VO_2max低25%。因此，高强度运动时，氧化的脂肪大部分来源于非血浆脂肪酸。

65%VO_2max中等强度运动60分钟，血浆脂肪酸占总脂肪酸氧化量的50%～60%，随时间延长（1～2小时），血浆脂肪酸供能比例继续增加，成为脂肪总能耗的主要来源。（图2-26）

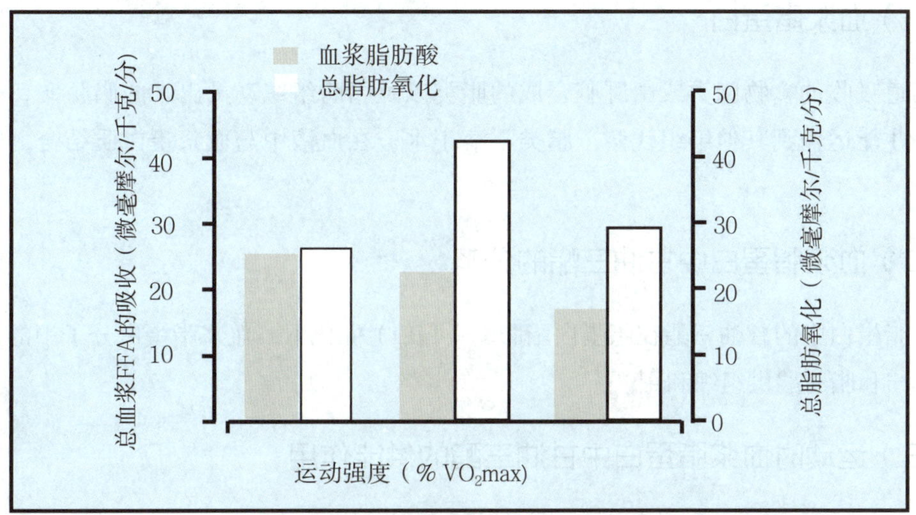

图2-25　不同强度运动测功计上运动30分钟时肌肉对血脂肪酸的摄取和总脂肪氧化（Romjin，1993）

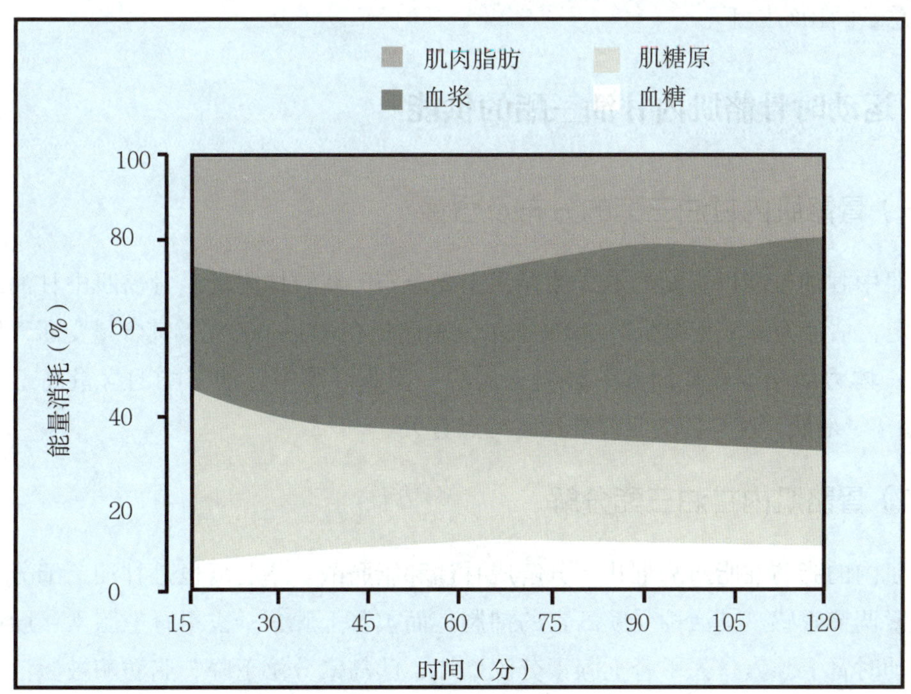

图2-26　65%VO_2max强度长时间运动过程中脂肪供能比例（Romijn，1993）

三、运动时血浆脂蛋白中甘油三酯供能

思考与交流

运动时血液脂肪供能比例高吗？

——一般不超过10%。

（一）血浆脂蛋白

从肠道吸收的食物脂类或由肝脏合成的脂类以及脂肪组织动员出来的脂肪酸，都必须经血液循环才能运输到其他组织代谢。脂类不溶于水，在血液中与血浆蛋白质结合，以脂蛋白形式运输。

（二）血浆脂蛋白中甘油三酯的分解

血浆脂蛋白中的甘油三酯在脂蛋白脂肪酶（LPL）催化下，血浆脂蛋白分子中的甘油三酯水解为甘油和脂肪酸供组织利用。

（三）运动时血浆脂蛋白中甘油三酯的供能作用

研究发现，运动时血浆甘油三酯参与氧化供能的比例很小，在长时间耐力运动时，仅占脂肪氧化总量的10%以下。

四、运动时骨骼肌内甘油三酯的供能

（一）骨骼肌内甘油三酯的分布及含量

骨骼肌中甘油三酯以脂滴的形式储存，主要分布于线粒体附近。骨骼肌中甘油三酯的含量不易测定，估计为每千克湿肌7～40毫摩尔，总储量在100～600克。其含量受肌纤维类型、营养状况、体力活动等多种因素的影响。人的一型肌纤维中甘油三酯的含量高于二型肌纤维，二b型含量最低，这与各类肌纤维代谢特点有关。

（二）骨骼肌内甘油三酯分解

骨骼肌内的脂肪在脂肪酶催化下分解成甘油和脂肪酸。脂肪酶也是甘油三酯分解的限速酶，对激素调节敏感，其活性受胰岛素的抑制，而被肾上腺素、去甲肾上腺素、胰高血糖素激活。运动时肾上腺素、去甲肾上腺素分泌增加，胰岛素分泌下降，脂肪酶被激活，脂肪分解供能提高。

（三）运动时骨骼肌内甘油三酯的供能作用

中等强度运动时，肌肉内脂肪氧化占重要地位。雷特曼（Reitman，1973）对哺乳类动物研究发现，大鼠进行中等强度长时间运动时，骨骼肌储存的脂肪排空30%～70%；用电镜观察运动前后肌肉中脂肪液泡，发现运动后液泡变小；肌肉活检也证明，运动时骨骼肌内甘油三酯含量下降。

运动时肌内甘油三酯供能的速率、比例及数量，与运动强度、运动持续时间、肌纤维类型等因素有关。（图2-25、图2-26）

五、影响运动时脂肪供能的因素

（一）运动强度和运动时间

静息状态下，脂肪酸氧化供能约占人体总能耗的50%，呼吸商为0.86，而骨骼肌的呼吸商接近0.7，说明安静时骨骼肌以氧化脂肪供能为主。

运动时，机体对各种供能物质利用的比例，主要取决于运动强度、运动持续时间，以及运动前的饮食。一般来说，随着运动强度减小，持续时间延长，依靠脂肪氧化供能的百分比增加。在短时间激烈运动时，由于运动强度大，工作肌选择输出功率较大的磷酸肌酸和糖酵解供能为主，脂肪酸几乎不被利用。当以70%～90%VO_2max强度运动时，在运动开始后的10～15分钟内，肌肉的呼吸商仍然较高，其后随着运动时间延长出现逐渐下降的趋势，说明脂肪供能比例逐渐增加。一般在70%VO_2max以下强度长时间运动中，脂肪成为运动肌的主要供能物质（表2-14）。因此，运动减肥时采用长时间低强度运动效果较好。

表2-14　人体运动时（50%VO_2max）糖、脂肪供能

		安静	运动1小时	运动2小时	运动3小时	运动4小时
相对比（%）	糖	54	27	20	17	13
	脂肪	46	73	80	83	87
氧化速率（毫摩尔/分）	糖	7.2	3.6	2.6	2.3	0.87
	脂肪	0.45	0.71	0.78	0.81	0.87
呼吸商		0.86	0.78	0.76	0.75	0.74

（冯美云，1999）

（二）耐力训练

耐力训练后再进行中大强度运动时，脂肪供能比例增加，这对于运动中节省糖，提高运动能力具有重要意义。耐力训练可促进机体运动时较多氧化脂肪的适应性变化表现在多个方面，例如：训练肌线粒体含量和体积；有氧代谢酶活性；脂肪酸动员、运输、摄取等对训练的适应等。

耐力训练可使训练肌群线粒体数目增多，体积增大，有氧代谢酶活性增加（表2-15）。这些适应性变化可使骨骼肌细胞在运动时以更快的速度氧化脂肪供能，从而节省糖。

表2-15　训练对鼠骨骼肌线粒体酶活性的影响（微毫摩尔/克）

酶	组别	肌纤维类型Ⅱa	肌纤维类型Ⅱb	肌纤维类型Ⅰ
柠檬酸合成酶	不运动	10.3	36	23
	训练	18.5	70	41
肉碱脂酰转移酶	不运动	0.11	0.72	0.63
	训练	0.20	1.20	1.20
3-羟丁酸脱氢酶	不运动	0	0.14	0.34
	训练	0.03	0.80	0.88
细胞色素氧化酶	不运动	167	830	621
	训练	339	2041	1347

（冯美云，1999）

耐力训练水平高的人，运动时脂肪氧化比例增加而糖氧化相对下降的机理，可用脂肪酸氧化抑制糖利用加以解释。（图2-27）

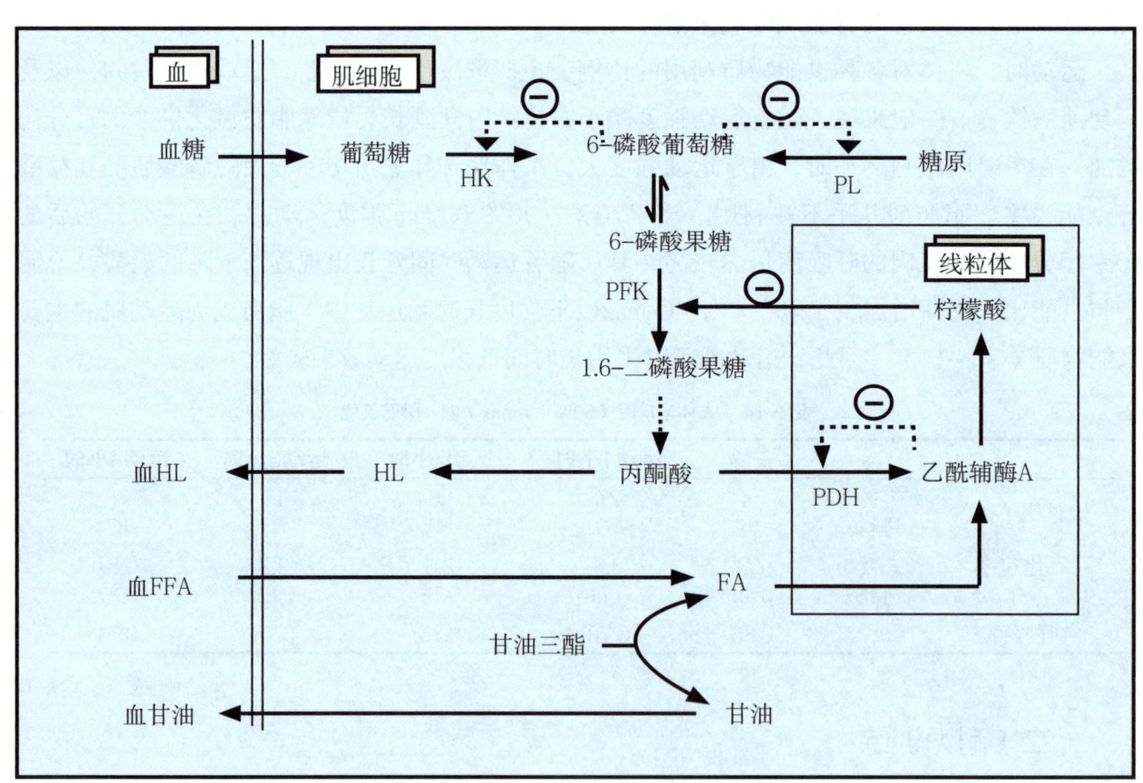

图2-27　脂肪氧化对糖利用的抑制作用（张爱芳，2005）

六、运动与酮体代谢

> **知识卡片**
> 酮体：脂肪酸分解代谢过程中主要在肝脏产生的中间代谢产物。

酮体包括乙酰乙酸、β-羟丁酸、丙酮。对血液、尿液中酮体的测定，是检测脂肪氧化供能状况的一项重要生化指标。酮体是肝脏快速输出脂肪酸的一种形式，可作为长时间运动时的能源物质，在调节体内燃料平衡方面起重要作用。了解运动时酮体代谢的变化，对于进一步了解运动时脂肪代谢特点，以及糖与脂肪代谢的相互关系具有重要意义。

（一）运动时酮体代谢及其意义

1. 酮体代谢过程

脂肪酸在肌肉等组织细胞内能够完全氧化成二氧化碳和水，但在某些器官组织内（主要在肝脏）脂肪酸经β-氧化作用产生的乙酰辅酶A，除直接进入三羧酸循环彻底氧化外，又能两两缩合生成乙酰辅酶A，后者进一步代谢生成酮体。

肝脏中产生酮体，但缺乏氧化酮体的酶，酮体主要在心肌、骨骼肌、肾脏、神经系统等氧化供能。

酮体的生成和利用是正常的生理现象，酮体不断在肝脏生成，又不断被肝外组织氧化利用。因此，正常情况下，人体血液中酮体含量很低，维持在0.2毫克%~5毫克%，通常小于1毫克%。尿中酮体含量极少，不能用常规方法测出，但在饥饿、糖尿病或长时间运动时，由于糖利用受阻，脂肪被大量动用，肝内生成酮体超过肝外组织氧化利用的限度，血中酮体堆积，造成“酮血症”。随尿排出大量酮体即为“酮尿症”。

2. 酮体代谢意义

与脂肪酸相比，酮体分子较小、水溶性大，不必与血浆白蛋白结合，易在血液中运输，是肝脏快速输出能源的一种形式。酮体能通过血脑屏障和血管平滑肌的毛细血管，所以，酮体可作为大脑和肌组织的重要能源物质。长期有氧代谢训练使机体脂肪供能能力增强，酮体代谢旺盛，抑制葡萄糖的摄取和利用，推迟糖原耗竭，从而提高机体的运动能力。酮体水平在一定程度上反映脂肪供能能力和机体利用酮体的能力。此外，酮体比值（β-羟丁酸/乙酰乙酸）可用来评定人运动时肝脏能量代谢的变化，比值升高通常表明肝细胞缺氧。酮体为酸性物质，体内酮体水平过高引起酸中毒。因此，血酮、尿酮浓度是衡量耐力性运动水平和身体机能的一个重要生化监控指标。

（二）运动后酮症

运动后酮症是由福斯诺（Forssner）于1909年第一次描述出来，他注意到高蛋白、低糖饮食时，丙酮、乙酰乙酸的尿排泄量在运动后持续2~3天仍保持在较高水平。1911年，普里提（Preti）对狗进行类似的实验，也发现1~2小时的跑台运动引起运动当天出现明显的酮尿，几天后逐渐恢复。理查德（Richard,1998）研究发现，受试者以7.2千米/小时步行16千米，尿酮体升高；他们还观察到酮体的升高有两个时相，运动后约2～3小时出现早期峰，随后略有下降，在5～6小时出现第二个峰。当摄入充足的糖时，运动后酮症降为最低。

（三）影响运动性酮症的因素

1. 饮食

饮食因素，尤其糖摄取量似乎是运动后酮症发生的关键。已发现，运动后酮症发生在高蛋白、高脂肪和低糖饮食的受试者中，但几乎没有或仅很小程度上发生于高糖饮食中。

个体运动后酮尿症程度与前一天糖摄取呈负相关。雷尼耶（Rennie，1974）对长跑运动员采取“运动加高糖饮食”以增加肌糖原含量后进行运动，与正常状况下的运动比较，“运动加高糖饮食”后的运动中，血浆甘油、游离脂肪酸较低；运动后血酮体浓度较低。高酮血症可导致疲劳，因此，对耐力运动员来说，足够热量的糖摄取是必要的。

2. 运动强度和持续时间

运动后酮血症的程度与总氧耗成正比，但相同氧耗量而不同强度和持续时间运动后，尿酮体数量几乎相同。例如，以5.6千米/小时步行19千米后与以7.2千米/小时步行16千米后的尿酮体量相同，以5.6千米/小时步行16千米后尿酮体减少。准确描述哪种运动形式趋于最大生酮是困难的。大体是长时间中等强度比短时间大强度运动更易发生运动后酮症。

3. 训练水平

训练水平对运动性酮体影响的结果还很不一致。大量研究表明，运动训练具有抗酮症作用。乔森（Johson，1972）等研究发现，非运动员运动后酮症比运动员常常更明显。户外跑道以各自速度跑1.5小时，非运动员血酮体在运动时开始上升，运动后1.5小时平均值大于1.6毫摩尔/升，而运动员约为0.3毫摩尔/升，这种结果可能是由于非运动员比运动员相对费力些（非运动员运动后平均心率大于运动员）。为进一步验证，以同等心率相应负荷进行功率自行车运动，结果同样显示，恢复期未训练组血酮浓度的升高较自行车赛手更明显，未训练组运动后150分钟平均血酮体浓度达到0.18毫摩尔/升左右，而自行车赛手的血酮升高不超过0.07毫摩尔/升。

影响运动时体内酮体代谢的因素还包括环境、性别、年龄和外源性酮体等。

七、提高脂肪供能的营养措施

目前，提高运动时脂肪供能的营养补剂主要包括甘油三酯、卵磷脂、肉碱、咖啡因、丙酮酸盐等。

（一）甘油三酯

因人体内脂肪储量极大，除相扑、冬泳等一些特殊运动项目外，一般不需要额外补充，太多摄取长链甘油三酯有增加体脂、导致肥胖的危险性。因此，运动员应尽量选择含脂肪低的食物。（表2-16）

表2-16 含脂肪较高和较低的食物

含脂肪高的食物名称	每100克食物含脂肪克数	含脂肪低的食物名称	每100克食物含脂肪克数
肥猪肉	90.4	兔肉	2.2
火腿（热）	50.4	猪肚	5.1
鸭皮	50.2	猪心	5.3
广东腊肠	48.3	鸭脯肉	1.5
香肠	40.7	鸡肉（土鸡）	4.5
北京烤鸭	38.4	瘦羊肉	3.9
肥鸡肉	35.4	猪肾	3.2
肥瘦羊肉	24.5	瘦猪肉	6.2
猪大排	20.4	瘦牛肉	2.3
肥瘦牛肉	13.4	草鱼	5.2
牛乳粉（全脂）	21.2	带鱼	4.9
油炸土豆片	48.4	黄鳝	1.4
饼干（曲奇饼）	31.6	罗非鱼	1.0
麻花	31.5	对虾	0.5
麻团	30.0	基围虾	1.4
油饼	22.9	海蟹	2.3
方便面	21.1	虾皮	2.2
油条	17.6	脱脂奶粉	0.4
紫雪糕	13.7	土豆	0.2
油面筋	25.1	面包（咸）	3.9
油炸豆腐	17.1	大米粥	0.3
核桃（干）	58.5	米饭	0.3
松子（炒）	58.5	生面条	1.1
葵花籽（炒）	52.8	挂面	0.6
西瓜子（炒）	44.8	馒头（富强粉）	1.2
花生（生）	25.4	橘子汁	0.2
黄油	98.8	豆腐	2.5
奶油	78.6	烙饼	2.3
月饼（奶油松仁）	21.4		
花生酱	53.0		

（张爱芳，2010）

（二）丙酮酸盐

丙酮酸是体内糖代谢的中间产物，是生成草酰乙酸的底物。在缺糖情况下，补充丙酮酸盐有利于体内脂肪氧化，减少体内蛋白质分解，提高耐力水平。因此，丙酮酸盐作为“脂肪助燃剂”，它不仅适用于运动员，而且也可以提高对糖摄入较少的普通人运动减肥效果。

（三）卵磷脂

补充卵磷脂主要目的是给机体提供胆碱。按重量计算，卵磷脂中13%是胆碱。大部分食物中的胆碱来源于食物中的卵磷脂。卵磷脂在以下方面有显著作用：增强脂肪代谢能力；预防和改善心血管疾病、肝脏疾病；增强智力和记忆力；提高机体免疫力；增强体能、延缓疲劳。

鸡蛋、动物内脏等食物是卵磷脂的很好来源。市场上的卵磷脂是从大豆中提取的卵磷脂和其他磷脂的混合物。

（四）咖啡因

咖啡因（caffeine）主要存在于咖啡、茶叶、可可、巧克力和可乐型饮料中。咖啡因可通过增加激素敏感脂肪酶活性促进脂肪分解，节省糖原利用，从而增加耐力，延缓疲劳。

由于咖啡因的促力性质，在2004年以前被国际奥委会（IOC）列入兴奋剂清单，规定尿中浓度超过12微克/毫升时为阳性。2004年将咖啡因从兴奋剂禁用名单中删除，但是，咖啡因摄入太多，会对身体产生不良影响。

1. 咖啡因的补充方法

运动前1小时左右，服用咖啡可有效提高运动能力。太大剂量并不能进一步提高运动能力。盖德瑞特（Cadarette，1983）给受试者采用每千克体重补充咖啡因0、2.2、4.4、8.8毫克，以80%最大摄氧量强度运动，结果显示，咖啡因剂量与运动耐力关系不大，但同时发现补充剂量小于每千克体重4毫克时，可能影响提高耐力的程度。帕斯曼（Pasman，1994）报道，9名优秀运动员以每千克体重0、5、9、13毫克补充咖啡因，在功率自行车上以80%最大用力运动至疲劳，也未发现咖啡因剂量对平均运动耐力有影响，见图2-26。但提高耐力的最佳补充量存在个体差异，见表2-17。结果还证实，服用咖啡因后尿中咖啡因排泄量也存在个体差异，图2-29。其原因与运动中排汗量、体脂含量（咖啡因与水按一定比例分布于组织中）、咖啡因剂量、补水有关。因此，运动员补充咖啡因时，应注意以下几点：①运动强度应使心率在65%~85%最大心率范围；②运动时间应超过30分钟；③在使用一种新的含咖啡因的食物或饮料前，要观察个体反应。

2. 过量补充咖啡因的副作用

咖啡因剂量超过200～500毫克（对于耐受力低的人此量更低）可导致以下副作用：①增加胃酸分泌；②焦虑、神经过敏、失眠、头晕目眩、头痛；③兴奋增盛、震颤；④广泛性抑制；⑤心悸、心律失常；⑥饥饿感、多尿。

表2-17 咖啡因补充量（毫克）对个体运动耐力时间（分）的影响

受试者	0（毫克）	5（毫克）	9（毫克）	13（毫克）
1	36.05	42.47	51.50	37.55
2	52.47	85.15	65.00	59.30
3	56.55	63.20	73.10	79.12
4	45.20	52.10	64.40	58.33
5	35.25	66.20	57.45	70.54
6	66.38	73.25	76.49	69.47
7	40.57	44.50	40.55	46.48
8	57.15	57.17	66.47	66.35
9	28.34	35.05	33.17	36.20
平均数	47	58	59	58
标准差	13	11	12	12

（Pasman，1994）

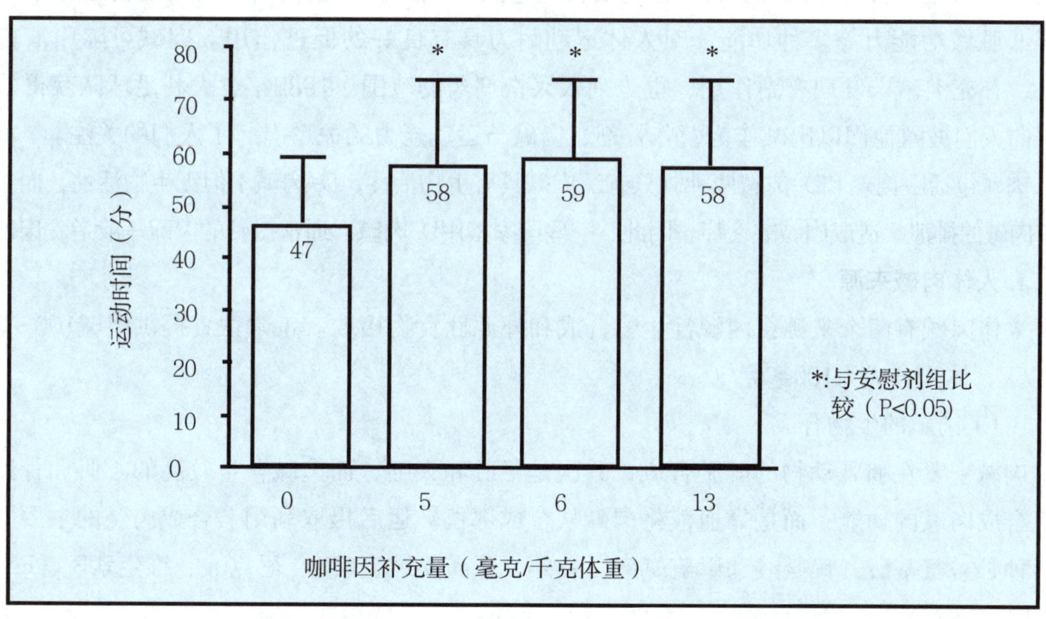

图2-28 补充不同剂量咖啡因对耐力运动能力的影响（Pasman，1994）

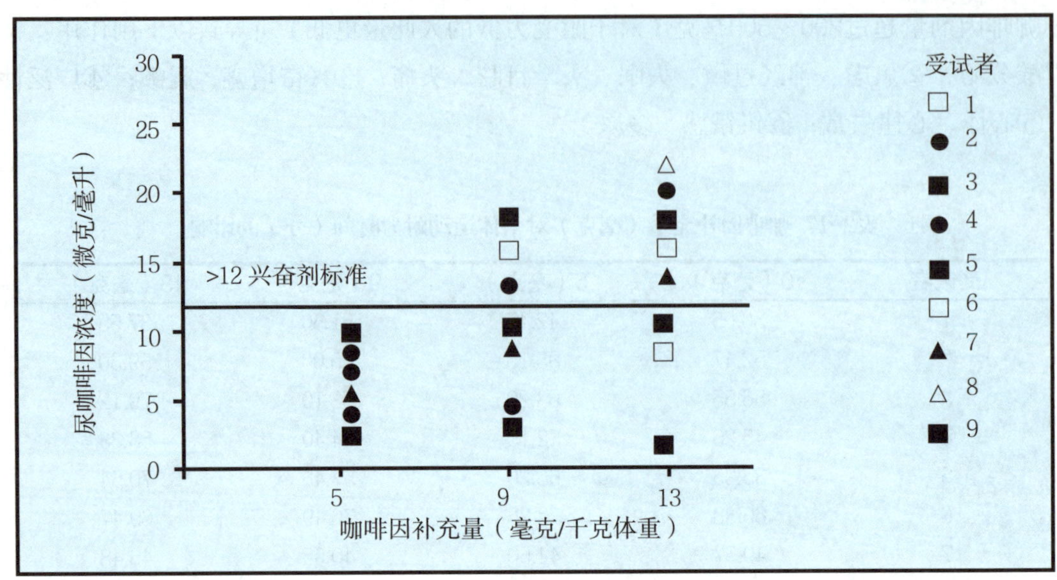

图2-29　补充不同剂量咖啡因对尿咖啡因浓度的影响（Pasman，1994）

（五）肉碱

肉碱（carnitine）是近年来引起运动界广泛注意的一种营养物质，它的作用广泛，具有将线粒体外活化的长链脂酰辅酶A转运至线粒体基质氧化、调节糖代谢、提高血清睾酮水平、增强心脏做功能力等多种功能，对人体运动耐力具有良好的促进作用。肉碱可随尿液排出体外，补充肉碱未发现有副作用，也未列入兴奋剂药物范围。1982年意大利足球队获得冠军后，向人们披露他们以肉碱作为营养补剂，肉碱与运动能力的关系引起了人们的关注。

肉碱包括L-肉碱和D-肉碱两种，只有L-肉碱具有生物活性，D-肉碱不但无生物活性，而且引起L-肉碱的排泄，造成肉碱缺乏症。因此，一些国家禁用D-肉碱，通常提到的肉碱一般指L-肉碱。

1. 人体肉碱来源

人体肉碱有两个来源：内源性生物合成和外源性食物摄取。正常饮食提供肉碱100～300毫克/天，体内合成为100毫克/天。

（1）肉碱的生物合成

肉碱主要在哺乳动物的肝脏合成，其次是肾脏和大脑，而肉碱含量较高的心肌和骨骼肌则无合成肉碱的功能，而是靠血液将肉碱从合成部位转运后摄取利用。合成肉碱的主要原料是两种必需氨基酸：赖氨酸和甲硫氨酸。另外，还需要维生素C、尼克酸、维生素B_6、Fe^{2+}、α-酮戊二酸等。

（2）肉碱的食物来源

植物性食物肉碱含量低，而动物性食物肉碱含量高，尤其动物肌肉中含量最丰富。（表2-18）

表2-18 每100克食物中肉碱含量

食物种类	肉碱含量（毫克）	食物种类	肉碱含量（毫克）
羊肉	210	鸡肉	7.5
牛肉	64	牛奶	2
猪肉	30	鸡蛋	0.8
兔肉	21		

2. 运动对体内肉碱含量的影响

运动对肌肉肉碱含量影响的结论不一致。进行55%最大摄氧量自行车运动40分钟后，肌肉总肉碱减少20%。罗杰（Roger，1987）对3名健康男性研究证明，间歇运动不改变肌肉中肉碱总量。

安静时，运动员血浆肉碱水平与一般人相似；运动后，血浆总肉碱浓度不变或略升高。

3. 肉碱的补充

（1）外源补充对体内肉碱含量的影响

外源补充对体内肉碱含量的影响，目前结论不统一。多数研究结果证实，补充肉碱可使人体静息和运动时血浆肉碱水平升高。而另一些研究则发现肉碱水平并未升高，但接近正常值上限，这可能与补充量和补充持续时间不同有关。

（2）补充肉碱对运动能力的影响

补充肉碱对运动能力的影响，目前结论不统一。

①补充肉碱对有氧运动能力的影响

大多数研究结果证明补充肉碱可以提高有氧运动能力。马克尼等发现，口服肉碱2～3周，每天2～3克，可以使优秀运动员最大摄氧量增加6%～11%。马克尼等还报道，给6名竞走运动员连续补充肉碱14天，每天4克，最大摄氧量增加6%。一次性补充肉碱对有氧运动能力也有影响。10名受试者在运动前1小时补充2克肉碱，可提高机体的最大摄氧量水平和脂肪氧化能力，在亚极量运动时，受试对象心率下降。

也有实验得出补充肉碱对有氧运动能力无显著影响的结论。科里吉（Creig，1987）给10名运动员连续补充2周L-肉碱，结果对最大摄氧量、心率均无显著影响。

②补充肉碱对无氧运动能力的影响

补充肉碱也有利于无氧运动能力。受试者在100%最大摄氧量强度运动前1小时，服用2克肉碱，能减少运动中乳酸及丙酮酸的堆积，这可能是肉碱刺激丙酮酸脱氢酶的活性，减少丙酮酸生成乳酸。

第四节　运动与蛋白质代谢

一、人体内蛋白质的来源与分布

蛋白质是指由氨基酸以“脱水缩合”的方式组成的多肽链经过盘曲折叠形成的具有一定空间结构的物质。（图2–30）

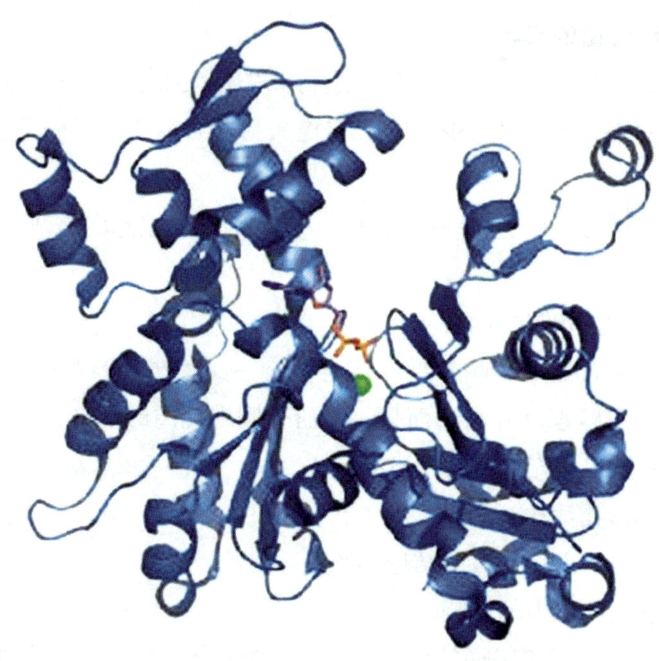

图2–30　蛋白质的空间结构

思考与交流

机体内的蛋白质是如何获得的？
这些存在于动植物机体中的蛋白质是如何转变为人体内的蛋白质的？

人体内的蛋白质主要由动植物类食物提供。（图2–31）

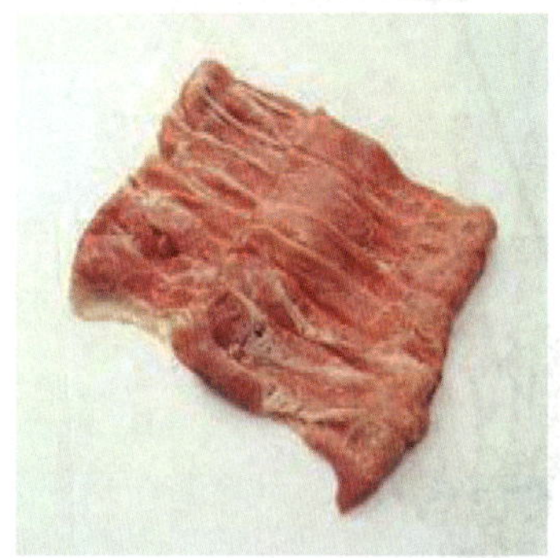

图2-31　蛋白质的食物来源

思考与交流

请你结合生活实际，举几个含蛋白质物质的例子。

那么，人体内一共有多少千克蛋白质？人体内的蛋白质都存在于人体的什么地方呢？

蛋白质占人体重量的16%～20%，即一个60千克重的成年人其体内约有蛋白质9.6～12千克。

正常情况下，蛋白质是构成酶类、抗体、运输蛋白（如血红蛋白）、蛋白类激素（如胰岛素）、细胞和生物体结构的重要物质。人体中除了胆汁、尿液外，机体中的每一个细胞和所有重要组成部分都有蛋白质参与。（图2-32）

知识卡片

蛋白质分为动物蛋白和植物蛋白。

动物蛋白：如肉、鱼、蛋、奶的蛋白质含量高（10%～20%）、质量优、利用率高，尤其是鸡蛋蛋白属于优质蛋白。

植物蛋白：植物性食物（如谷类、薯类、豆类等）中，大豆的蛋白质含量较高，是唯一能够代替动物性蛋白的植物蛋白，属优质蛋白质。

蛋白质的互补作用：不同食物间相互补充其必需氨基酸不足的作用叫蛋白质的互补作用。例如，肉类、大豆和米面一起食用，就可以互相弥补必需氨基酸的不足。

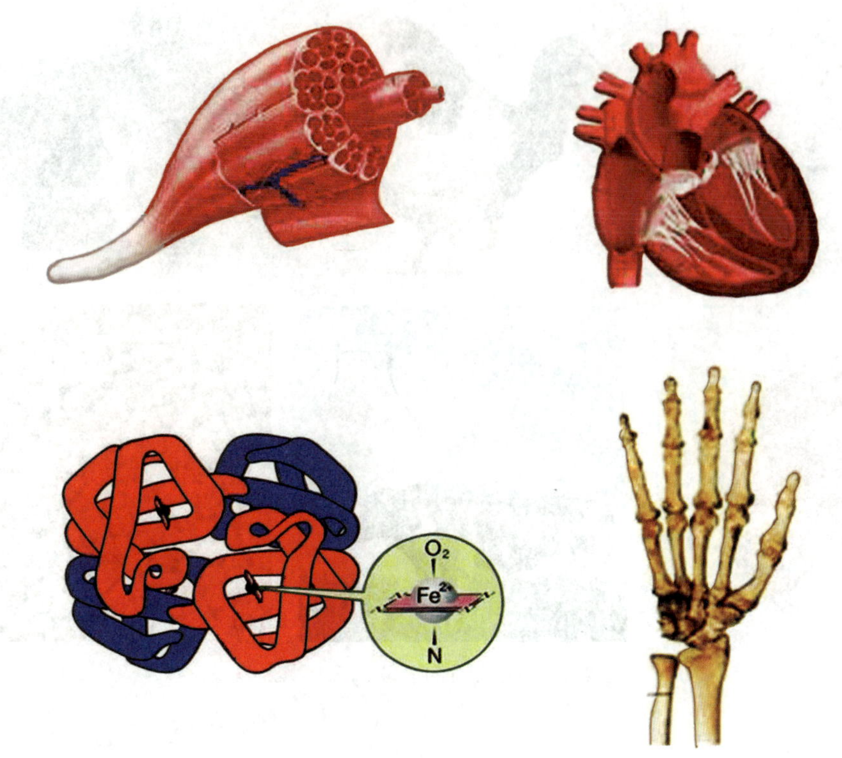

图2-32　人体内蛋白质的分布

思考与交流

人体内蛋白质的平衡如何表示?

二、蛋白质供能特点

提供能量并不是蛋白质的主要作用，其只是作为糖与脂肪供能的补充。人体每天消耗的能量中仅约有17 %来自蛋白质。

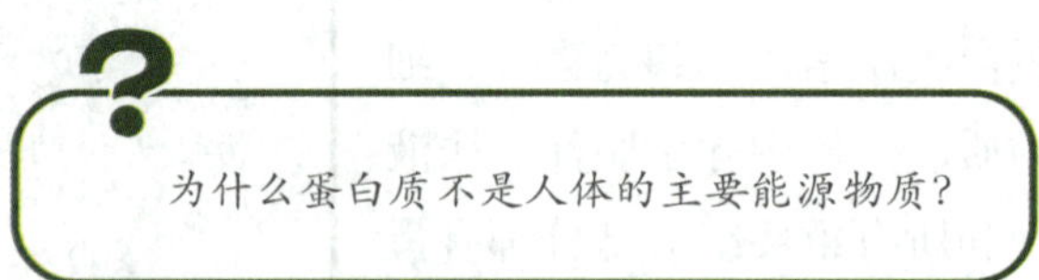

（一）无氧代谢中蛋白质几乎不参与供能，长时间有氧代谢可参与供能

短时间剧烈运动，蛋白质不参与供能（例如100米跑）；长时间耐力运动，由于肌糖原被大量消耗，脂肪动用和利用加速，能量供需平衡有可能受到破坏，使得蛋白质供能作用增强（例如马拉松跑）。

（二）蛋白质氧化的最终产物对人体内环境有不良影响

进行长时间运动时，蛋白质进行有氧氧化产生的高血氨是造成中枢产生疲劳的因素之一，从而对人体内环境产生不利影响。同时血氨的代谢也会加重人体肝脏、肾脏的负担。（图2-33）

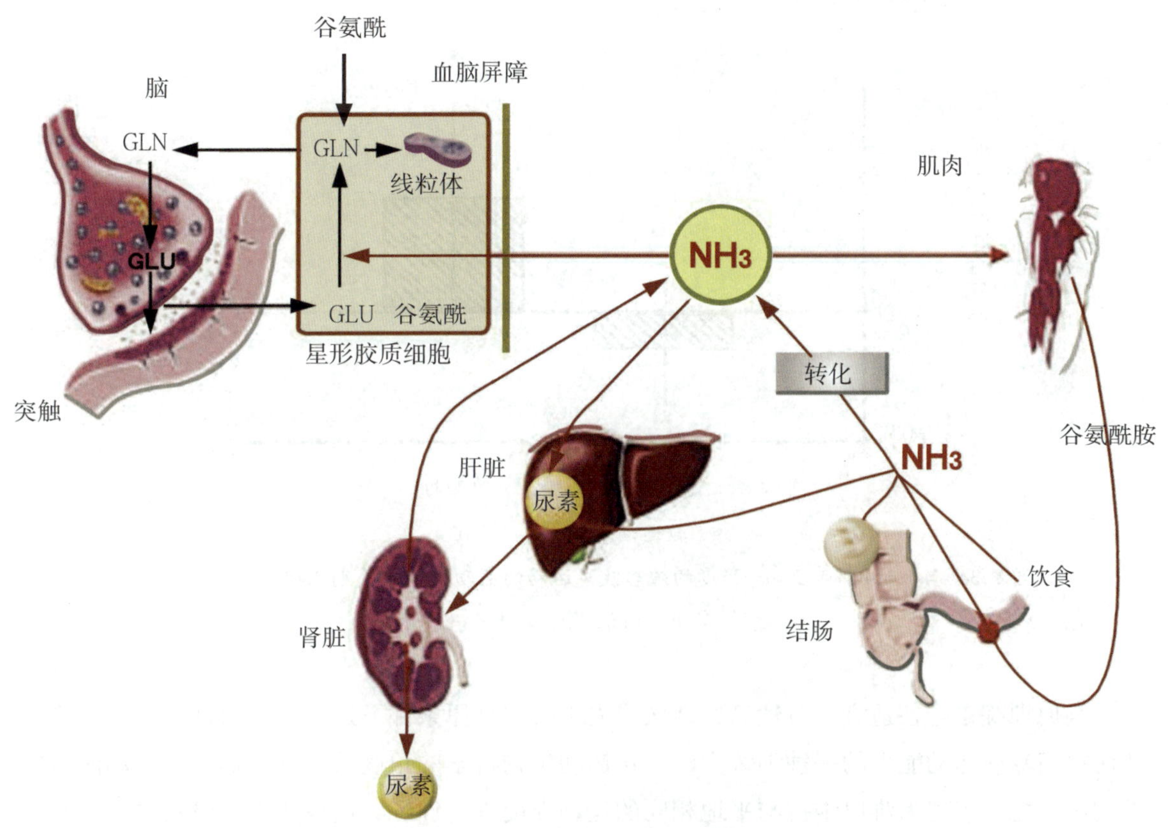

图2-33　人体内氨的来源与去路

三、运动时蛋白质代谢

虽然蛋白质并不是人体能量的主要来源，但作为人体重要的组成结构，运动训练对蛋白质代谢的影响是不能忽视的。

（一）运动时蛋白质净降解

运动中肌肉内蛋白的合成受到抑制，肝脏和肌肉内非收缩蛋白质的分解速率加快，收缩蛋白的分解代谢速率减慢，整体蛋白质代谢表现为分解代谢加强。（表2-19、图2-34）

表2-19　安静时、运动中、运动后人体蛋白质代谢速率　　（单位：毫克/千克·时）

	合成速率	分解速率
安静态	33.0 ± 2.0	26.5 ± 2.1
运动中	28.4 ± 1.6（↓14%）	40.9 ± 2.6（↑54%）
运动后	40.3 ± 1.9（↑22%）	35.4 ± 1.2（↑34%）

注：以50%VO_2max强度跑台运动3.75小时，n=6（Rennie，1981）

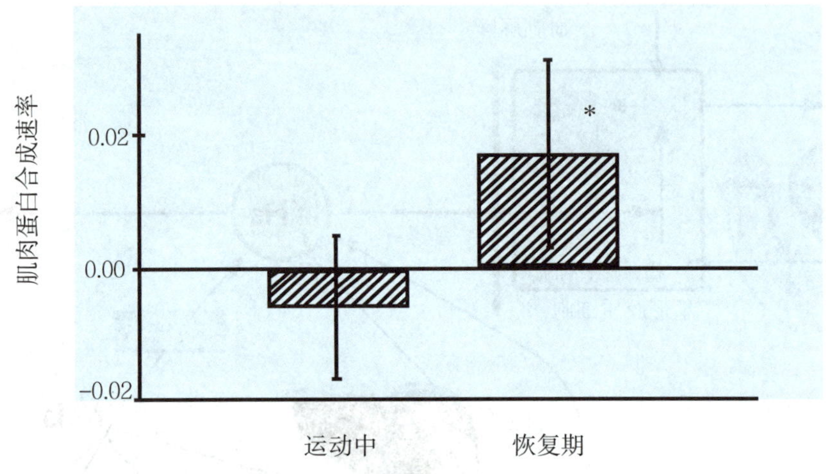

*　较运动中相比，$P<0.05$

图2-34　4小时40% VO_2max强度的跑台疾走运动的运动中和恢复期肌肉蛋白合成速率（F.Carraro 等，1990）

高原训练是指在适宜的自然高原地区或人工模拟高原条件下进行有针对性的低氧训练，从而提高专项运动能力的一种训练方法。从运动生物科学的角度看，高原训练对运动能力的不利影响之一表现为难以维持与平地相同的运动强度进行训练，造成肌肉力量丢失。因此，在高原训练中一定要加强力量练习，以抵抗骨骼肌的萎缩，防止力量丢失。

（二）运动时蛋白质分解代谢增强的原因

1. 训练状态

运动员在激烈运动训练的初期，由于细胞破坏增多，肌蛋白和红细胞再生等合成代谢亢进，以及运动应激时激素和神经调节等，使蛋白质净降解。

2. 训练的类型、强度及频率

长时间激烈的耐力运动训练，使肌肉中能量物质被大量消耗，如肌糖原耗竭，ATP含量下降等，导致膜正常功能失调，细胞酶外泄，使蛋白质分解代谢加强。

3. 激素变化

运动时血胰岛素、睾酮浓度下降，胰高血糖素、儿茶酚胺和皮质醇浓度上升，促进蛋白质分解代谢。

4. 酶活性变化

运动引起细胞内组织蛋白酶D、溶酶体酶的活性升高；酶活性增强可以持续到运动后3～5天。

四、运动后蛋白质代谢

（一）运动后蛋白质净合成

运动后蛋白质合成代谢增强。肌质网、肌纤维、线粒体等部位均呈现运动后蛋白质的合成速率高于安静状态。（图2-35）

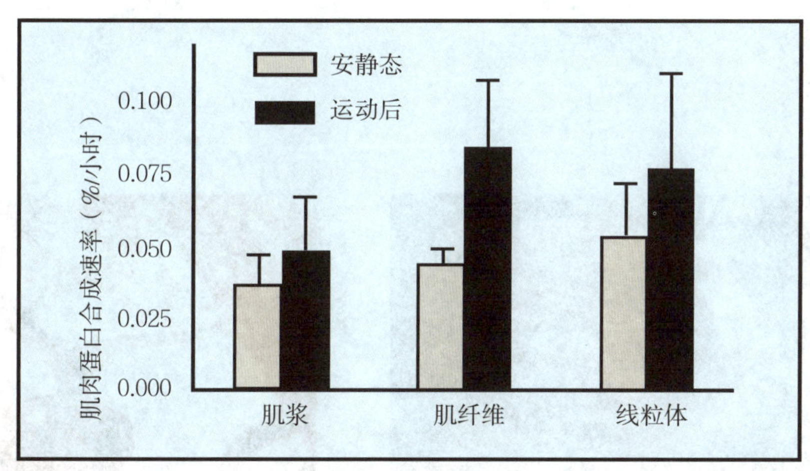

图2-35　安静态和大强度力量训练对不同部位肌肉蛋白合成速率的影响（n=4）（K.D. Tipton，2008）

（二）影响运动后肌肉蛋白质合成的因素

训练使肌肉蛋白质合成加强与以下因素有关：

（1）运动时细胞受到牵拉变形或多胺含量增加，促使肌细胞膜通透性增大，进入细胞内的游离氨基酸数量增加，为合成蛋白质提供了基本原料。

（2）运动后人体体温下降，酸性物质减少，使蛋白质合成过程的阻遏作用解除。

（3）睾酮、生长素等激素水平提高，促进了蛋白质合成。

（三）运动训练对蛋白质代谢的影响

1. 耐力训练的作用

耐力运动训练可使机体骨骼肌纤维类型发生转变，并出现线粒体生物合成和血管生成等适应性变化，有利于改善胰岛素敏感性及新陈代谢活性（图2-36）。因此，耐力训练可以提高蛋白质氧化供能的能力。

图2-36　耐力训练促使骨骼肌细胞中线粒体和毛细血管发生适应性变化

2. 力量训练的作用

力量训练的一个突出效果是促进蛋白质合成，使肌肉壮大，力量增强。肌肉变得粗壮的原因是肌纤维增粗和结缔组织细胞增生。例如，一般成人肌纤维最大横截面是75000平方微米时，举重运动可以达到90000平方微米。力量训练和其他种类的快速爆发力训练使快肌纤维变粗比慢肌纤维更显得突出，这是因为运动时主要募集快肌纤维进行收缩，结果使快肌纤维和慢肌纤维的比值增大。

由上可见，运动增加蛋白质合成的过程是复杂的，除一般规律外，还存在运动专项的特点，可以设想，随着蛋白质合成的生物化学研究的深入，运动对蛋白质合成的机理也会不断有新发展。

五、运动与供能的支链氨基酸代谢

安静状态下氨基酸一般不参与氧化供能，但是在长时间剧烈运动时，人体开始动用蛋白质分解为氨基酸，并氧化供能。这一过程主要表现在以下三个方面：

（1）氧化成二氧化碳和水直接参与供能；

（2）补充三羧酸循环的代谢中间产物，使三羧酸循环正常运转；

（3）参与糖异生，维持运动中血糖水平。

参与氧化供能的氨基酸主要是：支链氨基酸和丙氨酸、谷氨酸、天门冬氨酸。本节主要介绍支链氨基酸的供能。那么，什么是支链氨基酸呢？

知识卡片

提高肌肉力量锻炼效果的重要因素是运动负荷。影响运动负荷的因素有5个。

（1）强度

RM指的是每组重量的极限次数。1~3RM为大强度，6~12RM为中强度，15RM以上为小强度。

（2）组数

一般4组以下为少组数，4~8组为中组数，8组以上为多组数。

（3）次数

1~5次为少次数；6~12次为中次数；15次以上为多次数。

（4）密度

每组之间休息间歇时间达2~3分钟为小密度；1~1.5分钟为中密度；每组间歇30秒以内为大密度。

（5）动作速度

快速动作对发展爆发力有利，混合速度对增长力量有利，而慢速和中速则对发展肌肉耐力有利。

（一）支链氨基酸概述

支链氨基酸包括亮氨酸、异亮氨酸和缬氨酸三种必需氨基酸，在人体内不能合成，必须由食物蛋白提供氨基酸，因有支链碳骨架而得名（图2–37）。在体内，支链氨基酸经转氨、氧化脱羧、脱氢三步反应，最终参与生酮生糖反应，进入三羧酸循环。（图2–38）

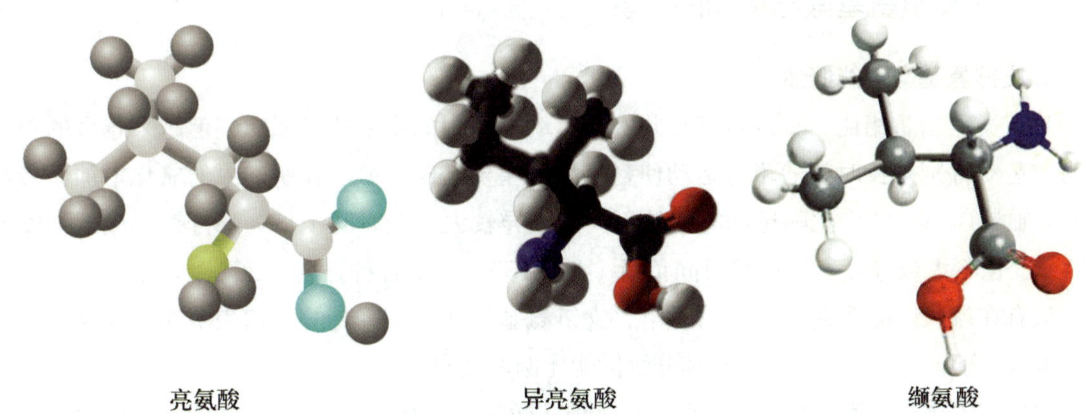

图2–37　亮氨酸、异亮氨酸、缬氨酸化学结构示意图

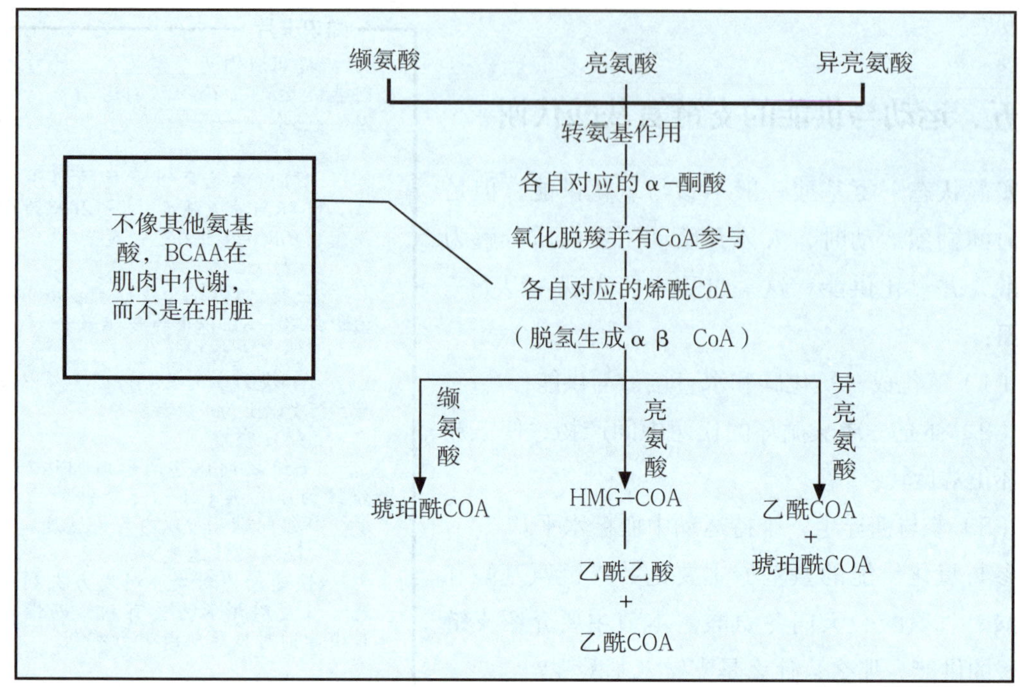

图2-38 支链氨基酸代谢途径示意图

在支链氨基酸中，最重要的是亮氨酸，亮氨酸是合成谷氨酰胺的底物，其代谢产物β-羟-β-甲基丁酸(HMβ)是蛋白质合成的调节信号，即HMβ能降低肌肉损伤程度并减少蛋白质的分解，从而引起血肌酐的下降，利于机体正氮平衡。

（二）支链氨基酸与运动的关系

1. 支链氨基酸供能概述

与糖类、脂肪相比，支链氨基酸并不是运动过程中的主要能量来源，但越来越多的资料表明，运动特别是长时间的耐力运动使氨基酸（主要是BCAA）在肌肉中的氧化增加而参与供能。血浆BCAA的变化随运动时间的不同而差异较大。短时间（15～18分钟）极限强度下BCAA变化不大或轻度上升；长时间负荷（40～150分钟）各种强度下BCAA均呈较大幅度升高；只有在超长时间负荷（>3小时）下，支链氨基酸才呈下降趋势。这表明在超长时间运动中，BCAA分解代谢加剧，推测与其分解供能比例增大有关。

肌肉内BCAA分解代谢非常活跃，与其他多数氨基酸相比，BCAA能以相当快的速率转氨基和完全氧化，并为丙氨酸和谷氨酰胺提供氨基（图2-39）。研究表明，BCAA氧化产生ATP的效率高于其他氨基酸。1分子亮氨酸、异亮氨酸、缬氨酸完全氧化分别产生42、43、32分子ATP。

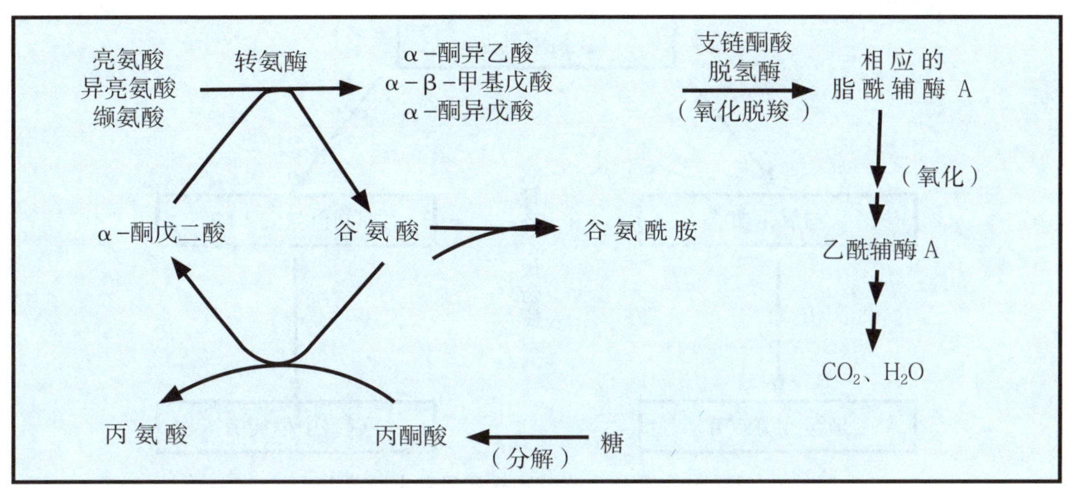

图2-39 支链氨基酸代谢与丙氨酸、谷氨酰胺合成的关系

2. 运动中骨骼肌氧化利用BCAA 能力增强的可能机制

运动中骨骼肌氧化利用BCAA 能力的增强可能是因为运动训练使机体内调节分解代谢的激素分泌增加，提高了氧化分解BCAA 的酶活性及能量利用效率。Wagenmakers(1989)等人的研究表明，运动使肌肉中BCAA 代谢过程中所需的限速酶支链α－酮酸脱氢酶复合物（BC复合物）活性增强，从而提高了骨骼肌氧化利用BCAA 的能力。

同时，BCAA 也刺激了胰岛素、生长激素和胰岛素样生长因子-1的分泌。胰岛素的主要作用就是允许外周血糖被肌肉吸收并作为能量来源。胰岛素的产生也促进肌肉对氨基酸的吸收。生长激素、胰岛素样生长因子-1的释放，这些激素有助于维持一个合理的睾酮/皮质醇比例，显著增加蛋白质合成。

（三）补充外源性的BCAA 对生理机能的影响

BCAA 代谢与运动能力密切相关，能够参与长时间持续运动的供能，减少肌糖原的消耗，抗疲劳和促进蛋白质的合成。同时，BCAA作为一种运动营养补剂，近年来已经逐渐被体育工作者认识并进行了深入的研究。

1. 对抗疲劳的作用

色氨酸的代谢产物5-羟色胺（5-HA）浓度升高时会导致中枢疲劳，服用支链氨基酸可有效防止大脑中5-HA的浓度升高，有抗中枢疲劳的作用。

肌肉无氧代谢的主要产物是乳酸，乳酸堆积会影响能量代谢，影响肌肉收缩能力，进而影响机体的运动能力。运动后乳酸代谢的一个重要去路即为乳酸的糖异生。BCAA 的代谢在糖异生过程中起到重要作用。补充BCAA 可以加速运动后血糖的恢复，抑制血乳酸的大量产生，从而减少骨骼肌中乳酸的积累，延缓疲劳的产生。因此，进行无氧运动或训练时可适当摄入支链氨基酸，以延缓疲劳，提高运动能力。（图2-40）

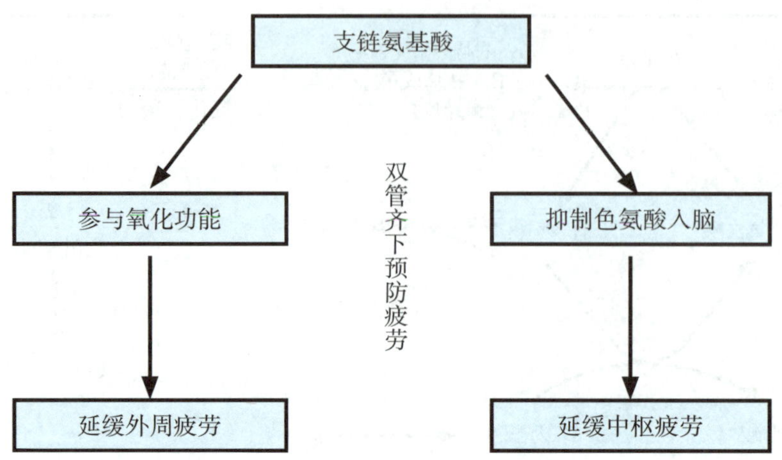

图2-40　支链氨基酸延缓外周和中枢疲劳

2. 作为能源物质参与物质代谢

由于运动导致肌肉内BCAA 的代谢加强，肌肉从外周血中吸收BCAA的量明显增加，因此补充外源性BCAA 使动脉血和肌肉内BCAA 水平增加，为合成蛋白质提供了基本原料，有利于肌肉蛋白质的合成，同时抑制了内源性肌蛋白质的破坏。因此，BCAA 作为能源物质氧化，不仅增加运动耐力，而且在运动过程中促进糖原异生或节约了肌糖原，从而也减缓了肌肉蛋白质的过多分解供能。

支链氨基酸在体内不仅参与蛋白质代谢，也参与糖及脂肪的代谢。补充BCAA 可以促进糖异生，并通过氨基酸的糖异生过程生成葡萄糖或糖原；可以加速运动后血糖的恢复，防止运动后血糖水平大幅度下降。同样，BCAA 具有促进脂肪分解的作用。

3. 促进合成代谢激素的分泌

补充BCAA 可通过对胰岛素合成代谢敏感的影响，达到刺激蛋白质合成的作用。亮氨酸是酮异已酸和HMβ的前身，酮异已酸和HMβ可以刺激生长素和睾酮等激素的分泌。

4. 对线粒体功能的作用

剧烈运动过程中可产生大量自由基，脂质过氧化物水平升高，对线粒体产生毒害作用，导致钙净内流的增加，出现钙超载，损害了线粒体膜通透性，影响了氧化磷酸化的过程，导致了ATP的合成能力下降，并认为这可能是造成运动性疲劳的发生机制之一。而补充BACC 可以使线粒体膜流动性接近正常水平，满足机体的能量需求，减轻钙离子超载现象。

此外，补充外源性的BCAA 可以降低运动后血清中肌酸激酶（CK）和乳酸脱氢酶（LDH）的活性，有效保护肌肉组织，减轻肌肉组织的损伤。

作为人体的必需氨基酸，支链氨基酸能够参与运动、尤其是长时间持续运动的供能，减少糖原消耗，以及在抗疲劳等方面有特殊的功效。这也是目前将BCAA 作为运动营养补剂的原因。通过补充BCAA，使机体自身分泌的相关激素水平提高，获得适应性应激、超量恢复和运动能力增长的最佳激素环境，达到促进合成代谢、增强肌力的目的。可见，这也为运动员摆脱违禁药物困扰指明了一条可行的道路。

但是学术界也有人认为支链氨基酸对运动能力没有影响甚至会产生负面影响，主要原因是大量补充支链氨基酸会引起血氨升高，进而影响运动能力，故在研究如何补充BCAA 的过程中，学者们更多关注补充支链氨基酸的剂量。如何合理补充BCAA 还需要做更多的研究。

小　结

人体生命活动消耗的能量来自糖、脂肪、蛋白质、ATP、CP等物质的生物氧化，ATP是肌肉收缩的直接能源物质；ATP储量少，可通过磷酸肌酸分解、糖酵解和糖、脂肪、蛋白质有氧氧化等途径再合成。

糖在物质能量代谢中占有重要地位，运动时人体可供利用的糖包括肌糖原、血糖和肝糖原。血糖是中枢神经系统的主要供能物质，运动时糖的利用主要受运动强度、运动持续时间、训练水平、饮食情况以及环境等因素影响。乳酸是糖酵解的终产物。乳酸消除的途径主要有：（1）在心肌、骨骼肌等组织中氧化生成二氧化碳和水；（2）在肝脏、肾脏和骨骼肌通过糖异生作用合成葡萄糖或糖原；（3）转变为脂肪或氨基酸；另外少部分经汗液、尿液排出体外。

脂肪是人体的最大能量储存库，是长时间低强度运动时的主要供能物质，人体消耗的脂肪主要有三个来源：脂肪组织、骨骼肌和血浆。即使在长时间耐力运动时，血浆中的脂肪供能仅占脂肪氧化总量的10%以下。运动时脂肪组织与肌内脂肪供能的速率、比例及数量与运动强度、运动持续时间、肌纤维类型等因素有关。长时间运动时，糖大量消耗，血糖下降，酮体成为大脑能量的重要来源。

正常生理情况下，蛋白质主要作为人体的结构物质和功能物质，较少参与供能，但在长时间较大强度运动或力量运动时蛋白质参与供能的比例增加。运动时蛋白质出现净降解，运动后蛋白质出现净合成。耐力训练能够提高蛋白质有氧代谢供能的能力，力量训练能够促进蛋白质的合成。支链氨基酸（BCAA）代谢与运动能力密切相关，能够参与长时间持续运动的供能，减少肌糖原的消耗。

思考题

1. 为什么说ATP是机体中能量代谢的核心物质？

2. ATP－ADP循环有何生物学意义？

3. 合成ATP的途径有哪些，各有何特点？

4. 试述糖与脂肪供能特点的差异。

请根据教材中糖与脂肪供能特点的介绍完成下列表格：

糖的供能特点	脂肪的供能特点
供能方式	供能方式
输出功率	输出功率
消耗氧气量	消耗氧气量
对身体的影响	对身体的影响
体内的含量	体内的含量

5. 运动时更好地利用储存在人体内的肌糖原受到哪些因素的影响？为了尽快恢复被利用的肌糖原，人们在糖的补充上应遵循怎样的规律？

6. 简述安静与运动时乳酸生成的特点。

7. 结合日常训练中的实际例子，阐述乳酸消除的主要途径以及乳酸消除的生物学意义。

8. 什么是脂肪动员？

9. 简述运动时脂肪供能的来源和特点。

10. 简述不同强度和持续时间运动时脂肪组织与肌肉内甘油三酯之间供能的关系。

11. 运动时酮体生成的意义是什么？

12. 简述运动员补充肉碱、咖啡因、丙酮酸盐对脂肪供能的主要作用机理。

13. 运动中蛋白质的供能特点有哪些？

14. 耐力训练和力量训练对蛋白质代谢的影响有何不同？

15. 什么是支链氨基酸？补充外源性的BCAA 对生理机能有哪些影响？

相关网站

1.中国知网：http://www.cnki.net/ 说明：查阅补糖在竞技体育领域中应用，结合自身专项思考补糖的特点以及方式。

2. 美国生物信息中心网站：http://www.ncbi.nlm.nih.gov/pubmed/ 说明：查阅补糖研究的最新进展，结合自身专项思考补糖新方法。

3. 斯坦福大学网站：http://highwire.stanford.edu/ 说明：查阅运动时机体糖代谢的相关研究，结合自身专项思考运动不同阶段补糖的差异。

参考书目

1. 张爱芳. 实用运动生物化学[M]. 北京: 北京体育大学出版社，2005.

2.谢敏豪，林文弢，冯炜权. 运动生物化学[M]. 北京: 人民体育出版社，2008.

3. 张蕴琨，丁树哲. 运动生物化学[M]. 北京: 高等教育出版社，2007.

4. 张爱芳. 运动生物化学[M]. 北京: 北京体育大学出版社，2010.

5. 冯连世，冯美云，冯炜权. 优秀运动员机能评定手册[M]. 北京: 人民体育出版社，2011.

6. 曹建民，林文弢. 运动生物化学习题集[M]. 北京: 人民体育出版社，2003.

7. 丁树哲，张蕴琨. 运动生物化学题解[M]. 北京: 高等教育出版社，2007.

8. 许豪文. 运动生物化学概论[M]. 北京: 高等教育出版社，2001.

9.周爱儒. 生物化学[M]. 北京: 人民卫生出版社，2004.

10. Scott K. Powers, Edward T. Howley. *Exercise Physiology– Theory and Application to Fitness and Performance*[M]. McGraw–Hill, 2009.

11. Victor L. Katch, William D. McArdle, Frank I. Katch. *Essentials of Exercise Physiology, 4th edition*[M]. Lippincott Williams & Wilkins, 2006.

12.Karlsson J, Saltin B. Diet, *muscle glycogen, and endurance performance*[J]. J Appl Physiol., 1971,31(2):203–206.

13. M R Fox, R M Jacobs, A O Jones, B E Fry Jr. *Effects of Nutritional Factors on Metabolism of Dietary Cadmium at Levels Similar to Those of Man*[J].Environ Health Perspect 1979,28,:107–114.

14. J Wahren, L Hagenfeldt, P Felig. *Splanchnic and leg exchange of glucose, amino acids, and free fatty acids during exercise in diabetes mellitus*[J]. J Clin Invest,1975,55(6): 1303 –1314.

15. O Bjorkman, P Miles, D Wasserman, L Lickley, M Vranic. *Regulation of glucose turnover during exercise in pancreatectomized, totally insulin–deficient dogs. Effects of beta–adrenergic blockade*[J]. J Clin Invest,1988,81(6):1759 –1767.

16. Pasman WJ, Van MA, Jeukendrup AE, et al. *The effect of different dosages of caffeine on endurance performance time* [J]. Sports Med,1994,16(4):225–230.

17. 冯美云.运动生物化学[M].北京：北京体育大学出版社，1999.

18. Romijn JA, Coyle EF, Sidossis LS,et al. *Regulation of endogenous fat and carbohydrate metabolism in relation to exercise intensity and duration*[J]. Am J Physiol,1993,265:E380–91.

19. M.J. Rennie, R.H.T.Edwards, S.Krywawych, et.al. *Effect of exercise on protein turnover in man*[J]. Clinical Science.1981, 61: 627–639.

20. F.Carraro,C. A. Stuart,W. H. Hartl,et.al. *Effect of exercise and recovery on muscle protein synthesis in human subjects*[J]. American Journal of Physiology. 1990, 259(4): E470–476.

21. K.D. Tipton. *Protein for adaptations to exercise training*[J]. European Journal of Sport Science, 2008, 8(2): 107–118.

第三章 不同运动项目运动时的能量供应

内容概述

运动员的运动能力是多种因素的综合表现。从运动生物化学的观点分析，运动能力的高低主要取决于运动过程中能量的供给、转移和利用的能力。不同运动项目有其各自不同的代谢特点。了解和掌握人体运动时的能量供应特点和身体机能的变化规律是制订合适运动训练方案的基础，也是运动生物化学的一项重要内容。本章着重阐述包括举重等爆发力运动项目、短跑项目、中跑项目、长跑项目在内的各运动项目的能量代谢特点及主要供能物质，同时对游泳、球类、体操、武术、击剑、跆拳道等的各运动项目的能量代谢特点及主要供能物质也进行一定的阐述。

主要概念

爆发力
中距离跑
长跑
超长跑

学习目标

1. 了解举重、爆发力运动的项目特点
2. 了解短跑运动的项目特点
3. 了解中跑运动的项目特点
4. 了解长跑运动的项目特点
5. 掌握举重、爆发力运动项目的供能特点
6. 掌握短跑运动项目的供能特点
7. 掌握中跑运动项目的供能特点
8. 掌握长跑运动项目的供能特点

第一节　举重、爆发力运动的主要物质和能量代谢

一、举重、爆发力运动项目特点

重要知识点

爆发力：指在最短时间内使器械（或人体本身）移动到尽量远的距离的力。

爆发力由速度与力量两个有机组成部分确定。这种力就像火药爆炸一样，能在一瞬间迸发出巨大的能量。爆发力实质是指不同的肌肉间的相互协调能力、力量素质以及速度素质相结合的一项人体体能素质。

举重、投掷、跳高和跳远都属于典型的爆发力项目，但由于构成这些项目竞技能力和决定运动成绩的力量、速度素质所起的作用的不同，所以在构成爆发力的力量、速度因素的大小上也各不相同。

举重爆发力与其他项目爆发力的显著区别是力量即器械的重量和器械做惯性运动的初速度大小不同。研究表明（表3-1），举重爆发力是以克服的器械重量特别大，而速度相对较小为其特点，而投掷、跳跃等项目则是以器械出手的速度或人体腾空时的起始速度特别大，器械重量或体重相对较小为其特点。

表3-1　爆发力项目器械质量与速度对比

项目		质量（器械重量）/千克	速度（米/秒）	成绩水平	备注
	56千克级	抓举 135.0	1.80	世界纪录	本级别平均速度
	110千克级	抓举 200.5	2.00	世界纪录	本级别平均速度
	110⁺千克级	抓举 210.0	2.50	世界纪录	本级别平均速度
投掷	标枪	0.80	30.00	世界级	
	铁饼	2.00	26.00	世界级	
	铅球	7.26	13.00	世界级	
跳跃	跳远	约75（体重）	9.30	8.00米	
	跳高	约75（体重）	4.00	2.28米	

俞忠友（2007）举重爆发力的特点及其运用

投掷、跳跃项目中成绩的高低是由器械出手或人体腾空时的最大初速度大小决定的，例如投掷中，由于器械重量是不变的恒量，所以在器械飞行角度、轨迹、身高、体重等因素基本相同的条件下，器械出手速度越快，飞行距离越远，成绩越好。历年来投掷项目运动成绩的提高主要取决于出手速度的提高，而器械重量并无变化，有时只是器械的材质、外形、重心等有所变化。因此，投掷、跳跃等项目爆发力的特点是速度特别大，越大越好，而器械重量、体重变化相对不大，相对恒定。

二、举重、爆发力运动主要供能物质及能量代谢特点

举重等爆发力项目单位时间内能量消耗最大，所耗时间也最短，因此这类项目主要的供能物质为磷酸原，主要的供能系统为磷酸原供能系统。

第二节 短跑的主要物质和能量代谢（糖无氧代谢）

一、短跑项目特点

短跑是田径竞赛项目中距离最短、速度最快、运动强度最大的项目，主要包括60米跑、100米跑、200米跑、400米跑、4×100米接力跑、4×400米接力跑等几项。其运动特性是人们同时以最快的速度，在确定的跑道上跑完规定的距离，并以最先跑完者为优胜的项目。由于各项目的距离不同，运动强度持续的时间也不相同，所以体内所需能量供应的形式也不尽相同。表3-2显示了60米跑、100米跑、200米跑和400米跑的世界纪录。

表3-2　60米跑、100米跑、200米跑和400米跑的世界纪录

	世界纪录	每100米成绩	创纪录时间
男子室内60米跑	6.39	—	2001
女子室内60米跑	6.92	—	1995
男子100米跑	9.58	9.58	2009
女子100米跑	10.49	10.49	1988
男子200米跑	19.19	9.60	2009
女子200米跑	21.34	10.67	1988
男子400米跑	43.18	10.80	1999
女子400米跑	47.60	11.80	1985

在人体机能供能方面，表现为人体以最大限度地发挥人的本能，并主要以无氧代谢供能的方式供能。但是，短跑运动并不完全是以无氧代谢方式参与供能。随着短跑距离的延长，有氧代谢供能方式所占比例逐渐增多，短跑项目中无氧和有氧代谢供能所占比例见表3-3。

表3-3　不同距离项目比赛时无氧代谢与有氧代谢的供能比例

距离	运动时间*（秒）		有氧代谢供能比例（%）	无氧代谢供能比例（%）
	男子	女子		
100米跑	9.78	10.49	10	90
200米跑	19.32	21.34	20	80
400米跑	43.18	47.60	30	70

注：运动时间来源于2003年7月1日的田径室外世界纪录（Ron Maughan,The biochemical basis of sports performance）。

二、60米跑

（一）项目特点

60米跑为室内田径锦标赛的项目，是一种短距离径赛项目。此项目是径赛项目中距离最短、所需时间最短的项目。60米跑室内男子世界纪录为6.39秒，60米跑室内女子世界纪录为6.92秒。

（二）60米跑主要供能物质及能量代谢特点

从理论上推算，ATP和CP储备可能在6～8秒内完全消耗，然后由糖酵解接替供能。由于60米跑强度大，持续时间很短，故其供能形式以磷酸原供能系统供能为主，供能物质主要为磷酸原。

三、100米跑

（一）项目特点

100米跑是室外径赛项目中距离最短、速度最快、运动强度最大、人体运动器官在缺氧情况下完成的极限强度的周期性运动项目。100米跑男子世界纪录为9.58秒，100米跑女子世界纪录为10.49秒。表3-4显示了第六届世界田径锦标赛男子100米决赛运动员每10米处的瞬时速度，大部分运动员在60米处达到最大速度，然后速度开始逐渐下降，100 米跑过程中具有起跑、加速、到达最大速度并保持一段距离，然后逐渐下降的一般规律。

表3-4　第六届世界田径锦标赛男子100米决赛运动员每10米处的瞬时速度（m/s）

姓名	10米	20米	30米	40米	50米	60米	70米	80米	90米	100米
格林	8.71	10.47	11.14	11.50	11.67	11.80	11.68	11.57	11.51	11.30
贝利	8.90	10.55	11.28	11.63	11.76	11.80	11.70	11.55	11.38	11.00
蒙哥马利	8.82	10.34	11.14	11.54	11.62	11.61	11.54	11.42	11.25	10.95
费雷德里克斯	8.77	10.35	11.02	11.43	11.60	11.72	11.52	11.43	11.27	10.79
博尔顿	8.67	10.36	11.03	11.41	11.50	11.54	11.34	11.20	11.05	10.46
伊辛瓦	8.55	10.21	11.08	11.38	11.52	11.51	11.42	11.30	11.07	10.36

（布吕格曼，1997年雅典第6届世界田径锦标赛生物力学研究报告）

（二）100米主要供能物质及能量代谢特点

最大强度持续运动时，随着运动时间的延长，机体内磷酸原含量逐渐下降，而血液中乳酸水平逐渐上升（图3-1），提示磷酸原供能系统只能维持短时间高强度运动。剧烈运动中磷酸肌酸提供能量的最大输出功率为1.6～3.0毫摩尔～P/千克干肌·秒，糖酵解系统提供能量的最大输出功率为1.0毫摩尔～P/千克干肌·秒。供能输出功率的差别在运动速度上必有明显的表现。100米跑后程速度出现降低。运动供能的物质发生了相应的改变，其能量来源已从磷酸原系统为主逐步向糖酵解供能过渡。图3-1显示了Hirvonen的实验结果，Hirvonen等1987年曾对7名100米短跑平均成绩10.87秒的运动员，分别在跑40米、60米、80米和100米时，肌肉内ATP、磷酸肌酸、血乳酸、pH值的关系进行研究，结果如下。

（1）在100米跑途中，40～60米段速度最高（9.98+0.22米/秒），同时肌肉内磷酸肌酸含量下降至低水平，而ATP在整个100米过程中变化不大。

（2）当肌肉内磷酸肌酸含量下降到一定程度时，能量代谢主要由糖酵解系统提供，表现出血乳酸水平升高，在100米跑后可到达8～8.3毫摩尔/升。

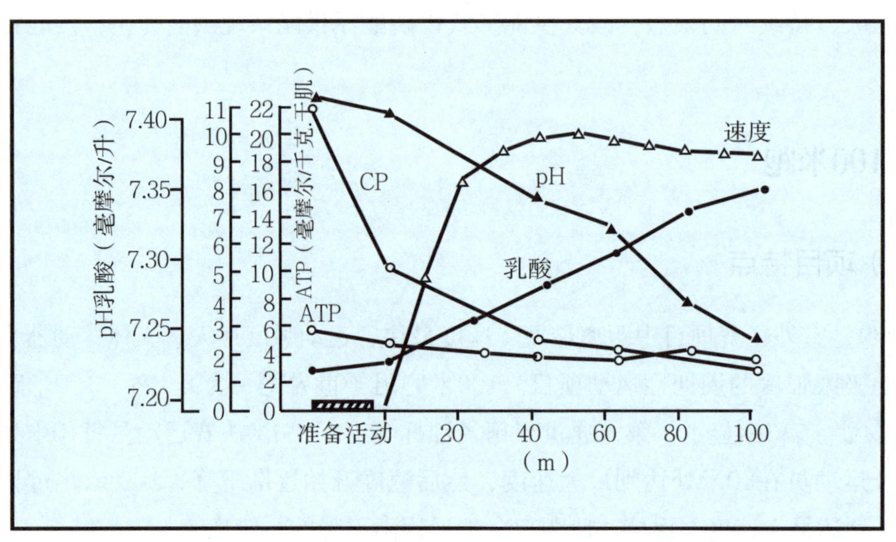

图3-1　100米跑中不同距离时速度与血乳酸和肌肉中ATP、CP的关系

（Hirvonen，1987）

Elio Loeatelli（1995）等分别对4名平均成绩10.61秒的男子，以及4名平均成绩11.82秒的女子优秀短跑运动员100米跑成绩及跑后血乳酸值进行了测定，发现男子运动员赛后3分钟血乳酸最高为16.02毫摩尔/升，女子最高为13.60毫摩尔/升（表3–5）。这些说明100米跑运动过程中糖酵解系统也参与了能量提供。

100米跑项目主要供能形式以无氧代谢供能为主，其中，磷酸原供能系统占比例较大，糖酵解供能系统也占一定比例，供能物质主要是磷酸原，其次是糖原。糖酵解供能比例越大，其100米跑成绩越差。

表3-5　8名优秀短跑运动员100米跑成绩及跑后血乳酸值

	比赛成绩（秒）	跑后3分钟血乳酸（毫摩尔/升）	跑后5分钟血乳酸（毫摩尔/升）	跑后7分钟血乳酸（毫摩尔/升）
		100米决赛女子		
1	11.65	11.86	12.83	12. 23
2	11.77	12.32	12.97	12.54
3	12.01	13.60	15.46	14.98
4	11.85	12.75	12.90	12.25
		100米决赛男子		
1	10.69	13.34	14.57	13.36
2	10.54	16.02	15.57	12.14
3	10.63	13.93	14.69	–
4	10.59	12.79	12.53	14.97

（Elio Loeatelli. 1995，The mechanics and energetics of 100 m sprint）

四、200米跑

（一）项目特点

200 米跑属于近极量强度的无氧运动，200米跑男子世界纪录为19.19秒，200米跑女子世界纪录为21.34秒。表3-6显示了第六届世界田径锦标赛男子200米决赛的运动分段用时，表3-6显示，在 50～100米段，所有运动员用时最短，其速度最快； 在 100～150米段，所有运动员用时稍长，速度都比 50～100 米段的速度有所下降，为次快速度；所有运动员的冲刺速度（150～200米）都大于加速阶段速度（0～50米），但速度较100～150米段有所下降。与100米跑过程类似，200米跑过程中也具有起跑、加速、到达最大速度并保持一段距离，然后逐渐下降的一般规律。

表3-6　第六届世界田径锦标赛男子200米决赛的8名运动员分段用时一览表（单位：秒）

姓名	成绩	0~50米	50~100米	100~150米	150~200米	前100米	后100米
博尔特	20.04	5.69	4.54	4.78	4.9	10.23	9.68
费雷德	20.23	5.66	4.62	4.82	5.0	10.28	9.82
达席尔瓦	20.26	5.76	4.66	4.8	4.9	10.42	9.7
加西亚	20.31	5.66	4.64	4.76	5.12	10.3	9.88
帕托斯	20.32	5.73	4.64	4.82	5.02	10.37	9.84
汤普森	20.33	5.75	4.56	4.80	5.08	10.31	9.88
德拉蒙德	20.40	5.62	4.58	4.86	5.24	10.2	10.1
史蒂文斯	20.44	5.74	4.64	4.80	5.08	10.38	9.88

注：0~50米、前100米成绩不包括起跑反应时。

（布吕格曼，1997年雅典第6届世界田径锦标赛生物力学研究报告）

（二）200米主要供能物质及能量代谢特点

200 米跑能量供应主要是糖酵解供能，约占全程供能 60%，磷酸原供能系统比例达20%，其余20%为有氧代谢供能系统提供能量。主要供能物质为肌糖原。

五、400米跑

（一）项目特点

400米跑是一项以速度为特点、以速度耐力为基础的短跑项目，它是短跑中距离最长、最难跑的一个项目。400米跑男子世界纪录为43.18秒，400米跑女子世界纪录为47.60秒。表3-7显示了第六届世界田径锦标赛男子400米决赛的运动分段用时，表3-7显示，优秀男子400米运动员起跑后加速在50米处的速度较快，而在 50～100米段，所有运动员用时最短，其速度最快。同时运动员保持高速跑能力较强，在50～300米段保持最高速度90%以上的强度，为全程距离的62.5%，说明优秀运动员的速度耐力水平高。

表3-7　第六届世界田径锦标赛男子400米决赛的8名运动员分段用时一览表（单位：秒）

姓名	成绩	反应时(毫秒)	0~50米	50~100米	100~150米	150~200米	200~250米	250~300米	300~350米	350~400米
约翰逊	44.12	167	6.01	4.98	5.20	5.28	5.28	5.40	5.66	6.14
卡莫家	44.37	216	6.23	5.04	5.04	5.02	5.24	5.46	5.78	6.34
华盛顿	44.39	161	6.07	5.00	5.10	5.30	5.46	5.40	5.80	6.10
理查森	44.47	245	5.91	4.98	5.20	5.24	5.38	5.54	5.72	6.26
杨	44.51	185	6.16	5.00	5.08	5.08	5.40	5.48	5.86	6.26
托马斯	44.52	165	5.72	5.02	4.94	5.16	5.40	5.68	5.98	6.46
皮特格鲁	44.57	275	6.30	4.96	5.18	5.28	5.28	5.50	5.72	6.08
鲍奇	45.22	158	6.08	4.88	5.00	5.20	5.46	5.86	6.00	6.60

（布吕格曼，1997年雅典第6届世界田径锦标赛生物力学研究报告）

（二）400米主要供能物质及能量代谢特点

400米跑项目是典型速度耐力项目。由于测定方法不同，受试对象运动等级不同，对于400米项目有氧和无氧供能系统所占比例结果也不尽相同，表3-8显示了不同研究者的研究结果，无氧代谢供能系统在400米运动项目中供能比例为36%~72%。

糖酵解代谢系统是由肌糖原在无氧或缺氧条件下完成的，是速度耐力的主要供能系统，糖酵解供能能力是高强度的、无氧耐力型运动的生物化学基础，是30~120秒以内最大强度运动的主要供能系统。

重要知识点

中距离跑：简称中跑，包括800米跑、1500米跑和3000米跑，这类项目需要混合速度力量和耐力。

据Serresse等（1988）报道，在10秒、30秒、90秒全力运动中，糖酵解供能的相对比例分别为44%、49%和42%。因此，400米跑项目主要供能系统是糖酵解供能系统，主要供能物质为肌糖原。

表3-8　400米跑项目供能系统所占比例及测定方法

	有氧代谢供能比例（%）	无氧代谢供能比例（%）	测定方法
Weyand et al. (1993)	64	36	Treadmill（AOD）
Spencer and Gastin (2001)	43	57	Treadmill（AOD）
Numela and Rusko (1995)	37	63	Treadmill（AOD）
Hill (1999)	32	68	Treadmill and race（La-）b
Lacour et al. (1990)	28	72	race（La-）b，assumed efficiency
Rob Duffield et al.(2005)	41(男性) 45(女性)	59(男性) 55(女性)	Treadmill（AOD）

注：(La-)b:血乳酸浓度。

第三节　中跑的主要供能物质和能量代谢

长时间的连续的肌肉活动是中跑项目的特点。它一方面要求尽量减少能量的消耗，维持一定的跑速，另一方面要求在全程跑中能根据比赛的情况具有加速跑的能力。由于它们运动强度和持续的时间不相同（表3-9），所以体内所需能量供应的形式从以无氧代谢供能为主，过渡到以有氧代谢供能为主。

表3-9　60米跑、100米跑、200米跑和400米跑的世界纪录

	世界纪录	每100米成绩	创纪录时间
800米跑男子	1:40.91	12.61	2012年
800米跑女子	1:53.28	14.16	1983年
1500米跑男子	3:26.00	13.73	1998年
1500米跑女子	3:50.46	15.36	1993年
3000米跑男子	7:20.67	14.68	1996年
3000米跑女子	8:06.11	16.20	1993年

一、800米跑

（一）项目特点

800米跑是田径运动中难度最大的体能类极限下强度项目。随着人们对该项目特征的进一步认识，人类800米跑的成绩不断提高：如男子1932年800米最好成绩为1:49.08，平均每百米成绩为13.72，到2012年最好成绩1:40.91，平均每百米成绩为12.61。

（二）800米跑主要供能物质及能量代谢特点

800米跑属极限下强度项目，其能量代谢特点是有氧代谢、糖酵解和磷酸原（ATP–CP）三种供能系统兼有的混合代谢（表3–10）。800米跑主要供能物质为肌糖原。

表3-10　不同项目各能量系统所占比例（%）

项目	磷酸原和乳酸（无氧）	乳酸和有氧（混氧）	有氧氧化
3000米	20%	40%	40%
1500米	20%	55%	25%
800米	30%	65%	5%

由于测定方法不同，受试对象运动等级不同，对于800米项目有氧和无氧供能系统所占比例结果也不尽相同，表3-11显示了不同研究者的研究结果。

表3-11　800米跑项目供能系统所占比例及测定方法

	有氧代谢供能比例（%）	无氧代谢供能比例（%）	测定方法
Weyand et al. (1993)	71	29	Treadmill（AOD）
Spencer and Gastin (2001)	66	34	Treadmill（AOD）
Craig and Morgan (1998)	73	27	Treadmill（AOD）
Hill (1999)	58	42	Treadmill and race（La-）b
Lacour et al. (1990)	59	41	race（La-）b，assumed efficiency
Rob Duffield et al.(2005)	60（男性） 70（女性）	40（男性） 30（女性）	Treadmill（AOD）

二、1500米跑和3000米跑

（一）项目特点

男子1500米跑世界纪录为3:26.00，3000米跑世界纪录为7:20.67，随着中跑训练水平和运动成绩的不断提高，无氧代谢供能比例相应增加，其训练特征也逐渐发生着变化。无氧能力和速度训练受到高度重视，且速度耐力训练已成为中跑训练中的重要组成部分。速度和速度耐力水平是决定中跑运动员专项运动成绩的重要因素之一。

（二）1500米和3000米主要供能物质及能量代谢特点

1500米和3000米其能量代谢特点是有氧代谢、糖酵解和磷酸原（ATP–CP）三种供能系统兼有的混合代谢。代谢类型随项目中距离的增加，逐渐从无氧代谢为主的混合代谢过程向以有氧代谢为主的混合代谢过程过渡。表3-10显示，1500米跑时糖酵解代谢和有氧代谢占总能量供给的55%，有氧氧化供能占25%。而3000米跑时糖酵解代谢和有氧代谢占总能量供给的40%，有氧氧化供能增加到40%。优秀的中跑运动员既要有良好的耐力能力做基础，又要具备很高的速度水平，属于高速度的耐力项目。1500米跑主要供能物质为肌糖原。3000米跑主要供能物质除肌糖原外，还有部分脂肪氧化参与供能。

第四节　长跑与超长跑能量代谢

一、长跑与超长跑能量代谢特点

思考与交流

人体通过何种能量代谢形式维持长跑与超长跑运动？

长跑，即长距离跑步，是指距离通常在5000米以上的跑步运动。现在田径比赛中的长跑项目主要包括5000米跑、10000米跑、半程马拉松（约21.0975千米）、马拉松（约42.195千米）等。

超长跑是指距离超过田径比赛常规跑步距离的运动。目前比较常见的是100千米超长距离耐力跑。

人体能量的供应均是通过磷酸原、糖酵解以及有氧氧化三大供能系统的能量输出得以实现的。三大功能系统各自具有不同的能量代谢特点。而长跑与超长跑作为跑步运动家族的一员，由于在比赛强度、持续时间上与其他跑步运动的不同，因此，形成了满足其自身运动特征的能量代谢特点。

人体在跑动的过程中，随着跑动距离的延长与运动时间的延长，有氧代谢供能比例增加，无氧代谢和无氧、有氧混合代谢供能比例下降趋势十分明显。长跑与超长跑均属于长时间、长距离运动项目，两类跑步运动的能量代谢形式应以有氧代谢供能为主，混合代谢供能为辅。表3-12为不同类型长跑项目各供能系统所占的比例。

表3-12　长跑各项目能量供应系统所占比例

运动项目	无氧代谢供能比例（%）	混合代谢供能比例（%）	有氧代谢供能比例
5000米	0	20	70
10000米	5	15	50
马拉松跑	—	5	95

因此，进行长跑与超长跑运动中人体能量代谢的基础是有氧供能。作为一名优秀的长跑

或超长跑运动员必须具备良好的有氧代谢基础。

二、长跑与超长跑能量代谢的过程

长跑与超长跑运动是典型的有氧代谢为主的运动形式，人体通过脂肪与糖的氧化提供能量供应。下面分阶段介绍长跑与超长跑运动的能量代谢过程。

思考与交流

为什么长跑与超长跑的起始与冲刺阶段，人体内的乳酸含量会升高？

（一）长跑与超长跑的起始阶段能量代谢

运动起始阶段，由于运动强度较低，人体的摄氧量能够完全满足机体代谢的需求，人体没有缺氧情况的发生。因此，人体主要利用脂肪酸的有氧氧化提供大量能量。而起始阶段人体氧化的脂肪酸主要来自骨骼肌内的脂肪。

研究表明，中等强度运动（40%~65%）时，人体能量供应的30%是由骨骼肌内脂肪提供的。因此，可以确定的是进行长跑与超长跑运动的起始阶段，人们通过氧化骨骼肌内的脂肪提供能量来满足运动的需求。而此时糖的有氧代谢比例较低，人体通过脂肪酸氧化提供运动所需的能量，而将糖的利用率减少，从而节省了糖，推迟了糖耗竭的发生。

长跑与超长跑虽然是典型的有氧代谢运动，但在运动开始的几分钟内由于人体血液供应还没有完全适应运动需求，会导致因局部缺血而造成的暂时性氧气供应不足，这时人体会暂时选择糖酵解形式提供能量，从而造成乳酸生成增加。当运动持续5~10分钟后，人体的耗氧量达到稳定状态后，糖酵解供能的比例下降。

（二）长跑与超长跑的途中阶段能量代谢

随着运动时间的延长，当运动时间超过2小时，运动能量的提供虽然仍以有氧代谢为主，但出现了相应的变化，人体脂肪氧化的重点逐渐由骨骼肌内的脂肪转移至脂肪组织分解入血的脂肪酸。血浆游离脂肪酸成为骨骼肌氧化利用脂肪酸的主要来源。随着运动时间的延长，脂肪组织的脂肪酸浓度逐渐上升到基础水平或超出基础水平。随着血浆脂肪酸功能比例的增加，骨骼肌内脂肪供能被抑制。

长跑与超长跑的途中阶段，随着运动强度的提高，人体采用糖供能的比例逐渐增加。途中阶段，运动员进行加速以摆脱对手的过程中糖供能的比例会增加。当以65%~85%最大摄氧量强度进行运动时肌糖原的利用速度较快，糖原的消耗量也最大。

因此，在进行长跑与超长跑的途中阶段，脂肪与糖的有氧氧化是长跑与超长跑途中阶段的主要能量代谢形式。

（三）长跑与超长跑的冲刺阶段能量代谢

冲刺阶段的主要目的是摆脱对手的纠缠，加速冲刺获得最好的成绩。

冲刺阶段的运动强度在整个运动过程中最大，因此，冲刺阶段人体的能量供应中无氧供能的比例增加，但在运动结束前的几分钟内由于人体运动强度的加大，血流供应的平衡被打破，人体再次出现因局部缺血所照成的暂时性氧气供应不足，同时也因为运动强度增加使得人体会暂时选择糖酵解形式提供能量，从而造成乳酸生成增加，造成乳酸一定量的积累。因此，冲刺阶段是整个运动过程中无氧供能比例再次增加的阶段。

长跑与超长跑的整个运动过程中脂肪与糖的有氧氧化是运动中能量的主要来源，运动的起始与冲刺阶段由于血流供应的变化使得机体出现了暂时性的缺氧，造成无氧代谢比例出现增加。

第五节　各项运动物质能量代谢特点

一、不同运动项目能量代谢特点概述

不同类型的项目由于运动强度大小与运动时间长短存在差异，因此不同项目在选择代谢系统时表现出自身的特征。不同项目的能量代谢特点不仅仅局限于三大供能系统的简单划分，而是根据项目特点对项目的能量代谢进行细化，具体情况见图3-2。

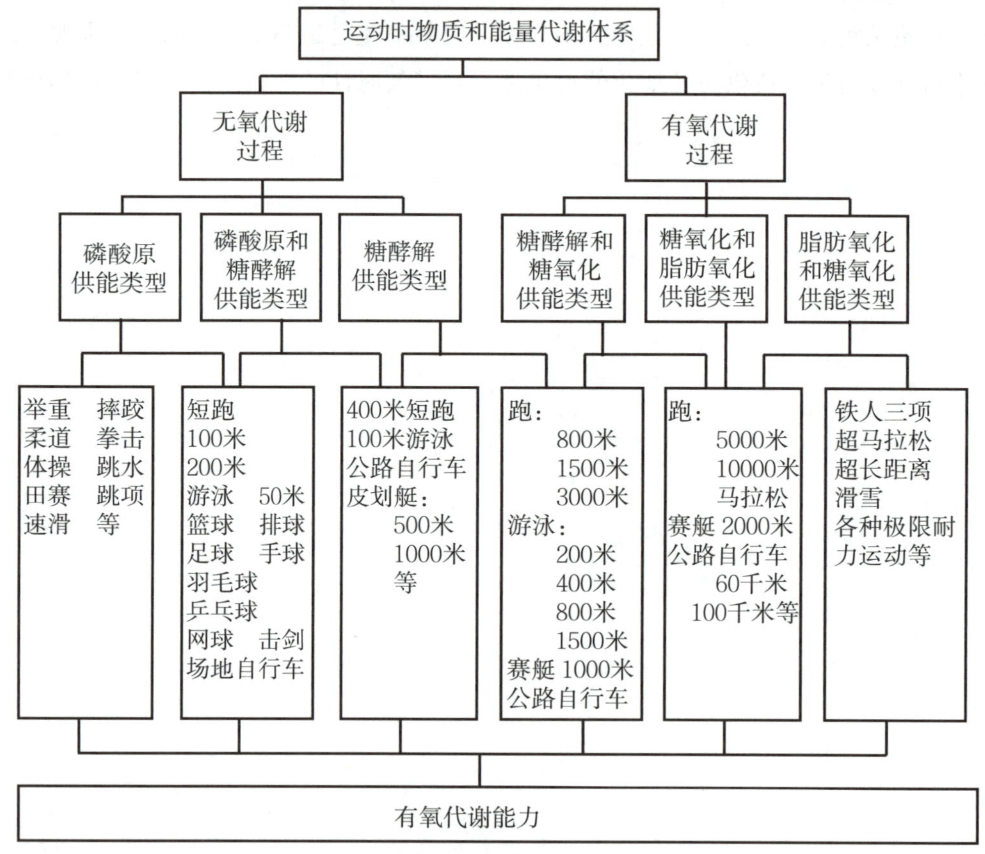

图3-2　不同运动项目能量代谢特点示意图

二、不同运动项目能量代谢特点介绍

项目训练的关键是需要掌握项目的能量代谢特点，以下分别介绍一些运动项目的能量代谢特点。

（一）游泳项目的能量代谢特点

游泳是一项以技术为主，体能为基础的周期性项目。因此，能量代谢水平的高低对于运动员成绩具有重要影响。

游泳项目大致分为短、中、长三种距离。完成不同距离的比赛所表现出的能量代谢特点不一致。

短距离游泳（包括50米、100米游泳）主要以磷酸原和糖酵解供能为主；中距离游泳（包括200米、400米游泳）主要以糖酵解系统和有氧代谢系统供能为主；长距离游泳（包括800米、1500米游泳）主要以有氧代谢系统和糖酵解代谢系统为主。

游泳的能量代谢所有的供能系统均会参加，只是随着游泳距离、强度的变化会造成不同供能系统所占比例不同。具体见表3-13。

表3-13　不同距离游泳供能系统比例

比赛时间（秒）	比赛距离（米）	无氧代谢		有氧代谢
		磷酸原（%）	糖酵解（%）	（%）
10~15	25	90~98	1~10	很少
19~30	50	78~98	2~20	2
40~60	100	25~80	15~65	10
90~120	200	10~30	60	25

（二）球类项目能量代谢特点

1. 排球项目能量代谢特点

排球属于混合型、非周期运动，因此排球项目的能量代谢特点较为多样化。排球运动员完成每次弹跳、击球、拦网、扑球等动作时特点为时间短、强度大，并且需要长时间反复进行。因此，排球运动的能量代谢特点是应具备较强的磷酸原供能能力，同时以有氧代谢为基础。

2. 篮球项目能量代谢特点

篮球运动是一种激烈的对抗性项目，运动员进行比赛时强度大、密度高、时间长。因此，篮球运动的能量代谢特点是进行关键技术动作时以无氧代谢供能为主，但所占整个运动能量代谢比例较低仅占能量供应的10.42%；同时，篮球运动员还必须具备较好的有氧基础，篮球运动中89.58%的能量由有氧代谢提供。

因此，篮球项目是一种以有氧代谢为基础，无氧供能为技术动作能量供应支持为能量代谢特点的项目。

3. 足球项目能量代谢特点

足球项目要求运动员具有长时间间歇运动能力、反复短距离冲刺能力以及大力量传球、起跳、射门能力。因此，足球项目的能量代谢特点要求全面，磷酸原供能系统、糖酵解供能系统以及有氧代谢供能系统均参与到足球运动中。其中技术动作的完成对磷酸原供能系统、糖酵解供能系统依赖性较强，而有氧代谢系统也不能忽视。因为，无氧代谢过程中产生的乳酸需要较高水平的有氧代谢进行氧化消除。

4. 乒乓球项目能量代谢特点

乒乓球是一项技巧性为主，体能为辅的技术类项目。乒乓球运动员完成每个回合的时间十分短暂，同时乒乓球运动员经常进行大力击球，因此，乒乓球项目需要较高水平的磷酸原供能；由于乒乓球项目回合之间存在间歇，同时比赛时间相对较长（一般3局打满时间为48分钟），因此还需要有氧代谢供能满足整个比赛期间的能量代谢。

5. 羽毛球项目能量代谢特点

羽毛球项目与乒乓球类似，也属于技巧性项目，且对速度、力量等素质的要求较高，因此羽毛球完成动作时较为依赖磷酸原、糖酵解代谢系统。无氧代谢供能的主要目的是保证每次以短时间完成高强度运动并保证动作的重复性。但由于羽毛球比赛中以及比赛期间存在间歇，且整个比赛时间较长，因此有氧代谢参与整个比赛的能量供应，也是消除乳酸积累，尽快回复磷酸原系统能量供应的保障。

6. 网球项目能量代谢特点

网球项目是一种对抗激烈，对体能要求较高的项目。网球运动员进行上肢的击球、劈杀以及下肢突发性的起跳、移动，这使得运动员对于磷酸原供能的依赖性较强；当比赛回合时间超过10秒时，运动员又依赖于糖酵解供能。同时，在整场比赛期间，由于时间较长且存在间歇，还需要有氧代谢供能消除乳酸、补充磷酸原系统被消耗的能量。因此，网球与羽毛球、乒乓球运动类似，完成比赛动作以无氧代谢供能为主，而整场比赛的能量供应以及乳酸的消除和磷酸原恢复需要有氧代谢的参与。

以上就是主要球类项目的能量代谢特点。

（三）体操项目能量代谢特点

体操是典型的非周期项目，动作时间短、运动强度大。体操项目的动作完成时间从10多秒至1分多钟不等，因此，体操项目主要依赖于磷酸原和糖酵解为代谢的无氧供能系统支持运动的完成。

（四）击剑项目能量代谢特点

击剑属于技能格斗类直接对抗项目。动作特点是移动迅速且攻防动作短促，完成动作时强调爆发力与速度。因此，击剑动作的完成依赖于磷酸原系统提供能量。同时，击剑项目每局比赛的时间超过5分钟，因此，又需要有氧代谢保障其长时间运动的能量供应以及磷酸原能量的恢复。

综上可知，击剑也是一种动作完成依赖于磷酸原供能，但需要有氧代谢供能为基础的运动项目。

（五）跆拳道项目能量代谢特点

跆拳道项目是一种双人近距离击打对抗性项目，需要具备良好的速度力量与速度力量耐力，同时又需要迅速地恢复能力。因此，跆拳道运动员进行攻防反击时由于时间较短，依赖于磷酸原供能；对峙阶段由于时间延长需要糖酵解供能保证能量供应。比赛间歇期间，为了加快乳酸消除以及磷酸原能量恢复需要较强的有氧代谢能力。

因此，跆拳道运动以磷酸原和糖酵解代谢为主完成动作，以有氧代谢为主进行疲劳消除和无氧代谢能力的恢复。

（六）武术项目能量代谢特点

武术是一项采用一定规律组成徒手的或器械的各种攻防格斗功夫、套路和单势练习或比赛。武术比赛时间短、运动强度大，因此，武术运动依赖于无氧代谢供能支持，又由于武术运动的时间一般在几分钟，因此主要依赖于糖酵解供能满足其运动时的需求。

除了糖酵解供能以外，为了更好地消除运动疲劳，武术运动员也依赖于有氧代谢提供能量。

以上是对一些常见项目能量代谢特点介绍。由于项目各自的能量代谢特点不同，为了更好地提高项目的能量代谢水平需要采用针对性的训练手段，这样就形成了不同训练手段的能量代谢特点。因此，需要了解不同训练手段的能量代谢特点。以下将进行介绍。

三、不同训练手段能量代谢特点

表3-14、表3-15分别反映了不同运动时间人体能量代谢特点和不同运动方法的人体能量代谢特点。

表3-14　不同运动时间的人体能量代谢特点示意图

最大强度运动时间	能量输出(千焦)		总量	分布关系(%)	
	无氧氧化	有氧氧化		无氧氧化	有氧氧化
10秒	83.6	16.7	100.3	87	13
1分	125.4	83.6	209.0	60	40
2分	125.4	188.1	313.5	40	60
5分	125.4	501.6	627.0	20	80
10分	104.5	1024.1	1128.6	9	91
30分	83.6	2821.5	2905.1	3	97
60分	62.7	5016.0	5078.7	1	99

表3-15 不同运动方法的人体能量代谢特点示意图（以跑步训练为例）

名称	定义	发展的比例(%)		
		磷酸原系统	糖酵解系统	有氧氧化系统
加速短跑	用40.32～96.77米分段加速跑。	90	5	5
持续快跑	快步长距离跑（或游泳）	2	8	90
持续慢跑	慢步长距离跑（或游泳）	2	5	93
间歇训练	重复周期性工作，两次重复之间安排一个休整期	10~30	30~50	20~60
慢跑	持续慢步跑或走，总距离在1610米以上	—	—	100
重复跑	与间歇训练类似，但工作期休整期度比较长	10	50	40
速度游戏(法特莱克)	在自然条件下交替进行快跑和慢跑	20	40	40

通过上述训练手段能量代谢特点的描述，从中我们可以知道通过控制运动训练的强度与运动时间，制定出符合项目能量代谢特点的训练方法和手段，能够较好地提高不同项目运动员的能量代谢水平，促进运动能力提高。

小 结

举重、爆发力项目及60米跑主要供能物质为磷酸原，主要代谢供能系统为磷酸原供能系统。

100米跑主要供能物质为磷酸原，但糖原也有部分消耗，主要的代谢供能系统为磷酸原和糖酵解供能系统。

200米跑能量供应主要是糖酵解供能，占全程供能约 60%，磷酸原供能系统比例达20%。

400米跑项目是典型速度耐力项目，主要供能系统为糖酵解供能系统。

800米跑既有以磷酸原——糖酵解代谢类型的无氧代谢，又有以糖酵解——有氧氧化代谢类型的混氧供能。800米跑主要供能物质为肌糖原。

1500米和3000米跑其能量代谢特点是有氧代谢、糖酵解和磷酸原三种供能系统兼有的混合代谢。代谢类型随项目中距离的增加，逐渐从无氧代谢为主的混合代谢过程向以有氧代谢为主的混合代谢过程过渡。

长跑与超长跑是典型的有氧代谢为主的运动。

运动起始阶段，由于运动强度较低，主要利用脂肪酸的有氧氧化提供能量；途中跑阶段，脂肪供能的重点逐渐由骨骼肌内的脂肪转移至脂肪组织分解入血的脂肪酸，糖供能的比例逐渐增加；冲刺阶段人体的能量供应中无氧供能的比例增加。

长跑与超长跑运动员通过乳酸阈强度训练、最大乳酸稳态训练、高原训练、高住低练等方法提高运动能力。

不同运动项目的能量代谢特点存在差异，训练中应根据项目的能量代谢特点选择与之相适应的训练方法。

思考题

1. 对比分析短跑、中跑、长跑运动项目的主要供能物质及能量代谢特点。

2. 根据所学习的长跑与超长跑能量代谢特点与训练手段的生化特点，设计一套简单的长跑或超长跑发展有氧能力的训练方案。

相关网站

1.中国知网：http://www.cnki.net/ 说明：查阅长跑与超长跑项目能量代谢与训练手段的最新研究应用，分析当前研究的突破点。

2. 美国生物信息中心网站：http://www.ncbi.nlm.nih.gov/pubmed/ 说明：查阅能量代谢研究的最新进展，结合本节内容加深对不同运动项目能量代谢特点的认识。

3. 斯坦福大学网站：http://highwire.stanford.edu/ 说明：查阅长跑与超长跑相关的训练研究，结合自身专项，思考长跑与超长跑训练方法的特点与应用方式。

参考书目

1. 谢敏豪, 林文弢, 冯炜权. 运动生物化学[M]. 北京: 人民体育出版社，2008.

2. 张蕴琨, 丁树哲. 运动生物化学[M]. 北京: 高等教育出版社，2007.

3. 冯连世, 冯美云, 冯炜权. 优秀运动员机能评定手册[M]. 北京: 人民体育出版社，2011.

4. 曹建民, 林文弢. 运动生物化学习题集[M]. 北京: 人民体育出版社，2003.

5. 丁树哲, 张蕴琨. 运动生物化学题解[M]. 北京: 高等教育出版社，2007.

6. Hirvonen J. *Breakdown of high-energy phosphate compounds and lactate accumulation during short supramaximal exercise*[J]. Eur J Appl Physicol (1987) 56:253-259.

第四章 运动性疲劳与恢复的生化基础

内容概述

运动能力是指人参加运动和训练所具备的能力，是人的身体形态、素质、机能、技能和心理能力等因素的综合表现。从生物化学的角度来看，运动能力主要取决于运动过程中物质能量的供给及利用、运动中及运动后疲劳与恢复的能力。不同运动项目的代谢特点不同，运动训练应根据项目的代谢特点来选择合理的训练方法、掌握运动量。本章主要介绍运动能力的代谢基础及其影响因素、运动疲劳发生的原因及运动后恢复过程的超代偿原理的应用。

主要概念

运动性疲劳
恢复过程
运动适应
超代偿恢复

学习目标

1. 掌握运动性疲劳的概念与分类
2. 了解中枢疲劳与外周疲劳发生的部位和生化特点
3. 了解运动性疲劳产生的机理
4. 掌握不同时间全力运动和不同代谢类型运动项目疲劳的代谢特点
5. 了解运动适应的概念及作用
6. 掌握超代偿的概念及在运动中实践的应用

2006年8月24日新浪网报道：

运动疲劳究竟是怎么回事

很多人在运动之后都叫苦连天，浑身酸痛，好几天都感觉很累，缓不过来。这很正常，运动量大了或者改变训练方法，许多健身爱好者就会感觉疲劳。

大家都知道酸碱平衡的原理，其实我们的身体也存在酸碱平衡问题。正常情况下人的血液可以自动调节pH值保持在7.35～7.45，当我们的身体“偏酸”时，就会加速疲劳感的产生，人会感觉疲倦、乏力等。

因此，要学会食物的酸碱搭配，远离“酸性体质”。运动后更要注意酸碱搭配，加快运动后疲劳的恢复。

2012年7月6日在自行车网上的一篇报道：

运动后疲劳的恢复

对自行车运动员来说，参加训练或比赛是常有的事。当训练和比赛负荷超过机体承受的能力，而产生的暂时的生理机能减退现象，是运动员为了提高运动成绩而进行大运动量、大强度训练所引起的机体机能的变化。“没有疲劳就没有训练，疲劳是检查训练效果的一个标志。”所以产生疲劳是训练的正常反应。要根据具体对象的具体情况采用各种不同的恢复手段，以加速恢复过程，恢复方法是多方面的。疲劳时，注意补充能量和维生素，尤其是糖、维生素C及B_1，夏季或出汗较多时，应补充盐分与水。采用慢跑做整理活动，血乳酸消除的速度要比静止休息时快一倍，因此慢跑或有一定速度的步行，是整理活动的共同内容且不可或缺。特别是在整理活动中做些肌肉伸展性练习，有助于缓解肌肉纤维痉挛，改善肌肉血液循环，减轻肌肉酸痛和僵硬程度，加速乳酸的消除，达到疲劳的迅速消除。

？

运动后如何补充能量才能提高运动成绩，达到超量恢复？最佳时间是何时？

第一节 运动性疲劳的生物化学

思考与交流

为什么会出现运动性疲劳？不同项目的运动产生的运动性疲劳现象是否相同？

运动性疲劳是运动训练过程中必然存在的生理现象，而竞技体育的一个重要的目的就是要迅速提高运动能力，限制运动能力提高的重要因素之一就是在运动中产生运动性疲劳。因此，了解运动性疲劳的发生机制是延缓、推迟运动性疲劳发生和发展，提高竞技体育能力的重要环节，也是体育锻炼中不可忽视的重要组成部分。

一、概念

运动性疲劳不同于疾病因素所致的疲劳，它是人体在运动过程中发生的生理现象。自1880年Mosso研究人类的疲劳开始，已经有100多年的历史，直到1982年第五届国际运动生物化学会议上才正式将运动性疲劳进行了统一。

重要知识点

运动性疲劳：身体机能的生理过程不能持续在特定水平和/或身体不能维持预定的运动强度。

利用疲劳的概念我们可以：①把疲劳时体内组织和器官的机能水平与运动能力结合起来评定疲劳的发生和疲劳程度；②有助于选择客观指标评定疲劳，如心率、血乳酸、最大吸氧量和输出功率间在某一特定水平工作时，单一指标或各指标的同时改变都可用来判断疲劳。

二、运动性疲劳发生部位和变化

根据运动生物化学的研究特点，按照运动性疲劳的发生部分可以分为中枢疲劳和外周疲劳。运动性疲劳是中枢疲劳和外周疲劳相互作用的结果，一般认为中枢疲劳占主导地位，中枢兴奋性的降低是导致外周-骨骼肌做功能力降低的主要因素；而外周疲劳的发生和发展加剧了中枢疲劳。（图4-1）

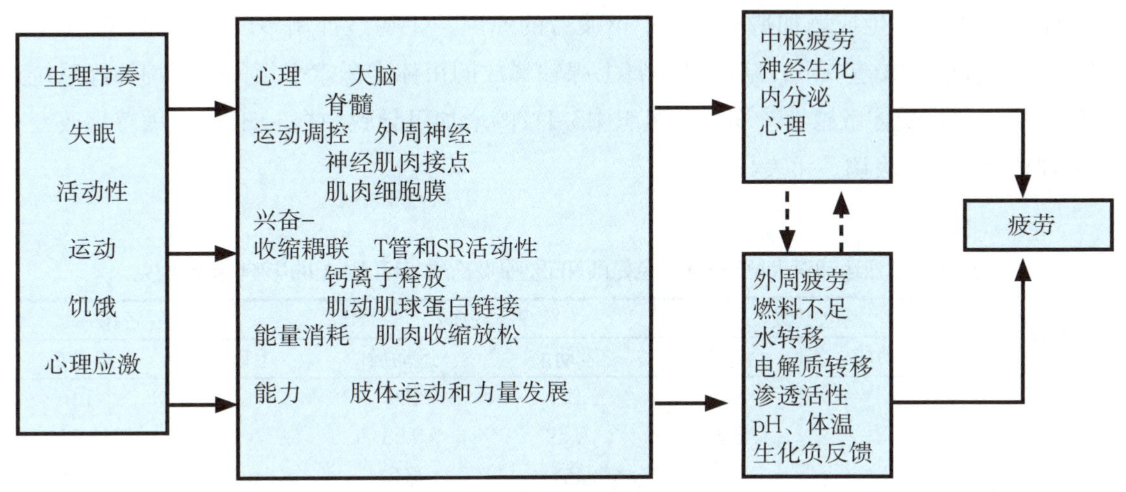

图4-1　运动时疲劳因素描述图(Rarlsson等，1979)

（一）中枢疲劳的生化特点

中枢神经细胞内代谢物质的改变是造成中枢疲劳的重要因素，主要生化特点如下：

1. 兴奋抑制失调

中枢神经细胞的唯一直接能源物质是ATP，其通过ATP的水解释放能量来维持神经细胞的兴奋性。血液中的葡萄糖是中枢最为重要的能源物质，当长时间运动时，中枢神经系统兴奋性增加引起的吸收和利用血糖增加，与外周组织利用血糖增加形成的双重效应造成了血糖浓度的降低，从而导致神经细胞葡萄糖供应受到影响，进而影响ATP的产生，使得其兴奋性降低。另外中枢的兴奋抑制受神经递质的影响，神经递质分为兴奋性递质和抑制性递质。兴奋性递质包括谷氨酸、天门冬氨酸；抑制性递质包括5-羟色胺、γ-氨基丁酸、多巴胺等；中枢的兴奋抑制的调节受到兴奋性递质与抑制性递质含量变化的影响。

长时间运动时，神经细胞中兴奋性递质谷氨酸和天门冬氨酸含量降低，进一步引起中枢神经的兴奋性降低。同时在长时间运动时中枢神经细胞中抑制剂的增加，如5-羟色胺、γ-氨基丁酸、多巴胺等增加引起中枢的抑制增加，导致中枢兴奋抑制失调，从而导致中枢疲劳的发生。

2. 脑异常症候群

（1）γ-氨基丁酸与中枢疲劳

研究表明γ-氨基丁酸是中枢神经系统中最重要的一种抑制性氨基酸类神经递质。γ-氨基丁酸主要分布在脑内，在外周神经和组织中则含量极低。

（2）5-羟色胺与中枢疲劳

5-羟色胺与中枢抑制直接相关。在激烈运动时，会引起脑干和下丘脑的5-HT明显升高。（表4-1）

脑组织中5-HT生成增加造成运动中枢疲劳的原因：①通过抑制多巴胺系统，减少了中枢的警觉与激动；②造成下丘脑-垂体-肾上腺轴释放的甾体类激素平衡失调影响神经系统正常功能；③5-HT受体敏感性改变，脑组织中5-HT的增加可导致中枢5-HT受体敏感性改变；④5-HT转运子功能失调。（表4-1）

表4-1　激烈运动对大脑5-HT、色氨酸和5羟吲哚乙酸（HIAA）的影响 毫摩尔/克

脑区	色氨酸		5-羟色胺		5羟吲哚乙酸	
	运动前	运动后	运动前	运动后	运动前	运动后
皮层	23	34*	2.9	2.6	1.8	1.9
小脑	23	30*	0.59	0.58	0.50	0.58
海马	25	35*	2.1	2.2	1.9	2.3*
纹状体	27	35*	2.3	2.6	2.5	3.2
脑干	24	32*	3.6	4.1*	2.7	3.2*
下丘脑	25	34*	4.9	5.7*	3.0	3.9*

注：*：$P<0.05$有显著性差异。　　（Newsholme等，1991）

（3）血氨与中枢疲劳

近年来研究发现运动时脑中氨含量增加，可能有以下原因：神经递质脱氨作用；神经末梢和胶质细胞内氧化脱氨基作用；嘌呤核苷酸循环加强而生成氨；运动肌中氨生成增加，血氨通过血脑屏障而进入。氨可以与脑细胞中的α-酮戊二酸结合生成谷氨酸，从而使三羧酸循环中间产物α-酮戊二酸减少,影响脑细胞内糖的有氧代谢；此外, 大量消耗还原型辅酶Ⅰ，还可以影响呼吸链的递氢过程,造成 ATP 合成不足。从而出现各种疲劳症状，如思维和意识变异，肌肉无力，呼吸急促等。

（二）外周疲劳的生化特点

外周疲劳主要表现有：

（1）神经肌肉接点：长时间训练后，乙酰胆碱在神经肌肉接点前膜释放不足，导致运动终板去极化过程不出现，导致骨骼肌细胞不能产生收缩；乙酰胆碱还会在接点后膜堆积，导致肌肉缺乏正常的兴奋-舒张交替，造成做功能力下降。

> **知识卡片**
>
> 乙酰胆碱（Ach）是调节运动神经末梢及肌纤维之间必须的神经递质，主要存在于突触前的胆碱能神经末梢部位。

（2）肌细胞膜：运动中机械牵拉和化学因素都会导致细胞膜损伤或通透性暂时增大。化学因素包括乳酸堆积、细胞内糖原耗竭、产生的自由基数量增加等。

（3）肌质网：运动时引起肌质网释放钙量减少和/或肌质网对钙的摄取量减少时，钙离子在细胞内外的流通紊乱，肌动蛋白-肌球蛋白的相互作用将受制约，从而使肌肉收缩力下降。

（4）代谢因素：主要指能源物质的消耗和代谢产物的增加。长时间训练，不仅使ATP储量下降，肌糖原和肝糖原也大量消耗，甚至会造成血糖水平下降，进一步可引起中枢疲劳。

三、运动性疲劳的产生机理

运用Fitts和Metager（1998年）的观点，从运动类型特点来分析运动疲劳的机理。

（一）短时间高强度运动疲劳

此类运动主要以无氧代谢系统供能为主，疲劳主要与磷酸原、糖原的大量消耗，乳酸的生成和积累有关。同时血氨浓度上升也是引起短时间、大强度运动性疲劳的因素。

（二）长时间运动疲劳

长时间的运动会使血糖下降、糖原大量消耗、脱水和体温增高，而耐力运动中糖储备和肌糖原的减少是疲劳的最主要原因。

因此，短时间的运动疲劳发生主要与磷酸肌酸的消耗为主；长时间的运动疲劳以肌糖原消耗为主（表4-2）；代谢产物不断积累，造成内环境改变，导致疲劳（表4-3、表4-4）。

知识卡片

在25%VO_2max强度运动时，肌糖原动用葡萄糖单位为0.3/千克/分，100%VO_2max强度运动时，肌糖原动用葡萄糖单位为3.4/千克/分；当以70%VO_2max强度运动至力竭时，肌糖原消耗90%左右，维持运动为90分钟左右。

表4-2　运动时人体能源储备与导致疲劳的主要因素

系统	能量（毫摩尔/千克干肌）	短时间运动（<20秒）	长时间运动（1~2时）
磷酸原			
ATP	24.6	↓≈40%	变化不大
CP	76.8	↓≈95%	↓≈50%
糖酵解			
肌糖原	365	↓小量	小量
有氧氧化			
肌糖原	365	↓小量	↓75%~90%
肝糖原	80~90	变化不大	↓90%以上
脂肪			
肌肉	48.4	变化不大	减少
脂库	≈体重10%~15%		用之不尽

（冯炜权，1999）

表4-3　运动时供应代谢产物导致疲劳的主要因素

供能代谢系统	产物	短时间运动（1~10分钟）	长时间运动（1~2小时）
磷酸原	氨	氨（主要来自AMP）15毫摩尔/升以上	氨（主要来自支链氨基酸）作用不大
糖酵解	乳酸		
有氧氧化			
氨基酸分解	氨、尿素	变化不大	尿素>7毫摩尔/升
脂肪分解	酮体	变化不大	酮体

（冯炜权综合，1999）

表4-4　运动时内环境代谢产物及激素调节变化导致疲劳的主要因素

运动时间	神经系统	肌肉	血液	脱水、体温
短时间运动（1~25分）	γ-氨基丁酸↑ 5-羟色胺↑ 肾上腺素↓ 去甲肾上腺素↓	pH↓≈6.6 K^+↓↓（细胞内） Na^+↑（细胞外） Ca^{++}↓（线粒体↑） PFK↓↓ SOD↓	pH≈6.9 Ka^+↑ Na^+↓ Ca^{++}↓	– – – –
长时间运动（1~2小时）	γ-氨基丁酸↑ 5-羟色胺↑ 肾上腺素↓ 去甲肾上腺素↓	pH↓ K^+↓（细胞内） Na^+↑（细胞内） Ca^{++}↓（线粒体↑↑） SOD↓	Ka^+↑ Ca^{++}↓ Na^+↓ 血糖↓ 血睾酮↓ 肾上腺素↓ 去甲肾上腺素↓	脱水3%~5%↓ 体温↑41℃

（冯炜权综合，1999）

从以上各表可以看到，运动过程中血液和组织中会产生影响肌肉工作的氨物质，血氨升高会增加肝、肾的负担，脑组织中氨的聚集会导致运动平衡失调。运动中肌糖原的消耗与细胞内钾外流使血钾上升可达8毫摩尔/升，而高血钾会导致肌无力。肌细胞内K^+下降，细胞外Na^+往细胞内转移，细胞内Na^+上升，造成膜电位改变，导致神经–肌肉传导受阻。细胞内Ca^{++}变化，引起线粒体聚钙，影响能量代谢过程等，这些都是运动疲劳的因素。

（三）关于运动性疲劳的学说

自从19世纪80年代Mosso开始研究疲劳以来，人们对运动性疲劳产生的机理提出多种假说，最具代表性的有以下几种："衰竭学说""堵塞学说""内环境稳定性失调学说""保护性抑制学说""突变理论学说" "自由基损伤学说"。

四、不同时间全力运动和不同代谢类型运动项目疲劳的代谢特点

（一）不同时间全力运动疲劳时的代谢特点

从表4-5中可以看出，在不同时间全力运动时疲劳发生的代谢原因不同。因此，在训练实际中，要针对产生疲劳的原因来采取相应的疲劳措施。

表4-5　不同运动时间疲劳的生化特点

运动时间	疲劳的生化特点
0~5秒	与神经递质代谢有关
5~10秒	ATP、CP明显下降，快肌纤维内乳酸开始堆积
10~30秒	ATP、CP消耗达极限，乳酸堆积量迅速增多
30秒~15分	肌肉和血乳酸值达最高、PH下降导致疲劳
15~60分	肌糖原消耗最大，体温升高
1~5小时	糖储备大量消耗，血糖下降，体温上升，脱水
6小时以上	体温上升，脱水，电解质紊乱，代谢失调

（冯美云等，1999）

1. 持续5~10秒的运动

100米短跑起跑后5~10秒至10秒后，进行肌肉活检表明三磷酸腺苷和磷酸肌酸明显消耗，乳酸有较大量堆积，主要发生在快肌纤维中。

2. 持续10~30秒的运动

肌肉在进行10~30秒的剧烈运动后，三磷酸腺苷和磷酸肌酸会最大量地消耗并产生最大乳酸的堆积，快肌纤维中乳酸浓度仍高于慢肌纤维。

3. 持续30秒以上至10~15分钟的运动

运动时间超过30秒后，血乳酸浓度上升至最高值，乳酸在快肌和慢肌中浓度大体相等。

4. 持续15~60分钟的运动

肌肉运动超过15分钟后，血乳酸浓度未达到最高值，而体温及肌肉温度却达到最高值。肌肉和血液中乳酸的积累是引起肌肉机能下降的重要因素，在剧烈运动时，肌肉中乳酸可增加约30倍。乳酸堆积可产生疲劳，但在持续完成不同时间的全力运动时，乳酸积累的程度是不同的。长时间的运动是因为肌糖原耗竭引起的，但少于1分钟的运动疲劳主要是三磷酸腺苷和磷酸肌酸耗竭引起的。

（二）不同代谢类型运动项目疲劳时的代谢特点

1. 无氧运动疲劳的代谢特点

无氧代谢运动所引起的疲劳主要与磷酸原消耗、乳酸生成和积累有关。在运动至力竭时，磷酸肌酸浓度接近耗尽，ATP浓度下降量可多达开始量的30%~40%；血乳酸浓度明显增

高。此外，血氨浓度上升也是引起短时间、大强度运动性疲劳的因素。

2. 有氧运动疲劳的代谢特点

有氧代谢运动的疲劳与肌糖原大量消耗、血糖浓度下降、体温升高和脱水、无机盐丢失有关。

当运动时间长于15分钟时，体温和肌肉温度可达最高，因此体温调节成为疲劳的主要因素。在60分钟以内的运动时，肌糖原明显消耗；当以70%最大摄氧量强度运动至疲劳时，肌糖原消耗最明显，成为疲劳的主要因素。（表4-6、表4-7）

知识卡片

运动强度分类：
极量强度（最大强度）
95%~100%VO_2max
心率超过180次/分
亚极量强度（次最大强度）
70%~80%VO_2max
心率在150~180次/分
中等强度　55%~65% VO_2max
心率在120~150次/分
小强度≤50%VO_2max
心率低于120次/分
注意：心率具有个体差异性

表4-6 不同代谢类型运动疲劳的代谢特点

疲劳原因	磷酸类型	磷酸原-糖酵解型	糖酵解型	糖酵解-有氧代谢型	有氧代谢型
ATP下降%	30~40		20~30	30	不变
CP下降%	90以上	90	75~90	65	50
乳酸积累	少	中	最多	较多	少
肌pH值下降	少	较少	6.6	6.6	少
肌糖原消耗	无	无	少	中	75%~90%
肌内离子变化	无	Ca^{2+}下降	Ca^{2+}下降	K^+下降、Na^+上升	离子紊乱

（冯炜权，1995）

表4-7 不同代谢类型运动项目疲劳与能源的消耗的关系

能源消耗	磷酸原代谢型	磷酸原和糖酵解代谢类型	糖酵解代谢类型	糖氧化和糖酵解代谢类型	糖和脂肪氧化代谢类型	脂肪和糖氧化代谢类型
ATP减少/%	40	30~40	20~30	~30	变化不大	变化不大
CP减少/%	90以上	80~90	75~90	65	50	—
血乳酸增加/毫摩尔$^{-1}$	很少	10	~15	~12	~4	4以下
肌糖原消耗	很少	很少	少量	接近1/2	90%~95%	>80%

（冯炜权，1993）

第二节　运动后恢复的生物化学

思考与交流

运动后什么时间是最佳恢复期，可以达到超量恢复？

> **重要知识点**
>
> 恢复过程：指人体在运动过程中和运动结束后，各种生理机能和能源物质逐渐恢复到运动前水平的变化过程。

运动后机体适应过程是运动过程的一部分，从生物化学变化来看，运动时主要是身体内能源物质的分解代谢、释放能量以维持运动的消耗过程，运动后主要是被消耗的能源物质重新合成和代谢产物消除，使身体重新恢复稳态和提高的过程。运动后身体的恢复是机能水平是否提高和能否继续训练的关键。

一、概述

恢复过程分为三个阶段：第一个阶段，运动中恢复阶段：由于能量消耗大于恢复，能源物质逐渐减少，各器官系统的工作能力下降。第二个阶段，运动后恢复到运动前水平阶段：恢复过程占优势，能源物质和各器官系统的功能逐渐恢复到原来水平。第三个阶段，运动后超量恢复阶段：运动时消耗的能源物质及各器官系统机能状态在这段时间内不仅恢复到原来水平，甚至超过原来的水平，这种现象称为“超量恢复”。

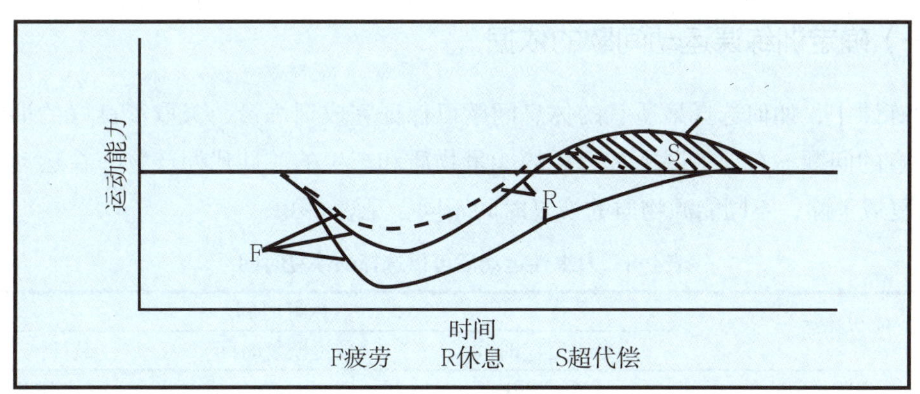

图4-2　雅可夫列夫的超代偿模型（Martin&Coe，1991）

二、超代偿原理的应用

超代偿恢复是由苏联学者雅姆波斯卡娅提出来的。她的研究证明：在适宜的刺激强度下，运动肌糖原消耗量随刺激强度增大而增加；在恢复期的一个阶段中，会出现被消耗的物质超过原来数量的恢复阶段；超代偿恢复的数量与消耗过程有关，在一定范围内，消耗越多，超代偿恢复效果越明显（图4-3）。此后，许多运动生化工作者对肌肉中磷酸肌酸、肌肉蛋白质、肌红蛋白、磷脂、酶活性的超量恢复过程进行了研究，进一步证实超量恢复的基本规律是客观存在的，并且不同物质超代偿恢复的速度不同。

重要知识点

超代偿恢复：指运动时消耗的能源物质及各器官系统机能状态在运动后一段时间内不仅恢复到原来水平，甚至超过原来的水平。

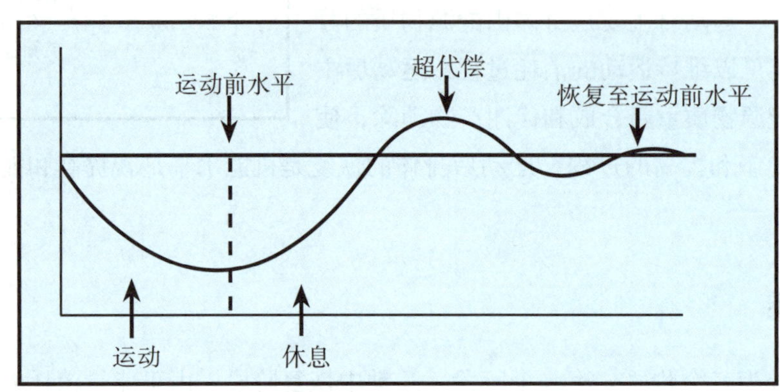

图4-3　消耗和恢复过程关系（雅科夫列夫，1955）

不同能源物质在运动时的消耗速率和恢复时间是不相同的，而不同专项运动对消耗能源物质的要求不同，这就成为选择休息间歇、掌握负荷强度和量度的一个重要依据和指标，超代偿恢复则是课后休息期至下次训练时应掌握的指标。

（一）确定训练课运动间歇的依据

在训练课中，如何选择最适宜的休息间歇以保证完成训练量，又取得良好的训练效果，是值得注意的问题。在训练课中被消耗的能量物质和产生的酸性代谢产物，在运动间歇休息期可以恢复或消除，不同能源物质的恢复时间不同，见表4-8。

表4-8　力竭性运动后可供选择的恢复时间

恢复物质	恢复时间		
	半时反应时间	最短恢复时间	最长恢复时间
ATP、CP	20~30秒	2~3分	5~8分
肌糖原：间歇运动后	5小时		24小时
持续运动后	10小时		46小时
肝糖原	不清楚		12~24小时
乳酸清除：运动性恢复	10~15分	30分	1小时
休息性恢复	25分	1小时	2小时
氧储备		10~15秒	1分

（冯美云，1999）

1. 磷酸原恢复规律的应用

目前研究较为清楚的是磷酸原恢复。研究表明，磷酸原恢复一半的时间为20~30秒，力竭性运动后30秒CP恢复约70%，基本恢复的时限为2~5分钟。这意味着在10秒以内全力运动的训练中，二次运动的间歇时间不能短于30秒，保证磷酸原在尽可能短的时间内，至少恢复一半以上，就可以维持预定的运动强度。组间休息间歇控制在磷酸原完全恢复时。由表4-9可见，组间休息间歇在4~5分钟为宜，使机体活动在一个新的起点开始。

表4-9　运动后肌肉磷酸原储量的恢复速率

运动后恢复时间（秒）	磷酸原恢复（%）
10以内	少量
30	50
60	75
90	87
120	93
150	97
180	98

（冯美云等，1999）

2. 乳酸消除规律的应用

如果训练中安排休息时间过长，就不能有效地提高运动水平，但如果间歇过短，会导致疲劳积累使机能状态下降。目前研究结果认为：

知识卡片

半时反应（Re-action of Half Time）：能量物质的恢复通常用半时反应表示，指运动过程中乳酸消除一半所需要的时间；也指在恢复期补充运动时消耗能量物质的1/2所需的时间。

（1）10秒全力运动乳酸消除的半时反应时间为20~30秒，因此最适宜的休息间歇不应短于 30秒；30秒全力运动乳酸消除的半时反应为60秒，最适宜的休息间歇为60秒左右。

（2）1分钟全力运动后，乳酸消除半时反应约为3~4分钟，休息时间要长达 4~5分钟。

（3）进行轻量的活动(如散步、慢跑)比静坐和躺卧休息方式乳酸的消除速度快。因为轻量活动时，血液循环较快，输送至肌肉中的氧比静坐时多，肌肉中代谢水平也较高一些，有利于乳酸消除。例如，活动性休息中血乳酸消除的半时反应为 11分钟，恢复至安静水平约1小时，而休息性恢复中乳酸消除的半时反应需要25分钟，恢复至安静水平则需要2小时。（表4-4）

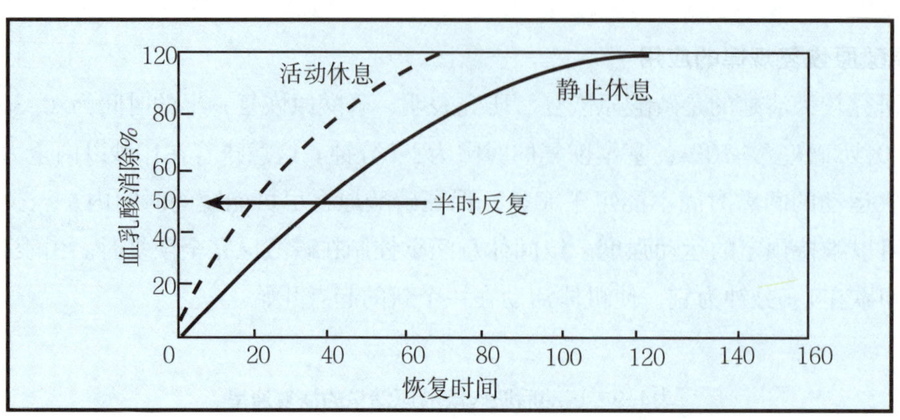

图4-4　力竭运动后身体活动方式与血乳酸消除速率（Fox，1979）

（二）训练期糖原超代偿恢复的应用

人体内最大肌糖原合成速率仅是最大糖原分解速率的1%。所以，运动后肌糖原恢复相应需要较长时间。但是合理补糖，可以加速糖原恢复过程。目前应用较为广泛的是糖原负荷法，采用高糖膳食与运动相配合，来增加肌糖原储备的方法。

1. 持续性耐力训练后肌糖原的超量恢复

由于膳食条件不同，恢复速率和数量都不同，肌糖原的完全恢复需要高糖膳食，要46小时才能完成。由于恢复期体内糖异生作用较强，肌肉中糖原合成酶活性较高，前10小时恢复速度最快。

长时间运动（连续3天长跑）致使肌糖原耗尽后，如用高脂肪与蛋白质膳食5天后肌糖原还未完全恢复，如用高糖膳食46小时即可完全恢复，而且前10小时恢复最快。短时间、高强度的间歇训练后，无论食用普通膳食还是高糖膳食，肌糖原的完全恢复都需要24小时，而且在前5小时恢复最快。所以在耐力性运动后，为了加速糖原恢复，要注意恢复初期10小时；尤其要注意运动后2小时内增加食糖量，在随后的46小时至5天内都要注意食用高糖膳食。（图4-5）

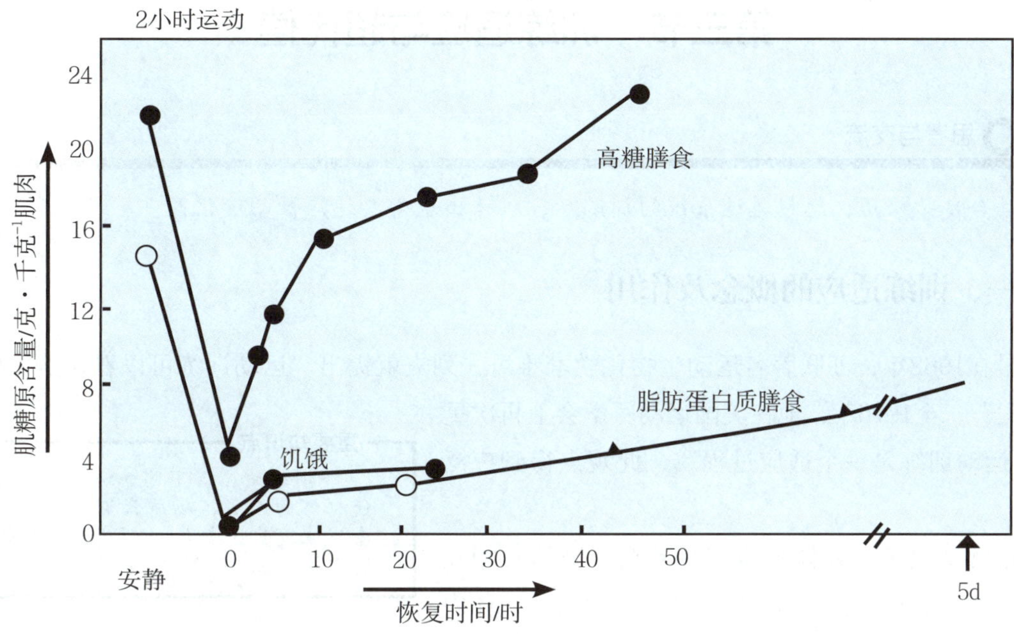

图4-5 长时间持续性耐力运动后不同膳食对肌糖原恢复的影响（Fox，1979）

2. 大强度间歇性耐力运动后肌糖原的恢复

从图4-6中可见，在恢复初期2小时内，不吃食物也有肌糖原恢复；2小时以后，普通膳食和高糖膳食对肌糖原恢复的影响差异不大；在前5小时恢复速度最快，24小时后完全恢复。

间歇运动与持续运动时肌糖原恢复的不同是由于高强度间歇运动后，不会像长时间运动那样大量消耗肌糖原，以致血糖降低。间歇运动后血糖上升，血乳酸也较高，血糖可用于合成肌糖原，血乳酸也可经肝中糖异生作用转变为葡萄糖而被肌肉吸收利用，所以在运动后饥饿的2小时期间或补充普通膳食的前5小时，肌糖原都有较大量的恢复。

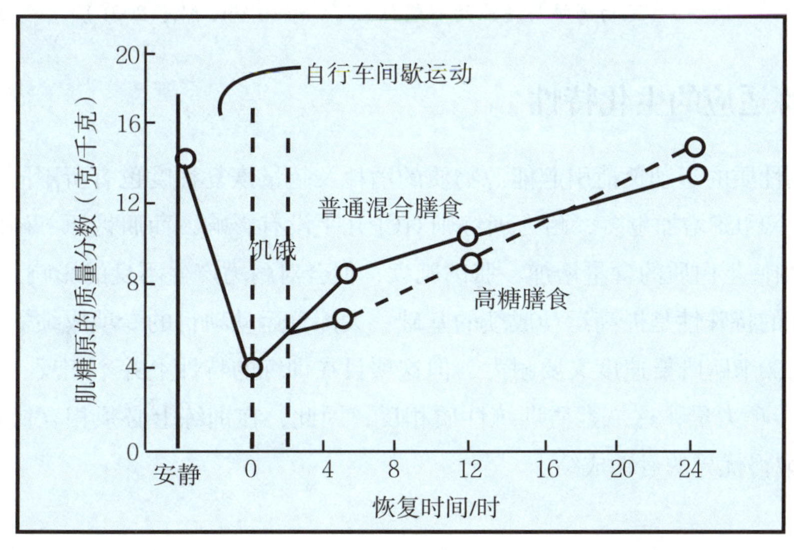

图4-6 在大强度间歇性耐力运动后，膳食对肌糖原恢复的影响（Fox，1979）

第三节　训练适应与超代偿

思考与交流

结合自身经历，想想通过系统的训练后，机体出现哪些适应性的变化?

一、训练适应的概念及作用

早在1962年，苏联著名运动生物化学家雅可夫列夫就提出“运动训练可以看作是一种适应过程”，至1976年，他在美国运动医学会上再次重复 “运动训练是一个适应过程”，此观点得到广泛认可。

重要知识点

训练适应：不同的运动方式可使机体的组成、物质代谢和能量代谢发生变化，机体对其产生适应性变化的现象。

正常情况下，人体各器官活动相互制约、相互协调，处于平衡状态，当外环境发生变化时，机体内环境的平衡受到破坏，体内各种功能就要进行重新调整，以维持机体内外环境的相对平衡。

运动负荷是人体产生训练适应的刺激因素，只有在有机体承担的运动负荷超过运动负荷阈，并与个人运动能力相适应时，才能产生训练适应现象。（图4-7）

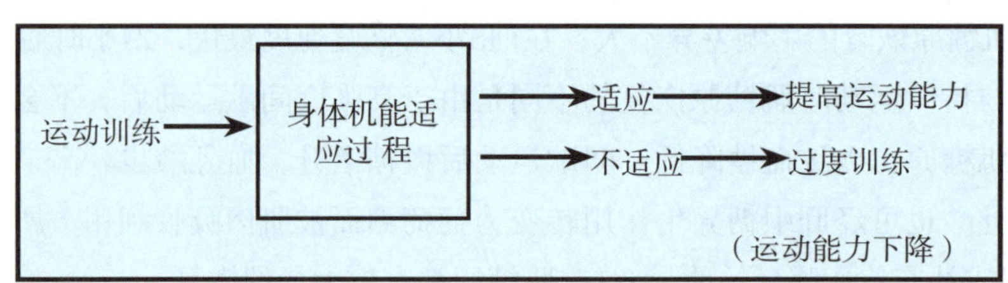

图4-7　运动训练与适应的一般关系（Viru A. Viru M.，2001）

二、训练适应的生化特性

（1）不同性质的运动负荷引起能源物质的消耗及超量恢复程度也有所不同：如速度训练CP消耗大，训练后CP增加也多，耐力训练则对CP几乎没有影响，而肌糖原、磷酸脂的含量增加，力量训练则使蛋白质的含量增加，肌肉肥大，但会对耐力产生不良的影响。

（2）训练的特殊性是提高运动成绩的基础：大部分运动项目的专项成绩需要不同素质的结合，例如，400米跑既要速度又要耐力，但这项目在训练的特性上并不相反；又如划船，需要专项耐力和专项力量，这二素质训练性质相反，因此，在训练上必须相互协调，寻求最佳组合，以保证取得优异的运动成绩。

三、细胞水平的训练适应

（一）脂肪细胞

长期的体育锻炼会对人体的脂代谢产生影响，并且脂代谢的相关指标会发生变化。

1. 对脂蛋白的影响

首先，运动可以提高高密度脂蛋白的水平，高密度脂蛋白的主要生理功能是转运脂肪和胆固醇到肝脏外代谢，可以激活脂肪酶，清除胆固醇，因此在正常范围内，越高越好。长期的运动使高密度脂蛋白增高的主要原因是：运动中，脂蛋白酯酶（LPLa）和卵磷脂胆固醇酰基转移酶的活性提高，从而加速了富含甘油三酯的乳糜微粒和极低密度脂蛋白中甘油三酯的降解。

> **知识卡片**
>
> 血浆脂蛋白的分类：乳糜微粒（CM）、低密度脂蛋白（LDL）、高密度脂蛋白（HDL）、极低密度脂蛋白（VLDL）。

其次，运动可以降低低密度脂蛋白的水平，低密度脂蛋白主要功能是转运胆固醇和磷脂到肝脏，低密度脂蛋白过高易患动脉粥样硬化，因此在正常范围内越低越好。

同时，长期的运动还可以提高载脂蛋白AI与载脂蛋白B的比值（ApoAI/ApoB），这个比值与动脉粥样硬化有强烈的负相关，有积极的抗动脉粥样硬化的作用。

2. 对体脂代谢的影响

体内的脂肪也会对运动产生适应。主要表现是：脂肪细胞对促脂肪动员激素的敏感性提高，例如肾上腺素和胰岛素，可以增加脂肪动员能力，还可以增加运动后甘油三酯的储存及恢复能力；脂肪酶的活性也有所提高；同时骨骼肌细胞分解脂肪酸的能力也会得到提高。

研究表明，长时间、低强度运动训练可提高体内脂肪氧化能力，减少脂肪合成的能力，有利于骨骼肌细胞更多地分解脂肪氧化供能。耐力运动可以增强人体内脂肪水解和脂肪合成的能力，有利于运动时运动员的脂肪供能及运动后的恢复。

（二）对线粒体的影响

线粒体是真核细胞中普遍存在的重要的细胞器之一，不仅是细胞内的“动力工厂”，还是非常敏感多变的细胞器，尽管细胞本身有分裂周期，但线粒体一直处于融合和裂解的动态变化中。在线粒体增殖的过程中，主要在核基因的调节下，细胞内有超过1000个基因表达，新产生的蛋白量约占总蛋白量的20%。线粒体是一个半自主细胞器，它集物质代谢、能量代谢及遗传变异三大功能于一体，对整个细胞功能的正常发挥起着重要的作用。

> **知识卡片**
>
> 线粒体的生物发生：在一个细胞的生命周期中线粒体的增殖，以及线粒体的系统发生和个体发生过程。
>
> 线粒体受核基因(nDNA)和线粒体基因(mtDNA)的双重控制，共同维持了线粒体乃至细胞的正常功能。

运动锻炼可提高机体的最大摄氧量及运动能力，在细胞形态方面变化最大之一的就是线粒体的生物发生。有学者研究表明，以老年大鼠为研究对象，通过长时间的有氧运动训练，发现可降低大鼠心肌线粒体基因的含量，增加线粒体呼吸链复合酶活性，能够延缓衰老过程中线粒体功能的退行性变化，减少损伤线粒体的数量。

四、分子水平的训练适应

（一）酶

运动时，人体内物质代谢速度加快，同时各种酶也会有适应性的变化。激烈运动时，酸性物质如乳酸大量产生，可引起内环境酸化，从而使酶活性受到抑制，导致肌肉做功能力下降；长时间接受运动训练后，通过神经激素的作用，激活细胞内存在的酶分子，体内某些酶的活性可随之产生适应性变化，同时刺激或诱导酶合成量增加，使代谢能力提高，提高运动能力。

1. 运动对骨骼肌酶活性的影响

当进行大强度运动时，以无氧代谢供能为主，可引起参与无氧代谢的酶活性发生变化，促进无氧代谢，满足机体对能量的需求。当进行长时间小强度运动时，机体以有氧供能为主，会引起有氧代谢酶活性的提高，比如琥珀酸脱氢酶（SDH）、苹果酸脱氢酶（MDH）、肉毒碱酰基转移酶（CAT）。（表4-10、表4-11）

表4-10　无氧训练和有氧训练对骨骼肌活性的影响（微摩尔/克·秒）

受试者	性别	乳酸脱氢酶（LDH）	葡萄糖磷酸化酶（GK）	琥珀酸脱氢酶（SDH）
短跑	男	1278	15.3	12.0
	女	1350	20.0	10.4
中跑	男	868	8.4	14.8
	女	744	12.6	10.0
长跑	男	764	8.1	16.6
	女	1048	7.5	8.4

（冯炜权，1989）

表4-11　无训练者和有训练者的肌纤维中酶活性比较（毫摩尔/千克·分）

受试者	人数	琥珀酸脱氢酶（SDH）	苹果酸脱氢酶（MDH）	肉毒碱酰基转移酶（CAT）	乳酸脱氢酶（LDH）	葡糖糖磷酸化酶（GK）
有训练者	6	20.78	464	2.29	621	5.6
无训练者	6	7.51	234	1.46	766	7.5

（冯炜权，1989）

2. 运动对血清酶活性的影响

人的血清中存在多种功能性和非功能性酶类，在人体机能稳定的情况下，血清酶也保持稳定。其中肌酸激酶是人体的一种非功能性酶，只能反映骨骼肌细胞膜损伤或通透性变化的情况。无论是有氧运动还是无氧运动都会导致运动后或次日晨血清肌酸激酶活性的上升，但通过长期的运动会引起血清酶活性的适应性变化，例如经系统训练的运动员，安静状态下血清肌酸激酶活性高于一般人，运动后上升幅度比一般人小；运动可以减少或防止运动后血清肌酶的增加，减少肌肉损伤。

（二）激素

应激激素水平在急性运动过程中会升高，且升高幅度与运动强度和运动持续时间相关。激素对一次性运动的反应可表现为升高、降低和不确定。而长期的运动则可以引起内分泌系统功能的适应性变化，并且从激素水平的变化上反映出来。激素对一次性运动的应激反应，可参见表4-12。

表4-12　一次性运动及长期训练对激素水平的影响

激素名称	一次性运动	长期训练
生长激素	随着运动负荷的增加而升高	完成同等运动负荷时反应变小
促甲状激素	随着运动负荷的增加而升高	不确定
促肾上腺皮质激素	随着运动强度和持续时间而升高	完成同等负荷时反应变小
催乳素	随着运动升高	可使安静状态值降低
抗利尿激素	随着运动负荷的增加而升高	定量负荷后轻度下降
甲状腺素	游离T3和T4随着运动强度增加而升高	完成同等运动负荷时，T3和T4比例改变
肾上腺素	在约75%最大摄氧量强度时开始升高，并随强度增加而升高	完成同等运动负荷时反应变小，并且安静状态值降低
去甲肾上腺素	在约50%最大摄氧量强度时开始升高，并随强度增加而升高	完成同等运动负荷时反应变小，并且安静状态值降低
胰高血糖素	随着运动负荷的增加而升高	完成同等运动负荷时反应变小
睾酮	运动期间小幅度升高	男子运动员安静值降低
促红细胞生成素	不确定	低氧训练可引起一过性升高
胰岛素	随着运动负荷的增加而降低	训练使组织对胰岛素敏感性增加，明显减轻运动时胰岛素的降低

（谢敏豪等，2008）

Borer在2003年研究得出激素与代谢水平的关系，以50%～70%VO_2max强度运动1小时和运动后1小时，供能物质的变化特点如下：运动开始时血浆皮质醇明显上升，促使脂肪酸分解，使机体适应运动1小时的物质代谢需要；血浆胰岛素水平在1小时的运动中平缓下降，运动后上升，胰岛素等促合成代谢的激素在运动后明显升高，以加速合成代谢；血浆生长激素随运动进行而上升，属滞后型反应类型，有助于减少肌肉蛋白质分解为氨基酸，而促进脂肪分解为甘油和脂肪酸，以增加脂肪供能。

长期的运动训练，激素水平会逐渐表现为反应幅度更加精准、机能更加节省化，不同激素的综合变化结果总是朝着有利于运动的方向发展。

五、内分泌的训练适应

内分泌系统是机体的调节系统，分泌的激素直接进入血液，在机体的靶细胞和器官上发挥作用。激素在维持正常生命活动、生长发育、参与机体器官的功能调节等方面起重要作用。当激烈运动时，由于外界施加的强烈刺激，导致机能和内环境发生较大的应激反应，此时运动员要动员全身机能以满足运动时的能量需求，另一方面通过内分泌和神经系统发挥作用维持内环境的稳定。

与运动员训练和恢复水平密切相关的激素有睾酮、皮质醇、胰岛素、生长激素、促红细胞生成素等。

六、能源物质的超代偿恢复

超代偿的规律也是物质消耗和恢复的规律，在一定范围内，运动负荷越大，消耗越剧烈，恢复过程就越长，超代偿恢复也越明显。把握能源物质的科学补充方法、控制好恢复时间，才为运动员竞技能力的提高奠定坚实的物质基础。（表4-13）

表4-13　不同性质大负荷训练后各种供能能力达到超量恢复时的所需时间（时）

负荷的主要性质	无氧磷酸原供能能力	无氧糖酵解供能能力	有氧供能能力
无氧磷酸原供能能力	48	24	6~12
无氧糖酵解供能负荷	24	58~72	6~12
有氧供能能力	6	24~48	72

（田聚群等，2011）

（一）磷酸原的恢复

极量强度运动中磷酸原大量消耗，但只有在运动后的恢复期，才能恢复到运动前水平。磷酸原的恢复速率可以作为运动员训练休息间歇的理论依据：如在10秒以内全力运动的训练中，二次运动间歇时间不能短于30秒，保证磷酸原在尽可能短时间内至少恢复一半以上，以维持预定的运动强度；组间休息间歇控制在磷酸原完全恢复时，即4~5分钟。磷酸原恢复与糖酵解和有氧氧化系统相关，但主要是与有氧氧化代谢机制耦联在一起，运动时磷酸原消耗的越多，恢复过程需要的氧也越多。

（二）肌糖原储备的恢复

肌糖原是有氧氧化系统和糖酵解系统的供能物质，也是长时间运动延缓疲劳的一个因素。影响肌糖原恢复的速度有两个主要因素，一是运动强度和运动持续时间，二是膳食。在长时间运动后应安排数天的恢复时间，并食用高糖膳食，如不能保持数天高糖膳食，至少也要保持10小时。在大强度间歇训练后，至少要有1天的休息时间。

（三）氧合肌红蛋白的恢复

氧合肌红蛋白存在于肌肉中，每千克肌肉约含11毫升氧，在肌肉工作中氧合肌红蛋白能迅速解离释放氧被利用，而运动后几秒钟可完全恢复。因为肌红蛋白与氧的结合不需要能量，而主要取决于血液与肌组织中的氧分压，氧分压下降时，氧即从氧合肌红蛋白中解离出来到线粒体中参与氧化。在恢复过程中，氧分压略有升高，肌红蛋白即与氧迅速结合。（图4-8）

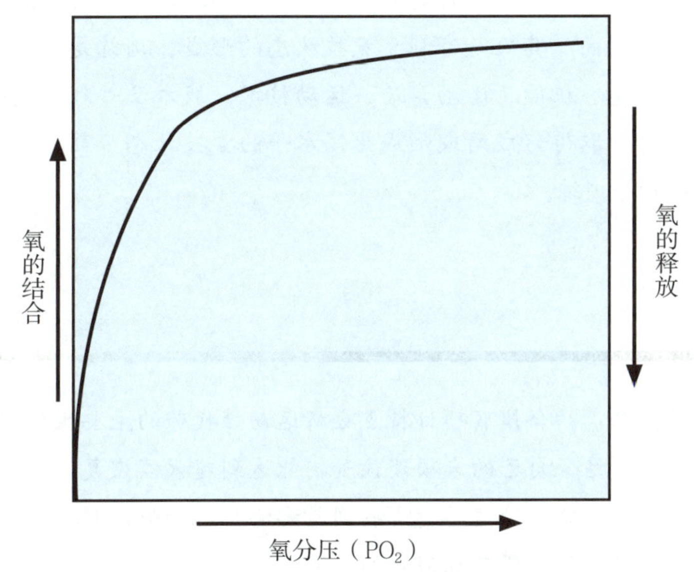

图4-8 氧效应和肌红蛋白与氧结合间的相互关系

（四）乳酸的消除

乳酸消除的速度与其产生的数量和恢复方式有关，工作时形成的乳酸愈少消除得愈快。乳酸消除的途径主要有4条，①氧化成CO_2和H_2O(约占全部乳酸的70%)。②转化成糖元和葡萄糖(约占20%)。③转化成蛋白质(少于10%)。④从粪便和汗中排出(占1%~2%)。

小 结

运动性疲劳是指机体的生理过程不能保持机能在一特定水平或不能维持预定的强度。不同运动项目运动后产生的疲劳不同。运动性疲劳按照产生的部位可以分为中枢疲劳和外周疲劳。中枢疲劳是由于神经细胞机能失调引起的，外周疲劳主要是由于神经肌肉接点、肌细胞膜、肌质网机能和肌细胞代谢因素影响生理机能造成的。

为了提高训练效果，除了运动训练，运动后身体的恢复质量也是关键。运动后能量物质恢复的一般规律是超代偿恢复。超代偿恢复指运动时消耗的物质，在运动后恢复期，不仅可以恢复到原来水平，而且在一定时间内出现超过原来水平的恢复现象。运动员物质的恢复与运动量、运动强度、运动后饮食、运动员训练水平等因素有关。运动后物质的恢复包括氧的恢复、磷酸原的恢复、糖原的恢复、蛋白质的恢复以及乳酸的消除。

不同的运动方式可使机体的组成、物质代谢和能量代谢发生变化，机体对其产生适应性变化的现象叫作训练适应。训练适应首先对机体不断施加运动负荷的刺激，使其产生训练适应，使人体机能不断地提高。其次是有利于竞技状态的形成，训练是为了比赛，训练适应使运动员在器官系统、形态、机能、运动素质、运动技术、战术及心理状态等都达到了相对完善的程度，使其在比赛中取得好成绩或形成更高水平的竞技状态。第三是了解机体对运动训练的适应表现，可以指导训练。

思考题

1. 运动性疲劳的概念？结合体育项目特点分析运动性疲劳的主要生化因素。
2. 何谓超代偿恢复？结合自己的专项谈谈如何能达到超代偿恢复。
3. 在运动后恢复期乳酸的清除速率受哪些因素影响？试分析说明。
4. 试分析长时间持续运动后肌糖原恢复的特点。
5. 试分析大强度间歇性耐力运动后肌糖原恢复的特点。
6. 试从细胞水平分析运动适应的特点。

相关网站

1.中国知网：http://www.cnki.net/

2. 美国生物信息中心网站：http://www.ncbi.nlm.nih.gov/pubmed/

3. 斯坦福大学网站：http://highwire.stanford.edu/ 说明：查阅运动性疲劳研究的最新进展，结合自身专项思考消除疲劳的措施。

参考书目

1. 谢敏豪, 林文弢, 冯炜权. 运动生物化学[M]. 北京: 人民体育出版社, 2008.

2. 张蕴琨, 丁树哲. 运动生物化学[M]. 北京: 高等教育出版社, 2007.

3. 冯连世, 冯美云, 冯炜权. 优秀运动员机能评定手册[M]. 北京: 人民体育出版社, 2011.

4. 曹建民, 林文弢. 运动生物化学习题集[M]. 北京: 人民体育出版社, 2003.

5. 丁树哲, 张蕴琨. 运动生物化学题解[M]. 北京: 高等教育出版社, 2007.

6. J Karlsson. *Localized Muscular Fatigue: Role of Muscle Metabolism and Substrate Depletion* [J]. Exerc Sport Sci Rev,1979,7:1−42.

7. E A Newsholme,E Blomstrand, P Hassmen, B Ekblom. *Physical and Mental Fatigue: Do Changes in Plasma Amino Acids Play a Role?*[J]. Biochem Soc Trans,1991,19(2):358−362.

8. 谢敏豪,冯炜权,杨天乐等.血睾酮与运动[J].体育科学,1999(2):80−83.

9. 冯美云.运动生物化学[M].人民体育出版社,1999.

10. 冯炜权.运动生物化学原理[M].北京体育大学出版社,1995.

11. 冯炜权.运动性疲劳和恢复过程与运动能力的研究新进展[J].北京体育学院学报, 1993. 16(2):17−29.

12. David E.Martin, Peter N.Coe. *Training Distance Runners*[M]. Leisure Press Champaign Ilnois, 1991.

13. Яковлев.И.И.ОЧЕРКИ ПО БИОХИМИИ СПОРТ А Физкультура и спорт,1955:152−166.

14. 冯美云.运动生物化学[M].人民体育出版社,1999.

15. M R Fox, R M Jacobs, A O Jones, B E Fry Jr. *Effects of Nutritional Factors on Metabolism of Dietary Cadmium at Levels Similar to Those of Man*[J].Environ Health Perspect 1979,28:107−114.

16. VIRU A,VIRU M. *Biochemical Monitoring of Sport Training*[M]. Human Kinetics, Champaign,IL, USA,2001.

17. 冯炜权. 某些运动项目的生物化学分类和训练方法（综述）[J].体育科学,1989（4）：53−56.

18. 田聚群,王童,王晓飞,李赞.骨骼肌适应机制与运动训练周期理论[J].体育研究与教育，2011，26(05):125−128

第五章
体能训练的生物化学

内容概述

本章主要介绍人体体能与体内代谢供能系统供能能力的关系，以及提高不同代谢供能系统供能能力的训练方法和对训练效果进行评价的生物化学方法。

主要概念

体能
体能训练
过度训练

学习目标

1. 掌握磷酸原代谢能力的训练
2. 掌握糖酵解代谢能力的训练
3. 掌握有氧代谢能力的训练
4. 了解力量、速度、耐力训练效果的生化基础
5. 掌握停训和过度训练的生化变化特点

2011年12月9日在搜狐体育上的一篇报道：

竞技运动需要专门的体能训练

国足体能不如印度，亚洲垫底，忽视体能训练是病根。

中国球员的体能真的很差吗？亚足联发布的一份《2011亚洲杯技术报告》中，在参赛的16支球队中，中国队的体能水平竟然排在倒数第一。造成球员体能差的原因何在？我国国内俱乐部中很少有专职的体能教练，大部分体能训练都是由助理教练带领着做的，他们对体能训练也就只能停留在跑圈这个认识上。至于训练方法，一般只有单一的跑圈、折返跑，通过所谓的“上量”来强化球员的体能，缺乏多种的方式来增加球员们在有球状态下的对抗能力，缺乏各种数据的监测来帮助球员达到其最好的体能状态。

2010年8月28日人民网的一篇报道：

中国女排伤病源于训练过度

在今年的世界大赛中，中国女排可谓“遍体鳞伤”。中国女排缘何受困于伤病？原因其实很简单——经年累月，女排队员训练不息、比赛不止！中国女排苦练不辍，长时间大强度、大运动量训练加之疲劳作战、带伤出战，身体、伤病得不到及时、有效的恢复与治疗，久而久之，伤病自然加重。

怎样运用合理的、有针对性的体能训练，合适的生化指标监控来提高运动员的成绩？不合理的运动训练会对运动员造成哪些影响？

1.为什么在竞技运动中专门的体能训练更有价值？

2.如何进行有针对性的体能训练，有效地提高运动成绩，而又不出现过度训练呢？

第一节　体能训练的能源基础

人体体能的好坏直接与体内代谢供能能力密切相关。通过前面有关章节的学习，我们知道了ATP是人体一切生命活动所消耗能量的唯一直接来源，人体内存在磷酸原代谢供能系统、糖酵解代谢供能系统和有氧代谢供能系统三个供能系统，它们通过选择使用不同的燃料燃烧释放能量，并再合成ATP，供给运动消耗所用。假如将人体比喻为一部汽车，那么人体的代谢供能系统以及不同燃料的选择就好比是汽车的发动机，人体内共有4台发动机：磷酸原代谢供能发动机、糖酵解代谢供能发动机、糖有氧代谢供能发动机和脂肪有氧代谢供能发动机，它们供能功率大小如图5-1所示。

重要知识点

体能：是指人体骨骼肌在神经系统支配下的做功能力。也是指在指定时间内完成一定数量运动负荷的能力。

体能训练：是指针对运动员或者健身者专项运动需要进行的专门素质练习。

图5-1　为人体供能的4台发动机供能示意图

人体内的这4台发动机的输出功率不同、选择燃料不同，在不同运动项目中参与供能的比例也不相同（图5-2）。但是，在任何一个项目的运动过程中，将所占供能比例最大的那台或者那几台发动机养护好，并保证其超常的运转将有效地提高运动员的运动能力。因此，体能训练的主要目的就是要通过运动训练对特定运动项目中所占供能比例最大的那个供能系统（发动机）实施良性刺激，以提高其代谢供能能力，并最终提高体能。这也如同汽车要想在拉力赛中取得优异的成绩，必须将比赛过程中贡献最大的那台发动机养护好，才能够真正发挥这台发动机的作用，事半功倍！

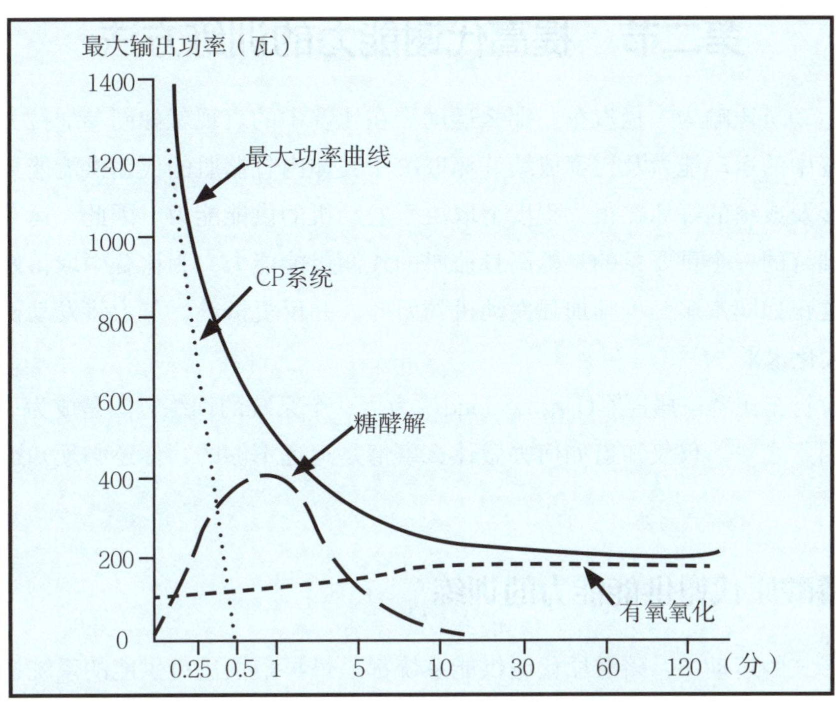

图5-2　不同强度的运动中人体内4台发动机参与供能情况

英国运动生理学家及英国自行车比赛世界冠军Chris Boardman 的教练Peter Keen提出：大自然赋予人类身体一个完美的发动机管理系统，这个系统能够对运动刺激做出适应性反应，以便使人体更好地应对这种运动。所以，运动员体能训练是有目标的，如何最大限度地提高运动中主要代谢供能系统的代谢供能能力，是运动生物化学研究的一个核心问题。科学的体能训练必须以运动训练的生物化学为基础，有针对性地提高代谢供能系统的供能能力。这也正如在汽车工业中发动机的研发是一个核心问题一样，而发动机的研发是建立在机械工程科学、电子、精密仪器和炼油工业科学基础之上的。

知识卡片

在任何运动中，人体内三个供能系统的这4台发动机都参与供应能量，只不过随着运动强度和运动时间的变化，4台发动机供能数量所占比例将发生变化。

运动中，人体将随着运动强度和持续时间变化，自动调整4台发动机的供能比例，以满足人体运动的需要。

思考与交流

你认为人体内的这4台发动机供能的功率怎样？它们的燃料是否相同？

第二节 提高代谢能力的训练方法

如果把运动员比喻为一辆汽车，那么运动员在比赛中的表现就如同参加拉力赛的赛车，运动员在比赛中的运动能力及比赛成绩好坏取决于其体内骨骼肌的代谢供能能力；赛车在比赛中跑的快慢及成绩的好坏在很大程度上取决于发动机的供能能力。因此，运动员在教练员指导下运动训练的一个重要目的是提高骨骼肌的代谢供能能力，为比赛中取得好的成绩提供动力保障，这正如同汽车工程师加强发动机的研究，并反复试验，努力将发动机的供能能力发展达到最大化水平。

环法国自行车比赛三届冠军Greg LeMond认为，一个系统的训练方法是成为一名成功的运动员的关键因素之一。仅仅知道如何去做什么事情是远远不够的，你还必须知道你为什么这样做。

一、磷酸原代谢供能能力的训练

在任何形式的运动中，磷酸原代谢供能系统都是最早最快进行供能的系统；供能快、输出功率高、持续供能时间有限是这一供能系统最主要的特征。

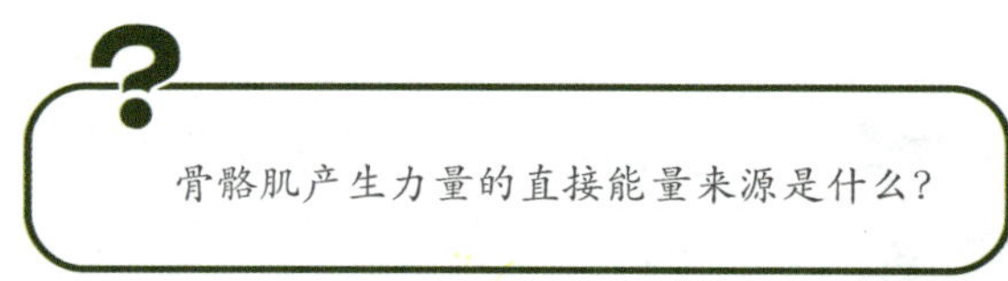

结合磷酸原代谢供能系统的供能特点，能够对该代谢供能系统产生最大刺激的训练内容是以短时间爆发力运动为主导的训练内容和方法，具体训练方法如下。

（一）力量训练方法

1. 发展最大力量训练方法

（1）重复力量训练法

重复力量训练方法是采用负荷强度达到最大负荷强度的75%~90%的练习。每项练习中完成的组数为6~8组，每组重复3~6次，组间间歇2~3分钟。例如，股四头肌最大收缩力量训练可采用杠铃负重蹲起的重复训练方法。

（2）阶梯负荷式极限力量训练法

阶梯负荷式极限力量训练法又称金字塔式力量训练方法。根据负荷增减的不同组合方式，这种力量训练方法分为正金字塔型、逆金字塔型及双向金字塔型。（图5-3）

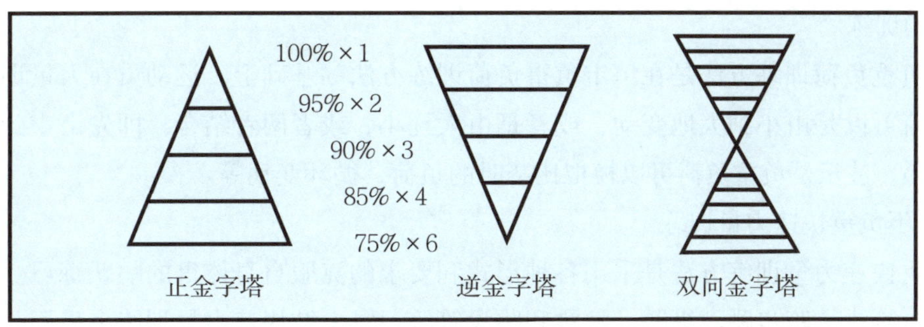

图5-3 金字塔式力量训练模式示意图

正金字塔型训练是指一次课的练习从较低的负荷开始，逐渐加大负荷而减少练习次数；逆金字塔型训练与正金字塔型训练的运动负荷安排正好相反，是由较高的负荷开始，逐渐减少负荷而增加练习次数，逆金字塔型训练法对力量的提升训练效果最好，但运动损伤的发生率也较高；双向金字塔型训练是由较低的负荷开始，逐渐增加负荷而减少练习次数，当负荷增加到最大，再减少负荷增加次数，整个练习过程会造成肌肉相当程度的疲劳。例如，发展胸大肌力量可以采用卧推阶梯负荷式极限力量训练法。

（3）静力力量训练法

静力力量是指练习者肌肉收缩产生力量的过程中，骨骼肌长度并没有改变的一种力量训练方法，也称为等长收缩。通过最大强度的静力性练习可以发展最大力量。练习的负荷强度为70%~100%最大力量强度，每次持续时间为3~6秒，练习4次，组间间歇3~4分钟。例如，髋关节周围的肌群力量训练等，用静力练习法十分有效。

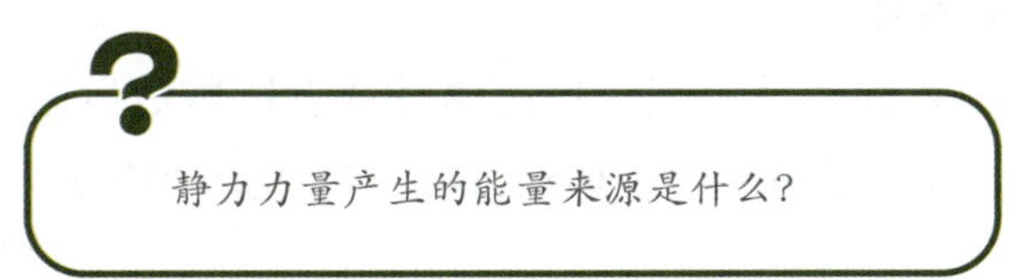

2. 发展快速力量的训练方法

（1）负重力量训练

在运动实践中有各种各样通过负重方式发展速度力量的训练方法。根据这些方法中负重是否变化，可以将其分为恒定负重负荷训练方法和变动负重负荷训练方法两种。

恒定负重负荷训练方法一般多采用本人最大负重的40%~80%的强度，练习中要求运动员尽量体会最大用力和最大速度感；一般每组重复5~10次，完成3~6组，练习组数的确定应以运动员不降低完成动作的速度为准，如果动作速度明显下降，则应停止练习；组间间歇时间长短应该充分，但不宜过长，一般为2~3分钟。间歇时间过长可导致中枢神经系统兴奋性下降，影响后续的训练。

变动负重负荷训练方法是在恒定负重负荷训练方法的基础上，运动员在力量训练过程中所承受负荷可以是由小到大地变动，或者是由大到小，或者两者结合，即先由小到大，然后再由大到小，甚至是负重负荷可以模拟比赛时的负荷，循环变动等。

（2）不负重快速力量训练

不负重快速力量训练方法是采用各种形式和要求的克服自身体重的跳跃练习。例如，各种方式的台阶跳、跨步跳、纵跳、蛙跳和跳深等练习；上肢快速力量训练多采用与专项运动相结合的各种击打、挥摆、投掷和快速鞭打练习。

在不负重力量训练过程中，要注意台阶跳或者障碍物的高度要适宜，障碍物间的间距以不停顿、能连续跳过下一个障碍物为准。练习中要注意保持动作的连贯性和爆发性用力的特征。另外，采用较小的重量（例如，垒球、滑轮拉力器等）通过发展动作速度，提高快速力量水平的各种练习，也可包括在该类力量练习内。例如，持轻器械专项比赛动作的快速练习。该类力量训练除了要求动作速度外，还有严格的专项技术要求。

（二）速度训练方法

根据运动员运动时速度素质表现特征，速度素质分为反应速度、动作速度（包含动作频率）和周期性运动中的位移速度。反应、动作和移动三种速度素质在运动实践中既有区别又有联系。移动速度是由一系列单个动作速度组成的，例如冲刺跑中的后蹬速度、前摆腿动作速度、摆臂速度等构成了冲刺跑的速度；反应速度是运动员完成任何一个动作均需要的能力，例如100米跑的起跑、游泳比赛的起跳入水等。在这里仅介绍发展磷酸原代谢供能系统的移动速度训练方法。

1. 非周期性移动速度练习

柔道或者摔跤运动中背摔运动过程、投掷铅球或者链球最后器械出手前的身体移动等等，以最大或者接近最大的运动强度完成移动过程，具体运动持续时间和组数可以按照如下组合：

（1）5~6组×5~10秒/组

（2）3~4组×10~20秒/组

（3）2~3组×25~30秒/组

其中各次练习之间休息30~120秒，组间休息2~5分钟。

2. 周期性移动速度练习

周期性移动包括跑步、游泳或者速度滑冰等运动形式。其中跑步可以采用30~60米、60~100米或者100~200米最大强度或者100%~120%最大强度重复进行冲刺跑；游泳运动可以采用15~25米、25~50米最大强度或者超最大强度冲刺游泳；速度滑冰可以采用150~200米最大速度或者超最大速度滑冰。每次运动可以持续1~15秒，反复进行6~12组，各次练习之间休息

3~5分钟，组间休息10~20分钟。显然，具体的训练负荷要根据运动员的实际情况来确定。

思考与交流

磷酸原代谢供能系统供能的特点是什么？对磷酸原供能系统供能能力产生最大刺激的训练方法有哪些？

二、糖酵解代谢供能能力的训练

糖酵解代谢供能系统的代谢底物是葡萄糖或者糖原。在供能过程中，不消耗氧气、输出功率较高、产生乳酸和少量ATP是这个供能系统的特点。

思考与交流

糖酵解代谢供能系统与磷酸原代谢供能系统供能特点上的主要区别是什么？两个代谢供能系统的共同点是什么？

糖酵解代谢供能系统的燃料是肌糖原或者葡萄糖，即使在该供能系统供能的功率显著下降而出现疲劳时，运动员骨骼肌中的肌糖原并没有耗竭，最多消耗也并没有达到其储备量的50%。因此在主要依靠糖酵解代谢供能系统提供能量的运动中，运动员发生疲劳的原因并不是骨骼肌中能源物质的耗竭，而是在糖酵解代谢供能过程中产生了大量的乳酸，这些乳酸将导致运动员骨骼肌细胞内酸化，并进而导致内环境的酸化，抑制细胞内糖酵解代谢酶系的活性，导致供能功率的下降。所以，对糖酵解代谢供能系统产生最大刺激的训练方法应该是针对：①使运动员体内产生最大血乳酸浓度的能力增强；②使运动员对机体内持续较高的血乳酸浓度的耐受能力增强。

（一）增强运动员体内产生最大血乳酸浓度能力的训练方法

运动员在一次全力的400米跑后6~12分钟采血液样本，进行血乳酸水平检测，如果血乳酸浓度达到15毫摩尔/升左右，则是运动员糖酵解代谢供能系统供能能力强的表现。目前，对于速度耐力项目运动员更多是采用间歇训练的方法使运动员在训练中血乳酸水平达到更高的水平。间歇训练的核心是运动员负荷强度、负荷持续时间、间歇时间的合理选择。

通常，最高血乳酸间歇训练采用持续1分钟左右的最大强度运动，例如400~500米跑、100~200米游泳或者500米速度滑冰；休息间歇是持续负荷运动时间的2~4倍，大约是4分钟。这样，运动员随间歇跑重复次数的增加，血乳酸水平不断累积增加，在第4次跑后将可以达到32毫摩尔/升的水平。（图5-4）

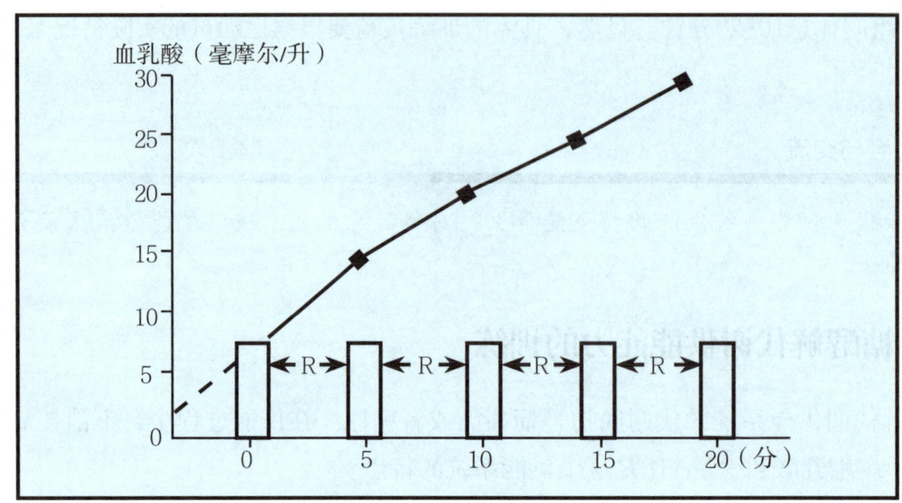

图5-4　最大血乳酸浓度能力训练方法示意图

由此可见，间歇训练可以使运动员血乳酸水平超出一次1分钟极量运动后水平的一倍左右，这将有利于运动员极大地提高糖酵解代谢供能系统的供能能力。显然，间歇训练方法的关键是负荷强度和间歇时间的把握。

（二）增强运动员对机体内持续较高血乳酸浓度的耐受能力的训练方法

在800米、1500米甚至3000米跑，400米混合游泳，以及2000米速滑等运动项目中，运动员以持续3分钟以上时间的较大强度运动，这时运动员体内血乳酸水平并没有达到峰值，但是会在较高水平上持续较长的时间。因此，这些项目的运动员要加强对血乳酸耐受能力的训练。研究发现，在这些运动项目的比赛中，运动员血乳酸值一般在12毫摩尔/升水平上下波动。

合理地调控间歇训练方案将可以实现运动员持续保持其血乳酸在12毫摩尔/升水平的目标。间歇训练方案要求运动员在第1次的运动负荷强度达到血乳酸12毫摩尔/升水平上下，然后选择适当的休息间歇，将血乳酸浓度水平保持在12毫摩尔/升水平左右。（图5-5）

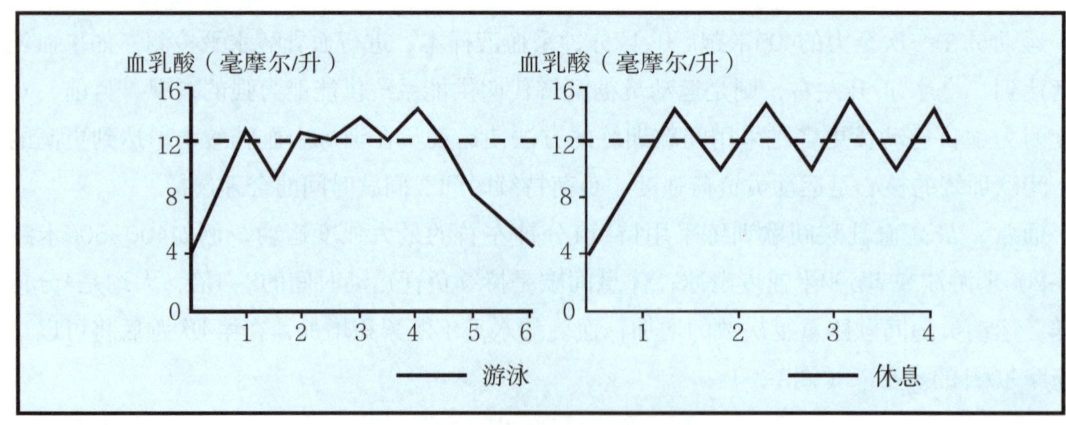

图5-5　持续较高血乳酸浓度耐受力训练方法

思考与交流

糖酵解代谢供能系统的供能特点是什么？
这个代谢供能系统供能产生的“尾气”是什么？

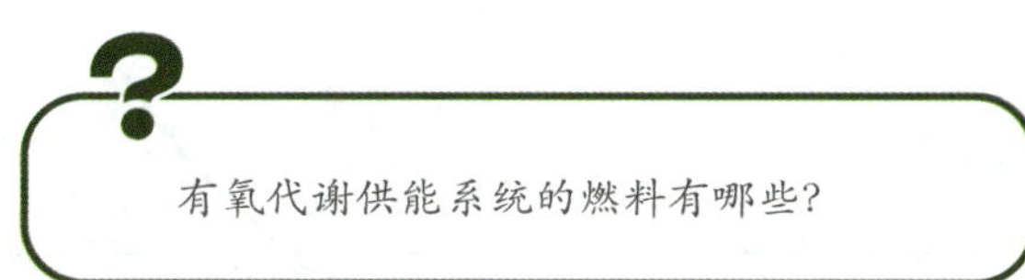

三、有氧代谢供能能力的训练

有氧代谢是葡萄糖、糖原、脂肪或者蛋白质在人体内消耗氧气，发生氧化还原反应，并且释放大量能量的过程。因为在这个代谢过程中机体需要消耗氧气，所以称为有氧代谢。人体内有氧代谢供能系统可以选择不同的燃料，而不同的燃料将为人体的运动提供不同的能量供应速率，支持不同强度的运动。

有氧代谢供能系统是运动员长时间耐力运动的能量主要来源；对于运动员来说，碳水化合物相对脂肪是更优质的一种燃料。

> **知识卡片**
> 从燃料供能角度看，碳水化合物是人体内最理想的燃料；从储存多余热能的效率来看，脂肪是人体内最理想的热能储存形式。

（一）对以碳水化合物作为燃料的有氧代谢供能系统的训练方法

1. 乳酸阈强度训练

运动员在递增运动负荷强度的运动时，血乳酸浓度将随着运动强度的增加而增加，在开始一段时间的运动中，血乳酸随运动强度的增加而增加得比较缓慢，经过一段缓慢上升的过渡阶段后，血乳酸的增加转变为急促地上升，血乳酸的这个急促上升开始点，血乳酸的浓度大约在4毫摩尔/升。研究发现，运动员在递增负荷运动过程中，血乳酸水平反映了人体内代谢供能系统的参与供能情况，当血乳酸水平达到4毫摩尔/升时，是人体内的代谢供能系统由主要依靠碳水化合物有氧代谢供能系统提供能量向主要依靠无氧糖酵解代谢供能系统供能转变的一个分水岭，因此血乳酸浓度值4毫摩尔/升被称为乳酸阈值（图5-6），而血乳酸浓度为4毫摩尔/升所对应的运动强度，例如跑速、游泳速度或者速滑速度被称为乳酸阈强度，也称为乳酸阈强度。采用乳酸阈强度，例如运动速度、功率等负荷强度进行训练称为乳酸阈强度训练。

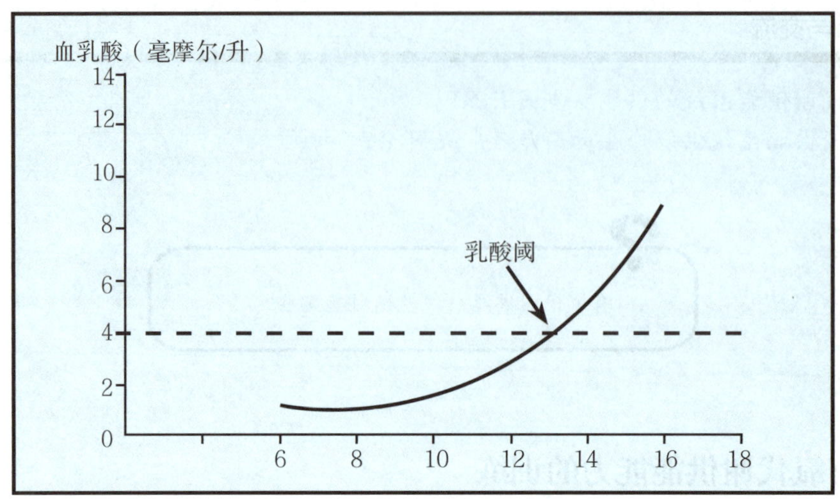

图5-6　乳酸阈强度训练方法

由此可见，乳酸阈强度是对运动员有氧代谢供能系统供能能力最大的一个刺激，如果运动强度在此基础上再稍微增加一点，可能将导致运动员在代谢供能系统方面较大的转变。因此，乳酸阈强度训练是对运动员有氧代谢供能系统供能能力的高强度训练。

在田径、游泳、自行车、划船、滑雪等运动项目中，乳酸阈强度训练方法已经在运动员的训练中广泛地应用，其具体步骤如下：

（1）通过递增负荷运动试验，确定运动员的乳酸阈强度

例如对于田径运动员，可以同时测试4×1500米跑步以确定乳酸阈强度，具体方法如表5-2。

表5-2　田径运动员乳酸阈强度测定举例

项目	级数	跑距（米）	强度（%）	血乳酸水平（毫摩尔/升）	跑间歇时间（分）
4×1500	1	1500	60~75	2~3	3
	2	1500	75~90	4~6	5
	3	1500	90~95	5~8	20
	4	1500	全力	不限	

运动员间歇休息时采血液样本检测血乳酸浓度，将血乳酸检测结果与运动员的跑速按照图5-6的方法绘出曲线，在纵坐标上血乳酸浓度4毫摩尔/升点上画横坐标轴平行线，与血乳酸变化曲线交于一点，由这一点作纵坐标轴平行线，其与横坐标轴的交点所对应的跑速即为该运动员的乳酸阈强度（跑速）。

（2）以乳酸阈强度训练

按照上述方法确定的运动员乳酸阈强度，例如跑速或者游泳速度，让运动员每次跑或者游泳、滑冰30~45分钟，每周训练1~2次。

2. 最大乳酸稳态强度训练

在马拉松或100千米自行车比赛中，运动员的能量供应几乎完全依靠有氧代谢供能系统供应，但是运动员在比赛途中的血乳酸水平低于乳酸阈毫摩尔/升的水平。因此在这类超长距离的有氧耐力比赛中，运动员的平均运动强度低于乳酸阈强度，但可以持续运动更长的时间，血乳酸达到一个最大的稳态水平。

训练中要求运动员持续跑或者骑行自行车，保持血乳酸水平在3毫摩尔/升左右，运动持续时间尽可能长。如果运动员血乳酸水平超出或者低于3毫摩尔/升水平超过1毫摩尔/升的水平，则血乳酸最大稳态破坏，运动员的运动强度和量将超过马拉松跑及长距离自行车运动的最适宜的负荷或者负荷不足。（图5-7）

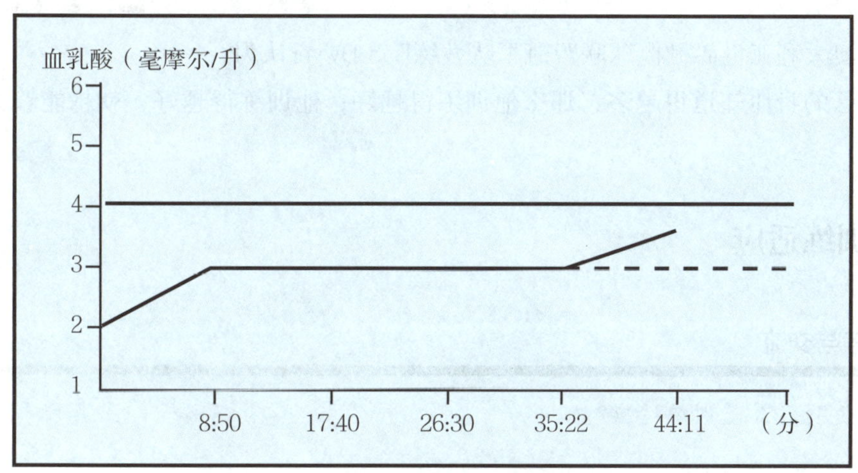

图5-7　最大乳酸稳态强度训练示意图

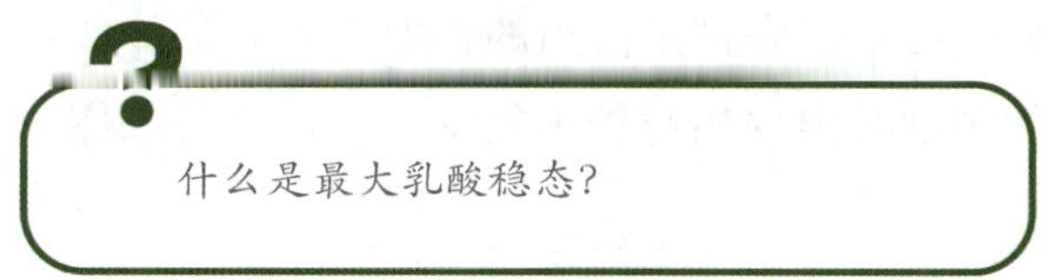

（二）对以脂肪作为燃料的有氧代谢供能系统的训练方法

持续长时间的有氧代谢供能系统训练

脂肪是人体内能量的最佳储存形式，但要作为燃料燃烧，脂肪只能够进行有氧代谢，而且供能最大功率较低。最大乳酸稳态强度训练和乳酸阈强度训练都或多或少地刺激了人体内脂肪的有氧代谢供能。将血乳酸水平控制在2毫摩尔/升以内的超长时间的耐力运动将极大地刺激人体内脂肪的有氧代谢供能系统的供能能力，同时这一运动也将对运动员心肺功能产生良好的刺激作用。

思考与交流

人体有氧代谢供能系统在供能过程中可以选择哪些燃料？什么是乳酸阈？乳酸阈强度训练的目的和意义是什么？

第三节　训练效果的生物化学

科学合理的体能训练方法将对不同运动项目运动过程中主要的代谢供能系统产生良性的刺激，最大限度地提高其代谢供能能力。经过这种训练后，运动员体能状况明显改善，其背后的秘密如何呢？

1991年澳大利亚世界橄榄球联盟冠军队教练Bob Dwyer认为，一名运动员对自己的身体知道得越多，那么他训练得越好；他训练得越好，就越能够适应自己的运动项目。

一、训练适应

思考与交流

请举例说明什么是训练适应？

大负荷有规律的运动训练对人体是一种刺激，在这个刺激的作用下，人体将产生适应性变化，如果这个刺激的强度和数量安排是恰当的，那么人体的体能将发生明显的改善，以便于在机体再次经受这样的刺激时出现相对较小的反应。这就是人体对运动训练适应的一个典型例子。

（一）应激学说

应激这个名词在近代特殊环境劳动生理学及心理学应用得很广泛，它的定义是一切日常生活比较鲜见的强烈刺激所引起的反应以及随后的适应及恢复过程的表征之总称。

应激没有什么特异性与非特异性之分；它一方面既是特异性的，而另一方面，即反应的若干成分，又是非特异性的。任何一种生理应激的总形式都是具有一定的特异性，正如恐惧的反应形式与愤怒的不同，神经或精神紧张的反应形式与悲伤或焦虑的不同，对低温的反应与对高温的不同，对低压的反应与对高压的不同等。然而在各套的生理应激反应及适应中往往存在着若干类同成分和控制它们的类同机制。例如，恐惧与愤怒外表形式的不同，任何人都能辨别，可是它们均唤起交感神经的兴奋和肾上腺髓质的分泌；结果都是血压上升，心跳加快，肌肉紧张等类似的生理机能转变。再以对低温的反应为例，最明显的标识是颤抖，其次为心率变慢和细胞代谢增高，肛门温度下降，然而这些特征在其他生理应激情况下也是可以分别观察到的，如颤抖常发见于惊慌失措之际，心跳变慢及肛门温度下降可发生于高压环境之下，细胞代谢增高可发生在剧痛和神经紧张时。虽然如此，对低温反应的总形式和其适应却与惊慌、剧痛、神经紧张或对高压环境大有差别。换言之，每一种应激反应都有其各自的特殊性，同时也有它们的一些共同性。特殊性主要表现在总的反应形式，而共同性则标志在若干相同的成分。

生理应激的整个过程大约可分为三个阶段：第一阶段是对刺激的直接反应及代偿性反应；第二阶段是对刺激的部分或全适应；第三阶段是刺激停止后的恢复过程。这三个阶段是紧密联系、互相穿插、互相交联的，在某些场合是不容易划分开来的；因为在刺激没有停止时机体即已进行恢复，所以恢复与适应就很难清楚分开。例如时间比较长的、有规律的体力劳动过程中，神经和肌肉一面劳动，一面恢复，所以不致发生疲劳。

多数研究人员认为，人体对超负荷的运动训练产生适应性变化，而表现出运动能力增强。根据生理应激理论，人体对运动训练产生的适应性变化，以及运动员体能的明显增加都被称为保护性适应过程。例如，当我们以80千克重量进行卧推力量训练，在开始阶段，我们完成这个重量的练习感到很吃力，并且导致肌肉损伤或者拉伤的概率相对较高；当我们经过一段时间连续的80千克卧推力量练习以后，我们的胸大肌、肱三头肌等相关的肌群和肌肉将会变得粗壮，它们收缩产生的力量也增加了，我们完成相同的80千克卧推运动训练，已经感觉不到那么吃力了，同时导致骨骼肌发生损伤或者拉伤的概率也明显地下降。这样，经过：

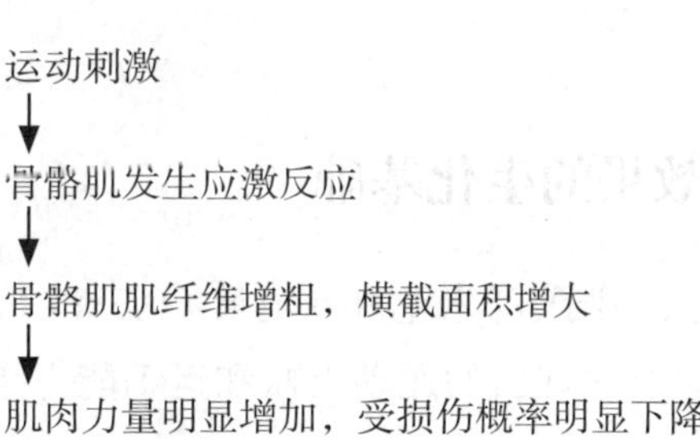

在这项体能训练过程中，卧推训练导致了肱三头肌、胸大肌等多块肌肉壮大，这一个壮大过程就是骨骼肌对应激源做出反应，最终产生适应性变化，预防和消除肌肉损伤的发生。显然，上述的这个例子是一个骨骼肌在力量训练刺激下产生良性的应激反应的过程。所以，体能训练效果的产生在一定程度上是机体产生保护性适应的一种表现。

（二）用进废退学说

> **知识卡片**
>
> 用进废退学说：尽管用进废退学说不能够解释生物进化过程中的许多问题，但是该学说较好地解释了反复的运动训练导致肌肉收缩功能增强，表现为运动能力增强的生物过程。

用进废退学说似乎也较好地解释了体能训练后人体运动机能能力明显提高而出现良性应激反应的结果。用进废退学说是法国博物学家拉马克（Lamarck，1744—1829）在1809年发表的《动物学的哲学》一书中提出的一个著名的生物进化法则。这一法则指出，凡是没有达到其发展极限的每一动物的任何一个器官，在环境条件的影响下，受到动物本身的意志、欲望等的作用经过持续使用，便会逐渐增强这个器官，使它发达扩大起来。相反，任何器官若不经常使用，则会逐渐衰弱，功能减弱，以致最后消失。这一理论的最著名的例子便是长颈鹿。同理，因寻找食物而涉水的鸟类，由于足趾的反复扩张使用，便形成了游禽所特有的蹼。相反，人类由于长期杂食，早先用以消化植物纤维的盲肠便退化成了痕迹器官。尽管进化论在拉马克之后得到了很大的补充和发展，但是用进废退理论一直是用以解释很多生物进化现象的一个非常有效的法则。

尽管用进废退学说有明显的缺陷和漏洞，但是，该学说在解释体能训练导致人体机能改善，并最终产生适应性变化方面是在一定程度上反映了客观变化规律。这种例子也屡见不鲜，比如力量训练将导致骨骼肌肥大和肌肉收缩力量的增长，而停训将出现肌肉体积的下降和收缩力量的衰减；耐力运动训练将导致运动员耐力运动能力的明显提高等。无论力量训练，还是耐力运动训练都将刺激相应的代谢过程，刺激各种催化代谢过程的酶合成与分泌的增加，酶作为生物催化剂，其数量的增加或者活性的上升，都将在很大程度上改变代谢供能的速率，并最终改变运动能力。

二、力量、速度训练效果的生化基础

NBA篮球巨星迈克尔·乔丹、男子100米跑世界纪录（9.58秒）创造者博尔特、男子110米跨栏跑奥运冠军刘翔等体坛明星所表现出的运动天赋和运动能力是常人无法比拟的。从体能角度看，这些世界顶尖的运动员与常人运动能力存在巨大差异的原因是什么呢？

尽管我们可以把人体比喻为一部汽车，但是人体毕竟不是机器，而是一个能够随着环境和自身不断变化而发生适应性变化的生命体。赛车在比赛中跑速的提高可以通过改善和提高发动机的输出功率、燃料燃烧性能以及驾驶员的驾驶技能等完成，因此赛车之间可以出现发动机不同、燃料不同、驾驶员不同的情况。但是对于人体来说，杰出运动员体内的燃料却与你我相同，都是碳水化合物、脂肪和蛋白质；显然，运动能力上的差异在很大程度上出自发动机输出功率的差异；事实上，运动员体内的磷酸原代谢供能发动机、糖酵解代谢供能发动机、糖有氧代谢供能发动机和脂肪有氧代谢供能发动机经过有效的运动训练可以表现出输出功率增加的良好效果，其机制存在于这4台发动机供能过程中调控物质数量和活性的改变，其

中包括激素、酶活性和含量以及燃料储备数量的增加。

（一）力量训练效果的生化基础

科学的力量训练将导致运动员骨骼肌肥大，收缩力量增大，持续收缩产生力量的能力增强等良好的适应性变化。

1. 骨骼肌收缩爆发力量增加的生化基础

根据骨骼肌收缩的肌丝滑行学说，肌肉收缩力量的产生是肌原纤维中粗细肌丝之间形成横桥并且横桥扭动使粗细肌丝相对滑行，产生肌肉收缩力量。因此，肌肉力量的大小取决于肌原纤维中粗细肌丝之间形成横桥的数量，以及每一个横桥扭动产生的扭力的大小和快慢。（图5–8）

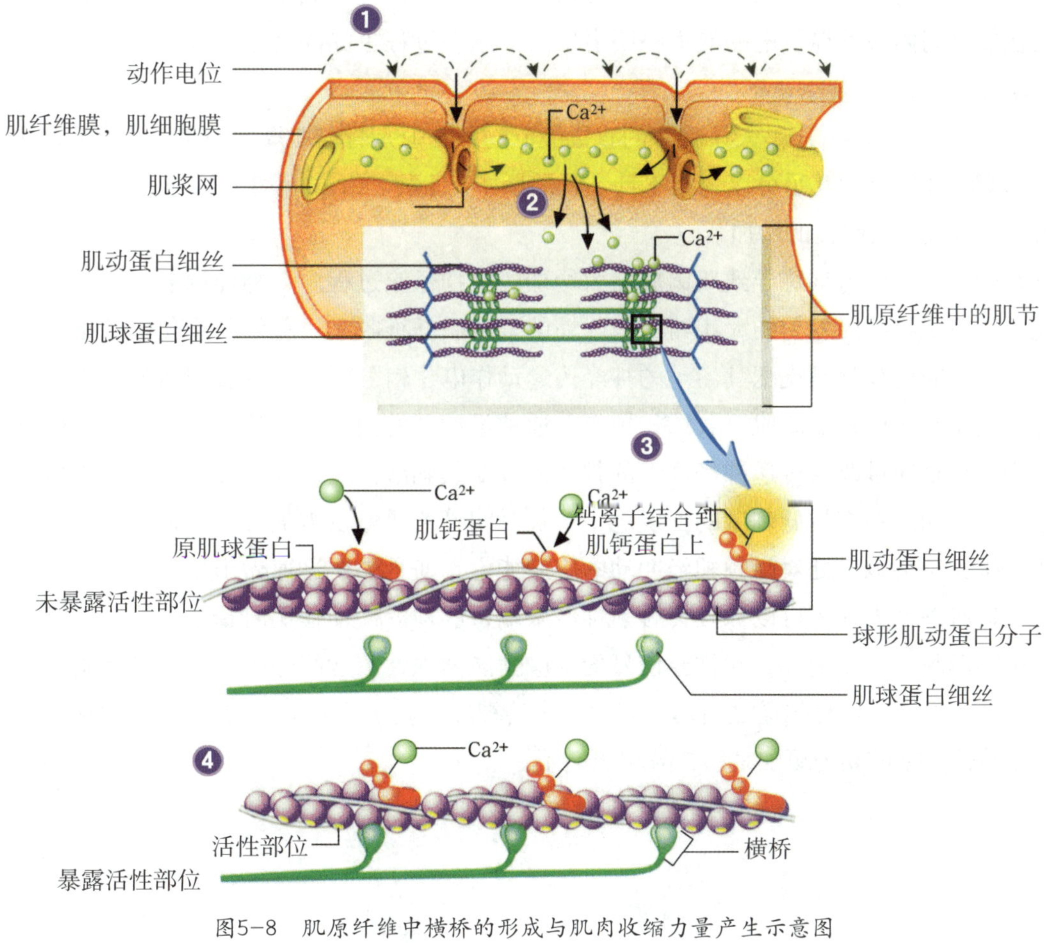

图5–8　肌原纤维中横桥的形成与肌肉收缩力量产生示意图

肌原纤维数量的增加将明显地增加在骨骼肌收缩过程中同一时间点上粗细肌丝之间形成

横桥的数量，进而明显增大骨骼肌收缩爆发力。科学的力量训练正是通过给予骨骼肌适宜的刺激而增加骨骼肌中蛋白质的合成代谢，增加肌纤维中肌原纤维的数量，导致骨骼肌横截面积的增大和收缩爆发力的明显增大，这是力量训练导致骨骼肌收缩爆发力增加的生化基础之一。这就如同将摩托车引擎输出动力传输到车轮的链条由原来的一条增加为二条，甚至是更多链条。

肌丝滑行学说指出，骨骼肌收缩过程中粗细肌丝之间形成横桥以后，横桥扭动所消耗的能量是来源于粗肌丝肌球蛋白头部ATP酶催化ATP水解释放的能量，因此单个横桥扭动产生扭力大小和快慢将取决于肌球蛋白头部ATP酶活性和周围环境中ATP再合成及供应速度的快慢。系统合理的骨骼肌爆发力量训练，例如持续1~3秒的快速爆发力量练习，将有效地提高骨骼肌中ATP酶的数量和活性，提高催化CP将高能磷酸基团转移给ADP合成ATP的肌酸激酶（CK）的数量和活性，同时增加骨骼肌中CP的储备数量。这就如同蓄电池的供电过程，如果蓄电池向外供电的连接电线增粗了，电流强度增大了，同时蓄电池储备电量增加了，那么这台蓄电池在短时间内向外界供电的能力将明显增大。这一过程也如同将摩托车引擎的输出功率增加，动力增大。

研究发现，尽管ATP是人体唯一的直接能源物质，但是骨骼肌爆发力量训练对肌肉中ATP含量的影响却很小，几乎可以忽略不计。骨骼肌中ATP酶、CK的活性和数量，以及CP数量在力量训练后表现出明显的增加。

在骨骼肌爆发力训练导致肌肉爆发力增加的生物适应过程中，神经调节也将发生适宜的变化。骨骼肌收缩爆发力的大小与参与收缩的骨骼肌纤维收缩过程的同步化密切相关，肌纤维收缩过程的同步化是支配其活动的神经传递动作电位信号同步化的表现；骨骼肌爆发力训练将导致支配相应骨骼肌肌群收缩的神经传递神经冲动的同步化趋势增强。另外，神经调节的一个特点是通过改变传递神经冲动的频率来改变其刺激强弱，神经冲动的频率越高刺激强度越大，冲动的频率越低刺激的强度越小。长时间骨骼肌爆发力训练将增强骨骼肌细胞膜神经肌肉接头（突触）处对高频神经冲动的应激能力，使骨骼肌迅速做出相应的反应。研究发现，骨骼肌爆发力训练可以导致突触前神经末端每次神经冲动作用时释放更多的神经递质小泡，突触后膜的受体增多，对神经信号的反应性能增强，突触间隙中分解神经递质的酶活性增加，在一次神经信号传递之后迅速消除多余的神经递质（图5-9）。这就如同摩托车驱动轮对链条传输过来的动力更加敏感，效率更高了。

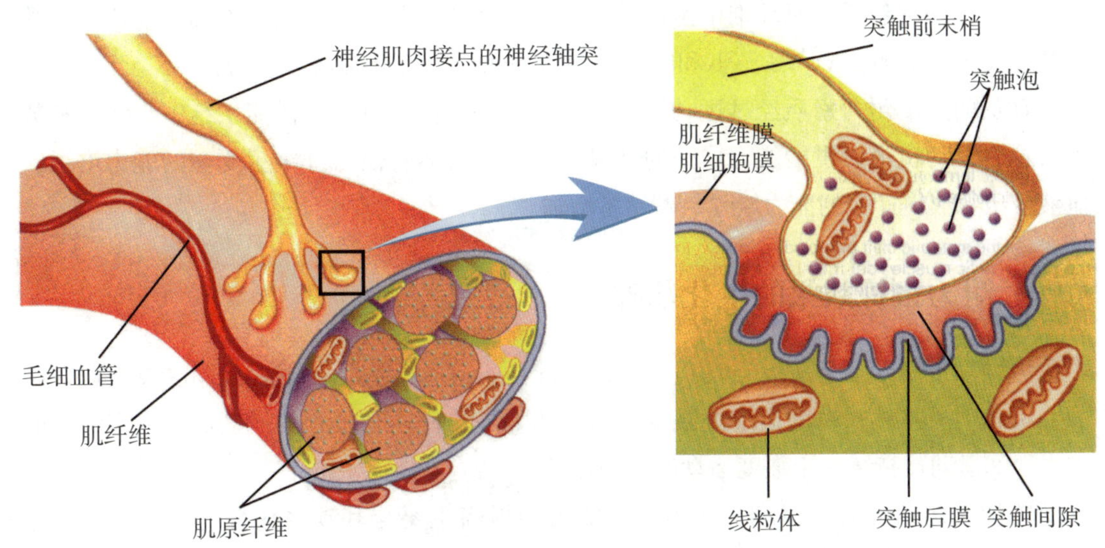

图5-9　神经肌肉接点（突触）结构示意图

总之，经过力量训练骨骼肌爆发力量的增长是骨骼肌纤维结构、代谢供能系统以及神经肌肉接头应激能力适应性变化共同作用的一个结果。

2. 骨骼肌持续收缩力量增强的生化基础

骨骼肌持续收缩产生力量是骨骼肌生理功能最常见的表现形式，例如人体姿势的维持，运动过程中的静态用力，也就是骨骼肌进行等长收缩运动方式。根据肌肉收缩的肌丝滑行学说，骨骼肌持续收缩力量的产生是粗细肌丝之间横桥交替产生并扭动，结果在任何一个时间点上都有大约相似数量的横桥形成并扭动产生力量的结果。由此可见，骨骼肌持续收缩产生力量的能力与骨骼肌收缩蛋白的数量、有氧代谢供能能力以及血液供应有密切的关系。

力量训练后骨骼肌持续收缩产生力量能力的增强或者是持续时间的延长，是运动训练导致骨骼肌纤维中收缩蛋白数量增加，横桥数量增加，有氧代谢，特别是碳水化合物的有氧代谢供能能力显著提高，催化碳水化合物有氧代谢的酶类数量和活性明显增加。最终，骨骼肌持续收缩产生力量的能力显著增加。

（二）速度训练效果的生化基础

速度素质是通过骨骼肌快速收缩，保证人体在短时间内完成自身或者身体局部的快速移动。速度素质又可以分为短时间的爆发力速度素质和持续一段时间的速度耐力素质。

从能量代谢角度分析，人体短时间的爆发力速度素质与骨骼肌纤维中磷酸原代谢供能发动机的性能密切相关；而持续一段时间的速度耐力素质则是骨骼肌中糖酵解代谢供能发动机主要供能的过程。

由此可见，通过运动训练，特别是针对性强的爆发力速度素质训练，人体爆发力速度素质提高的生化基础包括：肌纤维中蛋白质合成代谢增加，肌原纤维数量增加，横桥形成数量及转换速度明显增加；ATP酶、CK和MK活性和数量增加；CP储备数量增加。

运动员的速度耐力素质经过运动训练后的提高是其糖酵解代谢供能系统中酶活性和数量增加，这台发动机最大供能能力增强的结果；同时，机体骨骼肌纤维耐受酸的能力增强，以及血液等组织液缓冲酸的能力增强，碱储备增加。

三、耐力训练效果的生化基础

耐力训练可以明显地提高运动员耐力运动能力，这种耐力运动能力提高主要表现在两个方面：①运动员持续长时间运动的强度提高，比如马拉松运动员跑的运动成绩提高，跑的速度增大；②运动员持续一定强度运动的时间延长。

从能量代谢角度看，运动员耐力运动能力的提高主要与其碳水化合物有氧代谢供能发动机和脂肪有氧代谢供能发动机在为人体提供能量时，输出功率增加，同时燃料储备数量增加而导致的持续转动供能时间延长有关系。发动机输出功率的增加与发动机转动速度增加有关，具体到人体内的代谢供能发动机，这一提高与代谢供能系统的代谢过程加快有直接关系，这意味着参与代谢的酶的数量和活性增加，代谢燃料的储备数量增加，同时为发动机提供的氧气数量更加充足。

因此，耐力训练效果的生化基础包括五个方面：①骨骼肌纤维碳水化合物有氧代谢供能系统相关酶系数量及活性提高了，例如催化肌糖原有氧分解代谢的丙酮酸激酶、柠檬酸合成酶、琥珀酸脱氢酶等等数量及活性的增加；②骨骼肌纤维中糖原储备量增加，肝脏细胞中肝糖原储备量增加；③骨骼肌纤维中脂肪有氧分解代谢酶系数量及活性提高，例如骨骼肌纤维线粒体中脂肪酸β氧化酶系活性明显增加；脂肪组织中脂肪动员相关的激素敏感性脂肪酶等活性也相应增加，促进脂肪组织中脂肪的燃烧；④骨骼肌纤维周围的毛细血管网增多，为肌纤维供氧的能力增强；⑤骨骼肌纤维中线粒体数量增大，而且每一个线粒体体积增大，嵴数量增加。

加利福尼亚大学田径队总教练Jim Bush认为，
长距离慢速跑运动训练将造就长距离慢速跑的运动员。

四、停训的生化变化

运动员由于伤病、退役以及大赛间期而停止运动训练的情况时有发生。运动员停训后通常表现为运动能力迅速下降、体能下降、肌肉体积减小、体内脂肪含量增加，甚至出现肥胖。

运动员停训将失去运动这个强烈的应激源，而导致体内一系列的生化变化，它们包括：①促进机体分解代谢与合成代谢的相应激素的合成与分泌减少，具体来讲是肾上腺素皮质激素、胰高血糖素等促进分解的激素以及睾酮、胰岛素类生长因子（IGF）、胰岛素等促进合成代谢的激素合成与分泌减少；②机体蛋白质合成代谢明显下降，而分解代谢维持较高水平，导致机体蛋白质丢失增加，其中包括骨骼肌收缩蛋白和4台供能发动机燃烧燃料过程中有关的酶系及其他活性物质；③骨骼肌纤维中能源物质储备量将显著下降，这其中主要是肌糖原、甘油三酯等一些燃料储备量明显下降；④骨骼肌纤维周围毛细血管密度逐渐减少，并逐渐恢复到原来状态。

五、过度训练的生化变化

运动员出现过度训练状态时，除了在体能上表现出明显的下降之外，往往还表现出无精打采，精神不振等精神与情绪方面的变化。显然从应激学说角度看，运动员过度训练是应激源刺激强度过大，导致运动员没有出现良好的适应性机能增强的表现，而是发生了衰竭。

重要知识点

过度训练是指运动员在运动训练过程中，持续较长时间承受相对较大的运动负荷，进而导致运动员体能明显下降，不能够完成既定的运动训练方案，甚至出现全身乏力的一种特殊的身体状态。

在运动训练过程中，运动员体内代谢过程以分解代谢或者异化作用为主，而在恢复过程中，运动员体内是以合成代谢或者同化作用为主。因此，过度训练就意味着运动员在运动训练过程中过度的运动负荷，同时体内出现过度的分解代谢。持续的过度分解代谢，将导致运动员无法及时地恢复而出现疲劳的积累，最终出现过度训练将是一个必然的结果。

人体在长时间大负荷的运动应激过程中，有许多因素参与了分解代谢与合成代谢的调节，在反复的长时间大负荷的运动刺激下，机体对代谢过程的调节可能会出现异常情况，而出现对代谢过程调控的失控状况。例如，机体合成代谢调控失败，导致合成代谢过程缓慢，不能够及时恢复原有的状态，只好被动地应付，长此以往将出现疲劳状况的积累，最终形成过度训练。所以过度训练的生化基础主要表现在以下几个方面：

（一）HPA轴应激活动抑制HPG轴活动

下丘脑-垂体-肾上腺轴（HPA）是人体内神经内分泌调节的重要一环。特别是当人体处于应激状态时，例如超负荷的运动训练，下丘脑神经内分泌细胞分泌促肾上腺皮质激素释放激素（CRH）到脑垂体，并促进脑垂体腺垂体细胞合成与分泌促肾上腺皮质激素（ACTH）数量增加，ACTH随血液循环到达肾上腺，并促进肾上腺皮质束状带细胞合成与分泌肾上腺素皮质激素。肾上腺素皮质激素是人体的应激激素，它将促进人体肝糖原、肌糖原、脂肪组织中脂肪的分解，提高代谢酶系，特别是分解代谢酶系的活性，使人体对即将到来的巨大刺激做好准备，避免受到损害。

下丘脑-垂体-性腺轴（HPG）是人体内促进合成代谢的最重要的神经内分泌调节途径之一。与HPA轴相似，下丘脑通过合成分泌促性腺激素释放激素（GnRH）调控脑垂体促性腺激素——促黄体激素（LH）的合成与分泌，LH通过血液循环系统到达睾丸组织Ledig细胞，调控其睾酮的合成与分泌数量。睾酮通过血液循环到达骨骼肌纤维、肝脏等各组织细胞，并促进组织细胞的合成代谢，例如促进肝细胞肝糖原的合成，骨骼肌细胞收缩蛋白和各种代谢酶的合成。因此，睾酮通过促进人体内各类细胞合成代谢的进行而促进运动员的超量恢复，并最终为促进运动员体能的提高提供一个坚实的物质基础。

反复高密度的超负荷运动训练刺激，一方面导致HPA轴积极活跃，周期性大量分泌肾上腺素皮质激素，从HPG轴的不同层次和位置抑制HPG轴的活动。其结果是HPG轴的活动受到抑制，血清睾酮水平明显下降，导致运动员恢复过程减慢，合成代谢速度下降，最终不能够支持持续长时间的运动训练或者比赛，出现过度训练症状。另一方面，HPA轴反复地被超量的运动负荷刺激，随着时间的延续可能会表现出HPA轴应激疲劳，合成与分泌肾上腺皮质激素的能力下降，甚至出现应激衰竭的情况，表现为过度训练。

（二）骨骼肌纤维蛋白质、糖原和甘油三酯合成代谢减慢，而分解代谢较强

长时间超负荷的运动训练将刺激运动员较长时间保持在分解代谢增强的状态，而合成过程往往因为运动刺激而下降或者受到抑制。另外，运动员体内的激素环境也进一步促进了分解代谢，合成代谢过程往往受到抑制。与运动训练密切相关的骨骼肌纤维中，蛋白质、糖原和甘油三酯的合成代谢都明显下降，骨骼肌纤维中燃料储备明显下降，代谢酶活性下降，运动员表现出过度训练的状态。

（三）神经系统的兴奋性下降，情绪低落

从机体神经系统说起，虽然不是所有的生理应激和每一种应激的各个阶段都唤起机体反应，但很多的代偿反应却包含着反射性和随意性机体反应。有的是一时的，有的是适应性的，有的出现在开始阶段，有的则出现在较晚阶段。就对寒冷的应激反应而言，初期就出现随意运动（如各种各样的保暖措施行动和站立、走动、擦手等），继而反射地激发肌肉颤动、颤抖，并始终维持肌肉的高度紧张，这都是肌体神经系统的作用。对寒冷适应后颤抖不再发生。然而肌肉的紧张却进一步地加强。恐惧也可引起颤抖，唯颤抖的程度、范围和部位与对寒冷的类似反应颇有不同。在一切神经紧张的情况下肌肉紧张总是提高的，而肌肉紧张的提高乃是一种肌体反射作用。强光引起闭眼反射，强声引起随意掩耳，在高温环境条件下及体力疲劳后肌肉比较松弛，这一切都是应激中肌体的反射反应及代偿反应，类似的例子还

很多，在此不再一一列举。

长期大负荷的运动训练对运动员是一种超负荷的刺激，如果没有及时调整和恢复，运动员往往进入不良的衰减阶段。在衰减阶段除了上述的激素水平改变，骨骼肌纤维能源物质储备减少之外，运动员的神经系统的兴奋性明显地下降，体能的低落进一步影响到运动员的情绪，表现为情绪水平的下降。

Oregon 大学田径教练Bill Bowerman提出，你训练的越刻苦，那么你越将成为更加优秀的运动员的观点是垃圾，只有那些在训练中最聪明的运动员才能够取得最大的进步。

争论与问题

篮球项目的体能训练方法是否能应用于排球	
正方观点：篮球和排球的能量供应特点相似，因此两个项目可以采用同样的体能训练方法	反方观点：二项运动对于柔韧性、爆发性、灵活性、技术等层面的要求有差异，篮球项目的体能训练方法对于排球不适用
相同供能类型项目的体能训练方法 不同项目特有的体能训练方法 体能训练方法在实践中的应用	

介绍有关研究

散打运动员专项技术与体能训练相结合的方法和手段研究	优秀中国式摔跤运动员高强度专项体能训练效果生理生化监控初步研究
目的：创新当代运动员的训练方法和手段，提高散打运动员的技能，有效提高散打运动员的竞技水平	目的：通过生理生化监控评价中国跤运动员高强度专项体能训练的效果，了解运动员对高强度专项体能训练负荷的承受及恢复情况
方法：采用实验法，提取四川省、陕西省8名男子散打运动员的生理生化指标和基本素质指标进行分析。十运会冬训期从2004年11月20日开始到2005年2月20日结束，冬训期内每周进行3次体能训练。在十运会散打预赛比赛前两周进行了专门强化训练。在冬训期内进行实验前后的对比，以检验8名散打运动员的基本素质指标、专项能力指标和生理生化指标是否具有显著性变化	方法：对16名优秀中国跤运动员进行为期两周的高强度专项体能训练，分别在一次高强度专项体能训练前周一晨起安静、运动后即刻、次日晨、一周高强度专项体能训练后晨、两周高强度专项体能训练后晨测试血BU、CK、T、C、Hb和RPE等指标
结果：8名运动员实验前后血乳酸和血清CK的变化存在非常显著性差异（$p<0.01$）。采用专项技术与体能相结合的方法和手段进行训练，大部分基本素质指标有明显地提高	结果：一次高强度专项体能训练后各生理生化指标运动后即刻变化明显，次日晨基本恢复，运动员机能状态良好，恢复快，没有出现疲劳；一周高强度专项体能训练后各生理生化指标变化不显著，运动员产生训练适应，具有良好竞技状态；两周高强度专项体能训练后各生理生化指标变化显著，运动员机能下降，出现过度训练
结论：这些发展体能的训练方法和手段，紧密结合了散打技术基本特点，非常有效地提高了运动员的竞技能力，8名散打运动员大部分基本素质指标（$p<0.05$）、专项能力指标（$p<0.05$）、生理生化指标（$p<0.01$）， 实验前后呈较显著性差异。基本素质提高、专项能力提高和生理生化指标的监测，说明设计的方法和手段是科学的训练方法和手段，是体能训练方法和手段一次有益的探索	结论：一次高强度专项体能训练后中国摔跤运动员机能状态良好，机体恢复快，没有出现疲劳；一周高强度专项体能训练后，中国摔跤运动员产生训练适应，机能恢复快，具有良好竞技状态；两周高强度专项体能训练后，中国摔跤运动员机能下降，出现过度训练，连续长时间高强度专项体能训练后，应及时采取调整和恢复措施，避免疲劳累积

小 结

人体内存在三个供能系统，分别是磷酸原代谢供能系统、糖酵解代谢供能系统和有氧代谢供能系统，体能的好坏与它们的供能能力密切相关。

ATP是人体一切生命活动所消耗能量的唯一直接来源。三个供能系统，以及不同燃料燃烧供能的功率是各不相同的，它们由小到大的排列顺序是：脂肪有氧代谢供能 < 碳水化合物

有氧代谢供能 < 糖酵解代谢供能 < 磷酸原代谢供能。

磷酸原代谢供能系统的供能特点：①在任何形式的运动中，该供能系统都是最早最快进行的；②依靠该供能系统仅能够维持极量运动6~8秒左右；③该供能系统供能的功率输出最大，是以爆发力为主的运动项目的主要能量来源。结合其供能特点，能够对该代谢供能系统产生最大刺激的训练内容是以短时间爆发力运动为主导的训练内容和方法。

糖酵解代谢供能系统的供能特点是：①在供能过程中，该供能系统的代谢底物是葡萄糖或者糖原，产生乳酸和少量ATP；②该供能系统在供能过程中不需要氧，可以以最大功率输出持续供能30~60秒，然后逐渐下降，可以持续供能2~3分钟；③该供能系统供能的功率输出仅次于磷酸原供能系统的功率输出水平，该供能系统是运动员速度耐力项目的主要供能系统。对该供能系统产生最大刺激的训练方法是：①使运动员体内产生最大血乳酸浓度的能力增强；②使运动员对机体内持续较高的血乳酸浓度的耐受能力增强。

有氧代谢供能系统的供能特点：①碳水化合物和脂肪都可以作为有氧代谢供能的燃料；②碳水化合物和脂肪作为有氧代谢的燃料燃烧时消耗大量的氧，并生成水和二氧化碳，同时释放大量的能量；③有氧代谢供能系统通过燃烧碳水化合物或者脂肪，释放大量的能量用于支撑持续长时间的运动等特点。对该供能系统产生最大刺激的训练要针对燃料的不同选择不同的训练方法。

科学合理的体能训练方法将对不同运动项目运动过程中主要的代谢供能系统产生良性的刺激，最大限度地提高其代谢供能能力。过度训练则会导致运动员体能明显下降，产生无精打采、精神不振等精神与情绪方面的变化，以致不能完成既定的运动训练方案，甚至全身乏力。

思考题

1. 试述人体三大供能系统的供能特点。
2. 简述磷酸原代谢供能能力的训练方法。
3. 简述糖酵解代谢供能能力的训练方法。
4. 简述有氧氧化代谢供能能力的训练方法。
5. 试述运动训练引起机体产生适应的机制。
6. 简述科学的力量训练将导致运动员产生哪些适应性变化。
7. 简述科学的速度训练将导致运动员产生哪些适应性变化。
8. 简述科学的耐力训练将导致运动员产生哪些适应性变化。
9. 简述运动员长时间停训会导致机体发生哪些变化。
10. 试述过度训练主要表现在哪些方面。

相关网站

1.中国知网：http://www.cnki.net/

2.美国生物信息中心网站：http://www.ncbi.nlm.nih.gov/pubmed/

参考书目

1. 冯炜权，等. 运动生物化学原理[M]. 北京: 北京体育大学出版社，1995.

2. 张爱芳，等. 实用运动生物化学[M]. 北京: 北京体育大学出版社，2011.

3. 张慧斌，等. 实用体能训练理论与方法[M]. 北京: 中国轻工业出版社，2010.

4. 冯连世，李开刚，等. 运动员机能评定常用生理生化指标测试方法及应用[M]. 北京: 人民体育出版社，2002.

5. 冯连世，冯美云，冯炜权，等. 优秀运动员身体机能评定方法[M]. 北京: 人民体育出版社，2003.

第六章
运动训练的生化监控

内容概述

运用科学的理论、科学的方法和先进的技术指导控制运动训练，才能更有效地挖掘人体运动潜力，提高竞技能力。本章将重点介绍运动训练生化监控的常用生化指标和运用方法，各代谢系统供能能力的监控方法以及如何将训练监控的指标和方法在训练中加以应用。

主要概念

运动训练的生理生化监控

运动性蛋白尿

运动性贫血

乳酸阈

学习目标

1. 了解训练监控的内容和意义
2. 掌握运动员训练监控的常用生化指标和方法
3. 掌握各代谢系统能力的生化监控
4. 训练监控的实践应用

第一节 运动训练生化监控的含义及内容

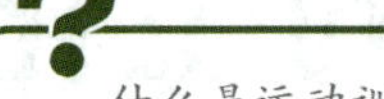

什么是运动训练的生化监控?

运动训练的生化监控是训练监控的一个主要组成部分，它通过运用生化的方法和技术，测定运动训练过程中运动员体内的一些生化指标，以评价运动员训练时的负荷强度和量、训练方法和手段的合理性与效果，以及机体对运动训练产生的适应信息、恢复效果等，从而帮助教练员了解训练效果，正确评价和调整训练方案。

运动训练的生化监控涵盖了运动训练过程前、中、后以及动态的和静态的全方位的监控，包含的研究内容见图6-1。

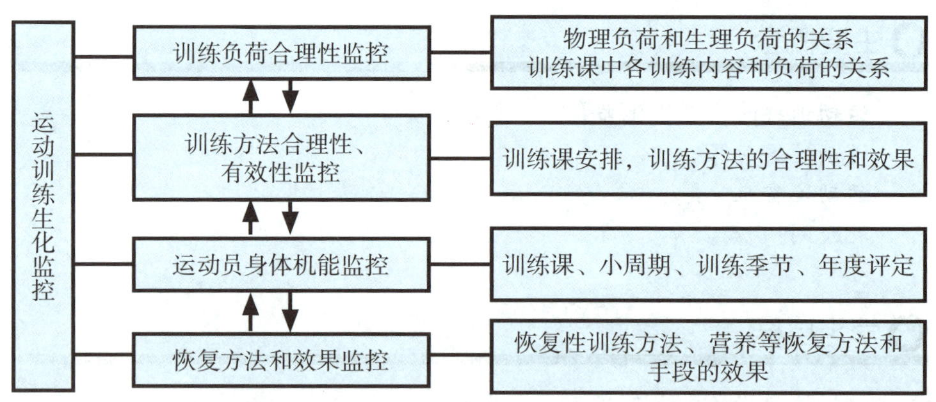

图6-1 运动训练的生理生化监控基本内容及其关系

1. 评价训练负荷的大小及合理性

通过一些针对性很强的生理生化指标来反映训练负荷强度、训练负荷量的大小，从训练后运动员的疲劳程度分析训练负荷对运动员身体带来的生理负荷大小，如长期连续监测则可分析训练负荷的合理性。

2. 评价专项训练方法和手段的合理性与有效性

通过训练负荷强度指标来评价专项训练方法是否符合项目特征，是否能够达到提高专项能力的目的，并根据指标数值提出强度标准，或针对训练方法提出改进建议等。不仅能够评价已有的专项训练方法，还能够为训练方法的创新和改进提供评价手段。

3. 评价辅助性训练方法和手段的合理性

运用训练负荷强度指标、疲劳程度指标、身体成分指标等，针对准备活动方法、训练间歇时间、恢复性训练方法、放松方法、减体重训练或增体重训练等非提高专项能力为目的的训练方法和手段的合理性进行评估。

4. 评定运动员身体机能状态

综合运用多项生理生化指标对运动员的疲劳程度及恢复能力、恢复速度等情况进行综合评定和诊断，以了解运动员的身体机能状态及体能恢复情况，为教练员制订训练及比赛计划提供依据和建议，同时，通过连续监测还可以防止过度疲劳的发生。

运动训练生化监控的主要意义就在于以运动时人体物质和能量代谢的规律为理论基础来分析项目特点与专项体能要求，并通过对训练过程及运动员身体机能的监控，帮助教练员合理选择训练手段，合理安排运动负荷，使训练能够达到专项要求，同时符合运动员身体机能特点，最终真正实现科学化训练。

第二节　训练监控的常用生化指标

运动时体内代谢过程加快，代谢产物增加，内环境发生暂时的改变，从而使血液、尿液中某些成分会发生改变，甚至出现某些异常成分，因此，常以血液、尿液中某些成分的变化，作为评定运动负荷和身体状态的重要内容。以下介绍几种常用训练监控的生化指标：

一、血乳酸

血乳酸在运动训练中的应用包括以下重要方面。

（一）评定运动强度

任何一个体能项目的教练在制订一个周期的训练计划时，都会把有氧、无氧等发展各种能量代谢系统的手段以不同比例安排在每堂训练课中。但不同的运动员，以及同一运动员在不同的训练阶段，训练水平存在差异，同一训练手段的训练效果也会有所不同。因此，可以应用血乳酸评定不同训练手段的运动强度。（表6–1）

表6-1 用血乳酸监控不同训练方法的训练强度

训练方法	发展目的	心率	血乳酸	负荷安排	代谢特点与作用
ATP-CP系统训练	最大速度、力量	>180次/分	<3～4毫摩尔/升	95%以上最大速度（或力量），练习时间10秒左右，间歇2～30秒	由ATP、CP以最大代谢速率分解供能，尽可能多地消耗CP，很少乳酸产生。
最大乳酸训练	最大速度、力量耐力	>180次/分	>15毫摩尔/升	1分左右最大速度（或力量）重复运动，间隔3～5分	由最大速率的糖酵解供能，数次运动后乳酸积累达最高水平
耐乳酸训练	亚最大速度、力量耐力	>180次/分	10～12毫摩尔/升	1分左右85%～90%最大速度（或力量）运动，4～5分间隔，重复使血乳酸升高到12毫摩尔/升以上	以较高血乳酸水平，维持较长时间运动，使各器官组织遭受深度酸化刺激，提高在高乳酸环境下工作能力，提高速度耐力
乳酸阈训练	最大有氧代谢能力	160~170次/分	4毫摩尔/升左右	乳酸阈水平时的训练强度，运动时间在60分以上	刺激运动肌乳酸生成和最大速率消除乳酸
最大稳态乳酸训练	有氧耐力	<160次/分	<4毫摩尔/升	低于乳酸阈强度10%～15%，运动时间在60分以上	有氧代谢能力的最大负荷强度和量度的综合
乳酸消除训练	迅速消除乳酸	120~140次/分	下降越快越好，训练后<3毫摩尔/升	一般在60%～70%最大摄氧量强度的匀速运动；运动疲劳后的恢复，以40%～60%最大摄氧量速度较为适宜	有氧代谢最大速率消除乳酸

（冯连世等，2006）

（二）评定运动员机能状态的变化

如在一个训练周期中，运动员的机能状态（尤其是肌肉状况）提高，那么完成同等训练负荷时的血乳酸会下降，尤其是100%绝对强度时。

（三）评定运动员训练水平或选材

速度耐力性项目的高水平运动员，运动成绩好，同时血乳酸最大浓度值也高；耐力性项目的运动员，在完成相同亚极量运动负荷时，优秀运动员血乳酸值相对较低。

（四）评定无氧代谢能力

测定无氧运动后血乳酸升高的幅度，可以评定运动员的无氧代谢能力。30~90秒全力运动后，乳酸升高幅度越高，无氧代谢能力越强。

（五）评定有氧代谢能力

测定运动后血乳酸的恢复速率，可以反映机体有氧代谢能力。恢复速度快，表示有氧代谢能力强，氧化利用乳酸的速度快，从而运动后因乳酸堆积产生的运动性疲劳恢复也快。

思考与交流

图6-2为4名优秀的游泳选手在全力100米游泳后的乳酸恢复曲线，试分析4名选手的恢复能力高低？

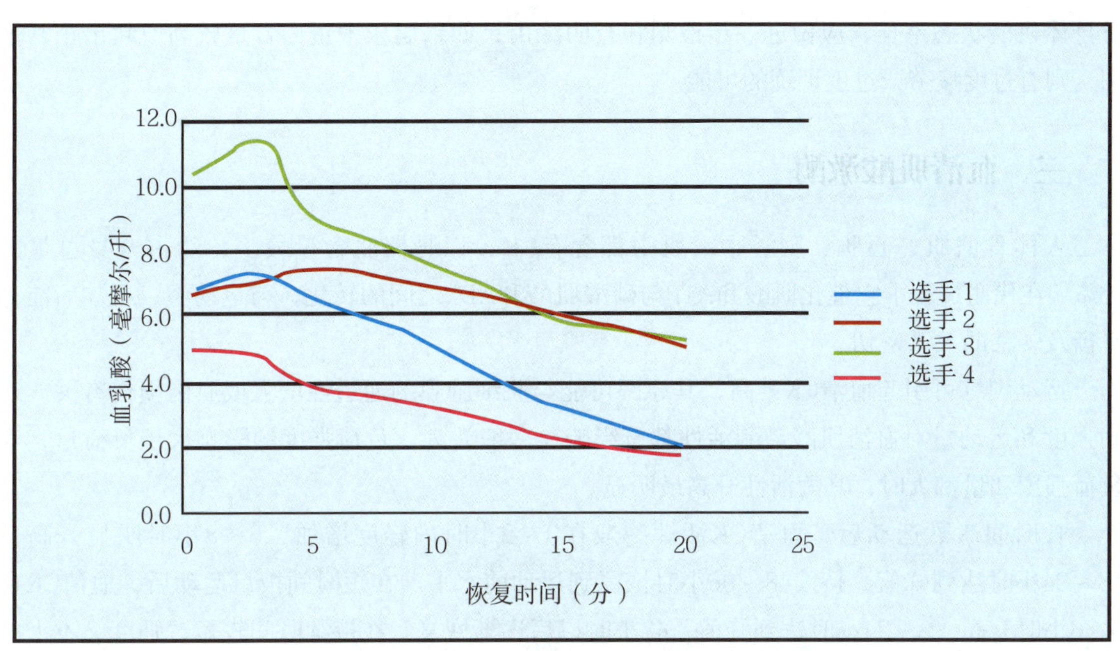

图6-2 4名游泳运动员全力100米游泳后乳酸恢复曲线

二、尿蛋白

什么是运动性蛋白尿？

运动使尿中蛋白质的排泄量增加的现象称为运动性蛋白尿。

正常生理情况下，人体安静时尿中蛋白质含量很少，尿常规检查呈阴性。运动后尿中蛋白质主要来自血浆蛋白。运动训练中常把运动后尿蛋白作为评定运动员身体机能、运动负荷的指标。运动性蛋白尿在运动后能迅速自行复原，不同于病理性蛋白尿。

运动训练中，一次激烈运动时，尿蛋白排泄量在运动后约15分钟达到最高值，并在4小时内基本消除。因此运动训练中一般采集运动后15~20分钟，以及运动后4小时以后或次日晨的尿样，观察机体对运动的反应以及恢复情况。

尿蛋白指标主要应用于四个方面，①评定一次训练课的运动负荷：尿蛋白受负荷强度影响最大，运动强度越大，尿蛋白生成量越多。②评定机体恢复能力：对运动后尿蛋白呈阳性者，检测运动后4小时或次日晨尿蛋白含量，转隐性者为机能恢复良好；次日晨仍处于较高水平，说明机能未能恢复，需要进一步观察。③训练周期中评定机体适应运动负荷的状况：在大负荷训练初期，尿蛋白排泄量增多，说明运动员身体不适应训练负荷；进行一段时间的训练后，完成相同训练负荷时，尿蛋白排出量减少，说明机体逐渐适应，机能改善。④评定身体机能状态：在完成相同训练负荷时，尿蛋白增加或持续上升，恢复时间延长，说明该运动员身体机能状态不佳，应做进一步检测和查明缘由；如果晨尿中蛋白含量较高或超出正常范围，则有过度疲劳或过度训练的可能。

三、血清肌酸激酶

人体骨骼肌、心肌、脑、平滑肌中都含有CK，以骨骼肌含量最多，约占全身总量的96%。在代谢过程中它催化肌酸和ATP与磷酸肌酸和ADP之间的转化，与运动中、运动后能量平衡及转移的关系密切。

运动训练可引起血清CK升高，其原因可能与肌细胞膜的通透性增大或肌肉损伤有关。运动强度和运动量对血清肌酸激酶活性都有影响，一般认为，负荷强度的影响大于负荷量，当负荷强度和量都大时，其酶活性升高最明显。

长时间激烈运动后，血清CK活性一般在0～2小时内轻度增加，6～8小时明显升高，16～24小时达到峰值，持续48～96小时恢复到运动前水平。在短时间极量运动后，血清CK在5～6小时升高，8～24小时达到峰值，48小时以后逐渐恢复。在持续时间较短、强度又不大的运动后，血清CK活性变化不大。

在较大强度运动后血清CK的活性可增至100～200单位/升；极量运动后可达到500单位/升，甚至是700～800单位/升。血清CK活性值的个体差异较大，比较使用时应注意。

四、血红蛋白

血红蛋白是红细胞中一种含铁的蛋白质。它的主要生理功能是运输氧和二氧化碳，并对酸性物质起缓冲作用。血红蛋白的含量对运动员的运动能力影响很大，对耐力运动员的专项素质尤为重要。在训练和比赛期间，运动员的血红蛋白含量受营养、运动负荷、休息等因素的影响。因此，定期测定血红蛋白的含量有助于了解运动员的营养、对负荷的适应、身体机能水平等情况。

什么是运动性贫血?

由运动引起的血红蛋白下降或红细胞数降低，通常称为运动性贫血。

目前，我国运动性低血红蛋白的诊断标准，采用成年男女分别低于130克/升 和120克/升。

在运动训练中的应用：血红蛋白是运动队最常用的测试指标，能综合反映运动员运动时血液运输氧的能力。在训练监控时，一方面，可根据训练中和比赛前测定的血红蛋白浓度，了解运动员的机能状态。另一方面，一旦观察到运动员发生了贫血，应对其发生的原因进行调查，并针对不同原因给予相应的营养补充和药物治疗。运动员在大运动量训练开始时，易出现血红蛋白下降，一般认为由红细胞溶血增多造成。经过一个阶段训练后，身体对运动量逐渐适应，血红蛋白的浓度又会回升，这是机能改善、运动能力提高的表现，此时运动员参加比赛成绩一般较好；但如果血红蛋白仍未回升，且较训练前下降了10%，运动员比赛成绩大多不好；下降20%时，运动员成绩明显下降。这种情况下应及时调整训练计划和比赛安排，加强营养的补充，防止过度训练和贫血的发生。

思考与交流

耐力运动员的血红蛋白值是否越高越好?

对耐力运动员来说，血红蛋白含量因与有氧能力有关，因此维持血红蛋白处于较高水平有利于运动能力的发挥。但是，运动员个体差异较大，该值只需要维持在本人正常范围中即可。如果血红蛋白值过高，血黏度会大大增加，血流速度减慢，心脏收缩阻力增加，反而不利于氧的运输。一般耐力选手的血红蛋白数值不应超过180克/升 。

五、血尿素

血尿素在运动实践中的应用非常广泛，它是评定训练负荷量和机能恢复的重要指标。在正常生理状态下，尿素的生成和排泄处于平衡状态，血尿素水平保持相对稳定。一般来说，超过30~40分钟的运动，血尿素才明显上升；而短时间运动时血尿素变化不明显。此外，在运动强度和运动量这两个因素中，血尿素变化幅度对运动量更敏感。

用血尿素评定一次课的训练负荷时应注意，一般在30分钟以内的训练课中，其血尿素水平变化不大。当运动时间长于30分钟时，血尿素水平才明显增高。优秀运动员一次训练课后，以次日晨起血尿素水平在8.4毫摩尔/升以下较为合适。负荷量越大或机体适应越差，血尿素水平上升越明显，次日晨起的恢复也可能较慢。在实际应用时，还需根据运动员身体状况和训练水平，结合其他的生理生化指标及主观疲劳感觉指数进行综合评价。在运动训练中，血尿素是评定运动量和机能恢复的重要指标。

用血尿素评定一个训练周期的训练负荷安排时，有如下三种情况：①在训练前期、中期和后期血尿素水平始终不变，说明运动量不足，对身体刺激不大；②大负荷量训练初期晨血尿素上升，但在训练调整期结束时能恢复正常水平，说明训练负荷足够大，而且身体能适应，训练负荷安排合理；③训练中晨血尿素逐日上升，并持续至训练周期结束，说明运动负荷过大，机体不能适应。

思考与交流

某曲棍球运动员在专项体能训练期训练时，晨起安静血尿素值一直偏高（>8毫摩尔/升），但运动员并无明显疲劳感觉，试分析其原因。

分析：血尿素是蛋白质分解代谢的产物。安静血尿素值应该在8毫摩尔/升以下。分析该运动员晨起安静血尿素增高的原因，应注意以下几点：

（1）血尿素有一定的个体差异，该运动员是否系统性增高，可进行纵向的系统分析和比较。

（2）运动员在控体重期间，安静时的血尿素水平较高。可排除该情况。

（3）血尿素水平与蛋白质的代谢关系紧密，在高蛋白饮食后过量蛋白质会在体内代谢转化引起血尿素的增高，这要与训练所致的增高相区别。可通过询问该运动员是否补充蛋白粉以及对该运动员的进食习惯进行分析，是否存在由于蛋白质补充引起的假性增高。

六、血睾酮与皮质醇

（一）睾酮

睾酮（testosterone）是雄性激素中的一种，属于类固醇激素。正常成年男性睾酮主要由睾丸分泌，另外一小部分由肾上腺皮质和外周组织转化而来。女性睾酮50%来自肾上腺和卵巢，50%由外周组织转化而来。睾酮的生物学作用广泛，首先是促进副性器官发育，调节性腺功能。此外，睾酮能够加速体内合成代谢，刺激组织摄取氨基酸，促进蛋白质和核酸的合成，加速血红蛋白合成和红细胞的增加，促进肌纤维和骨骼生长，加强磷酸肌酸合成，增加肌糖原储备，增强攻击性等。

在运动训练对人体形态和机能的改造中，尤其对运动成绩的影响，雄激素起着重要的作用，因此测定运动员的血睾酮值具有重要意义。一般来说，运动员机能状态良好时，血睾酮水平变化不大，而且在体能增强时血睾酮往往呈上升趋势；当疲劳、过度训练或机能状态不好时，血睾酮水平则会下降。所以，可以将血睾酮作为评定运动员机能状态的指标。

通常在某一训练周期中定期进行血睾酮测试，如在集训前、集训中期、集训后期进行评价；也可以根据运动员的主观表现来进行不定期的检查。需要注意的是训练期前后进行取样比较时，运动员的状态应保持一致，如都应处于安静状态、相同的采血时间，取样前一天运动负荷应大致相同，以避免短期因素掩盖长期训练对血睾酮的影响。当运动员血睾酮升高时，可认为机体合成代谢旺盛，可继续大强度训练，以获得更好的训练效果；当运动员血睾酮持续明显下降时，应考虑下丘脑－垂体－性腺轴功能下降的可能。此外，应该考虑到血睾酮值的个体差异较大，仅用某一次血睾酮测值来评价该运动员睾酮水平是不全面的，注意积累资料进行纵向比较更为有意义。在不受任何药物干扰的情况下，当运动员增加训练量后血睾酮值低于训练前的25%，并持续不回升，即应进行调整。

（二）皮质醇

皮质醇（cortisol）是肾上腺皮质分泌的一种糖皮质激素，运动应激时大量分泌，主要是促进体内分解代谢，如促进糖原分解供能、升高血糖等，提高运动能力；但是，在运动后持续保持高水平则会造成体内能量储备过分消耗，不利于恢复。

周期性训练初期，随着训练负荷加大，安静状态下皮质醇通常上升，其生物学意义是提高机体的应激水平，有利于运动肌糖原分解供能；经过一段时间训练后，安静皮质醇又可以恢复到原来水平。这种规律性变化，是机体对训练应激逐步适应的结果。如果进一步加大训练负荷，还会出现血皮质醇先升高、后下降的过程。

在实际应用中，可以根据训练周期安排定期测试，如在集训前、中、后以及赛前测定安静状态下运动员的血清皮质醇浓度。在进行分析时，通常把血皮质醇浓度的高低作为机体分解代谢快慢的指标。如果运动后血皮质醇仍然保持较高水平，表明机体分解代谢可能过于旺盛，不利于运动后恢复；如果血皮质醇长时间保持较高浓度而不恢复到正常水平，提示运动员有过度训练的危险。此外，较高的血液皮质醇水平会抑制机体的免疫机能，还应特别关注运动员的免疫状况。

需要注意的问题是：血清皮质醇浓度受多种因素影响，甚至连情绪激动时也会使其升高，所以测定安静状态时皮质醇浓度尤其要注意控制实验条件，前后比较时一定要在一天中的同一时间，以避免昼夜节奏对血清皮质醇的影响。

（三）血睾酮/皮质醇（T/C）

在人体内，睾酮促进合成代谢，有利于运动后消除疲劳，恢复和提高运动能力；而皮质醇则促进分解代谢，在运动后如果不能及时恢复到正常水平，则不利于消除疲劳。二者的作用正好相反，因此常常采用二者的比值（睾酮/皮质醇，T/C）来反映运动员体内合成代谢与分解代谢相对强弱，并作为评价运动后恢复能力和过度训练的参考指标。

在运动训练中，①定期测试运动员安静状况下血浆T/C比值，用以监控运动员的机能状况。②阶段性训练前测晨起值，作为基础值，然后在阶段性训练中根据需要定期测定晨起值，与基础值进行比较，反映机体合成代谢与分解代谢的平衡状况。如果血清T/C比值不变或升高，表明机体的分解代谢没有超过合成代谢，运动员机能状况正常。如果血清T/C比值出现大幅度降低，则有可能是分解代谢大于合成代谢，不利于运动后恢复。③芬兰学者把血清游离T/C比值作为机能评定的敏感指标，当该比值下降超过30%或比值绝对值小于0.35×10^{-3}，诊断为过度疲劳。有人将该标准运用于耐力运动员的训练监控中，效果较理想。

第三节　代谢能力的评估

运动员的代谢能力主要指体内的三个代谢供能系统即磷酸原系统、糖酵解系统和有氧氧化系统的供能能力。对运动员供能系统代谢能力的评定是了解运动员运动能力、反映运动训练效果的主要途径。由于在运动时往往是所有代谢功能系统同时参与供能以满足肌肉收缩的需要，只不过是每一条代谢系统合成ATP的相对比例，随运动强度和持续时间而改变。因此，评价代谢能力的运动测试方案，要求遵守一条原则：利用不同时间的全力运动时某一代谢系统供能为主的特点，建立相应的运动测试基本方法，从而能够比较客观地反映主导作用的代谢系统功能状态。

一、磷酸原代谢能力的评估

磷酸原功能系统代谢能力的生化评定分为直接测定法和间接测定法两种。直接测定法是利用肌肉活检、核磁共振等技术直接测定肌肉中ATP、CP的含量，以评价磷酸原供能系统的供能能力。但是由于直接测定法或者是对运动员的损伤较大，运动员难以接受，或是仪器昂贵、测定方法繁杂，在运动时间中的使用受到限制。间接法是采用测定其做功能力和间接测定代谢产物来评定磷酸原功能系统的代谢能力，具有简易、快速、无损伤或较小损伤的特点。目前，主要采用间接法评定磷酸原供能系统的能力。

（一）磷酸原能商法

这是1988年在国际奥林匹克百科全书中介绍的一种方法，测定程序为：先测定安静时血乳酸，然后让受试者在自行车功率计上做2~3分钟准备活动后，再以100转/分，600瓦最大用力运动15秒，记录在15秒期间完成的总功（TWP，以千焦耳表示），并在运动后6分钟取血测定血乳酸，求出血乳酸增值，通过下列公式计算出磷酸原能商（AQ）：

磷酸原能商=TWP（15秒）/血乳酸增值（15秒）。

求得的磷酸原能商值越大，表示磷酸原供能能力越强。

（二）10秒最大负荷测试法

根据磷酸原供能系统的供能特点，可采用10秒以内的最大负荷运动进行测试，如自行车功率计、活动跑台或30~60米跑，也可根据具体运动专项进行评定。先测定安静时血乳酸值，然后进行10秒内最大负荷运动，记录完成的功率或跑速，并测定运动后的血乳酸峰值，求出运动中血乳酸增值。若完成功率大或跑速快，而血乳酸增值低者，则磷酸原供能能力强。

二、糖酵解代谢能力的评估

（一）Wingate实验

Wingate无氧试验（wingate anaerobic test，WAT）是1970年以色列Wingate体育学院运动医学研究室首先提出来的，以后被世界各国广泛应用，成为评价糖酵解功能系统能力的经典实验。

一般使用改良的Monark或Fleisch功率自行车分别测定腿或臂肌肉的做功能力。阻力负荷的选择为：

Monark型：测臂0.050千克/千克体重，测腿0.075千克/千克体重；

Fleish型：测臂0.030千克/千克体重，测腿0.045千克/千克体重。

对于爆发性项目的运动员，阻力负荷可在此基础上适当增加。

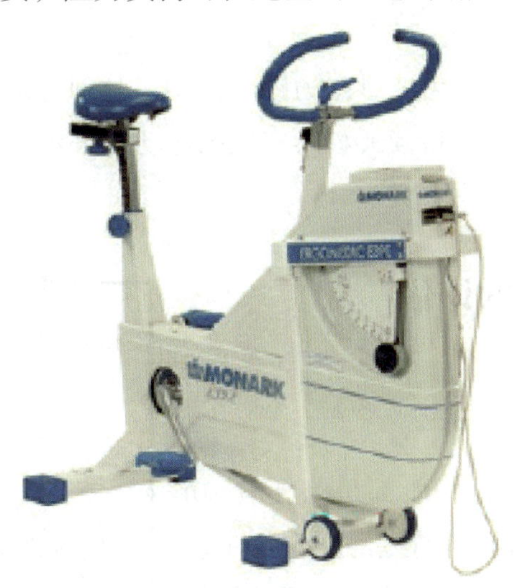

图6–3　Monark Exercise AB 839E 功率自行车

测定时，要求受试者首先完成3～5分钟准备活动。正式开始时，受试者尽可能快蹬，在3～4秒内调整到规定的阻力负荷，同时开始计时，进行30秒全力蹬车运动。分别记录30秒平均功率、输出总功、5秒内最大输出功率和5秒内最低输出功率，按公式计算出疲劳指数。

若平均输出功率和输出总功值大，疲劳指数小，是糖酵解供能能力强的表现。

知识卡片

Wingate测试的常用参数：

最大无氧功率 peak power：反映了肢体肌肉在短时间内产生高机械功率的能力，即通常所说的爆发力。能量来源于ATP及CP的分解。

平均功率mean power：6次5秒的平均功率。反映肌肉维持高功率的耐力，即速度耐力水平。能量来源于ATP、CP及无氧糖酵解。

疲劳指数：功率的递减率，反映疲劳的指数。疲劳指数=[最高功率（5秒）－最低功率(5秒)]/最高功率(5秒)×100%。

（二）60秒最大负荷测试法

这是一种评定最大糖酵解供能能力的方法。让受试者进行60秒跑台全力跑，记录成绩，分别测定运动前安静时血乳酸值和运动后血乳酸峰值。如果运动后血乳酸浓度在14~18毫摩尔/升左右，是糖酵解供能能力好的表现；如在9~10毫摩尔/升以下，是能力差的表现。在一个训练阶段结束后，如果运动成绩提高了，血乳酸值也升高，是糖酵解供能能力提高、训练效果好的表现；如果成绩提高，血乳酸值仍为原水平，是有潜力的表现；如果血乳酸不变或升高，但成绩下降，是训练效果差或机能水平下降的表现。

（三）90秒最大负荷测试法

进行持续90秒的最大负荷运动时，无氧和有氧供能比例比较接近，可以反映运动员无氧代谢运动能力随时间衰减的变化过程，间接评定90秒做功过程中每一供能系统相对变化的情况。

让受试者在自行车功率计上做90秒全力蹬车运动，分别记录90秒的输出总功、最高功率和最低功率，计算其疲劳指数。持续90秒所完成的总功值表示无氧代谢能力，疲劳指数则反映肌肉耐乳酸能力。

三、有氧代谢能力的评估

重要知识点

乳酸阈是指在递增负荷运动时，运动机体从以有氧代谢供能为主向以无氧代谢供能为主的转折点，称为无氧阈；通常用4毫摩尔/升乳酸值所对应的强度或跑速来表示，也称乳酸阈。

例如，某优秀中长跑运动员跑速为5.20米/秒时，对应的血乳酸值是4毫摩尔/升，则可以认为该运动员的无氧阈跑速为5.20米/秒，该跑速也是这名运动员的最大有氧跑速。

（一）乳酸阈测试法

乳酸阈的测定方法很多，一般都是以乳酸–功率曲线为原理，采用逐级递增负荷方法测定的（表6–2）。起始负荷和递增负荷的大小取决于运动员的性别、年龄和训练程度。例如，跑台的起始负荷，一般无训练者为2.5米/秒，中等训练水平的男子或具有高度耐力训练的女子为3.0米/秒，高水平耐力训练的男子3.5米/秒。根据每级血乳酸值和相应的功率（瓦或跑速），在坐标纸上画出乳酸–功率曲线，取对应于4毫摩尔/升血乳酸浓度的功率值，即乳酸阈功率（或跑速）（图6–4）。

表6–2　递增负荷实验程序

测功器	性别	起始负荷	递增负荷	持续时间	间歇
功率车	男	50~100瓦	40~50瓦	3分	不间歇
	女	50瓦	40~50瓦		
跑台	男	3.0~3.5米/秒	0.5米/秒	3分	30秒
	女	2.5~3.0米/秒	0.5米/秒		
手控测功器	男	30瓦	40瓦	3分	不间歇
	女	30瓦	40瓦	3分	

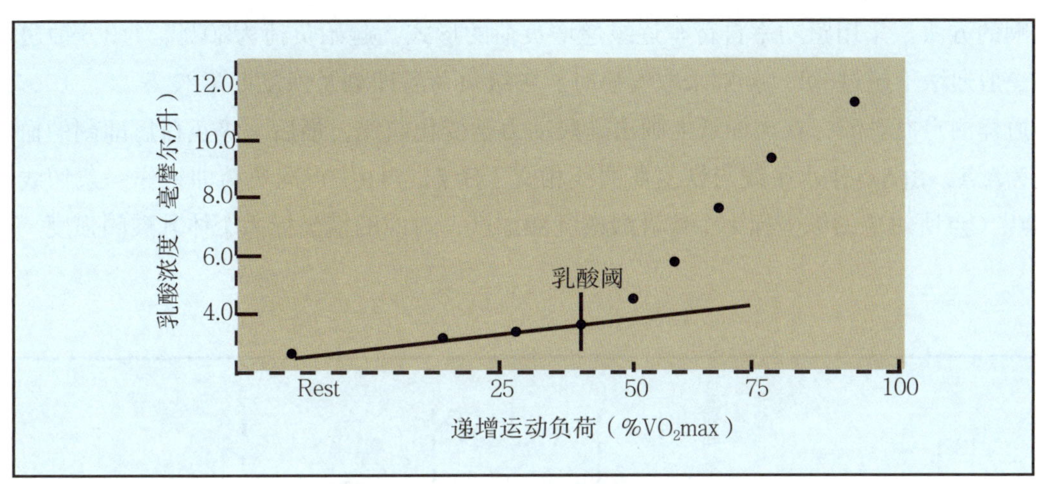

图6-4 乳酸-功率曲线

在运动场上测定时，可采用3~5级强度跑。如在田径场上采用5×2400米跑，测试中由教练员用口令调整跑速，以尽快达到匀速跑。（表6-3）

表6-3 田径场测定乳酸阈试验程序

性别	段落组（米）	起始速度（米/秒）	递增速度（米/秒）	末级速度（米/秒）	间歇（分）	取血
男	5×2400	3.0	0.5	5.0	2	组后第2分钟末
女	5×2400	2.5	0.5	4.5	2	

场地测试结束后以血乳酸浓度为纵坐标、跑速或游速为横坐标作乳酸-功率图，通过血乳酸浓度达4毫摩尔/升时所对应的跑速或游速来得到乳酸阈跑速或游速，或通过在场地运动后测试其恢复期的血乳酸值来得到个体乳酸阈跑速或游速。目前被广泛采用的评定标准见表6-4。

表6-4 乳酸阈评定训练水平的参考标准

乳酸阈跑速（米/秒）	训练水平
3.0±0.5	缺乏耐力训练
3.5~4.0	耐力训练较差
4.0~4.7	中等耐力训练
4.8~5.2	耐力训练较好
5.3~5.6	优秀耐力训练

（mader，1976）

由于在完成运动负荷时，每个人都具有不同的血乳酸动力学变化特点，因此，对于不同运动项目和不同的个体，如果一律以4毫摩尔/升乳酸浓度及所对应的功率作为乳酸阈值，必然忽视个体差异性。德国的司特格姆（Stegnam）研制了在血乳酸动力学变化曲线上标定个体乳酸阈的方法。采用蹬功率自行车逐级递增负荷的形式，起始负荷为50瓦，每3分钟递增50瓦，一般递增不超过6级。分别采取安静时、各级负荷后即刻及恢复期第2、5、8、10、15分钟的血样测定血乳酸，在坐标纸上画出乳酸动力学变化曲线，最后一级负荷后即刻的血乳酸值定为A点，由A点作水平线与恢复期曲线相交于B点，再由B点向负荷曲线作一条切线，切于C点。C点所对应的纵坐标为个体乳酸阈乳酸浓度，对应的横坐标为个体乳酸阈强度。（图6-5）

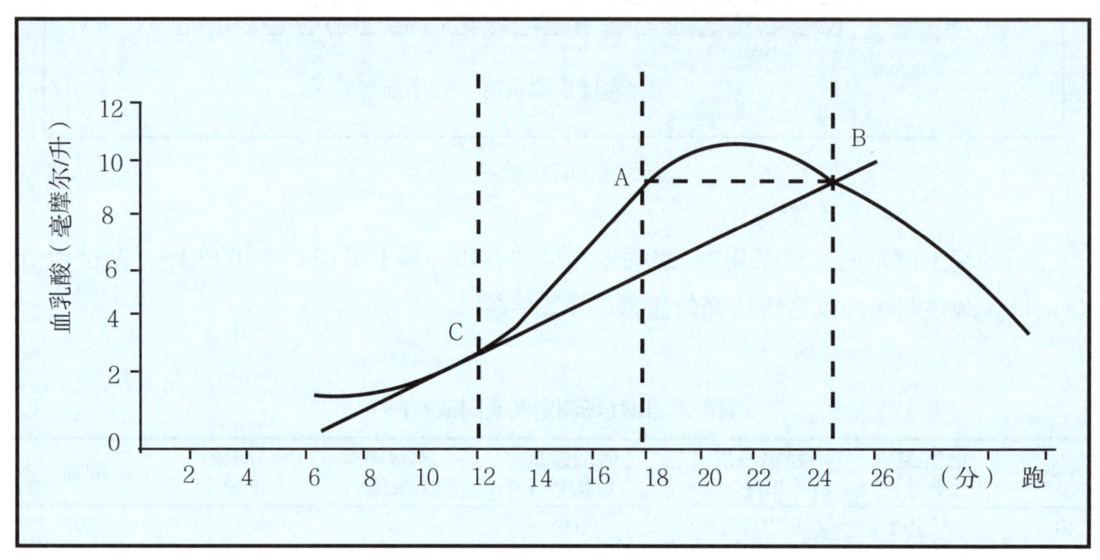

图6-5　个体乳酸阈测定示意图（Stegmam，1981）

采用个体乳酸阈值的测定方法，可以比较和评判不同运动员个体有氧代谢能力的差异与优劣，可以根据运动员个体选择最佳训练强度和训练计划，也有助于专项选材。

（二）12分钟运动测试法

这是评定运动员最大有氧能力的一种测试方法。先测安静时血乳酸值，然后让受试者在做准备活动后进行12分钟跑，记录12分钟的最大跑距和跑后3、5、10、15分钟血乳酸值，用跑距和血乳酸值综合评定。跑的距离长，跑后血乳酸消除速度快，是有氧代谢能力强、机能状态好的表现；跑的距离短，跑后血乳酸消除速度慢，是有氧代谢能力差、训练水平低的表现。

总之，关于运动员代谢能力的评定，除采用上述常用的方法外，更应根据专项特点和运动能力的要求，选择适合专项供能代谢的方法，才能获得更佳的效果。

第四节　训练监控的实践应用

一、实施训练监控的基本原则

训练监控是一项有很强计划性和目的性的科学研究工作，它既有一般科研工作所要求的严谨、认真、求实和严格按实验计划操作的特点，又有随时根据运动员状态和训练计划变化调整测试计划的灵活机动的特点，这是由其为训练服务的最终目的所决定的。在具体操作中，需要注意以下原则：

（一）个体化

由于人在先天素质和后天训练方面巨大的差异性，决定了在对人的动态活动进行监测的过程中必须重视这些差异；而一个个体在自身条件限制范围内发生的相对稳定的变化又为我们能够动态观察训练效果和评估训练手段提供了依据，这就是我们反复强调的训练监控必须个体化的理论依据。

（二）系统化

所谓系统化就是保持测试的一贯性，使我们能够动态观察和评估训练效果。系统化原则包括以下两点：①测试条件、测试指标、测试仪器方法与测试人员等都应该尽量保持一致，尽可能多地排除非训练因素的干扰，进行纵向比较和分析才有科学性；②训练周期内的测试安排目的性要强，计划性要强，针对性要强。只有根据明确的目的制订出有层次有阶段的训练计划，才能根据相应的训练计划制订出相应的测试计划来对每个阶段和层次的训练效果进行评估，这样整个训练周期才能体现出系统性和科学性。

（三）指标选择合理化

测试指标的选择应该合理化，用两句话概括就是“最小化测试，最大化有效信息”。“最小化测试”是指尽量将测试的次数、规模和耗费都降低到最低水平，这不仅是出于经济方面的考虑而要避免测试指标在功能上的重叠，更主要的是为了尽可能减少对运动员和训练过程的干扰。“最大化有效信息”即最大限度地获取信息，这一原则包括两层含义：一是指应根据“有效和准确”的原则选择指标，虽然血乳酸、肌酸激酶、血尿素等都可以单独作为评价训练负荷强度和训练负荷量的有效指标，但毕竟它们都有各自的影响因素，有条件的话必须增加其他辅助指标来提高信息的可信度。二是指应合理选择和搭配指标，使与评估目的相关的各个方面情况都有尽可能多的指标进行体现。在具体操作过程中“最小化测试”与“最大化有效信息”两个原则应该根据实际情况灵活应用，尽量同时充分满足两个原则的要求。

（四）规范化

规范化主要指测试过程中仪器设备使用与操作的规范与合理，只有保证了指标测试过程中的规范化操作，才能尽量减少系统误差对测试结果带来的影响，才能使测试结果尽可能真实地反映训练效果。随着竞技体育水平的快速提高，竞争的日益激烈，运动员水平越来越接近，哪怕细微的差别都会影响到训练效果的最大化，因此，规范化的测试是保证科学化训练的根本要求。

二、训练监控的实施

在进行训练监控时，应根据监控目的和运动员的年龄、运动专项、训练水平等具体情况以及实验条件来选择和确定生化指标；根据测试结果，依据运动生化原理，做出客观的、全面的、科学的综合分析。

（一）训练负荷强度和负荷量的监控

负荷强度是指在单位时间内或单个（单组）动作中运动员机能承受的外部负荷所引起的内部应答反应的程度。负荷量是指在持续、连贯身体活动时运动员机体承受的外部负荷的总量。负荷强度和负荷量是运动负荷中一个统一体的两个矛盾的侧面，它们是相互联系、不可分割的两个方面。通过负荷强度和负荷量的调节和变动，便可达到不同的训练目的。因此，科学地控制和评定负荷强度和负荷量，不仅能防止过度疲劳和运动损伤的发生，而且能有效地提高训练的效果。采用多种生化指标综合评定，可掌握机体对运动负荷的适应能力。（表6–5）

表6-5　训练课负荷强度和负荷量的生化评定

生化指标	正常值	评定负荷强度	评定负荷量
血乳酸	<2毫摩尔/升	运动后血乳酸值升高幅度大，表示运动强度大；训练适应后升高幅度小 乳酸阈值：4毫摩尔/升 主要无氧代谢区：>12毫摩尔/升	
血尿素	1.8~8.9毫摩尔/升		1.运动后血尿素增值大，表示负荷量大或机能下降；训练适应后增值减小 2.一般认为运动后不超过8.4毫摩尔/升为宜
尿蛋白	随意尿<10毫克% 全日尿<150毫克/日	运动后15分钟取尿测定，尿蛋白排出量越多表示运动强度越大或机能差。应注意个体差异，宜系统观察。	负荷量大时，排出量增多，适应后排出量减少
血清肌酸激酶	男：10~100国际单位/升 女：10~60国际单位/升	活性越高，表示运动强度越大；适应后升高幅度减小。 疲劳时：>200I国际单位/升	
尿胆原	3~5安氏单位或1毫克%以下		负荷量大或机能下降时，排出量增加。

（冯美云，1999）

（二）疲劳与恢复状态的监控

随着现代竞技水平的提高，运动员训练负荷越来越大。因此，运动性疲劳及恢复过程越来越受到重视。由运动引起疲劳而导致机能水平的提高是在运动后恢复过程中出现的，所以，适度的运动性疲劳，施以合理的恢复可以促进人体机能状态在新的水平上获得适应性提高。所以，恢复过程是运动训练的一个部分。没有恢复，在疲劳状态下继续训练，不仅影响技术动作要求和训练质量，还易造成过度疲劳甚至影响运动员健康。通过多项生化指标的测试与分析，可较客观地诊断运动性疲劳的程度及机体的恢复情况，对科学安排训练负荷、预防过度训练和运动损伤有积极的作用。（表6–6）

表6–6　中国国家竞走队诊断运动性疲劳常用指标

指标	正常参考值	运动疲劳时变化
血红蛋白	男：13～17克/分升、女：12～16克/分升	下降10%～15%
血尿素	2.9～7.9毫摩尔/升	次日晨起时大于7～8毫摩尔/升
血糖	4.4～6.7毫摩尔/升	运动后小于3.5 毫摩尔/升
血清肌酸激酶	男：50～300国际单位/升	大于200～300国际单位/升
	女：30～200国际单位/升	（激烈活动后可升高达30倍）
血总睾酮	男：300～1000纳克/分升、女：15～60纳克/分升	安静值下降15%～20%
尿蛋白	<0.1克/升	0.1~2.0克/升（1~2个加号）

（冯连世，等，2006）

表6–7是赛艇运动员在专项强度训练后，以不同恢复训练方法的监控结果，从恢复30分钟后血乳酸水平可以看出，进行恢复性训练与不进行恢复性训练相比，血乳酸的消除明显要快，且以50%强度恢复比30%对专项强度训练后血乳酸的消除要快。

表6–7　赛艇运动员训练后不同的恢复手段效果的监控

放松方式	n	专项运动后即刻血乳酸（毫摩尔/升）	恢复30 分钟后血乳酸（毫摩尔/升）
安静休息组	4	7.94 ± 2.68	4.45 ± 1.02
30%强度测功仪放松30分	5	8.13 ± 2.76	3.12 ± 1.15
50%强度测功仪放松30分	5	8.32 ± 2.43	1.65 ± 0.72

（冯连世，等，2006）

（三）运动员赛前机能状态的监控

赛前运动员身体机能状态如何，对于能否在比赛中取得较好的成绩有重要的意义。在赛前训练中加强机能评定，以合理控制训练负荷，使机体处于赛前最佳机能状态。目前常采用的评定赛前训练水平的生化指标见表6–8。

表6-8 运动员赛前身体机能的评定

指 标	最佳身体状态评定
血红蛋白	处于本人正常范围内
血尿素	晨安静值保持在正常范围的上限(5~7毫摩尔/升)
血清T/C	血清睾酮值处于本人较高水平，血皮质醇应保持在个人变化范围的中等水平，血清睾酮/皮质醇比值保持在正常参考范围或自身的高水平上
血清CK	晨安静时血清肌酸激酶降至300U/L以下
尿常规指标	晨安静时，各指标均在正常参考范围内
白细胞	保持在个人变化范围的中等水平
IgG、IgM、IgA	各指标均在正常参考范围内

（冯连世，等，2006，作者稍作修改）

需要注意的是，在实践应用中，由于教练员赛前训练安排和运动员赛前训练完成情况不同，有可能会出现运动员的生理机能指标与赛场竞技状态不一致的情况，需结合赛前训练安排进行合理分析。

小 结

本章主要论述了训练监控的常用的生化指标及其应用，并介绍了人体供能代谢能力和身体机能状态的评定方法。训练监控的常用指标有：血乳酸、尿蛋白、血清肌酸激酶、血红蛋白、血尿素氮、血睾酮/皮质醇等。对代谢能力的评估，则根据其主要功能系统的不同而选择不同的评价方法。

训练监控的实施，应是一个多指标、多层次、多因素的整体综合的监控过程，可根据监控的目的和测试对象的年龄、性别、运动专项、训练水平、身体机能状态等具体情况选择多项测试指标，并依据运动生物化学原理，对测试结果做出客观的、全面的、科学的综合评定，从而更科学地掌握和指导运动训练过程，更有效地提高训练效果。

思考题

1. 训练监控的基本内容包括哪些方面？
2. 如何以血乳酸来评定运动员无氧、有氧代谢能力？
3. 哪些生化指标可用以监控训练负荷强度和负荷量的大小？
4. 结合自己的专项，简述如何综合应用生化指标监控身体疲劳和恢复状态？

推荐阅读材料

1. 冯连世,冯炜权,冯美云.运动训练的生理生化监控方法[M].北京：人民体育出版社.2006.
2. 冯美云.运动生物化学[M].北京：人民体育出版社.1999.
3. 冯炜权.运动生物化学研究进展[M].北京：北京体育大学出版社.2006.
4. Atko Viru, Mehis Viru.*Biochemical Monitoring of Sport Training*[M].. Human kinetics. 2001.

参考书目

[1]冯美云.运动生物化学[M].北京：人民体育出版社.1999.

[2]冯连世、冯美云、冯炜权. 运动训练的生理生化监控方法[M].北京：人民体育出版社,2006.

[3]冯连世、冯美云、冯炜权.优秀运动员身体机能评定方法[M]. 北京：人民体育出版社,2002.

[4]冯炜权.运动生物化学研究进展[M].北京：北京体育大学出版社,2006.

[5]张爱芳.实用运动生物化学[M].北京：北京体育大学出版社,2005.

[6]Atko Viru, Mehis Viru.*Biochemical Monitoring of Sport Training*[M]. Human kinetics, 2001.

[7]Peter J. Maud, Carl Foster. *Physiological Assessment of Human fitness (Ed)*[M]. Human kinetics, 2006.

[8] Billat L V. *Interval training for Performance: A Scientific and Empirical Practice*[M]. Sports Med 2001:31(1)13–3

[9] Muder, A., Heck, H., and Hollmann, W. *Evaluation of lactic acid anaerobic energy contribution by determination of post–exercise lactic acid concentration in ear capillary blood in middle distance runners and swimmers. In:F. Landing and W. Orban (eds), Exercise Physiology*[J]. North Miami, FL: Symposia Specialists,1976.

[10] Stegmann, H., Kindermann, W., and Schnabel, A. *Lactate kinetics and individual anaerobic threshold*[J]. International Journal of Sports Medicine, 1981. 2:160–165.

第七章 运动促进健康的生物化学

内容概述

静坐少动，体力活动不足的生活方式会造成严重的健康危害，增加体力活动量对于降低各种疾病的风险发挥了十分重要的作用。增加体力活动需要运动处方进行规范。运动处方通过规定运动形式，制定运动强度、持续时间以及频率的形式，帮助人们增加体力活动。我国的传统体育项目是促进中国人体力活动增加的重要活动内容，对于改善身体健康发挥了重要作用。本章主要介绍通过增加体力活动改善健康的生物化学基础，制定运动处方的方法以及评价效果的方式，介绍我国传统体育项目促进健康的生物化学基础。

青少年、中老年人与女性在身体机能以及生化特点上都有一定的特殊性。了解他们的生化特点以及运动对其生化特点的影响，对于合理安排他们的运动训练和健身锻炼计划，才会发挥相应的作用。本章还将介绍青少年生长发育、中老年人与女性健康的生物化学特点及运动锻炼对其身体机能的影响。

主要概念

体力活动
运动
梅脱
梅脱分钟或梅脱小时
运动处方
亚健康
代谢综合征

学习目标

1. 掌握体力活动、运动处方的概念
2. 掌握体力活动改善健康的生化基础
3. 掌握运动处方效果评价的生物化学方法
4. 了解传统体育项目改善健康的生化基础
5. 掌握亚健康、代谢综合征的概念
6. 掌握青少年、中老年、女性机体化学组成的特点
7. 了解运动促进中老年、女性健康的生物化学作用

2005年10月26日北青网的一篇报道：

有规律的适量运动促进新陈代谢 有益健康

秋天是非常适宜运动的季节，有规律的适量运动，不仅能够促进新陈代谢，调节能量平衡，还能增强机体的免疫力，预防和控制某些慢性病。但应该怎样运动，采用什么样的运动方式，运动多少时间，才能达到有益健康的目的呢？

促进健康的运动，体力活动应该是适量运动。不同年龄、不同生理和病理状态的人群，适量运动的内涵也不同。对于平时缺乏体力活动的人，如果能够有规律地参加中等强度的体力活动，他们的健康状况可以得到改善；对于平时已经有适量运动的人，增加体力活动量，可以获得更加有益于健康的效果。另外，养成每天有规律的运动习惯也相当重要。这是因为一方面平时缺乏体力活动的人，只有经过一定时间适量、规律的运动积累，才能出现相应的健康效应；另一方面日常已有适量运动的人，如果停止规律的运动，相应的健康促进效应会逐渐消失。

2012年2月22日搜狐网健康频道的一篇报道：

常运动改善了肺血管功能 血液变稀薄更健康

运动可使血液变稀，主要是由于在运动过程中改善了心肺和血管功能的结果，使血管管腔变宽、增容，血液容量增加，出现血液稀释现象。但这种现象的发生，只有长期坚持运动的人才能产生这种生理过程，才会有这种效果。这种血液变稀，实际上是降低血液黏度和减少血液阻力，起到改善微循环的作用。

此外，长期坚持规律性适量运动的人，还有轻度激活体内纤溶系统和降低血浆纤维蛋白原的作用。因此，运动使血液变稀，对防止中老年人的心脑血管血栓性疾病的发生起到一定的作用。

1. 为什么通过运动可以改善人体的健康？
2. 怎样运动最合适？

2012年7月29日《株洲晚报》的一篇报道：

你离亚健康很近

近日，杭州某知名论坛曝出一条让人痛心的消息，一名杭州本地的淘宝网店女店主，因为忙于进货上架，连续通宵熬夜，于17日在睡梦中不幸去世，年仅24岁；今年5月，南京一位淘宝店女店主疑因劳累过度猝死，留下了1岁大的宝宝；去年6月，江苏一位25岁的年轻女子在2年内经营淘宝店铺做到了皇冠信誉，而夜以继日的工作，过度劳累导致了猝死。

过劳死是一个人因为长期过度疲劳和紧张，最终引起机体发生疾病，最突出的表现就是猝死。为什么过劳死会频频发生呢？在过劳死背后真正的“凶手”是谁呢？有专家指出，过劳死多半是亚健康引起的。那么，什么是亚健康？导致亚健康的原因是什么？亚健康会带来什么样的危害？我们又该如何预防呢？

第一节　运动促进健康的生物化学基础

一、体力活动概况

思考与交流

体力活动的定义是什么？体力活动的范围是什么？体力活动与运动之间的区别是什么？

（一）体力活动的定义

体力活动是一个含义更广的概念，而运动只是体力活动的一部分。那么什么是体力活动？什么又是运动呢？

重要知识点

体力活动：骨骼肌收缩产生的能量消耗高于基本水平的身体的任何运动。

运动是指一种有计划、有组织、重复和以改善身体健康为目的的体力活动。

（二）体力活动的分类

体力活动一般按照活动强度与活动目的进行分类。

体力活动的强度分类一般采用梅脱数值的高低进行划分。根据梅脱数值由低到高的水平，体力活动被分为轻微体力活动、中等强度体力活动与大强度体力活动。那什么是梅脱呢？

按照梅脱值划分体力活动强度的标准见表7-1。

表7-1　按运动强度划分体力活动的标准

体力活动等级	梅脱值
轻微体力活动	1.1~2.9
中等强度体力活动	3.0~5.9
大强度体力活动	≥6.0

那么这些不同强度的体力活动在日常生活中是以什么运动形式表现出来的呢？

重要知识点

梅脱（MET）：是指进行各种体力活动时的能量消耗与安静时能量消耗的比值。

梅脱这一比值是通过测定不同体力活动单位时间内单位体重的耗氧量与静坐时耗氧量的倍数关系获得的。

例如，安静时MET值为1MET（相当于3.5毫升/千克/分的耗氧量），某运动的耗氧量为7.0毫升/千克/分，则其MET值为2MET。

图7-1　不同形式的体力活动

采用运动强度进行体力活动的分类需要进行专门的测试以确定运动的梅脱值，因此一般由相关研究人员根据测试结果进行划分（图7-1）。普通人在日常生活中可以采用另一种体力活动的分类方式对体力活动进行分类，即采用体力活动的目的进行分类。

当前的研究已确定体力活动根据活动目的可以分为工作相关的体力活动、休闲相关的体力活动、家务相关的体力活动和交通相关的活动。按照活动目的进行体力活动分类的具体方式见表7-2。

表7-2　按活动目的划分体力活动的标准

体力活动的目的	划分标准
工作相关的体力活动	整个工作时间段内所从事的所有活动，例如工作时间内的行走、站立、搬举重物等
休闲相关的体力活动	在空闲时间或休息日所从事的以提高或维持身体素质、运动能力或健康为主要目的的体力活动 例如，各项体育活动与户外活动
家务相关的体力活动	在家中进行的所有家务劳动 例如，在家中扫地、拖地、洗衣服等
交通相关的体力活动	所有外出与交通相关的活动 例如，步行、乘车、开车等

因此，体力活动可以简单地概括为人体除睡眠以外所有的身体活动形式。体育运动也包含在体力活动之中。

思考与交流

人们是如何了解自己的体力活动量的？

（三）体力活动的测量方法

人们认识体力活动除了对其进行定义与分类之外，最为重要的是需要对体力活动情况进行测量。通过对体力活动的测量，人们可以掌握体力活动的变化与人体变化之间的关系，明确体力活动的适宜范围。

1. 体力活动的测量方法

体力活动的测量方法与手段随着科技的进步也在不断的发展。主要分为调查法与测量法两大类。

（1）采用调查法进行体力活动测量

当前调查法进行体力活动测量主要包括问卷调查法和体力活动日记法。

问卷由于其简易的特点，成为大规模研究体力活动的重要测量方法。目前研究多以国际体力活动问卷（IPAQ）为测量工具，调查受试者一个星期的体力活动情况。由于问卷的填写需要受试者进行回忆，所以问卷调查的准确度受到了限制。研究结果表明IPAQ问卷与标准判断方法对成人体力活动情况调查的相关性仅有0.45~0.71。

体力活动日记法是另一种采用调查形式进行体力活动测量的方法。采用记录7天体力活动日记的方式进行测量。记录的内容和具体方法由研究人员进行确定。

由于日记法采用每天记录体力活动的方式进行，所以与需要进行回忆的问卷法相比更为准确，但由于仍需要受试者回忆一天的活动，受到受试者主观因素的影响仍然很大，且不易大范围推广和操作，目前仅用于对问卷效度进行检验或在小样本人群中使用。

（2）采用测量法进行体力活动测量

随着科技的进步和体力活动相关研究的深入，为了更好地对体力活动进行测试，一些相对客观的测量工具被引入了体力活动的研究中。主要的测量工具和方法有：计步器测量、加速度计测量与双标水测量。

计步器通过对腰部垂直加速度测试来检测步数。由于计步器只能感应垂直方向的速度变化，因此对于腰部速度无变化的体力活动无法进行测量。计步器无法自行记录数据，需要受试者记录。同时，计步器不能区分不同强度体力活动。

加速度计是一种通过感应人体特定方向（垂直方向、水平方向等）速度的变化测量加速度，加速度计可以测量不同强度体力活动。之前的加速度计仅能测试垂直轴方向的速度变化，对于在垂直轴方向没有速度变化的非移动性体力活动（骑行功率自行车）则无法测量。随着科技的进步，目前加速度计可以测量多个方向（垂直方向、水平方向等）的速度变化，对于体力活动的测试更为全面。一般采用佩戴7天的方式进行测试。（图7–2）

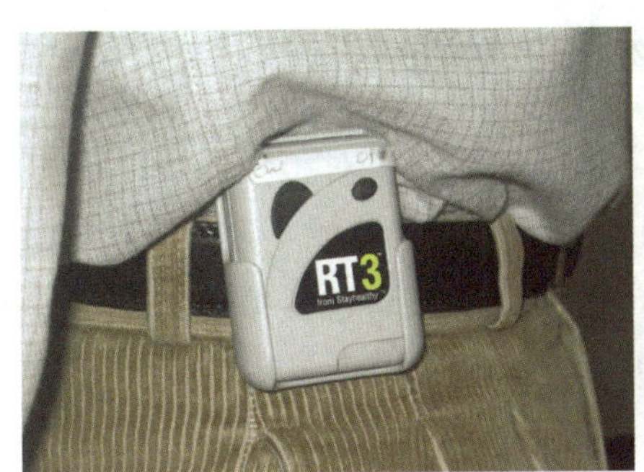

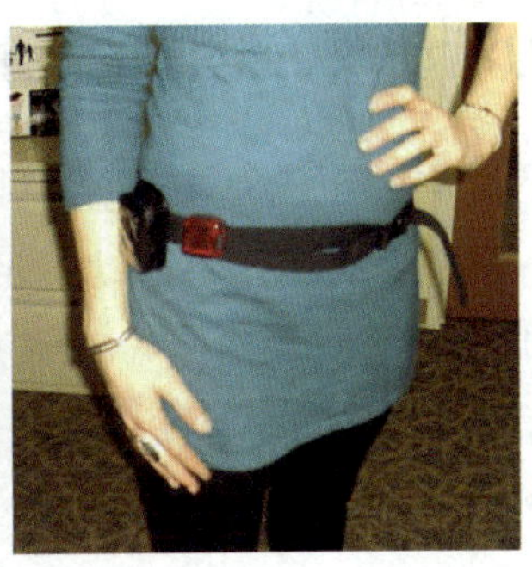

图7-2　佩戴加速度计进行体力活动测试

双标水测量是指受试者饮用双标水后，^{2}H被水取代，^{18}O被水和二氧化碳取代。^{2}H和^{18}O的多余消失率作为测试二氧化碳生成率的指标，以此直接测试总的能量消耗。双标水测试方法最为准确，但测试过程复杂，不易操作。

体力活动的测量方法随着科技的发展越来越客观。由于客观测试工具成本的限制影响了大规模使用，因此目前阶段还与问卷相结合进行测试，可以通过客观测量工具对大样本受试者对象进行体力活动抽查，验证问卷信度，对较小样本具体分析体力活动情况。结合前文描述，可见，加速度计对于体力活动的测量更为全面，建议采用加速度计作为客观测量工具进行测试。

思考与交流

人们的体力活动达到怎样的水平是适宜的？

重要知识点

梅脱-小时或梅脱-分钟：是一种以运动形式的梅脱值与运动持续时间的乘积反映体力活动能量消耗的形式。

例如，如果你进行4梅脱的活动30分钟，你的梅脱-分钟为120梅脱-分钟。

2. 体力活动适宜水平的确定标准

不同个体进行体力活动的情况千差万别，甚至同一个人在不同季节的体力活动量也存在差异。那么，怎样的体力活动水平对于人体是适宜的呢？

当前评价体力活动适宜水平主要以评价体力活动的能量消耗或评价体力活动的频率开展。

以体力活动的频率为评价方式的研究表明1周进行2~3次较大强度的体力活动（例如，跑步、快速步行等），每次运动的持续时间达到或超过30分钟，可以显著降低健康风险。

以体力活动的能量消耗为评价方式的研究表明，人们每周体力活动的能量消耗达到1000千卡或＞600梅脱–分钟 /周及以上可以显著降低死亡风险。

当前人们对于体力活动适宜水平的评价主要以体力活动的能量消耗形式进行。目前比较统一的观点认为，人们每周体力活动的能量消耗达到1000千卡或<600梅脱–分钟 /周及以上是比较适宜的。

二、体力活动改善健康的生物化学基础

体力活动是影响健康的重要因素，增加体力活动量对于降低各种疾病的风险发挥了十分重要的作用。静坐少动、体力活动不足的生活方式会造成严重的健康危害，体力活动不足是心血管病和其他慢性疾病的风险因素。这些慢性疾病包括糖尿病、癌症（结肠癌和乳腺癌）、肥胖、高血压、骨和关节疾病（骨质疏松和骨关节炎）和抑郁症。

思考与交流

体力活动改善健康的原因是什么?

以下分别阐述体力活动针对一些常见慢性病改善的生物化学基础。

（一）体力活动改善心血管健康的生物化学基础

心血管疾病（CVD）是造成早死发生与死亡的主要原因。

有关心血管病发病机制的大量研究已经证明，引发心血管病的启动因子动脉粥样硬化不是简单的脂质沉积病，而是一种慢性炎症反应。相关学者将这一变化与体力活动相结合的研究得出了二者之间的关系。Samia等研究表明体力活动不足的女性，其动脉粥样硬化标志物较体力活动积极的女性出现大幅度增加。这表明体力活动不足使得动脉粥样硬化标志物水平显著提高，增加了人们发生动脉粥样硬化的风险，进而也增加了人们发生其他心血管病的风险。J. Kelly等发现，体力活动后与体力活动前相比，单核细胞生成的动脉粥样硬化因子下降了58.3%（$P<0.001$），而动脉保护因子增加了35.9%（$P<0.001$）。上述研究结论进一步说明体力活动可以通过调节与动脉粥样硬化形成的相关因子入手影响动脉粥样硬化的发生，进而降低人们发生心血管病的风险。

此外，体力活动改善心血管健康的另一项重要原因是改善高血压、动脉粥样硬化引起的血脂异常、因胰岛素抵抗引起的二型糖尿病以及肥胖等重要的心血管因素。

（二）体力活动改善血脂异常的生物化学基础

血脂异常是指血清高密度脂蛋白胆固醇浓度过低，而甘油三酯（TG）浓度和小颗粒的低密度脂蛋白胆固醇的浓度升高。

通过增加体力活动使得血脂水平在体力活动的过程中得到了一定的改善。通过增加体力活动，人体的高密度脂蛋白胆固醇（HDL-C）和血清甘油三酯（TG）均出现了重复性高且很明显的变化。研究表明每周完成11~24千米距离的有规律运动（相当于大约600~800梅脱-分）可以显著降低血脂水平。因此，表明随着体力活动量的增加使得HDL浓度升高，使得血清TG

下降。

体力活动改善血脂也会存在一定的性别差异。例如，女性通过日常体力活动水平的提高改善血脂的情况好于男性。其中存在的原因是男性HDL的平均浓度较女性偏低，而血清甘油三酯的平均浓度较女性偏高，所以体力活动使得男性受益要大于女性。但是，当控制男性和女性每周运动量或消耗的能量时，这种性别的差异就缩小了。一些不一致的证据表明，在一些条件下进行运动会使得LDL发生积极的变化。要发生这样的变化所需要的运动量与观察到的高密度脂蛋白胆固醇和血清甘油三酯出现变化所需要的运动量是一致的。

总之，最近的研究表明有氧运动对于不同类型的血清脂蛋白均有积极的作用，这与每周的运动量关系密切。

（三）体力活动改善糖尿病的生物化学基础

糖尿病的发生机制目前认为是因为肥胖导致胰岛素抵抗进而导致糖尿病发生。因为肥胖导致了胰岛素的抵抗并使得β细胞对血糖的敏感性下降。体力活动的增加能够提高胰岛素的敏感性并且改善了糖代谢。

> **知识卡片**
>
> 糖尿病：是指血中胰岛素绝对或相对不足，导致血糖过高，出现糖尿，进而引起脂肪和蛋白质代谢紊乱的一种疾病。

研究表明，通过增加体力活动使得肌肉中的胰岛素受体增加以及进入肌肉的血糖增加，改善了胰岛素的敏感性。

体力活动改善糖尿病的另一项作用体现在通过体力活动可以对体重指数（BMI）进行有效的干预，从而降低发生糖尿病的风险。研究表明，肥胖是造成糖尿病的重要风险因素。因此，控制体重是预防糖尿病的重要手段。体力活动是重要的糖尿病预测指标并且对BMI起到积极的作用，所以其作为预防糖尿病的重要干预手段。通过增加体力活动可以进一步减少发生糖尿病的重要风险因素之一的肥胖。

（四）体力活动改善代谢综合征的生物化学基础

代谢综合征是多种代谢成分异常聚集的病理状态，包括：①腹部肥胖或超重；②致动脉粥样硬化血脂异常（高甘油三酯血症及高密度脂蛋白胆固醇低下；③高血压；④胰岛素抗性及/或葡萄糖耐量异常。有些标准中还包括微量白蛋白尿、高尿酸血症及促炎症状态（C-反应蛋白）增高及促血栓状态（纤维蛋白原增高和纤溶酶原抑制物—1）增高。这些成分聚集出现在同一个体中，使患心血管疾病的风险大为增加。代谢综合征是一项非常重要的健康问题。

体力活动在预防和治疗代谢综合征的大血管并发症的作用是明确的。规律性的体力活动与减少代谢综合征的风险因素有关。研究的证据表明体力活动水平与代谢综合征之间存在负相关。研究表明预防代谢综合征的最小运动量的范围为每周进行120~180分钟的中等强度体力活动。

出现上述结果的重要原因是体力活动的增加很好地改善了身体的代谢水平。体力活动通过调节与动脉粥样硬化形成的相关因子入手从而影响动脉粥样硬化的发生，此外，通过增加体力活动使得血脂水平在体力活动的过程中得到了一定的改善。通过增加体力活动，人体的高密度脂蛋白胆固醇和血清甘油三酯均出现了重复性高且很明显的变化。

正是由于上述生物化学基础的存在使得增加体力活动成为降低代谢综合征风险因素，改善代谢综合征发生的重要方式。

思考与交流

结合第一节内容，通过教材附件中所提供的国际体力活动问卷（IPAQ）与国际体力活动问卷计算方法评价自己一周的体力活动情况。

第二节　运动处方与改善健康

思考与交流

为什么需要制定运动处方？

1. 什么是运动处方？
2. 制定运动处方的意义？
3. 怎样制定运动处方？

一、运动处方的制定

通过增加体力活动改善健康的观点已经被大量的研究证据所证明。那么如何能够更好地通过体力活动来改善健康呢？人们借鉴医生开具处方的概念提出了运动处方，并以此成为指导人们进行体力活动干预健康的重要手段。

（一）运动处方的概念

运动处方于20世纪50年代由美国生理学家卡波维奇提出，1969年世界卫生组织正式启用这一称呼。

运动处方的概念一直存在争议。很多学者对运动处方进行了定义。

例如谭思洁、刘洵认为运动处方是指一套针对个人的身体机能情况而设计的系统的运动计划。

周士枋认为以处方的形式来确定运动的种类、方法、强度、运动量并提出注意事项就是运动处方。

那么有没有关于运动处方比较完整的概念呢？综合不同学者的观点运动处方的概念如下：康复医师或体疗师，对从事体育锻炼者或病人，根据医学检查结果（包括运动试验和体力测验），按其健康、体力以及心血管功能状况，用处方的形式规定运动种类、运动强度、运动时间及运动频率，提出运动中注意事项的一种形式。

那么运动处方对于通过增加体力活动改善健康到底有什么重要性呢？

（二）运动处方制定的意义

运动处方的制定主要是满足人们通过增加体力活动改善健康过程中的个体差异性、有效性以及安全性三方面的需求。

1. 满足个体差异性的需求

由于同一种运动形式不可能适用于所有人，此外，即使是同一个人在不同的身体状态下对同一项运动的反应也会出现不同。因此，需要根据每个人的身体状态以及兴趣、爱好等选择适合他们的运动形式、强度、持续时间以及运动频率。而这些因素都是运动处方需要考虑的。

2. 满足有效性的需求

人们增加体力活动，进行运动的主要原因是改善健康。因此，需要通过对运动形式、运动强度、运动持续时间以及频率的合理设置，使得人们通过运动能够对需要改善的健康状态发挥作用。

3. 满足对安全性的需求

增加体力活动的主要目的是提高健康水平，但运动本身也会造成一定的风险，比如受伤等问题。为了避免运动过程中出现的意外，保证整个运动过程的安全，运动处方对运动中可能出现的异常情况进行了说明。

因此，运动处方制定的重要意义就是通过采用适合每个人自身机能状态以及兴趣、爱好的运动形式，制定合理的运动强度、持续时间以及频率，在保证安全的前提下实现有效改善健康的目的。

（三）运动处方包含的内容

思考与交流

一个完整的运动处方应该包括哪些内容呢？

作为一个完整的运动处方，应该包括运动目的、运动种类、运动强度、持续时间、运动频率、注意事项等基本内容。

1. 运动目的

运动目的简单来说就是运动的人通过运动处方希望达到的一项或多项健康目标或者实现主观的某种需要。常见的运动目的包括：①健康目标，例如促进生长发育、增肌肉和塑造形体、增强身体素质、控制体重、预防疾病与延缓衰老；②主观需要：例如提高生活质量、学习运动技能、提高运动成绩等。

2. 运动种类

运动种类是指参加运动的具体形式。运动处方中的运动种类根据划分方式的不同，分为按能量代谢特点进行分类、按动作结构进行分类、按身体素质进行分类等。

3. 运动强度

运动强度是指按照运动处方中的运动形式进行运动时，单位时间内运动的距离、速度或肌肉所做的功。

4. 持续时间

持续时间是指每次进行运动所花费的时间。

5. 运动频率

运动频率是指单位时间内进行运动的次数。例如每周运动的次数或每天运动的次数。

6. 注意事项

注意事项主要是指在运动处方执行过程中可能出现的副作用以及避免发生的事情。

?

运动处方作为增加体力活动的重要指南是怎样制定的?

（四）运动处方制定的方法

1. 制定运动处方的基本原则

运动处方的制定需要坚持制定的运动处方必须从运动者自身身体状况以及活动水平出发，适合运动者自身的身体条件。

此外，运动处方制定的练习时限一般为6~8周，如果超过这一时限没有效果需要进行调整。

2. 运动处方制定的基本流程

（1）询问运动者的基本情况

通过询问，了解运动者的病史、运动史、爱好等，便于根据运动者自身的爱好进行运动形式的选择。

（2）进行一般医学检查和身体测量

通过检查与测量了解运动者的身体健康状况以及身体素质的基本情况，便于根据身体的客观状态设置合适的运动强度、持续时间以及运动频率。

（3）进行处方的制定

通过前面两步了解了运动者的个人健康状况、身体素质、习惯爱好等，同时结合场地情况制定运动处方。

二、运动处方的生化评价指标

思考与交流

一个运动处方在实施的过程中怎样能够反映它效果的好坏呢？

运动处方效果的评价是运动处方在实施过程中一项重要的任务。运动处方的制定者需要通过效果评价评估处方的作用是否发挥，运动者通过效果评价可以感受到通过运动干预给自己带来的变化。

运动处方效果的评价一般分为主观与客观两大类型。客观评价对于验证运动处方的效果具有重要意义。生物化学指标作为评价人体变化的重要参数，被广泛应用于医疗、运动员身体机能监控等方面。在运动处方效果的评价中生化指标也发挥着重要的作用。

运动处方采用生化指标评价效果主要集中于对患病人群采用运动处方后对身体机能影响的评价。

（一）血糖及相关指标对运动处方的评价

通过运动干预改善糖尿病病人的身体状态，控制病情是当前全世界针对糖尿病治疗的常见手段。因此，当前有大量针对糖尿病人设计的运动处方。这些处方的目的是提高糖耐量、提高胰岛素敏感性，降低人们对降血糖药物和胰岛素注射的依赖。

针对糖尿病患者设计的运动处方为了评价其效果采用生化指标监测人体对血糖调节能力的改变，常见的评价指标有：

空腹血糖：为糖尿病最常用的检测指标，反映胰岛β细胞功能，一般代表基础胰岛素的分泌功能。

正常人的空腹血糖值为3.89～6.1毫摩尔/升；如大于6.1毫摩尔/升而小于7.0毫摩尔/升为空腹血糖受损；如两次空腹血糖大于等于7.0毫摩尔/升考虑糖尿病；建议复查空腹血糖，糖耐量试验。如果随机血糖

知识卡片

空腹血糖：在隔夜空腹（至少8～10小时未进任何食物，饮水除外）后，早餐前采的血，所检定的血糖值。

糖化血红蛋白：人体血液中红细胞内的血红蛋白与血糖结合的产物。

大于等于11.1 毫摩尔/升可确诊糖尿病。如血糖低于2.8毫摩尔/升，临床产生相应的症状称为“低血糖”。

通过运动处方干预后，运动者的空腹血糖能够处于正常范围或接近正常范围表明处方干预达到了效果。

糖化血红蛋白：是人体血液中红细胞内的血红蛋白与血糖结合的产物，血糖和血红蛋白的结合生成糖化血红蛋白是不可逆反应，并与血糖浓度成正比，且保持120天左右，所以可以观测到120天之前的血糖浓度。

糖化血红蛋白的特点决定了它在糖尿病监测中有重大的意义：①与血糖值相平行。血糖越高，糖化血红蛋白就越高，所以能反映血糖控制水平。②生成缓慢。由于血糖是不断波动的，每次抽血只能反映当时的血糖水平，而糖化血红蛋白则是逐渐生成的，短暂的血糖升高不会引起糖化血红蛋白的升高；反过来，短暂的血糖降低也不会造成糖化血红蛋白的下降。由于吃饭不影响其测定，故可以在餐后进行测定。③一旦生成就不易分解。糖化血红蛋白相当稳定，不易分解，所以它虽然不能反映短期内的血糖波动，却能很好地反映较长时间的血糖控制程度，糖化血红蛋白能反映采血前2个月之内的平均血糖水平。④较少受血红蛋白水平的影响。糖化血红蛋白是指其在总血红蛋白中的比例，所以不受血红蛋白水平的影响。

糖化血红蛋白的高低反映了血糖的控制情况：4%～6%：血糖控制正常；6%～7%：血糖控制比较理想；7%～8%：血糖控制一般；8%～9%：控制不理想，需加强血糖控制，多注意饮食结构及运动，并在医生指导下调整治疗方案；>9%：血糖控制很差，是慢性并发症发生发展的危险因素，可能引发糖尿病性肾病、动脉硬化、白内障等并发症，并有可能出现酮症酸中毒等急性合并症。

监测糖化血红蛋白可以评价干预糖尿病运动处方的效果。通过运动处方干预后，运动者的糖化血红蛋白能够处于正常范围或接近正常范围表明处方干预达到了效果。

上述两项指标也可以参与干预代谢综合征的运动处方效果评价。

（二）高密度脂蛋白胆固醇及甘油三酯对运动处方的评价

高密度脂蛋白胆固醇：高密度脂蛋白胆固醇可通俗地理解为“好胆固醇”。高密度脂蛋白胆固醇能够将动脉粥样硬化斑块的泡沫细胞转移至肝脏排出体外，因此，其成为对抗动脉粥样硬化以减少人体患冠心病的风险的重要因素。

通过运动处方对血脂代谢异常与代谢综合征人群的干预其效果评价的重要内容是提高高密度脂蛋白胆固醇的含量。通过运动处方干预后运动者的高密脂蛋白胆固醇能够处于正常范围或达到正常范围的上限表明处方干预达到了效果。

但血脂代谢异常与代谢综合征的干预是一项长期的工作，因此高密度脂蛋白胆固醇的测试也应该连续进行。

血清甘油三酯：即是人们经常提到的脂肪。甘油三酯的过度积累也会造成人体患慢性病风险例如肥胖、糖尿病、高血压、心血管病等风险的升高。

血清中甘油三酯主要存在于极低密度脂蛋白和乳糜微粒中，高甘油三酯血症是心血管疾病的危险因素之一。临床检测血清甘油三酯浓度主要用于高脂血症、胰腺炎、肝肾疾病、动脉粥样硬化症和营养学评价。

当前大量针对脂代谢异常以及代谢综合征进行干预的运动处方被实施。对这些运动处方干预效果评价的一项重要内容就是针对其对血清甘油三酯的改善情况。通过运动处方进行运动干预后，人体血清甘油三酯的水平回落到正常范围，则表明运动处方干预脂代谢紊乱和代谢综合征的效果明显。

知识卡片

高密度脂蛋白胆固醇：高密度脂蛋白分子所携的胆固醇，是逆向转运的内源性胆固醇酯，将其运入肝脏，再清除出血液。

血清甘油三酯：是指存在于血液中的由长链脂肪酸和甘油形成的脂肪分子。

制定运动处方时，哪些中国的传统运动能够作为人们改善健康的手段呢？

第三节 我国传统体育项目促进健康的生物化学基础

一、太极拳促进健康的生物化学基础

（一）太极拳简介

太极拳是综合了历代各家拳法，结合了古代的导引术和吐纳术，吸取了古典哲学和传统的中医理论而形成的一种内外兼练、柔和、缓慢、轻灵的拳术。

作为我国重要的传统体育项目，太极拳不仅起到了修身养性的作用，也是我国传统体育健身领域的重要手段。

思考与交流

练习太极拳对人体健康有哪些方面的益处？

当前对太极拳的研究表明，太极拳对心血管、运动系统以及免疫能力的提高都发挥了重要的作用。以下分别进行介绍。

（二）太极拳促进心血管健康的生化基础

1. 心血管病对健康的危害

心血管病是冠心病、脑血管病和因心血管病死亡等的总称。心血管病（CVD）是世界上影响最广，对人类生命最具威胁性的健康问题，全世界因病死亡的人口中有30%死于心血管病。预计到2020年，CVD仍将是发展中国家和大多数发达国家最主要的死亡原因。

心血管病的重要致病因素中高血压是导致心血管病的重要风险因素。若高血压得不到良好的控制会引起一系列严重的心血管反应。

知识卡片

高血压病是最常见的慢性病，也是心脑血管病最主要的危险因素，脑卒中、心肌梗死、心力衰竭及慢性肾脏病是其主要并发症。

高血压的诊断标准定在收缩压≥140mmHg和（或）舒张压≥90mmHg，根据血压水平分为正常、正常高值血压和1、2、3级高血压

通过太极拳如何促进心血管健康？

2. 太极拳对心血管健康的影响

太极拳影响心血管健康主要是通过改善血压情况，控制高血压的发生、发展来实现的。

由于太极拳运动要求运动肢体相对放松，有利于阻力血管的畅通；太极拳要求心情平静中进行运动，改善患者的情绪，可能有助于减轻心血管的应激水平，降低去甲肾上腺素、内皮素A等促使血管收缩的物质的形成。因此，太极拳运动导致的持续降压效应，可能是上述因素协同作用达到的。

> **知识卡片**
>
> 去甲肾上腺素（NE）：由肾上腺髓质分泌的一种儿茶酚胺激素，是从肾上腺素中去掉N-甲基的物质。具有肾上腺素的生物活性，但其作用不如肾上腺素显著。主要作用是促进血管紧张与收缩。
>
> 内皮素：内皮素是迄今所知最强的缩血管物质，其作用时间持久。

除了改善血压促进心血管健康之外，太极拳还可以通过改善血脂水平促进心血管健康。

研究表明，太极拳运动即刻血清总胆固醇、低密度脂蛋白胆固醇浓度明显下降，高密度脂蛋白胆固醇浓度显著上升；运动后24小时高密度脂蛋白胆固醇浓度持续升高，血清甘油三酯浓度明显下降，低密度脂蛋白胆固醇回升并超过运动前水平；48小时后血清总胆固醇，血清甘油三酯、低密度脂蛋白胆固醇的浓度基本恢复到运动前水平，高密度脂蛋白胆固醇浓度仍然较高。临床医学认为，血清甘油三酯、血清总胆固醇浓度偏高可以导致动脉硬化，血黏度升高，是心血管的危险因素，而高密度脂蛋白胆固醇在限制动脉平滑肌细胞蓄积胆固醇和促进其消除上起重要作用，故较高的高密度脂蛋白胆固醇浓度意味着对动脉壁的保护作用增强。因此，可以认为，太极拳运动使血脂产生良好的变化。

综上可见，太极拳通过改善血压和血脂水平实现促进心血管健康的作用。

表7-3 太极拳对人体血脂的影响

组别	血清甘油三酯	血清总胆固醇	高密度脂蛋白胆固醇	低密度脂蛋白胆固醇
太极拳组	0.97 ± 0.22	4.40 ± 0.89	1.49 ± 0.37	2.62 ± 0.45
对照组	1.47 ± 0.48	4.83 ± 1.35	1.08 ± 0.31	2.76 ± 0.63
P值	< 0.05	> 0.05	< 0.05	> 0.05

（三）太极拳促进运动系统健康的生化基础

1. 运动系统异常时对健康的危害

运动系统是支持人体完成各项动作，维持人体运动机能的重要物质基础。运动系统异常造成人体运动能力下降，导致运动能力受限。

在当前运动系统异常的众多情况中骨量异常是一项应该重视的问题。骨骼作为运动系统的重要组成部分，是人体的支架，运动的杠杆，因其健康状况直接影响到人们的生活质量。

骨量的变化对于中老年人来说影响更大。老年女性在绝经后，由于雌激素下降，导致骨代谢能力下降，骨的健康机能也随之下降，如股骨颈骨密度每减少一个标准差，其骨折危险性就增加2~6倍。随着社会老龄化趋势的加快，骨质疏松症已被世界卫生组织列为三大老年病之一。我国的发病率不断上升：2002 年我国流行病学调查显示女性骨质疏松患病率达19.9%，男性为11.5%。

2. 太极拳对骨量健康的影响

骨骼健康对于普通人的运动健康起到至关重要的作用。太极拳对于骨量健康有较好的促进作用。

当前针对太极拳改善骨量的影响主要通过对年轻人以及老年人群的影响展开。

> **知识卡片**
>
> 骨质疏松：是多种原因引起的一组骨病，骨组织有正常的钙化，钙盐与基质呈正常比例，以单位体积内骨组织量减少为特点的代谢性骨病变。

太极拳针对年轻人骨量的影响主要是通过增加骨量储备。太极拳是通过关节、骨骼、韧带、肌肉不断地拉伸，使自身的灵活性不断提高，从而避免骨损伤; 二是通过套路的练习，加大了自身的运动量，使自身的力量和耐力得到不断增加。由于在练习太极拳的过程中，始终都要贯彻虚领顶劲，气沉丹田，久而久之就会有太极内功的生成并随着练功不断深入而得到逐渐增强。随着太极内功的不断增强，自身的经络逐渐被打通。随着经络的不断畅通，使原来不够健康的骨组织、器官的一些病灶被逐渐排除，有效改善骨量变化，使其功能到得恢复和加强; 而原本健康的组织、器官的功能得到强化，减少避免骨质疏松症的发病率。

研究表明，长期习练太极拳后青年的第二腰椎骨矿含量、股骨近端骨矿含量增高。长期系统的太极拳练习有利于在青年期获得较高的骨量，对改善腰椎及股骨健康状况有积极意义。

太极拳针对老年人骨量的影响主要是预防骨质疏松。太极拳对老年人骨量的影响主要从两个方面进行。一是通过运动本身的机械力作用。太极拳运动对躯干肌力和下肢肌力有着较高的要求，进而促进了肌肉对骨骼的机械和应力刺激。长期习练太极拳在提高了机体力量素质的同时，也使骨骼肌对骨骼附着点的机械和应力刺激增强，进而使骨骼对这种应力产生特异性适应，促进骨质的沉积与塑造，提高了骨密度，改善了骨健康水平。

另外，太极拳通过改善老年人的激素水平影响骨量。常年习练太极拳使体内各种性激素水平发生了适应性改变，它们的共同作用延缓了老年女性骨量的流失和健康状况的下降，其骨密度、骨强度水平都明显高于一般无锻炼人群。

综合以上介绍可以发现太极拳促进运动系统健康的重要生化机制是促进骨量的沉积以及改善骨量沉积的激素水平。

思考与交流

太极拳对年轻人与老年人骨量的影响有什么不同？年轻人与老年人采用太极拳改善骨量的目的分别是什么？

（四）太极拳促进免疫能力的生化基础

> **知识卡片**
>
> 免疫：是人体的一种生理功能，人体依靠这种功能识别“自己”和“非己”成分，从而破坏和排斥进入人体的抗原物质，或人体本身所产生的损伤细胞和肿瘤细胞等，以维持人体的健康。抵抗或防止微生物或寄生物的感染或其他所不希望的生物侵入的状态。
>
> 免疫力：是人体自身的防御机制，是人体识别和消灭外来侵入的任何异物（病毒、细菌等）；处理衰老、损伤、死亡、变性的自身细胞以及识别和处理体内突变细胞和病毒感染细胞的能力。

1. 免疫能力下降对健康的危害

免疫是人体保护自身免受外界致病因素影响的重要手段与屏障。当免疫系统不能正常发挥保护作用时，极易招致细菌、病毒、真菌等感染，因此免疫力低下最直接的表现就是容易生病。因经常患病，加重了机体的消耗，所以一般有体质虚弱、营养不良、精神萎靡、疲乏无力、食欲降低、睡眠障碍等表现，生病、打针吃药成了家常便饭。每次生病都要很长时间才能恢复，而且常常反复发作。长此以往会导致身体和智力发育不良，还易诱发重大疾病。

因此，免疫能力下降会导致机体健康风险增加。

2. 太极拳对提高免疫能力的影响

太极拳是一项民族传统体育项目，其动作舒缓、上下相随、刚柔相济，强调整体、内外协调一致。

研究表明，长期有规律的太极拳运动后，人体外周血白细胞细胞因子γ干扰素、白细胞介素-4百分含量明显上升，且γ干扰素上调的幅度较白细胞介素-4更明显，使γ干扰素/白细胞介素-4比率上升。长期太极拳运动对细胞免疫和体液免疫均有上调作用，而且可促进免疫机能的重心向细胞免疫漂移，这意味着Th1 细胞免疫反应增强，而Th1 类细胞功能的增强对清除胞内病原体（包括病毒、细菌及寄生虫等）起很重要作用。

综上所述，太极拳通过提高白细胞细胞因子的水平促进机体细胞免疫与体液免疫的作用，实现提高免疫能力的目的。

二、五禽戏促进健康的生物化学基础

（一）五禽戏简介

五禽戏是一种中国传统健身方法，由五种模仿动物的动作组成。五禽戏又称“五禽操”“五禽气功”“百步汗戏”等。

五禽戏相传是由东汉医学家华佗创编。五禽戏是中国民间广为流传的，也是流传时间最长的健身方法之一，其健身效果被历代养生家推崇，据传华佗的徒弟吴普因长年习练此法而达到百岁高龄。

1982年6月28日，中国卫生部、教育部和当时的国家体委发出通知，把五禽戏等中国传统健身法作为在医学类大学中推广的“保健体育课”的内容之一。2003年，国家体育总局把重新编排后的五禽戏等健身法作为“健身气功”的内容向全国推广。

思考与交流

五禽戏在练习方式上与太极拳存在怎样的不同？二者谁的灵活性更强？

五禽戏作为我国传统中医养生运动项目对人体的心血管机能、骨量以及免疫等机能均有重要影响。

思考与交流

五禽戏与太极拳在促进心血管健康上存在怎样的相同之处？又有怎样的不同点？

（二）五禽戏促进心血管健康的生化基础

作为人体健康的重要内容，心血管健康一直都受到人们的高度重视。人们通过运动改善健康的目的之一就是提高心血管健康水平，减少心血管病发生的风险。

与太极拳一样，五禽戏也具有促进心血管健康的作用。与太极拳不同的是五禽戏主要通过提高心脏与血管自身能力促进心血管健康。

研究表明，练习五禽戏时，练习者在安静状态下，心率可有效降低，表明心脏泵血功能得到改善。现代医学研究表明，五禽戏不仅使人体的肌肉和关节得以舒展，而且有益于提高肺与心脏功能，改善心肌供氧量，提高心肌做工能力。

长期练习五禽戏对预防中老年人心脑血管疾病具有积极作用，对降低中老年人三酰甘油水平、调节脂质代谢具有良好的效果，并能降低血液黏稠度。研究表明，五禽戏属于中等强度有氧运动，这一类型的运动造成血脂改善的重要原因是通过提高脂蛋白脂酶的活性，降低血浆中总胆固醇、甘油三酯水平，促进甘油三酯的转运和降解，进而增加血液中胆固醇的清除能力，提高脂肪的利用率，并且可能通过增加胆固醇逆向转运能力，引起血液中高密度脂蛋白胆固醇升高和低密度脂蛋白胆固醇降低，使高密度脂蛋白胆固醇/低密度脂蛋白胆固醇比值升高，有利于外周胆固醇向肝脏中转运和降解，从而促进机体血脂代谢的改善。

除此以外，五禽戏还通过改善血管功能提高心血管健康。研究表明，练习五禽戏有降低血压、提高血管顺应度、增大血管弹性扩张系数，加速主动脉排空，进而改善和保护人体血管功能的作用。

正是由于上述原因的存在，使得五禽戏可以起到改善心血管健康的作用。

（三）五禽戏促进骨量的生化基础

五禽戏与太极拳一样，也可以起到改善骨量的作用。五禽戏提高骨量的作用也主要体现在两个方面。一是直接促进骨量的提高。通过进行五禽戏练习，能刺激骨的形成，增加与维持骨量，防止骨量过多丢失，同时还能增加肌肉力量，有效防止因骨质疏松引起的骨折。

二是五禽戏可以促进参与骨量合成的激素的产生。五禽戏中有许多腰、髋动作，如鹿戏中的“鹿运尾闾”，主要是活动腰部，可以促进盆腔内的血液循环，提高下肢力量。这些动作结合五禽戏的呼吸吐纳可在一定程度上加强生殖和内分泌系统的功能。

综上所述，五禽戏改善骨量与太极拳的生化基础基本一致，均可以较好地促进骨量的增加。

知识卡片

外周血T淋巴细胞：血液循环中的淋巴细胞。主要由T细胞(占70%～80%)和B细胞(占20%～30%)组成。

思考与交流

五禽戏与太极拳在促进骨量合成上存在怎样的相同之处?

（四）五禽戏促进免疫能力的生化基础

通过采用五禽戏的方式进行体育锻炼，能够促进外周血T 淋巴细胞总数增加，以此提高机体的免疫能力。其主要原因是五禽戏功法为中小强度的有氧运动。中小强度的适度运动与大强度运动相比，可以增加$CD4^+/CD8^+$ 比值，提高人体免疫力。

由此可见，五禽戏与太极拳通过两种不同的渠道促进机体免疫力的提高。

三、木兰扇促进健康的生物化学基础

（一）木兰扇简介

木兰扇是在木兰拳的基础上结合扇术特点而编成的一种独具特色的套路运动。木兰扇具有动作舒展、姿态优美、气势流畅、灵活多变等特点。木兰扇已成为各年龄层女性所亲睐的健身运动项目。

（二）木兰扇促进健康的生化基础

当前木兰扇促进健康的相关研究比较有限。主要集中于木兰扇对于女性血脂与激素水平的影响。

通过改善机体的血脂水平可以促进女性心血管健康。

血浆中低密度脂蛋白是将肝脏合成的内源性胆固醇转运到周围组织的主要形式，因此低密度脂蛋白过高可以增加患动脉粥样硬化的危险。高密度脂蛋白可以将胆固醇由动脉壁运往肝脏形成胆汁酸排除体外，因此具有抗动脉粥样硬化发生的作用。长期有规律的木兰扇锻炼可以改善血浆脂质和脂蛋白组成，表现为血浆总胆固醇、甘油三酯、低密度脂蛋白胆固醇浓度降低，高密度脂蛋白胆固醇浓度升高，使原有的致动脉硬化的血浆脂蛋白组成向良好的方向转变。

木兰扇通过改善女性激素水平提高女性整体机能状态。

人体随着年龄增加，各个脏器老化，功能减退，一是性器官产生激素减少；二是垂体功能衰退，性激素对其反馈能力下降，二者都会导致血液中雌二醇水平下降。通过进行长期的木兰扇锻炼，可改善衰老对性激素水平的影响，有利于改善性能力，改善机体的新陈代谢，延缓衰老进程。对于女性人群，通过木兰扇改善雌激素水平还可以预防骨量的减少和骨质疏松的发生。

第四节　运动促进青少年生长发育的生物化学

青少年正处在身体生长和发育的时期，在身体机能方面具有不同于成人的特点，并且他们在中枢神经系统、心血管系统、呼吸系统及运动器官的功能方面都有一定的特殊性。根据这些特殊性来制订青少年的锻炼计划，才能达到预期的运动效果，避免运动性伤病的发生。

一、青少年机体化学组成的特点

（一）体成分

体成分主要包括体脂和瘦体重。随着年龄的增加，青少年瘦体重、体脂和体脂百分数的变化如图7-3所示。通常，瘦体重男性多于女性，而体脂的绝对和相对质量女性高于男性。

（二）运动器官

1. 骨骼

骨骼的化学成分主要由水、有机物和无机盐组成。青少年的骨骼正处于生长发育阶段。在生长发育过程中，年龄越小，骨组织中水分和有机成分占比例越大，无机盐比例越小，骨钙化程度越低。随着年龄的增长，骨组织中水分和有机成分减少，无机盐相对增多，钙化程度变大。因此，青少年的骨质较疏松，硬度小、弹性大，不易骨折，但承重后易变形、弯曲。这些特点决定了青少年不宜过多承受大强度的力量训练，以免骨骼发生畸形，影响正常生长。

2. 骨骼肌

青少年骨骼肌中水分较多，收缩蛋白量相对较少，肌纤维横截面积较小，肌肉中磷酸原总量和糖原等含量也会相对较少。因此，青少年的肌肉力量素质较低，耐力差，容易疲劳，不宜进行长时间大运动量训练或高强度的力量性训练，而比较适合进行柔韧性、灵敏性及全面的身体素质锻炼。在营养上尤其要注意蛋白质的质和量的保证。

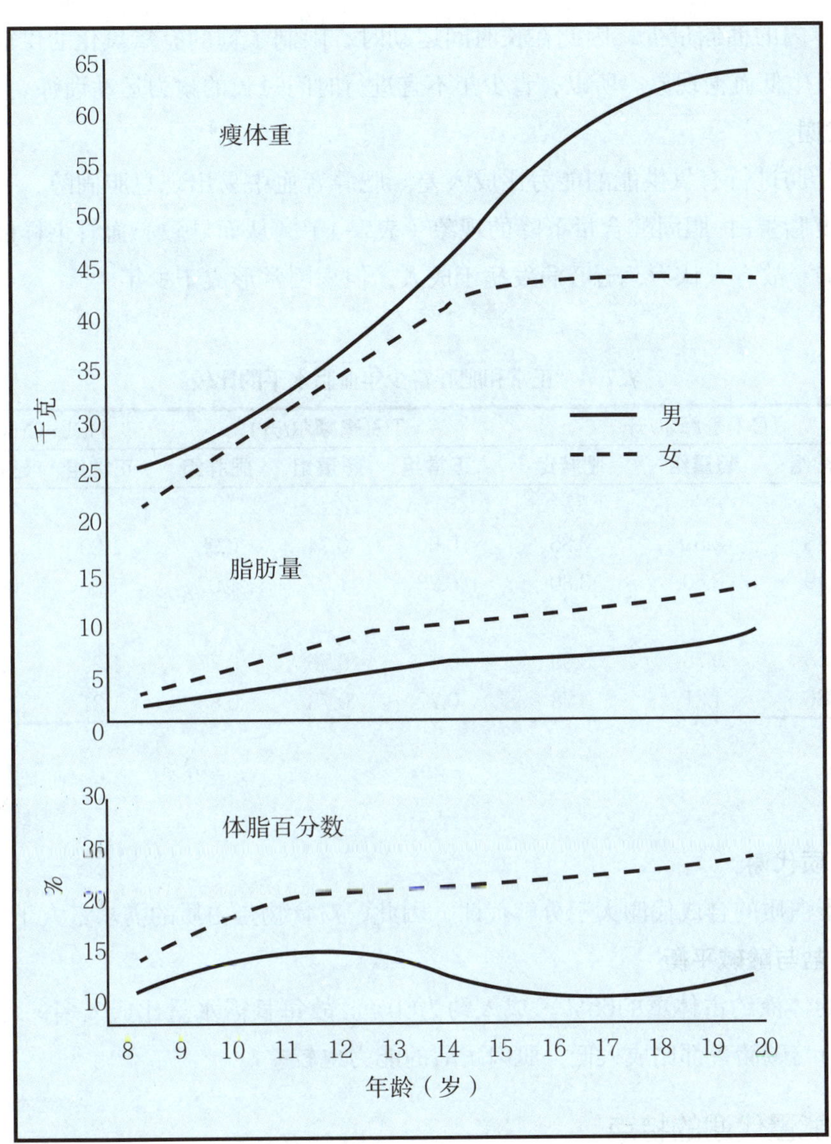

图7-3 随年龄增加，瘦体重、体脂和体脂百分数的变化（Wilmore JH 等，2008）

二、青少年机体代谢的特点

（一）物质代谢的特点

1. 糖代谢

青少年骨骼肌中糖原含量低，参与糖酵解的酶活性也较成人低，特别是磷酸果糖激酶（PFK）等限速酶的活性明显低于成人。因此，青少年的糖酵解能力低于成人，且年龄越小越明显。

青少年体内的糖储量少，因此在长时间运动时，限制了糖的有氧氧化的供能能力，年龄越小越容易发生低血糖现象。所以，青少年不宜进行时间过长的耐力运动训练。

2. 脂代谢

青少年脂肪进行有氧供能的能力比成人差。肥胖者血中易出现总胆固醇、甘油三酯含量上升和高密度脂蛋白–胆固醇含量下降的现象（表7–4），从而导致心血管粥样硬化病变的发生率明显增加。故有人认为，冠心病发病于成人，但病因常形成于少年。

表7–4 正常和肥胖青少年血脂水平的比较

年龄（岁）	TC（毫摩尔/升）			TG(毫摩尔/升)			HDL–C(毫摩尔/升)		
	正常组	超重组	肥胖组	正常组	超重组	肥胖组	正常组	超重组	肥胖组
男生									
13~	3.48	3.51	3.85	0.60	0.74	0.98	1.20	1.13	1.14
16~18	3.49	3.60	3.80	0.73	1.07	1.07	1.08	0.98	0.85
女生									
13~	3.58	3.78	3.69	0.67	0.76	0.77	1.23	1.15	1.16
16~18	3.86	4.21	3.78	0.77	0.78	0.83	1.21	1.11	0.92

（翟凤英等，2004）

3. 蛋白质代谢

青少年蛋白质的合成代谢大于分解代谢，因此，对食物蛋白质的需求量大于成人。

4. 水、盐与酸碱平衡

青少年的体液约占体重的65%，成人约为60%。故每日需水量比成人多。青少年调节酸碱平衡的能力与碱储备都比成人低，肌肉耐酸的能力也较差。

（二）能量代谢的特点

1. 无氧代谢

青少年骨骼肌中ATP、CP、糖原的含量较成人低，因此青少年ATP–CP系统供能能力、糖酵解供能能力均低于成年人，但这些能力可随着年龄的增长而提高。

2. 有氧代谢

青少年的血红蛋白（Hb）值、红细胞数较成人低，影响了氧的运输能力。青春期前男女在血红蛋白浓度、红细胞数的差异不大，但男孩的Hb值、红细胞数随年龄的增长而增大，到青春期时激增；女性的Hb值、红细胞数在月经初潮时仍与男子差不多，然后稳定在某一水平，不再增加。（图7–4）

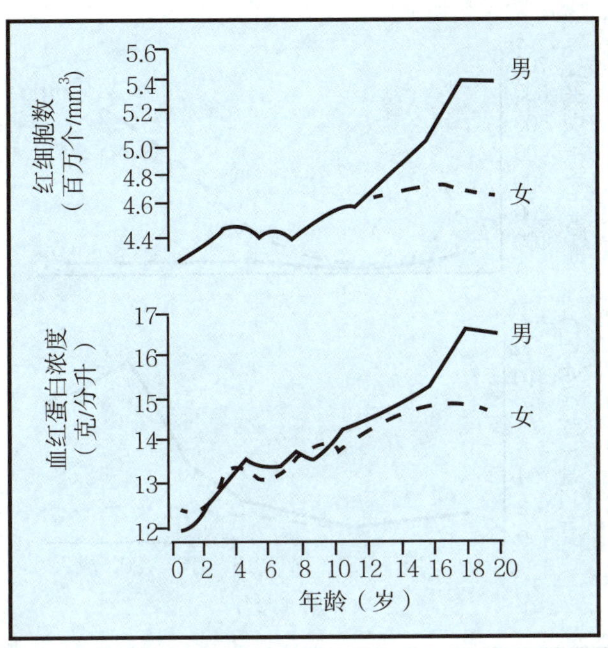

图7-4 随年龄增加红细胞数和血红蛋白浓度的变化（Malina RM 等，2004）

个体乳酸阈是反映机体有氧代谢供能能力的一个指标。青少年乳酸阈对应的血乳酸浓度较成人低，最大乳酸稳态时的血乳酸浓度一般在2.5毫摩尔/升左右。

（三）代谢调节的特点

青少年代谢的调节主要受到激素的影响。青少年的内分泌系统随着年龄增长逐步发育成熟。因而，激素分泌能力随年龄的增加而增加。性激素对调节人体生理功能与物质代谢起着极其重要的作用。

在性激素中与运动能力密切相关的是雄激素，其主要成分是睾酮。青春发育期间，男孩睾丸分泌雄激素猛增，表现出肌肉、骨骼生长明显加快，瘦体重、肌肉力量明显增加，运动能力增强。女性由于雌激素分泌增加，因而促进体脂贮存而显得丰满，而瘦体重与肌肉力量的增长不如男子。因此，男、女之间性激素分泌水平的差异，是导致男女运动能力差异的重要原因之一。（图7-5）

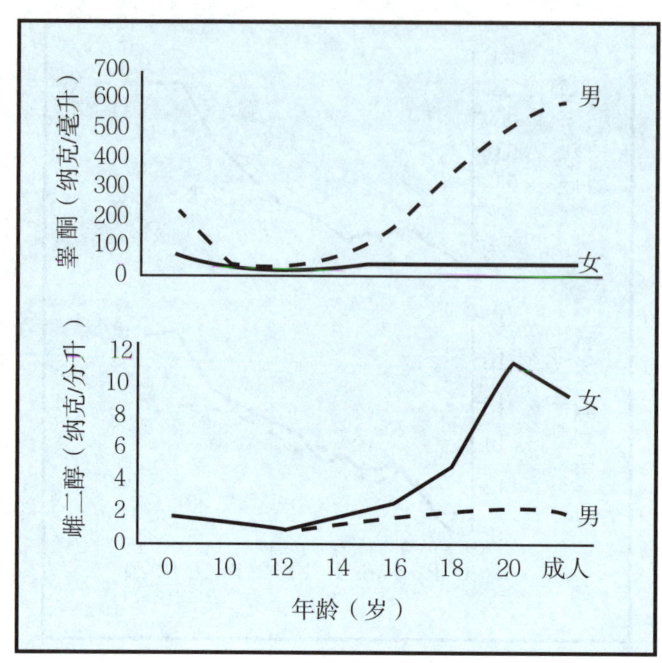

图7-5　随年龄增加性激素分泌的变化（Wilmore JH 等，2008）

三、运动锻炼对青少年身体机能的影响

青少年正处在身体机能变更的时期，这一时期给予适当的运动刺激将有助于某些机能的提高。

合理的运动训练可以提高青少年有氧及无氧代谢的能力；经常性的运动锻炼还可以减少体脂，增加瘦体重。因此，运动可以促进青少年身体机能的提高，同时降低肥胖发生的风险。

第五节　运动促进中老年人健康的生物化学

中老年人的明显特征是衰老。人体的衰老变化不仅表现在体表外形上，更体现在身体机能上。

一、中老年机体化学组成的特点

（一）体成分

1. 细胞减少

由于衰老，中老年人身体各器官的细胞数量会发生减少。肌肉萎缩使手腿变细，力量显著减退。同时脑细胞的数量也减少，导致脑萎缩和脑重量减轻，从而造成脑功能减退，严重者出现老年痴呆症。

2. 脂肪增加

中老年人脂肪逐渐增加，脂肪过多造成中老年人冠心病、脂肪肝、动脉粥样硬化、高血压等疾病风险提高。

据美国国民健康与营养检查调查数据显示：在1999—2004年美国成年人随着年龄增加肥胖人数逐渐上升。（图7–6）

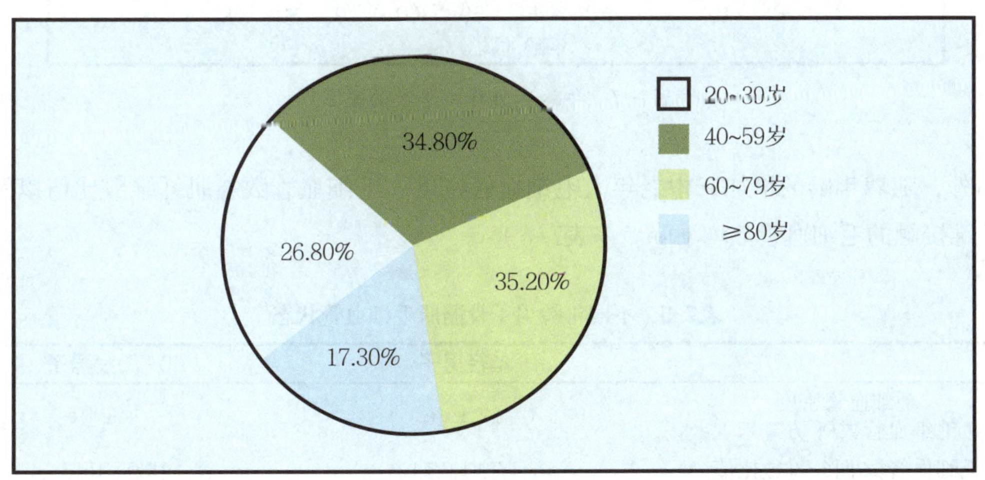

图7–6 1999~2004年美国成年人肥胖的发生率（Ogden CL，2007）

3. 水分减少

中老年人身体水分逐渐减少，因此易出现皮肤干燥、皱纹增多；便秘；血液变得黏稠、流动缓慢，易导致脑血管及心血管血栓形成，而发生脑梗死或心肌梗死。

（二）运动器官

随着年龄的增长，中老年人骨组织中基质和骨盐相对减少，引起骨质疏松，使得骨的弹性和硬度均降低，脆性增加，负荷力弱，易发生骨折。

人体的肌纤维总数从25岁开始丢失，60岁后丢失更加严重（图7-7），造成的原因是肌肉蛋白合成能力降低，肌纤维变细，供能能力下降。这导致了中老年人肌力下降、工作不能持久。进行较剧烈的运动，常易引起肌肉拉伤。

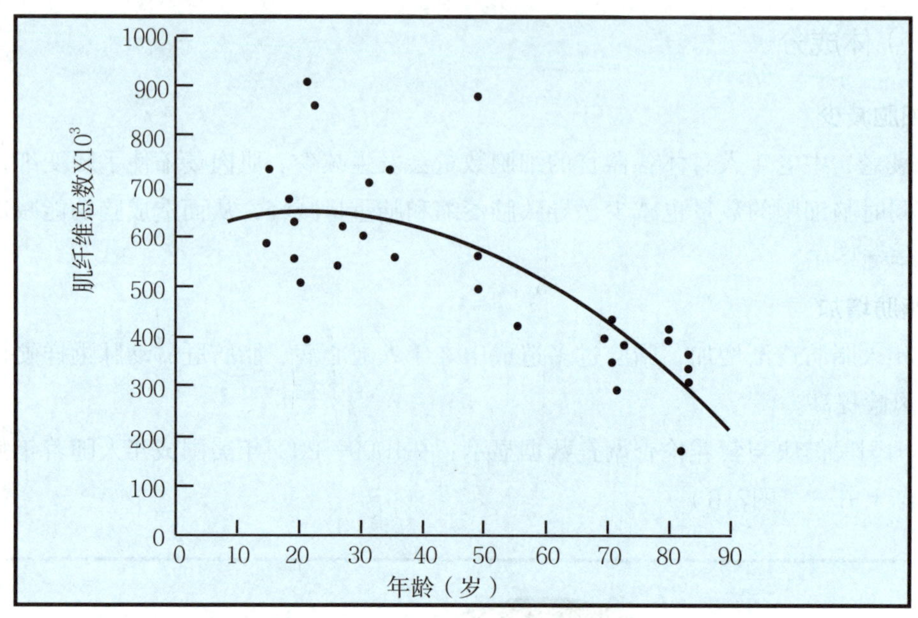

图7-7 年龄和肌纤维总数的关系

另外，随着年龄的增加，中老年人毛细血管密度、毛细血管数与肌纤维数比值以及与每个肌纤维接触的毛细血管数均下降。（表7-5）

表7-5 不同年龄男子骨骼肌毛细血管状态

	年轻男子	60~70岁男子
毛细血管密度（毛细血管数/平方毫米）	308 ± 16	228 ± 13
毛细血管数/肌纤维数比值	1.72 ± 0.14	1.39 ± 0.13
与每个肌纤维接触的毛细血管数	4.39 ± 0.28	3.55 ± 0.30

二、中老年机体物质代谢的特点

中老年肝糖原、肌糖原储量逐渐减少，糖酵解能力、糖的有氧代谢能力也随年龄增加而减弱，因此，中老年人速度耐力和耐力都随年龄增加而显著降低；脂肪动员速度与肌肉氧化利用脂肪酸的能力都有所下降，血脂代谢能力下降，造成血脂含量升高；蛋白质合成能力相应减弱，肌纤维萎缩，组织细胞的再生能力与脏器的功能减弱；酸碱平衡的调节代偿能力较差容易引起酸中毒。

三、中老年机体系统功能的特点

（一）内分泌功能

中老年人的内分泌系统普遍出现衰老性变化。甲状腺出现轻度到中度的萎缩，甲状腺素分泌减少，导致新陈代谢减缓；肾上腺出现重量减轻，功能衰退，故对外界的应激反应能力显著下降。胰腺发生老化、萎缩，导致胰岛素分泌减少，引起高血糖和糖尿病的发生。无论男女，由于性激素的分泌减少，40岁之后（年龄没有绝对界限）出现更年期综合征、骨质疏松等。

（二）心肺功能

随着年龄增加，心输出量降低，冠状动脉的血流量减少。血管壁弹性逐渐降低，致使血压逐渐增加，造成心脏负担加大，逐渐引起心脏肥大，使心肌收缩功能发生障碍。若完成同样负荷的运动，年龄长者流入骨骼肌的血流量也减少。（图7–8）

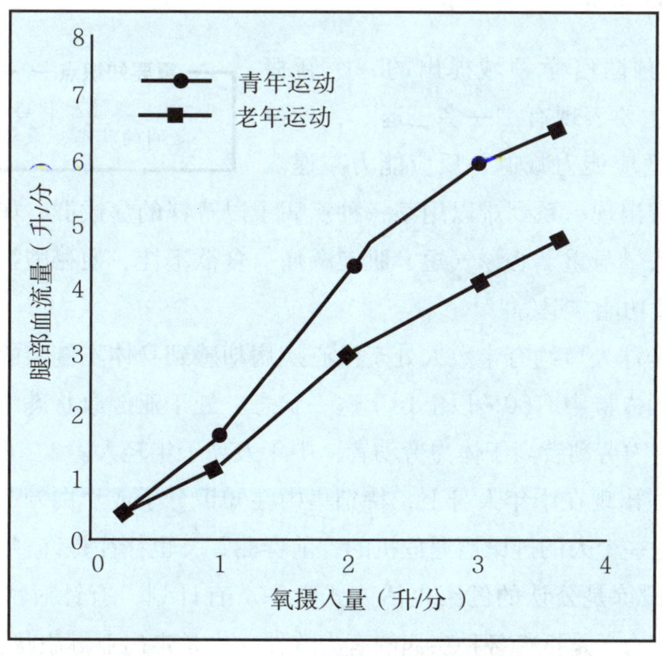

图7–8　不同年龄运动员完成同样负荷运动骨骼肌血流量的变化

（Wilmore JH 等，2008）

随着年龄的增长，肺活量、第1秒用力呼出量以及最大摄氧量等显著下降。有研究证实，25~75岁的正常男子，年龄每增加10岁，最大摄氧量可减少约10%。（表7-6）

表7-6　正常男子随着年龄的增加最大摄氧量的变化

年龄（岁）	最大摄氧量（毫升·千克$^{-1}$·分$^{-1}$）	最大摄氧量变化百分数（与25岁相比）
25	47.7	—
35	43.3	−10
45	39.5	−17
52	38.4	−20
63	34.5	−28
75	25.5	−47

(Wilmore JH，2008)

（三）免疫功能

随着年龄的增长造成免疫系统功能的减弱，中老年人易受感染，同时癌症和自身免疫病的发病率增加。

四、中年人健康状态存在的问题

（一）亚健康状态

重要知识点

亚健康状态：介于健康和疾病之间的状态，或称第三种状态。

亚健康状态是预防医学领域提出的一个新概念。亚健康状态的主要表现有“一多三退”，即疲劳多、活力减退、适应能力减退、反应能力减退。其具体表现就是经常出现一系列难以用某一种疾病予以解释的症候群，如全身无力、容易疲倦、精力不集中、头晕身重、心悸气短、肌肉酸痛、食欲不佳、便秘腹泻、睡眠不良、经常感冒、皮肤瘙痒、性功能减退等。

据资料统计，全球人口约有半数人处于没有疾病却感到身体不健康的亚健康状态。据我国卫生部调查，我国人群中有60%以上处于这一状态。处于亚健康状态的人群数量，沿海城市高于内地城市，脑力劳动者高于体力劳动者，中年人高于年轻人。

亚健康状态往往出现在中年人身上，特别集中在知识分子或“白领”阶层。中年人亚健康状态的出现，正是一个人的健康遭遇危机的“前奏曲”，也往往是许多疾病的前兆。

经常参加体育锻炼是公认的健康生活方式之一。有计划、有针对性地进行身体素质锻炼，提高机体的抵抗力，是抵御各种疾病的有力武器，也是走出亚健康状态的捷径。

（二）代谢综合征

> **重要知识点**
>
> 代谢综合征（metabolic syndrome）在医学上又称为胰岛素抵抗综合征、X综合征；其症状表现为“六高一脂”：高体重（肥胖）、高血压、高血脂（血脂异常）、高血糖、高血尿酸症（痛风）、高胰岛素血症（胰岛素抵抗）和脂肪肝。据中华医学会糖尿病学会诊断标准，只要出现肥胖、高血压、高血糖和高血脂4项组成成分中的3项或全部者可诊断为患有代谢综合征。

代谢综合征的高危发病年龄段在40~50岁。造成代谢综合征的主要原因有两个：一个是精神长期处于紧张状态；二是糖、脂肪摄入过多，能量消耗减少。

代谢综合征的症状中升高的胰岛素及血糖对血管壁及交感神经都是一种不良刺激，会引起大小动脉的收缩和硬化，产生高血压，并且还会发展成糖尿病。而血脂升高容易导致导致动脉粥样硬化。此外，血小板功能异常激活以及血尿酸升高等代谢紊乱，易引起脑中风和痛风。

坚持健康的生活方式，加强体育锻炼，重视预防和治疗，是完全可以控制和降低患代谢综合征的风险。（图7–9）

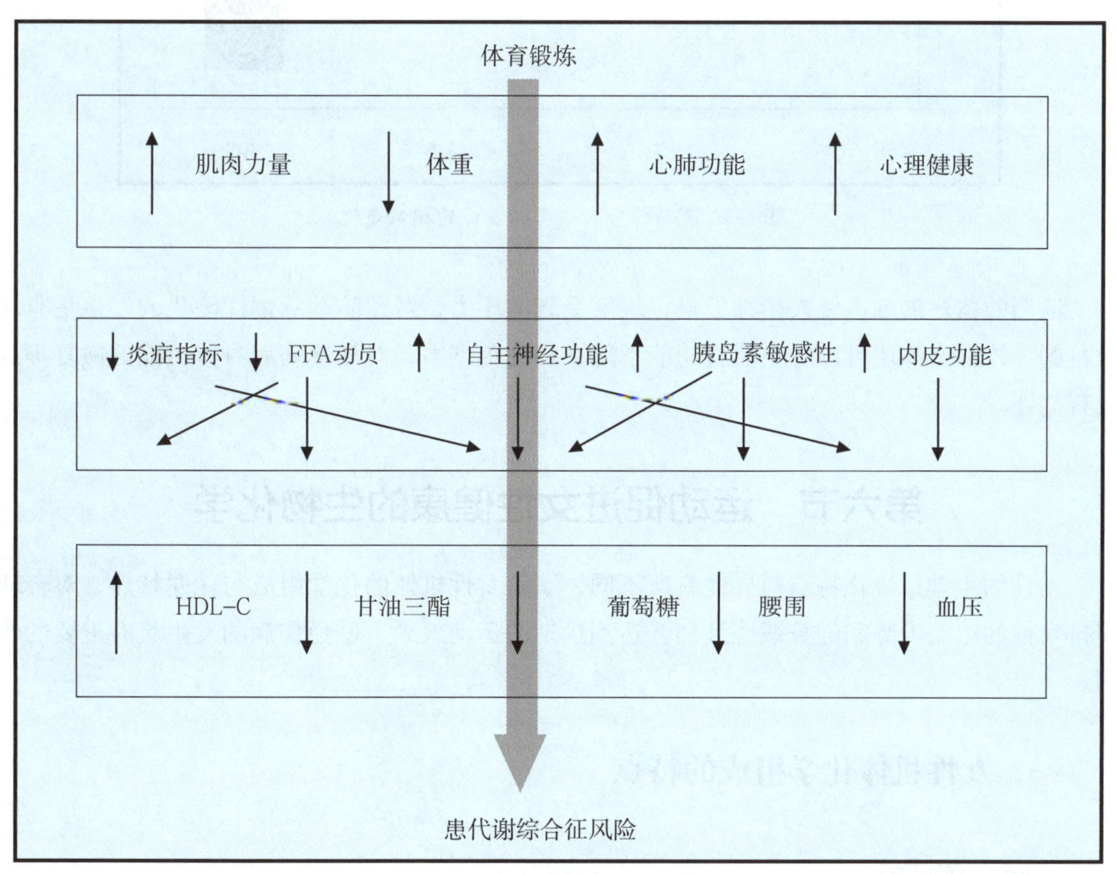

图 7–9 体育锻炼降低患代谢综合征风险

（三）运动促进中老年健康的生物化学

经常从事体育锻炼，可以改善中老年脂质代谢，既可以降低血浆中胆固醇和甘油三酯的含量，又可以提高血浆高密度脂蛋白的水平，甚至可使部分高脂蛋白血症患者的电脉图谱正常化。（图7-10）

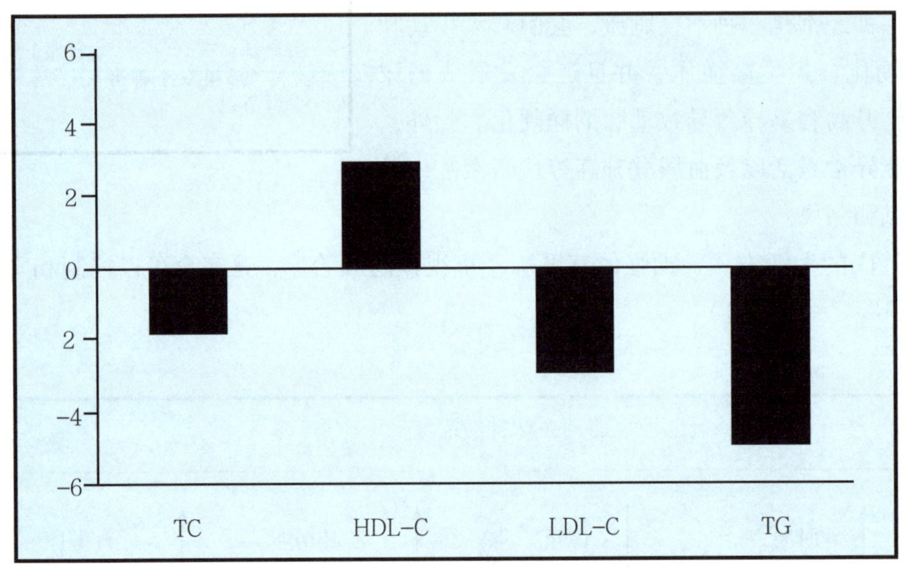

图7-10 运动前后血脂和脂蛋白的相对变化

适当的体育锻炼可使人精神放松，缓解受到的压力，对预防动脉粥样硬化的发生是非常有益的。体育锻炼还可以防止器官功能下降、提高免疫力，对加速病后身体机能的恢复等都大有益处。

第六节　运动促进女性健康的生物化学

女性的生理、生化特点与男性有所不同，了解女性机体的化学组成与代谢特点，对合理安排女性的运动训练和健身锻炼计划，达到预期的运动效果，避免伤病的发生具有重要的作用。

一、女性机体化学组成的特点

（一）体成分

成年女性与男性相比一般表现为身高低、体重轻、体脂多、瘦体重少。

（二）运动器官

女性肌肉质量低于男性（图7-11），肌肉生理横断面小，肌肉内含水分、脂肪量较高而含糖量也较男性差，因此女性肌肉力量较差，从事体育运动时易疲劳并不易恢复。

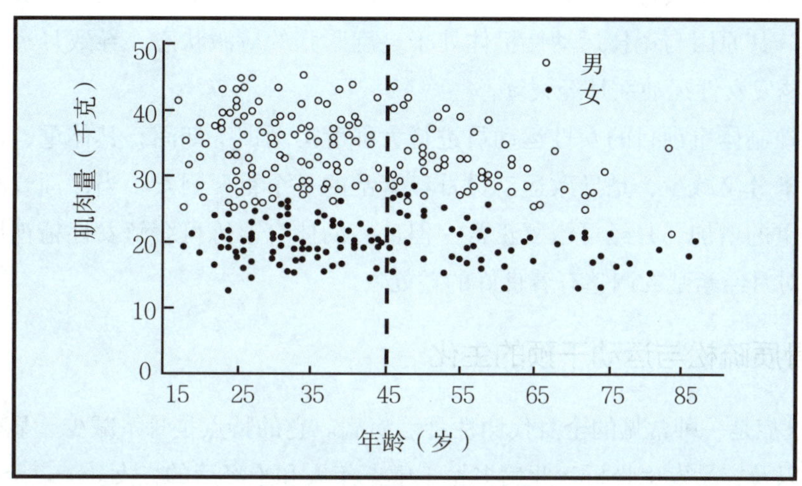

图7-11 不同年龄男女肌肉量的变化

（Wilmore JH 等，2008）

与男性相比，女性骨骼短且细，抗压抗弯能力较差，但女性骨的柔韧性和弹性较好。

二、女性机体代谢的特点

女性的生理、生化特点与男性有所不同，在物质能量代谢方面也有自己的特点。

(一) 无氧代谢供能系统

由于女性骨骼肌含量明显低于男性，使得女性ATP、CP与糖的含量少于男性。同时，女性骨骼肌中磷酸肌酸激酶（CK）活性与糖酵解酶活性也低于男性，造成了女性磷酸原与糖酵解供能能力低于男性。

（二）有氧代谢供能系统

女性的糖有氧代谢能力低于男性，但女性利用脂肪进行有氧代谢的能力高于男性。此外，女性骨骼肌中的有氧代谢酶活性与男性相近，有的甚至超过男性，加上女性能更多地利用脂肪酸氧化供能。因此，女性的有氧代谢水平接近男性。

三、运动促进女性健康的生物化学

（一）月经紊乱与运动干预的生化

在日常生活中导致女性月经紊乱的一个重要因素是压力。女运动员较一般女性易患月经失调或闭经症，其原因与竞技运动使机体处于高度紧张的应激状态，导致月经周期相关激素的代谢失衡，诱发女性运动性月经失调。

一些需要控制体重项目的女性运动员进行大强度运动训练期间，其体重、体脂常常会下降，引起雌激素分泌减少，是导致运动员月经紊乱的一个重要因素。当停训或减量训练后，随着体脂、体重的增加，月经可恢复正常。但适宜的体育锻炼可缓解女性精神压力以及改善内分泌环境，对月经紊乱的调整有着良好的益处。

（二）骨质疏松与运动干预的生化

骨质疏松症是一种常见的全身代谢性骨骼疾病。它的特点是骨量减少、显微结构发生变化、脆性增加以及容易发生骨折。此病多见于中老年人和绝经后的妇女。

运动对骨量的刺激作用可导致骨骼形成的相关调节激素雌二醇、孕酮和细胞因子浓度升高，或引起骨骼吸收的相关调节激素和细胞因子浓度降低，从而影响骨代谢过程。

运动对骨质疏松改善的上述作用主要体现在对钙调节的影响上。

运动可以促进钙的吸收、利用并在骨骼内沉积；经常进行户外运动，还可接受充足的阳光，使体内维生素D浓度增高，并能改善胃肠功能及钙磷代谢，促进了体内钙吸收。

另外，运动能增加骨皮质的血流量，有利于血液向骨骼内输送钙离子以及破骨细胞向成骨细胞转变，以促进骨骼的形成。

除了影响对钙的调节外，运动改善骨质疏松的作用还体现在改善身体的灵敏性、协调性和平衡性，减少摔跌，有效地减少骨质疏松引起骨折的危险性。

小　结

体力活动是指骨骼肌收缩产生的能量消耗高于基本水平的身体任何运动。体力活动量的测量包括调查法与测量法。体力活动量达到1000千卡或＞600梅脱-分钟 /周及以上是比较适宜的。体力活动通过降低心血管系统的炎症反应，改善血脂情况和降低体重促进心血管健康，预防糖尿病和代谢综合征等慢性疾病。

运动处方是康复医师或体疗师根据参加运动者的医学检查结果（包括运动试验和体力测验），按其健康、体力以及心血管功能状况，用处方的形式规定运动种类、运动强度、运动时间及运动频率，提出运动中注意事项的一种形式。运动处方的制定包括：①询问运动者的基本情况；②进行一般医学检查和身体测量；③进行处方的制定。

通过锻炼太极拳、五禽戏、木兰扇三种我国传统体育项目，可以增强人体的免疫能力、促进心血管健康、改善骨量、调节激素代谢。

青少年正处在身体生长和发育的时期，身体各方面都有一定的特殊性。根据这些特殊性来安排青少年的锻炼计划，才能达到预期的运动效果，避免运动性伤病的发生。

中老年人机体的化学组成与代谢有着自身特点，同时存在亚健康、代谢综合征等问题。体育锻炼这些健康问题起到良好的预防、治疗和康复作用。

女性有其自身的化学组成与代谢特点。了解女性这些特点，对合理安排女性的运动训练和健身锻炼计划，达到预期的运动效果，避免伤病的发生具有重要的作用。

思考题

1. 试述体力活动的定义与分类。
2. 试述体力活动与运动之间的差别。
3. 利用国际体力活动问卷调查自己的体力活动量并对自己的体力活动量进行评价。
4. 试述运动处方的定义。
5. 简述制定运动处方制定的意义。
6. 简述运动处方包含的内容和制定程序。
7. 试述太极拳、五禽戏、木兰扇在改善人体健康中存在的差异。
8.青少年骨骼及骨骼肌化学组成上有何特点？为什么不宜过多进行大强度的力量训练？
9.青少年无氧和有氧代谢有何特点？如何根据这些特点安排他们的运动训练？
10.中老年人机体的化学组成和代谢能力有何特点？
11.什么是亚健康状态,什么是代谢综合征？
12.女性骨骼肌能量物质储备及代谢有何特点？她们的运动能力与男性有何区别？

相关网站

1. 美国运动医学会网站：http://www.acsm.org/ 说明：查阅运动处方制定的方法和评价依据。

2. 美国卫生和公众服务网站：http://www.health.gov/ paguidelines 说明：查阅美国健身指南，结合我国人群特征制定适合某一年龄段的运动处方。

3. 国际体力活动问卷网站：http://www.ipaq.ki.se/ipaq.htm 说明：查阅体力活动测量与评价的方法。根据教材提供的体力活动问卷结合这一网站测量自己的体力活动情况并进行评价。

4. 中国知网：http://www.cnki.net/ 说明：查阅传统体育项目促进健康研究的最新进展。

5. 万方数据：http://www.wanfangdata.com.cn/ 说明：查阅儿少、女子、中老年人机体的化学组成和代谢能力的特点。

6. 美国生物信息中心网站：http://www.ncbi.nlm.nih.gov/pubmed/ 说明：查阅运动对儿少、女子、中老年人机体的化学组成和代谢能力影响的最新研究进展。

参考书目

1. William L. Haskell, Miriam E. Nelson et al. *Physical Activity Guidelines Advisory Committee Report*[J].. U.S. Department of Health and Human Services, 2008: 1−683.

2. *2008 Physical Activity Guidelines for Americans.* U.S. Department of Health and Human Services, 2008:18−25,32−37.

3. Whyte JJ, Laughlin MH. *The effects of acute and chronic exercise on the vasculature*[J]. Acta Physiol (Oxf), 2010,199(4):441−450.

4. O'Keefe JH, Patil HR, Lavie CJ, et al. *Potential adverse cardiovascular effects from excessive endurance exercise*[J]. Mayo Clin Proc, 2012, 87(6):587−595.

5. 张蕴琨, 丁树哲. 运动生物化学[M]. 北京: 高等教育出版社，2007.

6. 丁树哲, 张蕴琨. 运动生物化学题解[M]. 北京: 高等教育出版社，2007.

7. 谢敏豪, 林文弢, 冯炜权. 运动生物化学[M]. 北京: 人民体育出版社，2008.

8. 冯连世, 冯美云, 冯炜权. 优秀运动员机能评定手册[M]. 北京: 人民体育出版社，2011.

9. 曹建民, 林文弢. 运动生物化学习题集[M]. 北京: 人民体育出版社，2003.

10.Wilmore JH. *The obesity epidemic. Curr Sports Med Rep.* 2007, 6(6):345−6.

11.翟风英.食品营养学[M],湖南科学技术出版社,2006.

12.Malina RM, Eisenmann JC, Cumming SP, Ribeiro B, Aroso J. *Maturity−associated variation in the growth and functional capacities of youth football (soccer) players 13−15 years*[J]. Eur J Appl Physiol. 2004,91(5−6):555−62.

14.Ogden CL, Yanovski SZ, Carroll MD, Flegal KM. *The epidemiology of obesity*[J]. Gastroenterology. 2007,132(6):2087−102.

第八章 运动预防慢性疾病的生物化学

内容概述

慢性疾病是中老年人常见的一种疾病，包括肥胖、糖尿病、心血管疾病等。随着社会的发展，慢性疾病的发病率正逐年升高。运动锻炼作为一种有效的干预手段，在慢性疾病的预防和治疗中能够起到重要的作用。运动锻炼能够降低体重，增加胰岛素敏感性，降低血压，改善血脂代谢和降低氧化应激程度等，因此运动锻炼对预防和治疗糖尿病、心血管疾病和肥胖具有良好的作用。本章主要介绍糖尿病、肥胖和心血管疾病的生物化学基础以及预防这些慢性病的适宜运动方式。

主要概念

糖尿病
肥胖
心血管疾病
动脉粥样硬化
内皮功能障碍

学习目标

1.了解糖尿病、肥胖和心血管疾病的相关概念
2.了解糖尿病、肥胖和心血管疾病的原因以及生物化学机制
3.掌握预防和改善慢性疾病的适宜运动方式

第一节 运动预防糖尿病的生物化学

糖尿病（Diabetes mellitus）是一种包含多种代谢功能失调的慢性疾病，它的主要类型是2型糖尿病，即非胰岛素依赖型糖尿病。尽管糖尿病的症状在几个世纪以前就已经被了解，但是糖尿病的发病原因是在近十年中才逐渐被了解的。体力活动可以明显改善2型糖尿病人的生活质量。研究证实：中等强度的运动、规律的体力活动可以预防和延缓糖尿病高发人群发生糖尿病。改变生活方式，包括增加体力活动，不仅可以提高大众健康水平，而且可以减少糖尿病及其并发症（图8-1）带来的巨大经济负担。

1. 什么是糖尿病、肥胖和心血管疾病?
2. 糖尿病、肥胖和心血管疾病产生的因素有哪些? 其生物化学机制是什么?
3. 预防糖尿病、肥胖和心血管疾病的适宜运动方式有哪些?

一、糖尿病概述

思考与交流

糖尿病的定义是什么？糖尿病对健康和社会的危害是什么？

糖尿病是发病率最高的内分泌疾病，它会影响体内多个组织器官的功能正常发挥，并诱发一系列并发症，如肾衰竭、心脏疾病、神经损伤、中风和失明等。目前已经证实的糖尿病有3种类型：1型糖尿病、2型糖尿病和妊娠期糖尿病。

重要知识点

糖尿病：分为1型糖尿病、2型糖尿病和妊娠糖尿病，一般糖尿病病人空腹血糖≥7.0毫摩尔/升。

胰岛素是体内调节糖代谢平衡的主要激素，胰岛素缺乏或组织器官对胰岛素应答不充分，都会使得机体不能正常调节血液中的葡萄糖含量。通常诊断糖尿病的依据是：空腹血糖（晨起空腹）超过126毫克/分升 或7.0毫摩尔/升，或者是糖耐量实验2小时后血糖水平超过200毫克/分升 。糖尿病患者最常见的症状就是尿频、烦渴、不明原因的体重下降、疲倦。

二、糖尿病的分类

（一）1型糖尿病

1型糖尿病（type 1 diabetes）又称胰岛素依赖型糖尿病（insulin dependent diabetes mellitus，IDDM），占糖尿病总数的5%~10%，是一种自身免疫性疾病。由于分泌胰岛素的胰岛β细胞被免疫系统误认为是“外国人”，而被选择性地破坏，导致胰岛素的分泌不足或完全不能分泌。因此，患者需注射胰岛素以维持生命。

1型糖尿病多发于30岁以下的青年人，起病较急，病情较重。治疗时胰岛素的剂量要合适，剂量不足，引起血糖过高，尿糖升高，易发生酮症酸中毒；剂量偏多，引起低血糖，导致头晕，甚至昏迷等危险症状，过去也称为“脆性糖尿病”。如果治疗得当，病人可以像正常人一样地生活、学习和工作。

（二）2型糖尿病

2型糖尿病(type 2 diabetes)又称非胰岛素依赖型糖尿病（non-insulin dependent diabetes mellitus，NIDDM），占糖尿病总数90%以上。2型糖尿病患者在患病初期空腹血浆胰岛素水平可能正常、也可能稍低于正常或高于正常水平。2型糖尿病初期，患者体内并不缺乏胰岛素，而是胰岛素的利用率下降。因此，称为胰岛素相对不足。随着病情的不断发展，胰岛β细胞功能下降，胰岛素分泌减少，血浆胰岛素水平下降；胰岛素敏感组织骨骼肌、脂肪、肝脏在一定程度上对胰岛素的敏感性下降（称为胰岛素抵抗）。

2型糖尿病多发于40岁以上的中老年人，80%的患者超重或肥胖，因此，肥胖是2型糖尿病很重要的诱发因素。2型糖尿病起病缓慢，病情较轻，不易发生酮症。不少病人无明显症状，而在查体或诊治其他疾病时无意中发现血糖增高，尿糖呈阳性。

表8-1　糖尿病特点

	1型糖尿病（IDDM）	2型糖尿病（NIDDM）
障碍类型	自身免疫性疾病	代谢疾病
胰岛素水平	低胰岛素血症	高胰岛素血症
发病年龄	多发于青年人	多发于40岁以后
遗传性	弱	强
发病率	5%~10%	90%~95%
胰岛素依赖性	永久依赖	部分病人依赖
胰岛素抵抗	低	高
发病特点	急性发作	较温和
其他	体重正常	多为肥胖

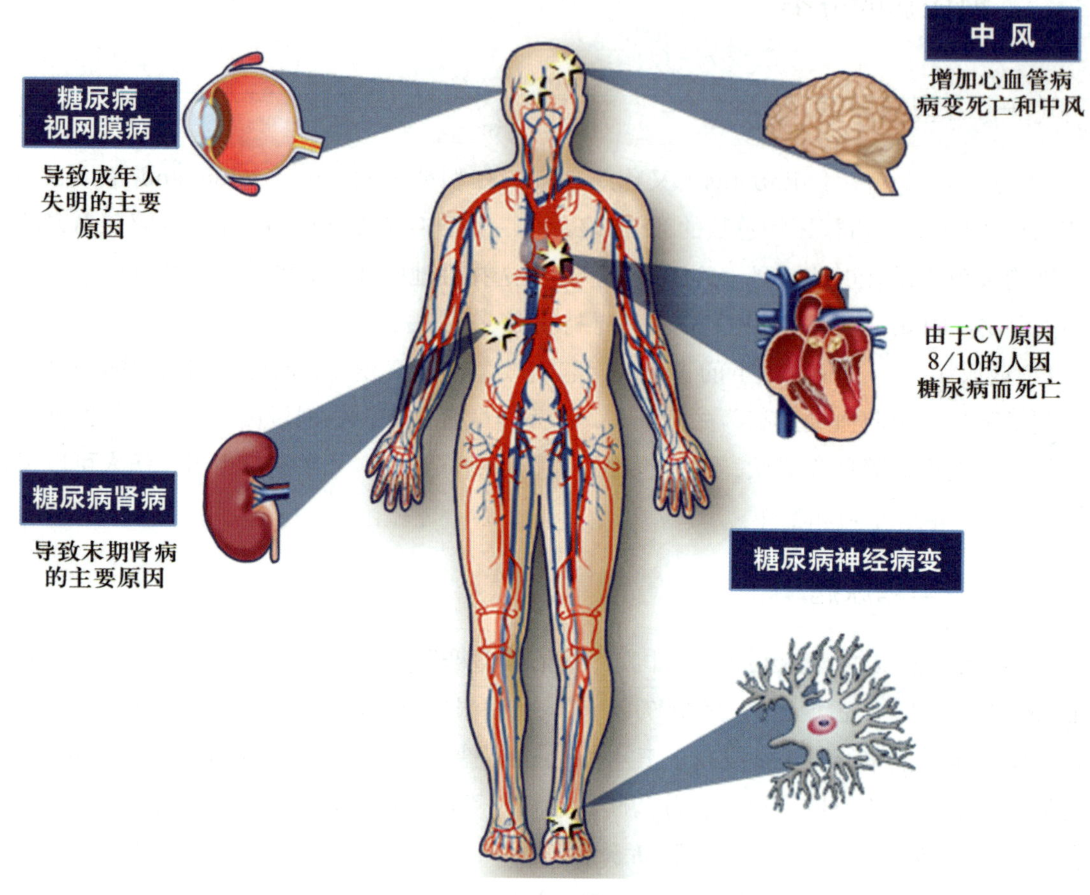

图8-1　糖尿病并发症

三、实验室检查

思考与交流

糖尿病是通过哪些指标来诊断的?

（一）尿糖

若肾糖阈（空腹血糖值在8.9~10毫摩尔/升或160~180毫克%）正常，则尿糖可作为糖尿病诊断依据和判断治疗效果的指标。但如有糖尿病肾病变、肾小球滤过率降低、肾糖阈升高，尿糖仍可呈阴性。另外正常妊妇可有15%~25%肾糖阈低下，血糖虽正常，但尿糖阳性。因此诊断糖尿病主要根据血糖和糖耐量试验而不是尿糖指标。

（二）血糖

空腹及餐后血糖增高是诊断糖尿病的主要依据和判断治疗效果的主要指标。参照1999年世界卫生组织（World Health Organization，WHO）修订标准，正常空腹血糖：3.3~6.1毫摩尔/升；空腹血糖受损：6.1~7.0毫摩尔/升。

（三）葡萄糖耐量试验

人体处理所给予葡萄糖的能力称为葡萄糖耐量，它是临床上检查糖代谢常用的方法。

正常人的糖代谢调节机制健全，即使一次性食入大量糖，血糖浓度也只是暂时性升高，一般不会超过7.0毫摩尔/升，并且很快（约2小时）即可以恢复到正常水平，这是正常的耐糖现象。如果血糖浓度升高后回落缓慢，或是血糖浓度无明显升高甚至不升高，均反映血糖调节存在障碍，称为耐糖现象失常。

临床上常用的糖耐量试验方法是先测定受试者清晨空腹血糖浓度，然后一次性进食100克葡萄糖，或按0.333克/千克体重的剂量静脉注射50%葡萄糖溶液。在给糖后半小时、1小时、2小时、3小时后分别取血，测定血糖浓度，血糖浓度为纵坐标绘制曲线，称为耐糖曲线。

正常人耐糖曲线的特点是：空腹血糖浓度正常；进食葡萄糖后血糖浓度升高，在1小时内达到高峰，但不超过肾糖阈；而后血糖迅速降低，在2~3小时内回落到空腹水平。糖尿病患者耐糖曲线特点是：空腹血糖浓度高于正常值；进食葡萄糖后血糖浓度急剧升高，并超过肾糖阈；2~3小时内血糖不能回落到空腹水平。

（四）糖化血红蛋白测定

糖化血红蛋白（glycosylated hemoglobin，GHb）是血红蛋白合成后与糖类经非酶促结合而成的化合物，它的合成过程缓慢，而且相对不可逆，持续于红细胞120天生命周期中，其合成速率与红细胞所处环境中糖浓度成正比。因此，糖化血红蛋白占比能反映测试点前1~2个月内平均血糖水平。现已成为反映糖尿病较长控制时间的良好指标。

正常情况，糖化血红蛋白占血红蛋白总量的4%~6%，当糖尿病控制不佳时，其浓度可高至正常值的2倍以上。

四、糖尿病的病因

糖尿病的发病原因是错综复杂的，至今尚无定论，一般认为与以下因素有关。（图8–2）

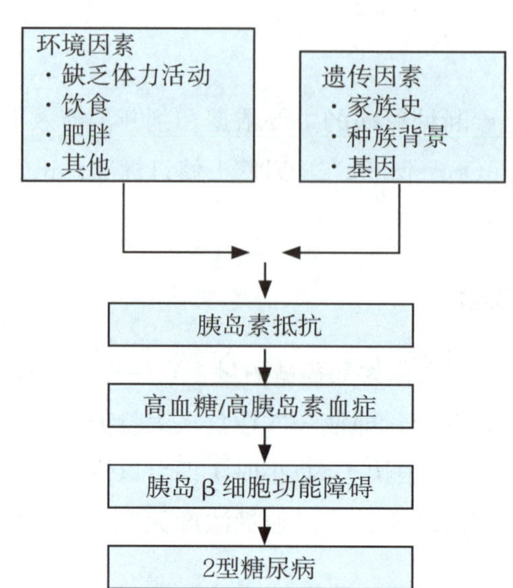

图8-2　2型糖尿病发病机理

思考与交流

糖尿病发生的原因是什么？

（一）遗传因素

重要知识点

2型糖尿病发病的主要原因是肥胖、静坐少动的生活方式和一些遗传倾向。

糖尿病是遗传性疾病，遗传因素是疾病的内因和基础，糖尿病遗传的不是糖尿病本身，而是糖尿病的易感性。

有资料表明，糖尿病患者中有家族史的患者高达25%~50%，无家族史的患者则在15%以下，糖尿病患者有家族史者比无家族史的糖尿病患者高4~10倍。国内资料已经证实，糖尿病患者的一级亲属中，糖尿病患病率比非糖尿病者一级亲属高17倍。

（二）营养过剩

随着社会经济的发展，人民生活水平的提高，营养状况发生了很大变化。有人认为糖尿病是食糖过多引起的，其实不然，糖尿病是过剩的营养所致。目前国内外已形成了“生活越富裕，身体越丰满，糖尿病越增多”的概念。

（三）老龄化

60岁以上者超过10%的社会被称为是老龄化社会。我国北京、天津、上海等大城市已率先进入老龄化社会。40岁以后，糖尿病的患病率随年龄而急剧增加，故我国糖尿病患病人数迅速增多。

（四）缺乏运动

随着社会的进步，科技的发展，人们的运动越来越少，出门以车代步，商场的电梯化，长久沉溺于电视机、游戏机前，洗衣机、吸尘器代替了家务劳动，使得肥胖几乎不可避免。

肥胖是糖尿病的一个重要诱发原因，有60%~80%的糖尿病患者在发病前几年，都有食欲亢进、体重增加、变得肥胖。肥胖的程度和糖尿病的发病率呈正比。

五、运动控制糖尿病的机理

流行病学研究已经表明，参加体育锻炼的程度与2型糖尿病的发病率有关。目前把运动疗法定为糖尿病三大治疗原则（即饮食调整、规律运动和药物治疗）之一，其治疗机理及意义也被大量的基础研究和临床实践所证实。运动可加强肌肉对葡萄糖的摄取和利用，增加胰岛素敏感性，降低胰岛素抵抗。

（一）运动调节糖代谢

> **知识卡片**
>
> 葡萄糖转运蛋白：存在于细胞膜上，其作用是通过易化扩散将葡萄糖转运到细胞内进行氧化分解。

葡萄糖是维持细胞能量代谢和生命活动的重要原料。葡萄糖是一种极性分子，不能以自由扩散的方式通过细胞膜脂质双层结构的疏水端，需要借助于细胞膜上的葡萄糖转运蛋白(Glucose transporters，GLUT) 的介导进入细胞内（图8-3）。为了维持机体的糖代谢平衡，需要：（1）胰岛β细胞分泌足够的胰岛素；（2）抑制肝脏生成葡萄糖；（3）刺激胰岛素敏感组织吸收利用葡萄糖。在剧烈运动时，由于骨骼肌对能量的大量需求，骨骼肌内的糖、脂肪代谢加强，血糖通过葡萄糖转运蛋白被工作肌大量吸收利用。

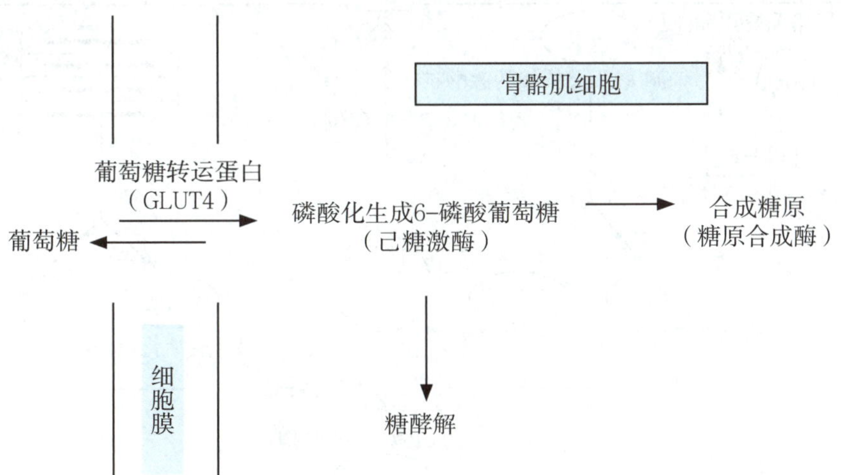

图8-3 葡萄糖通过葡萄糖转运蛋白4转运至骨骼肌

骨骼肌是机体利用糖的主要的组织。运动和胰岛素是刺激骨骼肌摄取葡萄糖的主要生理因素。转运进入骨骼肌的葡萄糖可用于生成能量（ATP）或者以糖原形式储存。葡萄糖转运蛋白4是骨骼肌利用葡萄糖的主要限速步骤。当葡萄糖转运蛋白4发生改变时，则可导致葡萄糖跨膜转运障碍。在基础状态下，绝大多数葡萄糖转运蛋白4位于胞浆内，在运动或胰岛素刺激下，可从细胞膜内转移到细胞膜上，促进细胞葡萄糖的吸收和利用，同时降低血糖。

正常人只有在进行超长时间的运动时才会出现血糖浓度的明显下降。这是因为当血糖水平下降时，胰岛β细胞分泌的胰岛素减少，使得肝脏分解产生的葡萄糖恰好能够满足肌肉的需要。但是对于2型糖尿病患者，由于其骨骼肌内调节糖代谢的GLUT4、己糖激酶和糖原合成酶功能都受到了损害，因此存在糖转运缺陷，出现血糖水平较高，并伴有有胰岛素抵抗。但当2型糖尿病患者进行中等强度的运动时，其血糖水平会有明显减低。

（二）运动调节葡萄糖转运蛋白4表达的信号

骨骼肌细胞内胰岛素发挥作用的信号通路涉及细胞内较多效应器蛋白有序地来发挥作用。首先胰岛素与细胞膜上的胰岛素受体结合，胰岛素受体激活进一步作用于胰岛素受体底物，一旦胰岛素受体底物被激活，信号系统将由处于活化状态的磷脂酰激醇3-激酶来传递，进一步磷酸化三磷酸磷脂酰肌醇，三磷酸磷脂酰肌醇用于激活三磷酸肌醇依赖的激酶1，活化状态下的三磷酸肌醇依赖的激酶1使蛋白激酶B和非典型蛋白激酶C激活，然后下游的信号传递目前是不清楚的，最终的结果是把葡萄糖转运蛋白4从细胞内转运至细胞膜上，从而将葡萄糖从细胞外转运进细胞内参与代谢活动。（图8-4）

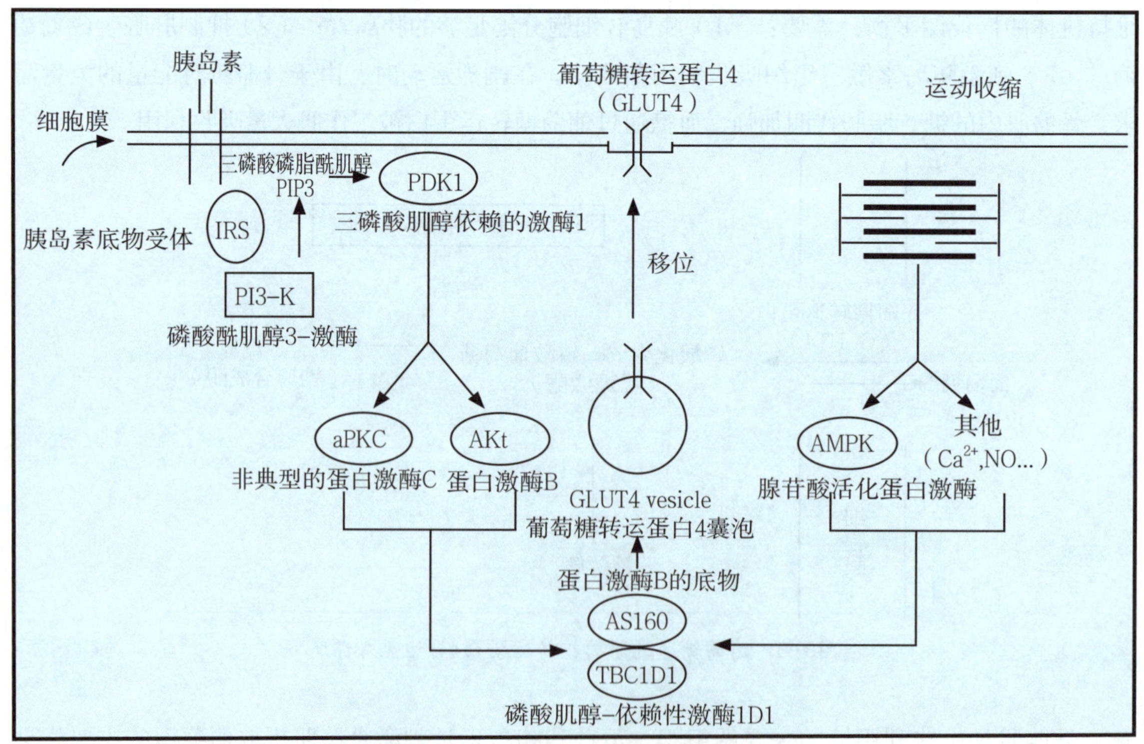

图8-4　胰岛素通过葡萄糖转运蛋白4的异位来增加葡萄糖转运进入骨骼肌的信号通路

在骨骼肌细胞，除胰岛素作用外，单纯运动即可引起葡萄糖转运蛋白4从细胞内向细胞膜转位，促进葡萄糖跨膜转运。葡萄糖转运蛋白4转位和葡萄糖的转运涉及多个信号转导途径，如胰岛素信号转导途径和蛋白激酶途径等。胰岛素信号转导途径是胰岛素与脂肪细胞或骨骼肌细胞表面胰岛素受体结合后，经过信号传递最终使葡萄糖转运蛋白4转位到细胞膜上。运动有别于胰岛素信号转导途径而成为当前研究的热点。研究发现，细胞内Ca^{2+}、腺苷酸活化蛋白激酶和丝裂原活化蛋白激酶的变化对运动过程中葡萄糖转运蛋白4的调节具有重要作用。

（三）运动改善胰岛素抵抗

胰岛素抵抗使外周组织（尤其是骨骼肌、脂肪组织和肝脏）对循环系统中正常浓度的胰岛素的敏感性降低。为了弥补胰岛素抵抗的作用，体内糖耐量降低、胰岛素升高。最终胰岛β细胞受到损害，胰岛素分泌降低。胰岛素抵抗和胰岛β细胞受损最终导致空腹血糖浓度升高。因此，胰岛素抵抗是糖尿病发生的最好预测指标。

一个简单的运动能增加骨骼肌葡萄糖的转运、代谢和改善糖原代谢。运动过程中糖原分解的比例增加，伴随运动后糖原的快速恢复。这一过程依靠多种因子的调节，包括肌糖原浓度、体液调节和自分泌–旁分泌机制等。骨骼肌中这些因素的改变能够提高胰岛素患者的葡萄糖平衡。另外，运动也可能是通过改变这些因素来预防和缓解2型糖尿病。

运动训练改善了胰岛素抵抗和2型糖尿病患者体内的葡萄糖耐量和胰岛素作用。这一作用是体内多种组织如胰腺、肝脏、脂肪组织和骨骼肌共同适应的结果。运动使胰腺对葡萄糖变化的胰岛素分泌量减少。一个定量负荷、长期运动的个体肝糖原消耗的比例下降、脂肪酸供能比例增加。但是肝脏产生糖原的最大量增加了。运动使脂肪组织储存和动员脂肪酸的能力增加。运动使葡萄糖转运蛋白4的表达量增加，从而增加了胰岛素的作用效果。

运动疗法对于2型糖尿病患者来说，具有药物所不可替代的重要治疗作用。胰岛素抵抗是肥胖性2型糖尿病及罹患心血管病的重要致病因素。研究表明，运动治疗可以增加胰岛素受体的亲和力和/或胰岛素受体的数目，提高外周组织对胰岛素的敏感性。运动训练能较好地改善糖尿病大鼠肝细胞膜胰岛素受体的病理特征，更好地促进血糖的摄取和利用，降低血糖。减少饮食中脂肪含量同时结合耐力运动，可提高肝细胞膜、骨骼肌细胞膜胰岛素受体的结合率，使肥胖大鼠的胰岛素抵抗得以改善。

六、糖尿病运动处方的实施

思考与交流

糖尿病人应该进行怎样的运动来控制血糖？糖尿病病人合适的运动处方是什么？

大家公认的是体力活动增加在预防2型糖尿病方面具有重要的作用。规律性的运动改善了糖尿病病人的葡萄糖和胰岛素的代谢。早在1919年，就有运动降低糖尿病人血糖浓度、提高耐糖能力的报道。Jolin及其同事编写的1935年版《糖尿病治疗方法》一书中将运动确定为治疗糖尿病的日常治疗手段。前文阐述的糖尿病流行病学研究中指出规律的中等强度运动是预防和治疗糖尿病诸多方法中非常重要的一部分。规律的运动能增强2型糖尿病患者节食的效果、抗高血糖药物降低血糖水平的疗效、提高胰岛素敏感性。流行病学研究表明：不论民族、性别或是年龄，运动锻炼是一种预防和缓解2型糖尿病的生活方式改变方面的主要预防手段。（表8–2）

表8–2　运动在预防2型糖尿病方面作用的流行病学数据

研究对象	主要结果	参考文献
	队列研究	
45~55岁的男性	体力活动水平与患有高糖尿病风险的男性患糖尿病的概率呈现负相关	Helmrich et al.(1991)
34~59岁的女性	8年的跟踪研究表明：每周至少1次的大强度运动使患2型糖尿病的风险下降16%	Manson et al. (1991)
40~84岁的男性	5年的跟踪研究表明：每周至少1次的大强度运动使患2型糖尿病的风险降低29%	Manson et al. (1992)
	可行性研究	
47~49岁葡萄糖耐量受损男性	5年的跟踪研究表明：运动锻炼能够使锻炼病人的空腹血糖耐量试验正常化的人数大于50%	Eriksson and Lindgarde
25~74岁葡萄糖耐量受损男性和女性	6年的跟踪研究表明：每100人中锻炼组出现2型糖尿病的例数为8.3，而对照组出现的例数为15.7	Pan et al.(1995)

运动处方由美国生理学家卡波维奇首先提出，定义为符合个人状况所制订的运动方案。1969年世界卫生组织正式采用“运动处方”这一术语。

（一）糖尿病运动处方的制定

1. 运动方式

运动方式要因人而异，必须根据患者的年龄、体质、运动习惯、社会、经济、文化背景以及糖尿病类型与并发症等不同而酌情选择。行走时耗氧量较多，对肥胖型糖尿病合适。另外，步行对于有糖尿病慢性并发症、血压高于180/110 mmHg的患者，也是非常合适的运动。对能够参加较多运动方案的2型糖尿病患者来说，有氧耐力训练与抗阻训练相结合是较好的选择。

2. 运动强度

运动强度要考虑运动的安全性和有效性。目标运动量应达到60%最大摄氧量，即中低等强度。在确定运动强度时，原则上要求年龄> 40岁、病程>10 年、有心血管病症状与体征的糖尿病患者常用靶心率来作为运动强度的指标，一般取运动试验中最高心率的60%～80%作为靶心率。可按公式计算靶心率：靶心率=安静心率+安静心率×50%。建议开始训练时的运动强度应在一个较为舒适的水平，并且应该随耐力的提高逐步增加强度。低中强度的运动在改善机体功能状态和持久性方面不亚于高强度运动，并且使患者具有良好的心情，可以为逐步增加运动量打下良好基础。

3. 运动时机

2型糖尿病患者的运动一般安排在餐后1~2小时内进行，国内有研究报道认为餐后90分钟进行运动，其降糖效果最好。1型糖尿病患者运动时间最好选择早晨，在胰岛素使用前进行，以减少低血糖反应。

4. 运动频率

一般认为每周运动锻炼3次以上较为合理，有资料表明终止运动锻炼3天，由运动所改善的胰岛素敏感性会随之消失，则运动的效果及累积作用就会减少。有研究结果显示，与极少参加运动锻炼者相比，随着运动锻炼频率的提高锻炼组发生2型糖尿病的相对危险度下降。所以，对身体情况允许的、尤其是肥胖的患者，坚持每天运动1次最为理想。

5. 运动持续时间

运动时间从最初的5~10分钟/次，随患者的个体情况及对运动的逐步适应逐渐增至40~60分钟/次，最长应限制在60分钟内以避免对关节和肌肉的损伤。运动处方运动量的大小由运动强度和运动持续时间共同影响，强度大的运动时间适当缩短，强度较小的时间适当延长。对病情稳定、体力好的患者，可采用强度大、时间短的运动量；而年老体弱及肥胖型患者，宜采用较长时间和低强度运动的配合。糖尿病患者的锻炼持续时间应该有灵活性，因为不同患者的疾病类型、生活、工作方式、运动习惯都不同。

（二）运动注意事项

运动防治糖尿病要获得事半功倍的效果，还应注意有关事项。

1. 糖尿病人的运动锻炼要注意循序渐进、持之以恒。

2. 要因人而异选择运动量、运动项目。

3. 尽可能在饭后1~2小时参加运动，这时血糖较高不会发生低血糖。

4. 避免在使用胰岛素或口服降糖药后做大强度运动，并注意降糖药放在餐前30分钟左右服用，这样病人在饭后1~2小时参加运动是比较安全的。

5. 不宜在空腹情况下运动，有晨练习惯的病人运动前要进点食，如喝一杯牛奶加几块饼干，并随身带几块糖果。

6. 避免在恶劣气候条件下户外运动，在户外特别野外运动后要检查脚和手，及时发现外伤，预防感染。

7. 若运动中出现不适，例如饥饿感、出冷汗、心悸、心跳加快，应考虑低血糖反应，要及时补糖；如果出现胸闷、胸痛或腿痛，应立即停止运动并尽可能到附近医院就诊。

第二节　运动预防肥胖的生物化学

一、肥胖的概况

（一）超重和肥胖的定义

重要知识点

肥胖：以身体质量指数（BMI）作为评价标准，BMI≥23界定为超重，BMI≥27界定为肥胖。男性腰围≥85cm，女性腰围≥80cm为腹部脂肪蓄积的界限。

腰围——从髂嵴最高处测得腹部围度的测量方法。在研究和临床环境中用腰围来评价腹部肥胖等级。

肥胖是由于遗传、环境等特定因素引起的一系列进食调控和能量代谢紊乱，体内脂肪积聚过多而使体重超常的一种常见的内分泌代谢疾病，目前研究的一致观点是肥胖是一种疾病。因为，随着人的体重直线上升，高血压、糖尿病、冠心病、胆石症、脂肪肝和各种肿瘤会悄然造访（图8-5 揭示了肥胖与死亡率的关系）。随着社会的发展，世界患肥胖的人群数量正在逐步增加（图8-6）。因此肥胖将是危害人们健康的大敌，研究肥胖的原因和科学的减肥方法已引起人们的高度重视。

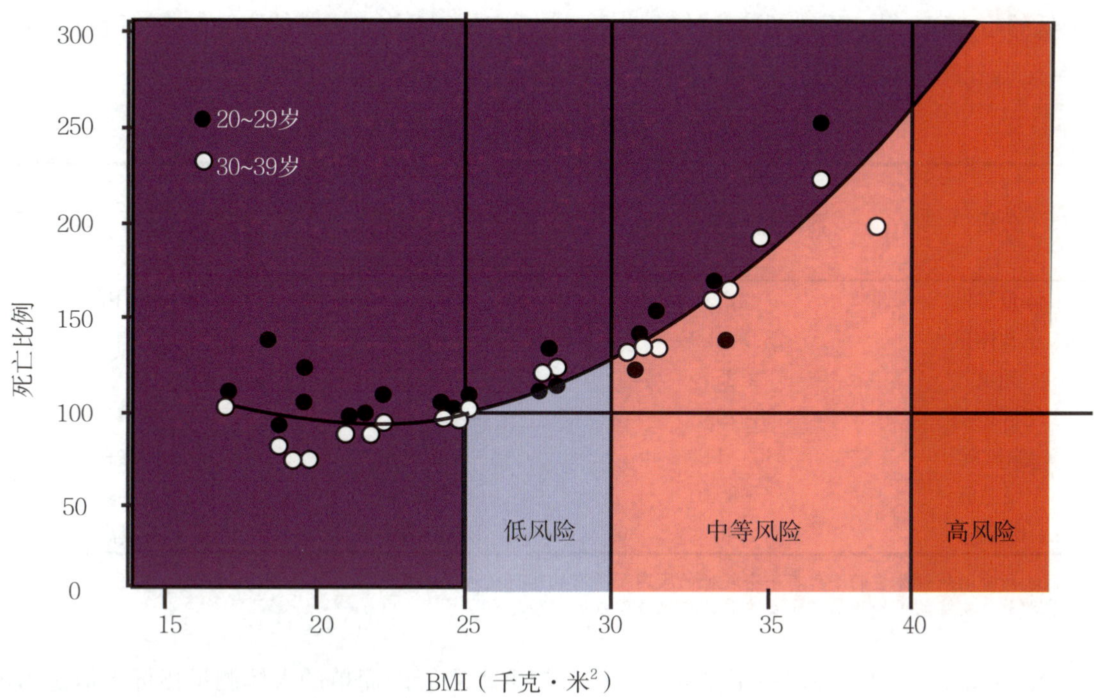

图8-5　20~39岁人群的BMI和死亡风险的关系（Bray GA，1987年）

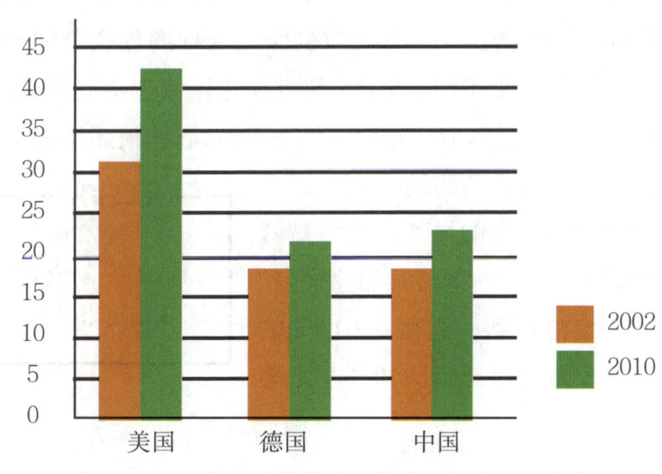

图8-6　2002和2010年美国、德国和中国人肥胖率

通常情况下，在研究中和临床上超重和肥胖用身体质量指数（BMI）来评价，是用体重（千克）来除以身高（米）的平方（千克/米^2）。表8-3是全球公认的成年人的BMI分级系统（世界卫生组织，1998）。这个评价系统是基于BMI、死亡率和慢性疾病之间的关系来制定的。请注意BMI这一指标是独立于年龄之外的，同时适用于男性和女性。目前，这些BMI指标适用于所有种族和民族，但是亚洲人群除外。对于亚洲人群来说，BMI≥23 千克/米^{2}通常被认为超重，BMI≥27 千克/米^{2}应该被定义为肥胖（世界卫生组织专家委员会，2004）。亚洲人

群更低的超重BMI界点反映了这一种族对于一个既定的BMI值来说其体脂和健康风险将会更高（Deurenberg–Yap and Deurenberg，2003）。

表8-3 依据BMI的成年人超重分级

分级	BMI（千克/米²）	死亡和疾病发生率	
		低腰围（男性≤102cm，女性≤88cm）	高腰围（男性＞102cm，女性＞88cm）
体重过低	＜18.5	较低a	不适用的
正常体重	18.5~24.9	较低	风险增加
超重	≥25		
肥胖之前	25~29.9	风险增加	较高
I级肥胖	30~34.9	较高	非常高
II级肥胖	35~39.9	不适用的	非常高
III级肥胖	≥40	不适用的	极其高

注：所有的较低体重的个体有一个较低的腰围，所有的I级和II级的肥胖人群有一个较高的腰围。较低腰围表示发生肥胖并发症的风险较低但是发生其他健康并发症的风险增加。

除了BMI，腰围能够被用于作为一个评价超重和肥胖的简单的人体测量指标。但是目前关于可以作为评价健康风险增加的腰围阈值还没有达成共识。最常用的腰围界点是：男性≥94cm作为一个评价发生肥胖相关的并发症的中度风险，男性≥102cm可以用于判定发生肥胖相关并发症的较高风险一个指标。女性相应的腰围指标的界点分别为80cm和88cm（世界卫生组织，1998）。一些组织如美国国家卫生研究院（国家卫生研究院，国家心肺和血压研究院，1998）已经提出腰围男性≥102cm和女性≥88cm能够被用于表8-3中所列的各级BMI分级中来区分这些人是否具有腹部脂肪。例如，一个肥胖级别为I级、腰围＜102cm的男性，应该被考虑为含有较少的腹部脂肪和一个“较高”的肥胖相关风险，然而一个肥胖级别为I级、腰围≥102cm的男性，应该被考虑含有较高的腹部脂肪和“非常高“的肥胖相关疾病风险。

知识卡片

腰围能够单独使用或是与BMI联合使用来作为一个肥胖相关健康风险的预测指标。

（二）超重和肥胖对健康的危害

超重和肥胖是影响人类整个生活质量的问题（如过早死亡和许多慢性健康问题）的主要风险因素。这些慢性健康问题包括2型糖尿病、冠心病、高血压、中风、某种形式的癌症、胆囊疾病和骨关节炎（国家健康研究院，国家心肺和血压研究院，1998）。表8-4总结了与正常体重的人群相比，肥胖人群发生病态和死亡的风险程度。

表8-4　肥胖带来的健康风险

健康情况	肥胖人群风险增加程度
过早死亡率	↑
冠状动脉疾病	↑↑
中风	↑
高血压	↑↑↑↑
2型糖尿病	↑↑↑
结肠癌	↑
绝经后乳腺癌	↑
胆囊疾病	↑↑↑
骨关节疾病	↑↑

注：↑风险增加为25%~50%;↑↑风险增加大概为200%；↑↑↑风险增加大概为350%；↑↑↑↑风险增加大于400%。（数据来源于：P.T.Katzmarzyk and I.Janssen,2004,"The economic costs associated with physical inactivity and obesity in Canada:An update", Can J Appl Physiol 29:90–115。）

全球估计表明大约58%的糖尿病、21%的缺血性心脏病和8%~42%的某种癌症都直接归因于体重过大（世界卫生组织，1998）。保守估计表明在发达国家中单独肥胖（不包括超重）贡献了整个健康治疗花费的2%~7%（世界卫生组织，1998）。间接的花销，远远大于直接花销，包括工作时间丢失、残疾赔偿金、生活质量的损坏和过早死亡。事实上，在工业国家，肥胖是死亡的首要原因之一。

二、肥胖发生的生物化学基础

思考与交流

肥胖的发生与多种因素有关，机体哪些功能异常会引起肥胖？

机体因脂肪细胞数目增多而发生的肥胖称为增殖型肥胖，以脂肪细胞体积增大而发生的肥胖称为肥大型肥胖。成年期发生的肥胖多为肥大型，青春期、幼儿期发生的肥胖多为增殖型肥胖。肥胖可分为两种，即单纯性肥胖和症候性肥胖。其中单纯性肥胖约占总肥胖的95%，其原因是过食和消化吸收能力强，饮食习惯不良，运动不足，环境因子及其他与遗传因子有关的多种因子；症候性肥胖的原因是内分泌异常、先天性异常、药物副作用、视丘脑下部或前叶异常等。日常生活中所见的肥胖多为单纯性肥胖。

（一）下丘脑摄食中枢的功能异常

下丘脑作为机体重要的神经内分泌中心，其存在可直接调节摄食的神经细胞群，包括下丘脑腹内侧核（饱中枢）和下丘脑腹外侧核（饥中枢），饱中枢上含有葡萄糖受体神经原，葡萄糖受体神经原上有葡萄糖受体；饥中枢上含有葡萄糖敏感神经原，葡萄糖敏感神经原上含有胰岛素受体（其结构关系见图8-7）。各种化学物质如葡萄糖、二氢丁酸、游离脂肪酸、去甲肾上腺素、胰岛素等可通过这些受体来作用于中枢从而产生饥饿感或是饱腹感。刺激饱中枢可产生饱胀感，引起摄食下降或拒绝进食；而刺激饥中枢则可产生食欲亢进，进食增多。当给予下丘脑处一些神经肽、神经递质和药物时，可改变食物摄入情况。

知识卡片

下丘脑：调整内脏活动和内分泌活动的较高的神经中枢，能够调节机体的体温、摄食、内分泌等，如损毁双侧下丘脑的外侧区，动物即拒食拒饮而死亡；损毁双侧腹内侧区，则摄食量大增引起肥胖。

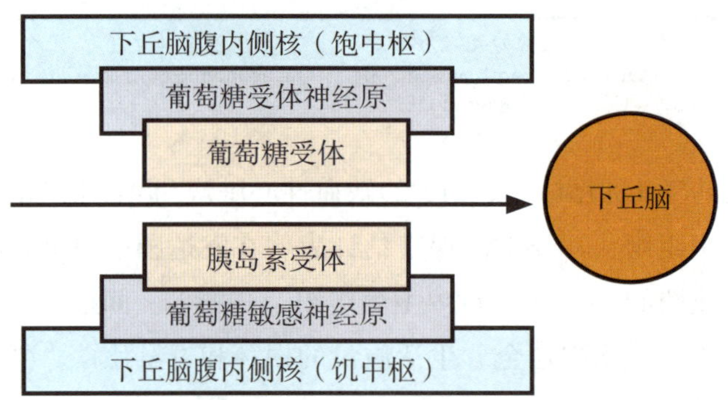

图8-7　下丘脑上调节摄食的神经结构关系图

（二）高胰岛素血症

与正常人相比，肥胖者血浆中胰岛素水平往往呈较高水平，且血中胰岛素水平和肥胖度呈正相关。肥胖者血中胰岛素浓度较肥胖者多伴有胰岛β细胞肥大，胰岛素分泌过多，而肝脏胰岛素清除率下降。肥胖者的肝脏胰岛素清除率与肥胖度呈负相关。

（三）脂肪组织的代谢特征

人体脂肪组织有两种形式，即白色脂肪组织（white adipose tissue，WAT）和棕色脂肪组织（brown adipose tissue，BAT）。

白色脂肪组织主要分布于全身皮下及内脏周围，主要的功用是储存过剩能量。肥胖和白色脂肪组织细胞的数目和体积有关。成人的脂肪组织约含脂肪细胞（2.5～5）$\times 10^{10}$个；通常脂肪细胞直径为10～120μm，极度肥胖者可达到180μm以上，其中以中性脂肪量的增减对脂肪细胞体积影响为最大。

棕色脂肪组织主要分布于肩胛骨间、颈背部、腋窝处、纵膈、肾脏周围等处，外观呈浅棕色，细胞体积变化相对较小。棕色脂肪组织的细胞内含有大量中性脂肪小滴和高浓度的线粒体，细胞间有丰富的毛细血管和大量交感神经末梢纤维，如此组成一套完整的产热系统，其产热主要机理是细胞内游离脂肪酸经非偶联氧化磷酸化途径分解产热。棕色脂肪组织细胞产热的多少主要取决于线粒体内膜上的一种有调节质子跨膜作用的特殊蛋白质——解偶联蛋白（uncoupling proteins，UCPs）的多少。多种因素可影响解偶联蛋白，如交感神经受刺激、胰岛素浓度升高可引起产热增加，甲状腺激素、肾上腺皮质激素则使其减少。棕色脂肪组织作为产热器官，其活动直接影响体内代谢能量的平衡。目前研究表明，肥胖的发生可能与棕色脂肪组织功能低下有关，当其产热功能异常时，摄入体内的能量以热的形式散发减少，因而在体内储存转变为脂肪。部分肥胖者进食量并不多，活动量也不少，但体重和体脂量并不下降，其原因可能与棕色脂肪组织的产热能力下降有关。

（四）转录因子

目前，已鉴定出的对脂肪组织生成、分化及分解有直接影响的转录因子主要包括：增加脂肪合成的过氧化物酶增殖体激活型受体（Peroxisome Proliferator-Activated Receptor，PPARr）；CCAAT增强子结合蛋白家族（CCAAT/Enhance Binding Proteins，C/EBPs）；促进脂肪分化的脂肪细胞决定和分化依赖因子1/醇调节元件结合蛋白1（Adipocyte Determination and Differentiation factor-1/Sterol regulatory element-binding transcription factor 1，ADD1/SREBP1）；增加脂肪氧化的转录辅助活化因子1（Transcriptional Coactivators，PGC-1）等。

> **知识卡片**
>
> 转录因子：基因在转录时往往需要多种蛋白因子的协助，这些蛋白因子就是转录因子，其与基因上的特定位点结合，从而引起特定基因的表达。

除了上述转录因子外，生长激素（growth hormone，GH）、胰岛素、胰岛素生长因子-1（insulin-like growth factor-1，IGF-1）、糖皮质激素、前列腺素（PG）等也可以影响脂肪组织生成和脂肪细胞分化，但是这些转录因子对脂肪生成和脂肪细胞分化的影响是复杂的，这些影响有促进分化的，也有抑制分化的；有直接作用，也有间接作用；可以单独作用，也可以协同作用。

（五）生化因子

人体内还存在一些生化因子在调控体重和能量代谢方面起到重要的调节作用。如神经肽Y可以减弱交感神经对棕色脂肪组织的作用，使产热减少，同时增加白色脂肪组织中脂类合成相关酶的表达，使体重上升；瘦素能够作用于下丘脑的体重调节中枢，引起食欲降低、能量消耗增加，从而减轻体重；增食因子与瘦素作用相反，能增加食欲和促进脂肪生成，但是其促进食欲的作用低于神经肽；抵抗素导致肥胖的生物效应主要为对抗胰岛素、升高血糖、促进脂肪细胞增生；脂联素水平的升高对机体是一种保护作用，但研究表明肥胖人群中脂联素mRNA的表达明显降低；腺苷酸活化蛋白激酶信号系统最主要的生物学效应是通过感受胞浆内腺苷酸/三磷酸腺苷酸比值的变化，调节胞内糖、脂代谢。腺苷酸活化蛋白激酶还可以通过增加脂肪酸的氧化起到减肥的作用。（图8-8）

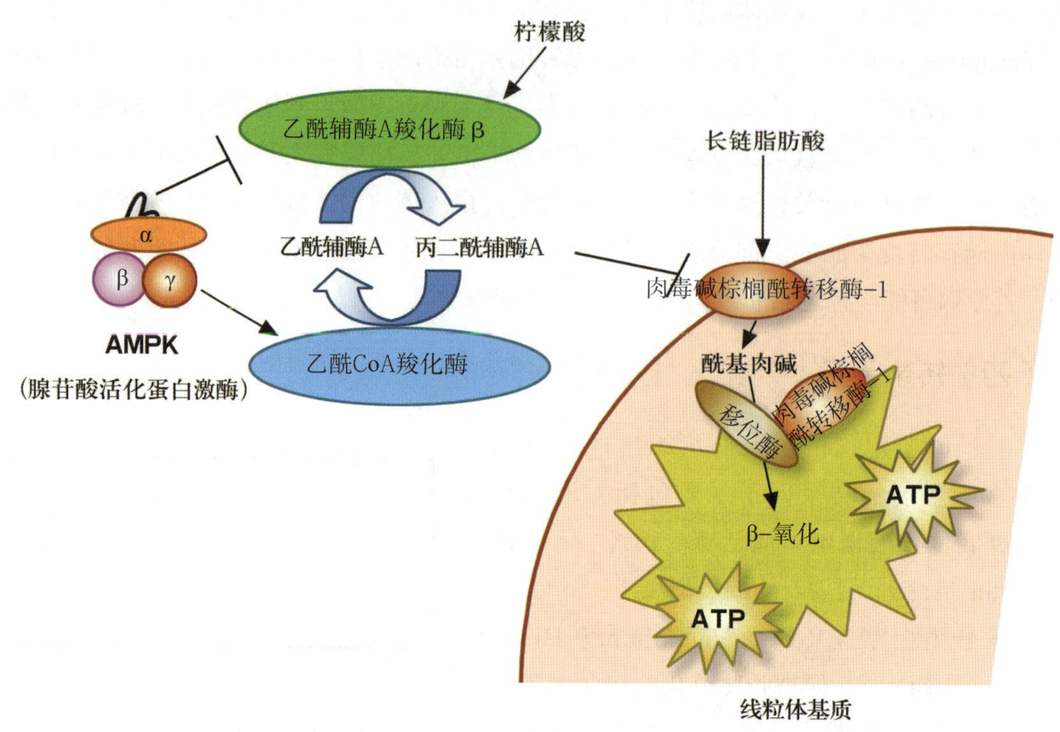

图8-8　腺苷酸活化蛋白激酶影响脂肪酸氧化的作用机理

（六）遗传因素

遗传因素是肥胖形成的一个不可忽视的因素。研究显示：双亲中有一方是肥胖者，其子女肥胖患病率约为50%，而双亲均为肥胖者，其子女肥胖患病率增至80%。肥胖的发生与肥胖基因、消脂素受体基因、解偶联蛋白基因、肾上腺受体基因等基因的突变有关。目前研究较多的是肥胖基因，这一基因能够表达瘦素。研究证明肥胖基因的表达以及血液中瘦素水平与体脂百分比及体脂丢失量高度相关。瘦素通过调节能量平衡、增加能量输出、减少能量摄取及促进白色脂肪的产热，抑制脂肪合成。当肥胖基因发生突变时，不能合成或是产生无功能活性的、断裂的瘦素，从而会导致肥胖的发生。

三、运动预防肥胖的生物化学原理

思考与交流

运动可以预防和降低肥胖，运动降低肥胖的原因主要为增加能量输出，那么运动是通过影响机体的哪些功能从而达到降低脂肪含量的作用？

体重降低与体力活动量呈正相关。图8-9阐述了这一问题，在这一图中展示了能量输出和运动锻炼时间与体重和全身脂肪相应降低的剂量-效应关系。然而，日常的运动并不是常常与体重或是体脂降低相关联。一些调查者报道了一个相反的结果，每天进行30~40分钟、持续数月的日常运动并不能达到降低体重的效果（Donnelly等，2003）。然而，大部分的研究表明没有限制能量摄入的规律性的体力活动能够使超重男性和女性的体重降低和全身脂肪降低。

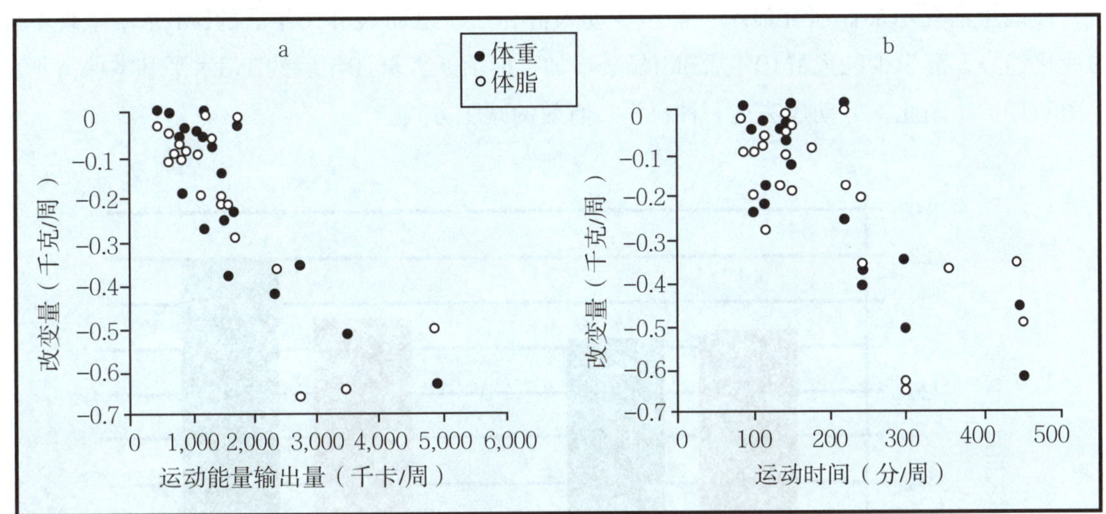

图8-9 每周的运动能量输出（a）或是每周的运动分钟数（b）和相应的体重（黑色数据点）和全身脂肪量（灰色脂肪点）改变情况之间的剂量-效应关系。每个数据点代表一个研究的平均值。

（数据来源于R.Ross and I.Janssen,2001，“Physical activity, total and regional obesity:dose-response considerations”，Medicine and Science in Sport and Exercise 33(6 Suppl):S521-527。）

体重下降能够带来许多健康的益处（表8-5）。目前最为科学的减肥方式是运动和节食。影响体重的基本要素是热能摄入量与消耗量。热能摄入量等于消耗量时，则体重基本保持不变，即热能平衡。当热能摄入量大于消耗量时则体重增加，即热能正平衡。而热能摄入量小于消耗量时，则体重减轻，即热能负平衡。因此，减肥的最终目的主要是减去体内多余的脂肪，并且主要是通过变动热能平衡来实现。

表8-5 体重降低带来的健康益处

项目	受益程度
死亡率	全因死亡率：下降>20% 糖尿病相关的死亡率：下降>30% 肥胖相关的死亡率：下降>40%
血压	收缩压下降10 mmHg，舒张压下降7mmHg
糖尿病	空腹血糖下降50%
血脂	总胆固醇：下降10% 低密度脂蛋白：下降15% 甘油三酯：下降30% 高密度脂蛋白：增加8%

运动本身能增加热量的消耗。坚持体育运动，每次采取30分钟以上的有氧运动，就能不断地消耗由脂肪氧化提供的热量。有研究显示，运动可减轻高脂饮食造成的脂肪正平衡，抑制过度饮食造成的脂肪细胞数目增生，减少脂肪细胞体积的增加。运动结束后体内脂肪酸和乳酸继续氧化、体内糖原储备的恢复都需要消耗能量，以及运动引起的内分泌变化、体温增高等因素均可使运动后的静息代谢率升高持续2~10小时。运动还可增加食物的特殊动力作用，使能量消耗增加。研究显示：静坐少动人群和活跃运动人群10年后的BMI水平呈现不同的变化趋势，静坐少动人群10年后BMI显著增加，而活跃人群10年后的BMI水平基本保持不变（图8-10）。因此，运动疗法是一种科学、有效的减肥方式。

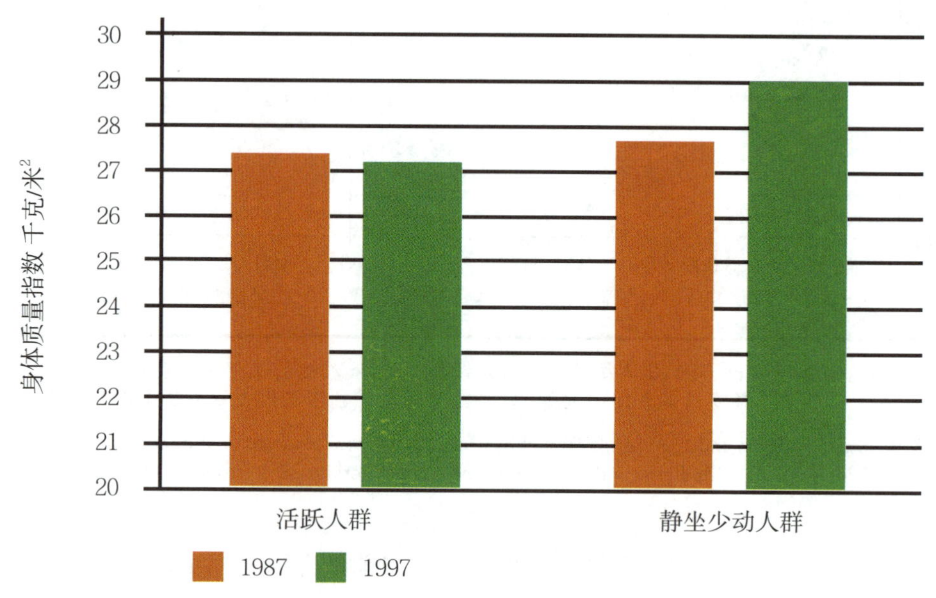

图8-10　静坐少动人群和运动活跃人群10年后的（BMI）的变化情况（Petrella等，2005年）

（一）运动对脂代谢的影响

有氧耐力运动可以提高机体动员和氧化脂肪的能力，机体对长期有规律的有氧耐力练习最主要的适应性改变就是：在中等强度的活动中机体利用脂肪的能力提高。运动对脂代谢的作用主要表现在以下几方面。首先，运动可以改善血脂水平，如：降低血浆甘油三酯、总胆固醇、低密度脂蛋白浓度，升高高密度脂蛋白浓度（图8-11），使肥胖者原先有致动脉粥样硬化（AS）的血浆脂蛋白组成向良好的方向转变。

> **知识卡片**
>
> 血脂：是指血浆中甘油三酯、胆固醇、磷脂等的总称，血浆胆固醇和甘油三酯水平的升高与动脉粥样硬化的发生有关。

研究表明：有氧运动能够使肥胖青少年的高甘油三酯血症检出率显著降低（图8-12）。密度脂蛋白水平通常不受体育锻炼的影响，然而运动似乎能改善低密度脂蛋白小而致密的脂蛋白离子。与运动强度相比，运动量可能是决定脂蛋白形态的更重要的因素。亦有研究表明运动可影响血清载脂蛋白A和载脂蛋白B的水平。

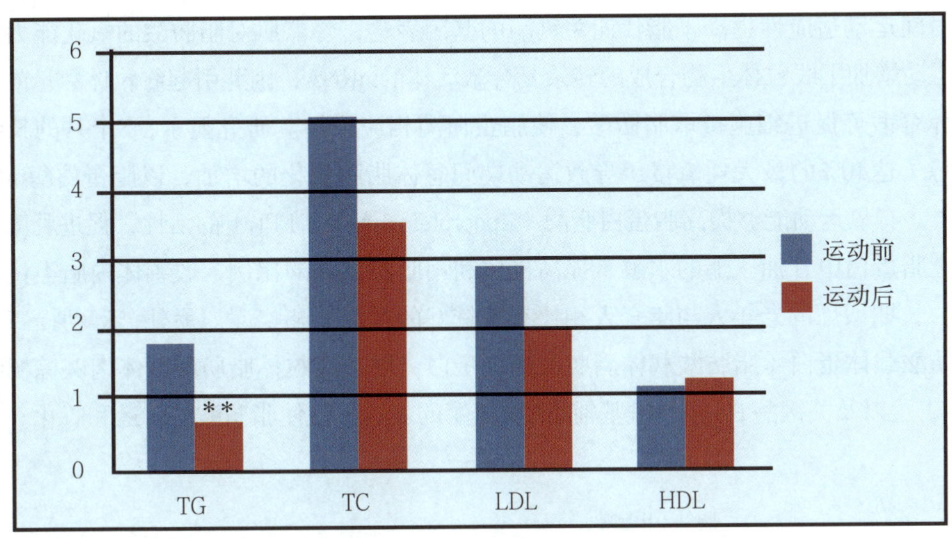

图8-11 有氧运动对肥胖儿童血脂的影响（张忠英，2010）

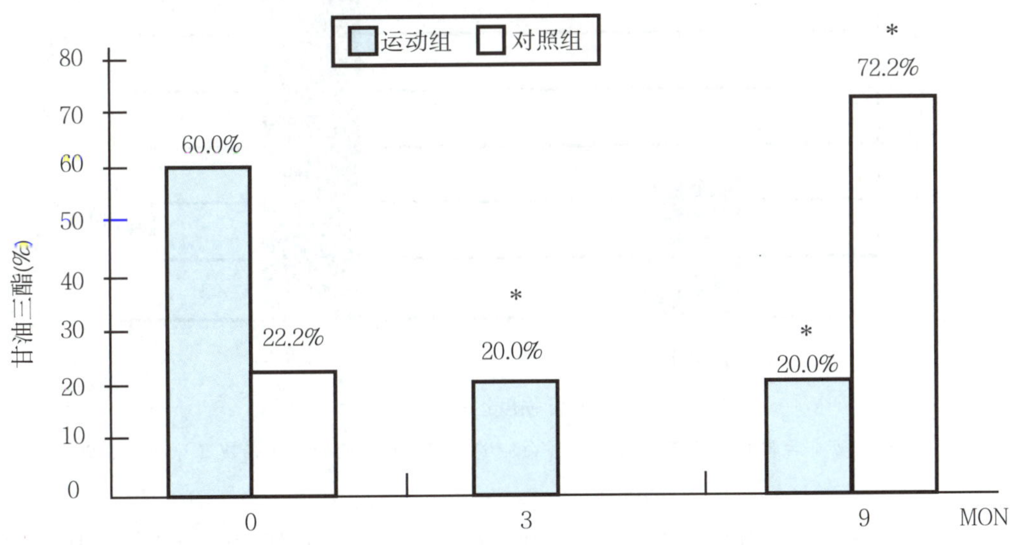

图8-12 9个月运动干预对肥胖青少年高甘油三酯血症检出率的影响（刘文，等，2008）

此外，运动还可以影响与脂代谢有关的酶。已有多项研究证实运动训练可提高空腹血浆脂解活性。训练可以增加运动过程中的脂肪酸氧化水平，其原因是线粒体体积增大以及伴随的氧化酶活性增强。研究表明：20周的自行车锻炼能够使高血脂患者（血脂水平超过250毫克以上）的血脂降低约20%，高密度脂蛋白浓度、脂蛋白A-I水平显著提高，并且脂蛋白酶被活化，高密度脂蛋白水平的提高与内脏脂肪的减少呈正比，与甘油三酯的基线水平呈反比。其机制可能主要与脂蛋白酶活性提高有关。运动还可以激活过氧化物酶体增殖物激活受体-γ和过氧化物酶体增殖物激活受体-α，也可以增强包括调控高密度脂蛋白代谢的基因编码蛋白的表达。这些改变可以减少富含甘油三酯脂蛋白浓度，使高密度脂蛋白的浓度增加8%~10%。

长时间运动适应性提高了脂代谢关键酶的基因表达，骨骼肌对脂肪酸的氧化能力增加。首先，运动增加了线粒体生物合成的转录复合激活体的mRNA，因此引起线粒体数量的增加。其次，体育锻炼促进细胞摄取脂肪酸，使脂蛋白酶相应增加。研究显示，3个月的长时间低强度锻炼（达40%的最大耗氧量）导致运动期间总体脂肪氧化的增加，以脂蛋白酶mRNA增加为标志。有氧运动能够提高脂蛋白脂酶（lipoprotein lipase，LPL）的活性，促进乳糜微粒和极低密度脂蛋白中甘油三酯的水解，提高机体利用脂肪供能的比例，改善体内脂类代谢（图8-13）。长期锻炼的老年人与年轻人相比有着较好的甘油三酯代谢。另外，运动提高了骨骼肌中脂肪酸载体蛋白（脂肪酸载体脂肪酸捆绑蛋白、限速线粒体脂肪酸载体肉碱棕榈酰转移酶1）的表达以及关键酶β-羟基酰基辅酶A脱氢酶的表达，促使脂肪酸的转运和氧化。

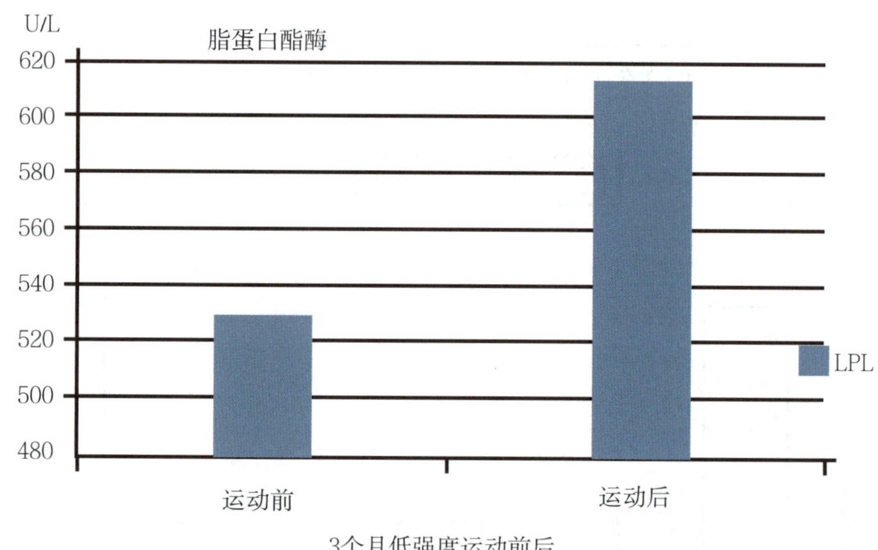

图8-13 有氧运动前后肥胖男儿童血清中脂蛋白脂酶（LPL）活性的变化情况（张忠英，2010年）

有氧运动可通过调节内分泌代谢来增加机体的能量消耗，降低体脂含量，其中以对胰岛素作用的影响最为显著。首先，有氧运动可改善肥胖者胰岛素受体结合力降低的现象。骨骼肌胰岛素受体结合力下降是肥胖者的一个明显特征，从而发生胰岛素抵抗，使大量的葡萄糖进入脂肪组织，能量以脂肪的形式储存。有氧运动可以逆转肌细胞膜胰岛素受体结合力的下降。其次，有氧运动能够改善肥胖者胰岛素的敏感性，从而有效地调节体成分，达到减脂的目的。机体运动时，血浆中抗胰岛素如儿茶酚胺、胰高血糖素、生长素、糖皮质激素等的浓度升高，抑制了胰岛素分泌。所以随着运动强度增大及运动时间延长，血浆胰岛素浓度趋于下降。运动引起儿茶酚胺和肾上腺皮质激素分泌增加，胰岛素分泌减少，这些脂解激素作用于脂肪细胞膜表面受体，激活腺苷酸环化酶，促进环腺苷酸（cAMP）合成，激活依赖环腺苷酸的蛋白激酶，使细胞液内激素敏感性脂肪酶磷酸化而活化。同时蛋白激酶还可使脂粒表面的脂蛋白分子磷酸化，使脂肪酶能直接与储存的脂肪作用，使甘油三酯水解成甘油和脂肪酸而进入血液，从而加速了体内脂肪组织的脂肪动员。因此，运动能促进脂肪分解。

瘦素的生理作用除通过调节下丘脑降低食欲、减少能量摄入外，还通过增加脂肪代谢来消耗体脂，瘦素对动物和人的脂肪都有明显的下调作用。大部分肥胖者血清瘦素水平高于正常人。研究结果显示，长期运动能够降低体重、改善瘦素抵抗的现象。

（二）运动对肥胖遗传作用的影响

思考与交流

运动训练预防肥胖，那么运动是否影响肥胖基因呢?

遗传因素在肥胖的形成过程中具有不可忽视的作用。Meirhaeghe等在法国北部人群中进行有代表性的大规模样本（n=1195）的研究表明：体力活动具有抗衡体重、体脂肪和肥胖的遗传因素的作用，即使是遗传缺陷者也不应放弃运动。

此外，长期进行有氧耐力运动，慢肌纤维发生适应性肥大，骨骼肌的毛细血管增多，毛细血管网增大，毛细血管内皮细胞表面积扩大，内皮细胞上的脂蛋白脂酶（lipoprotein lipase，LPL）系统激活，从而使肌肉动用脂肪作为能源物质的能力提高，结果使体脂下降、且瘦体重明显增加。长期运动能够改善心肌功能，加强心肌的收缩力量，增加血管的弹性，增强血液运输能力和发展血液循环的心外因素，增强呼吸肌收缩力以及胸部和膈肌的活动度，加深呼吸，增强肺活量，改善呼吸功能，加快气体交换，增强运输氧的能力，有利于氧化燃烧多余的脂肪。

四、预防肥胖的适宜运动

事实上，大量证据表明一周内几天的30分钟或更多的中等强度运动积累将带来实质性的、范围宽泛的健康受益。表8-6 总结不同专家组的报道，这些专家研究的重点是多少的体力活动量能够用来预防体重增加。结合基础代谢率的测量和来源于双标水法测出的整个能量输出指标，我们能够计算出个体的体力活动水平（PAL）。（表8-7）

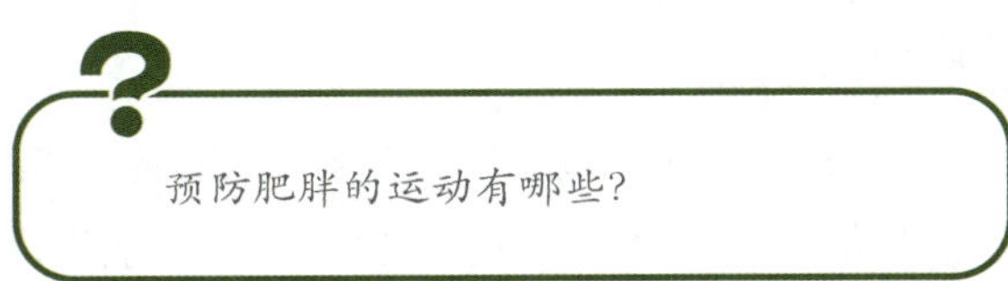

表8-6 目前预防体重增加的推荐值

专家组（年份）	预防体重增加的推荐值
世界卫生组织（1998）	男性和女性应该达到1.75的体力活动水平
美国外科总医师（2001）	成年人应该在1周的多天内进行至少30分 的中等强度体力活动，儿童应该达到60分
国际肥胖工作小组	男性和女性应该达到1.8的体力活动水平来预防非健康的体重增加，大强度的体力活动与保持体重的关系更加明确
医学研究所	所有的成年人应该累计达到60~90分 的日常体力活动，这相对应于大于1.6的体力活动水平
联合会议（2003）	男性和女性应该每天进行45~60分 的中等强度体力活动或者达到1.7的体力活动水平

表8-7 体力活动水平（PAL）

体力活动分级	体力活动指标	步行的等价值，速度是3~4mph，对于不同的体重		
		44千克	70千克	120千克
静坐少动	1.0~1.39	0	0	0
低活跃的	1.4~1.59	~4.7千米 43~58分	~3.5千米 33~44分	~2.4千米 22~30分
活跃的	1.6~1.89	~15.9千米 148~198分	~11.7千米 109~146分	~8.5千米 79~106分
非常活跃的	1.9~2.5	~36.2千米 337~450分	~26.9千米 250~334分	~19.8千米 184~246分

体力活动水平（PAL）是用整个的能量输出/24小时基础能量输出来定义的。因此，PAL大小受机体体重和年龄处于某种程度的影响，因为这些变量决定着基础能量输出。根据个体的体力活动水平，他们可以被放置在4种活动级别中的一个（详见表8-7）。由表可知，一个体重为70千克的人，除了日常生活的体力活动之外，如果每天以5~6千米/时的速度进行40分钟的步行，那么他的体力活动水平将从静坐级别升高到低活跃级别。一个体重70千克的人，如果要达到目前推荐的预防年龄相关的体重增加的1.7~1.8的体力活动的水平，那么除了日常生活的体力活动之外，他必须每天以5~6千米/时的速度进行大约2小时的步行。

不同体重的人要想上升进入一个更活跃的级别，其需要花费的时间和步行的距离是不一样的。因此，瘦的人被要求进行更多的步行，胖的人被要求较少的步行。步行的时间能够通过加快步行的速度或是进行更大强度的活动来缩短。例如，一个人每天以6~7千米/时的速度步行30分钟，另外中等强度的骑自行车25分钟，打网球40分钟，那么他的体力活动水平将增加到大约1.75的水平（运动活跃的级别）。

目前达成共识的是：不论发达国家或是发展中国家预防体重增加的体力活动水平都是1.7~1.8（参见表8-6）。为了达到1.8的体力活动水平，除了静坐生活方式所需的活动外，你需要进行等同于每天以5千米/时的速度步行8~11千米的距离的体力活动量。对于大多数静坐少动的人群来说，这就需要至少在他们日常的活动中增加60分钟的体力活动。事实上，每周300~400分钟或是大约每天50分钟的运动锻炼能够使机体以每周降低0.5千克的顺序来降低体重。这一结论与美国运动医学学会的观点一致，该学会针对想要减肥的超重和肥胖人群的推荐值是：应该每周进行200~300分钟的运动锻炼，等同于每周消耗大约2000千卡的能量（美国运动医学学会，2001）。

然而，在很大程度上，预防体重增加的指南来源于基于人口学的一大群男性和女性的数据，因此这一指南在个体之间应用情况可能是不一样的。换句话说，一些个体通过仅仅累计30分钟的日常体力活动就可以保持体重，然而其他人可能需要进行累计60~120分钟或是更多的时间来保持能量平衡和预防体重增加。用于保持体重（例如能量平衡）的定量的体力活动量根据个体的不同是不一样的。值得注意的是通过体力活动来预防体重增加的运动指南的数据来源主要是针对白种人的研究。因此，种族不同对这些指南原则的影响是不清楚的。

知识卡片

预防年龄相关的体重增加的平均体力活动水平大约是1.75，这一水平等同于60~90分钟的日常休闲体力活动量。

肥胖者的运动治疗主要是以中等强度、较长时间的有氧运动为主，辅以力量性运动及球类运动等。目前普遍认为，参加有节奏的动力性有氧运动，如长距离步行、自行车、游泳、健身操以及水中运动等，有助于维持机体的能量平衡，增强耐力，提高心肺功能。力量性运动主要是进行躯干和四肢大肌群的运动，可进行仰卧起坐、下蹲起立、俯卧撑，以及利用哑铃或拉力器等运动。

（一）有氧运动

有氧运动减肥处方可因人而异，最好是快走、慢跑、有氧健身操、爬楼梯、跳绳、户外骑车等运动项目。为了有助于选择最佳的运动处方，下面列举出每项运动的有氧等级、方便程度、受伤概率、总体评价以及适宜对象等以供参考。（表8–8）

表8–8　最有效的有氧运动减肥处方

运动项目	有氧等级	方便程度	受伤概率	总体评价	适宜对象
快走	7–8	10	低	9	几乎所有健全的人群
慢跑	10	10	中—高	8	无畸形或内科并发症的相对健康的人群
有氧健身操	8	7	低，中—高	7	喜欢集体运动和运动节奏感强的健康人群
爬楼梯	10	8	适中	8	能适应爬楼梯的各项艰巨要求者
跳绳	10	9	高	7	相对健康以及能够掌握跳绳技巧的人
户外骑车	8	6	中—高	6	生活在天气状况利于户外运动地区的人群
游泳	7	6	低	6	游泳技术高超，身体非常强健者

注：所有数字表示的等级都从1—10，10是最好的等级。

目前普遍认为大肌肉群参与的动力型、节律性的有氧运动，如医疗步行、跑步、游泳、自行车、健美操、水中运动等，有助于维持能量平衡，长期保持肥胖者的体重不会反弹，提高心肺功能。另外，现在最流行的减肥运动项目是步行、慢跑和骑自行车等耐力性的项目，只要能坚持达到一定的运动量便可以使体脂下降。根据美国运动医学的研究，有氧运动前15分钟，由肌糖原作为主要能源供应，脂肪供能在运动后15～20分钟才开始启动，所以一般都要求有氧运动持续30分钟以上。

1.步行

近年来，步行成为最普及的锻炼项目之一，尤为适合身体肥胖且老年体弱者进行身体锻炼。步行时，人体60%~70%的肌群参与活动，能增加下肢肌肉和韧带的力量，保持关节灵活性，同时也是增强心脏功能，降脂减肥的有效手段。步行速度以每分钟50~70米为小运动量，每分钟80~90米为中等运动量，每分钟步行100米属大运动量。锻炼者应根据运动中心率变化水平及主观感觉自我控制，循序渐进。

2.跳绳

该项运动是以下肢蹦跳为主的全身运动，不分时间季节，不受场地限制，趣味性较强，尤为适合青少年减肥者进行锻炼。还有研究表明，运动能促进脑中多种神经质的活力，使大脑的思维与反应更为活跃、敏捷，尤其以弹跳运动最佳，能供给大脑充分的能量。据国外研究，跳绳15分钟的效果相当于单打3局网球，打17穴高尔夫球，在9分钟骑自行车4.2千米，在23分钟内游637米等。初练者，每天60~100跳，分2~3次，间隔1分钟；正常后，每天400~500次，分2次，间隔1分钟，每周4~5次。实验显示，此法可有效地减掉脂肪，尤其对瘦脸有很好的效果。

> **知识卡片**
>
> 运动量合适的反应是运动后心情舒畅，精神愉快，感到轻度疲劳，但无持久性气短、胸闷和心慌等感觉。疲劳感长期不能消失，体重下降过快（1周内体重下降超过0.45千克），则提示运动量过大，应及时调整锻炼量或暂停。

值得一提的是，局部肌肉练习属减肥运动的辅助性练习，应该与耐力运动相结合，效果才更好。有高血压、冠心病的患者不宜进行上述练习，以免引起心率过快，血压过高。

3.骑自行车

可增强力量、速度和耐力及氧运输系统的功能。据报道在参加180千米自行车赛后，前6名选手体重平均下降5.5千克，由此可见，骑自行车对减肥效果是显著的，这项运动在室内、室外都能进行。

4.慢跑

慢跑被称为有“氧运动代谢之王”。它的运动强度大于步行，但相对来说比较容易让肥胖儿童青少年接受。其减肥效果好，见效快。有数据显示，慢跑以9千米/小时的速度进行，30分钟的耗能量为328千卡。比较标准的慢跑方式。跑步时除上体正直稍前倾，两臂自然摆动外，下肢的技术要领也很重要：腿后蹬时髋、膝和踝关节应充分伸直。前摆时大腿向前上方高抬，并带动髋部尽量向前送。在大腿前摆的过程中，小腿要保持放松而自然下垂。用脚前掌或全脚掌着地。总之应尽量自然、协调、放松，并注意调整好呼吸节奏，通常采用两步一吸，两步一呼的方法。

5.爬楼梯

爬楼梯可以不受自然条件的限制，不用投资，可以随时随地进行。生理学家测定，一般人以正常速度爬楼梯，每10分钟约消耗220千卡的热量，下楼则为上楼的1/3。在时间相同的情况下，上楼梯消耗的能量比打乒乓球多2倍，比游泳多2.5倍，比散步多4倍。要循序渐进，恰当掌握运动量和节律，运动量大小可用脉搏来衡量，一般在120~150次/分钟为宜。

6.游泳

有研究表明，水中运动被认为是最有前途的减肥运动。水中运动除游泳外，已发展到水中行走、跑步、跳跃、踢水等多种形式。近年来许多人认为水中运动是最有效的塑型、减肥方式。在水中，不论哪种姿势游泳，肢体都需不停地通过收缩和舒张，克服水的阻力进行运动，游速越快，水的阻力也越大，促使全身的肌肉得到良好的锻炼。水中的浮力使肥胖者不受体重的影响，减轻了在陆地上锻炼对下肢的负担。水中的散热比空气中高出20倍，再加上水的阻力，在同样的时间和强度下锻炼，游泳消耗的能量就比在陆地上消耗的能量要大。据研究发现水中运动的最大心率比在陆地上运动低11次/分钟。锻炼者在控制游泳运动强度时，需从自身陆上减肥运动的靶心率中减去11次/分钟左右，以免造成运动过量。300~800米/天，量力而定，每周4次。另有处方要求长时间慢速游，即速度控制在10~20米/分钟，每次60分钟，每天1~2次，时间最好安排在下午或晚上。

7.舞蹈减肥

它是在节奏欢快或疯狂的迪斯科音乐中进行的，气氛轻松、场面热烈，既能使减肥者尽情享受欢快的音乐和多变的舞姿，又能使其消耗热量，从而收到减肥效果。可选择的舞蹈有：街舞、拉丁舞、迪斯科、国际体育舞蹈等，运动时间一般在30~40分钟。

8.瑜伽减肥

目前一些研究表明瑜伽对于减肥具有明显的效果。瑜伽是一种运动强度比较小、时间较长并有全身大量肌肉群参与的运动，脂肪参与供能的比例较大，因此可消耗较多的脂肪。瑜伽的冥想是瑜伽运动所独有的内容，学习者挺卧或打坐，闭目调息，跟随教练的指引，在脑中勾勒一些美好的画面，放松身体的各个部位。瑜伽独特的调息法被称为“完全式呼吸”。这两个瑜伽独特的地方可能与瑜伽能够控制食欲有关。研究表明，瑜伽能够明显降低腰围、臀围、上臂围度及大腿围度，但见效较缓慢，需要练习者具备足够耐心；除对体脂存在明显影响外，亦对颈椎病、睡眠和精神状态有改善。

（二）抗阻训练

对于控体重来说，抗阻训练是有氧训练的辅助练习，在一个低负荷、高组数的持续抗阻训练循环中，每分钟能消耗平均9千卡的能量。超重或是肥胖人群应该进行辅助的抗阻训练。虽然抗阻训练造成的热能亏空不能阻止去脂体重的减少或是阻止安静代谢率的下降，但是，抗阻训练能加强超重或是肥胖人群的肌肉力量和身体功能。此外，此类人群参加抗阻训练能增强身体健康获益。

知识卡片

在做上述的有氧运动和抗阻训练前，应做10分左右的热身活动，这样可以起到伸展关节、韧带，加强心血管系统适应性的作用。运动结束后可做一套减肥医疗体操或动作较缓慢的广播操，充分伸展肢体，进行主动性恢复，对于消除疲劳有积极的作用。

抗组训练应包括多关节和混合运动（如卧推、蹬腿和臂屈伸），这样的运动要比单独练习一个肌群要好。因此减肥的抗阻训练中应注意多关节肌和混合运动。同时也应包括单关节练习，如肱二头肌弯举、三头肌伸展、股四头肌拉伸、提踵等。为了避免肌肉发展不平衡所导致的损伤，应同时训练相对肌群（如主动肌和拮抗肌），如下背部和腹部、股四头肌和腘绳肌。

第三节　运动预防心血管病的生物化学

一、心血管病发生的生物化学基础

思考与交流

心血管疾病的发病率逐年增高，那么发生心血管疾病的原因是什么呢？

心血管疾病（cardiovascular diseases，CVD）是现在社会中危害人们健康和生命安全的重要疾病，它是冠心病、脑血管病以及因心血管病死亡等的总称，常见的心血管疾病包括冠心病、脑卒中、高血压、外周血管病等。全世界因病死亡的人口中有30%死于心血管疾病（图8-14），预计到2020年，心血管疾病仍将是发展中国家和大多数发达国家最主要的死亡原因。目前研究较多的心血管疾病主要是冠心病和动脉粥样硬化两项。近年来，为了有效地预防心血管疾病，血管内皮功能和动脉硬度已经成为新的干预靶点。

重要知识点

心血管疾病：又称循环系统疾病，是一系列涉及循环系统的疾病，主要分为冠心病、高血压、脑血管病等，一般与内皮功能障碍有关。

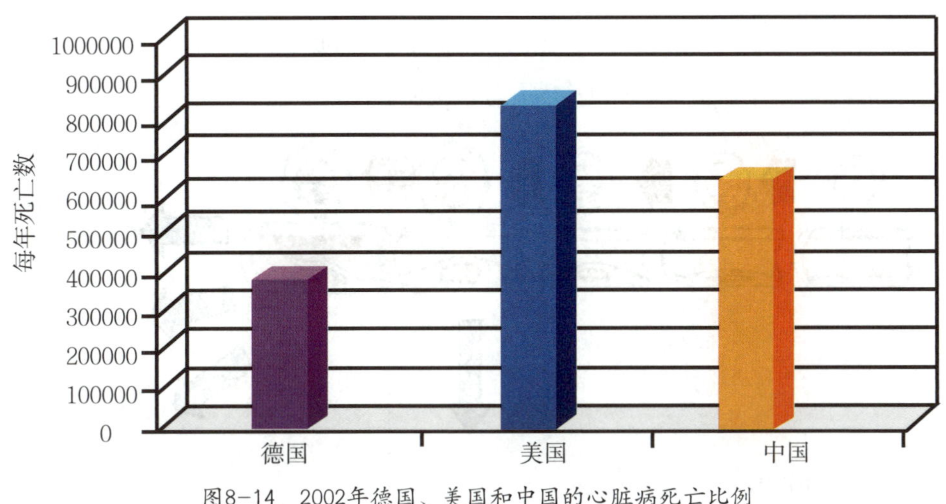

图8-14 2002年德国、美国和中国的心脏病死亡比例

（一）内皮功能障碍与心血管疾病

> **重要知识点**
>
> 血管内皮功能障碍：由于内皮细胞产生的NO生物活性物质下降而造成的缩血管物质和舒血管物质失平衡的状态，它与高血压病、冠状动脉硬化等心血管疾病的发生密切相关。

血管内皮是衬于血管内表面的单层扁平细胞，它不但是血液和组织之间的物理屏障，而且还能合成和分泌各种生物活性物质，参与机体复杂功能的调节过程。一氧化氮（NO）是血管内皮细胞分泌的主要的扩血管物质，具有强大的心血管保护作用，如扩张血管，抑制平滑肌的增殖和迁移，抗血小板聚集及血栓形成，抑制单核细胞的黏附等。而血管紧张素II则是内皮细胞分泌的强有力的缩血管物质，通过促进一些细胞因子的分泌来促进单核细胞对内皮细胞的黏附作用，并且能够促进血小板聚集和血栓的形成，以及刺激平滑肌增殖和迁移而引起的血管重塑。一氧化氮和血管紧张素II的平衡在血管张力调节和正常血管结构和功能的维持中具有重要的作用。

内皮功能障碍是由于内皮细胞产生的缩血管物质和舒血管物质失衡的状态。由于内皮直接与血液中的各种生物活性物质和毒性物质接触，因此极易受到损伤，发生内皮功能障碍。血管内皮功能障碍是心血管疾病发病的共同环节和病理生理基础。就动脉硬化来说，血管内皮功能障碍是动脉硬化发生的重要步骤，内皮功能障碍发生于动脉硬化形成之前，且贯穿于动脉硬化的整个病程，是动脉硬化、冠心病的早期征象。（图8-15、图8-16）

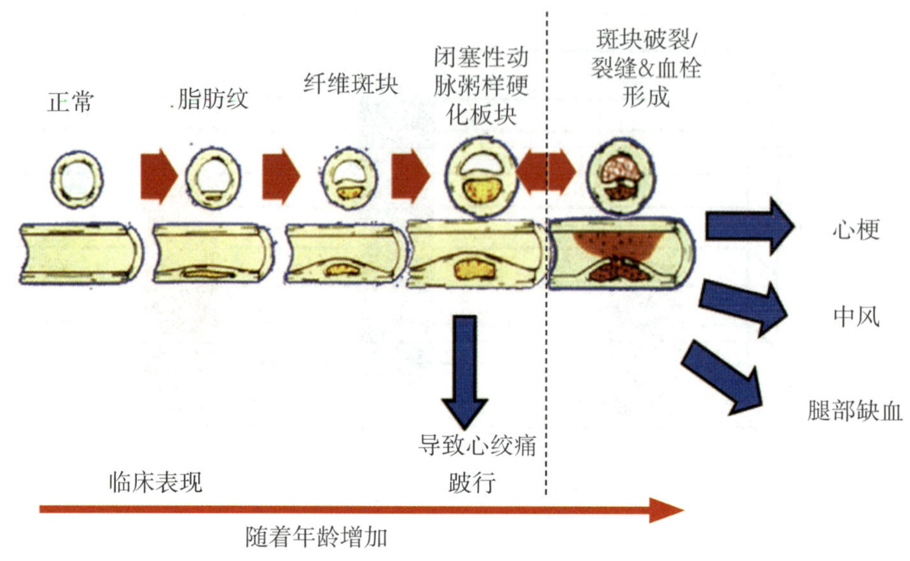

图8-15 内皮功能障碍与动脉硬化

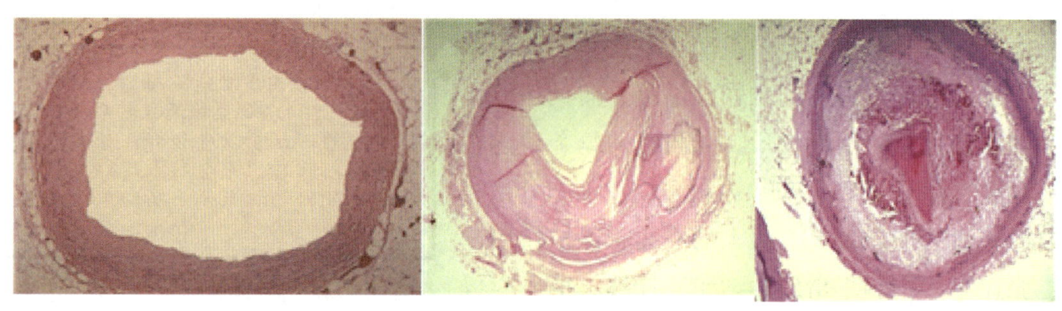

图8-16 动脉粥样硬化斑块与血管腔隙大小

内皮功能障碍是动脉粥样硬化过程中重要的早期事件，内皮功能障碍的最主要特征是：在血流增加、乙酰胆碱等生理性刺激下，内皮释放一氧化氮的能力下降，这会导致一氧化氮生物利用度下降，后者会产生一系列变化，如白细胞与内皮细胞的相互作用增强、血小板粘附和积聚以及平滑肌增生等，而这些都在动脉粥样硬化发生发展过程中起到重要的作用。研究表明，传统的心血管危险因子如高血压、糖尿病和脂代谢紊乱都与内皮功能障碍有关。

（二）炎症因子与心血管疾病

> **重要知识点**
>
> 炎症因子：炎症因子是指在炎症过程中由细胞产生和分泌参与炎症反应的物质。它与动脉粥样硬化、高血压、心力衰竭等具有重要的关系。

研究表明炎症与心血管疾病存在直接的网络关系。炎症因子包括C-反应蛋白、淀粉样蛋白A、热休克蛋白和肿瘤坏死因子-α等。C-反应蛋白是冠心病的独立危险因素，研究表明血清C-反应蛋白浓度水平与患心血管疾病的程度呈正相关。越来越多的研究表明热休克蛋白在动脉粥样硬化的发生发展中起重要作用，研究显示通过一定的手段抑制热休克蛋白的特异性免疫反应能够抑制动脉粥样斑块中的炎症反应和斑块的进展。肿瘤坏死因子-α主要由激活的单核-巨噬细胞产生，肿瘤坏死因子-α的过度表达可引发进行性左室功能受损、双心室心肌病变，并伴有心肌细胞凋亡加速。淀粉样蛋白A浓度升高能够取代高密度脂蛋白上的载脂蛋白I和载脂蛋白II，降低胆固醇的酯化作用和胆固醇输出细胞外的能力，加快斑块的形成。

（三）体力活动、心肺适能与心血管疾病

心肺适能是对呼吸系统、心血管系统和骨骼肌系统的间接评价。心肺适能的主要决定因素为体力活动，因此体力活动是影响心血管风险的一项重要独立因素。

体力活动不足会显著提高心血管病风险。大量的研究证明静坐时间的延长将导致心血管发病率的升高。久坐时间较长人群的心血管死亡率是久坐时间较短人群的2.7倍。通过对静坐时间的分类可知：看电视、使用电脑和玩电子游戏的时间增加均增加了发生冠心病/心血管病风险。美国体力活动指南报告显示：非工作的静坐时间的长短是导致心肌梗死的直接原因。大量纵向研究表明：无论是总体体力活动水平的降低，还是某项体力活动水平的下降都会引起心血管风险的增加。（图8-17）

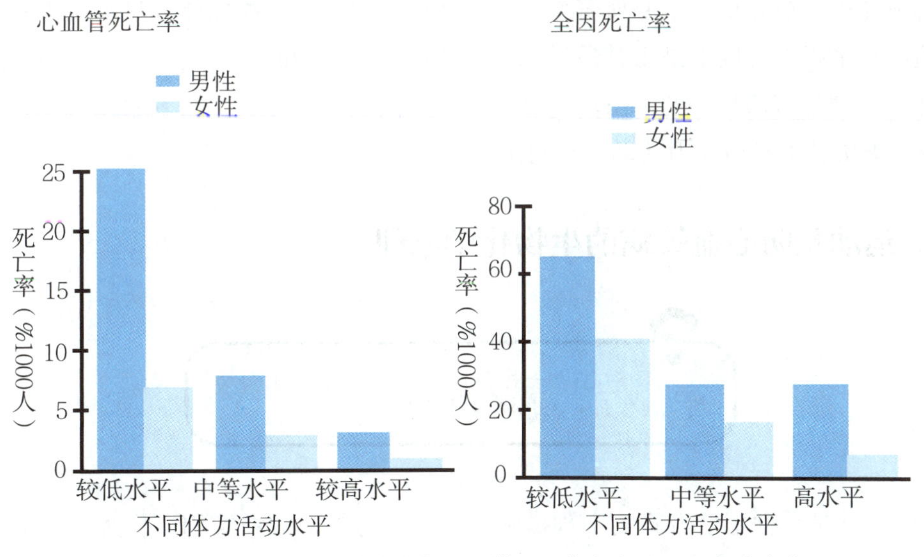

图8-17 不同体力活动水平与心血管死亡率和全因死亡率的关系

研究发现：心肺适能对心血管疾病的影响比体力活动更明显。图8-18即为一项关系对比的研究，通过对1453个年龄在42~60岁的芬兰男性进行长达5年的跟踪，得到心肌梗塞的相对风险数据。该研究显示体适能和心肌梗塞之间有很强的剂量-效应关系；且这种剂量-效应关

系比体力活动的影响更显著、更清晰。

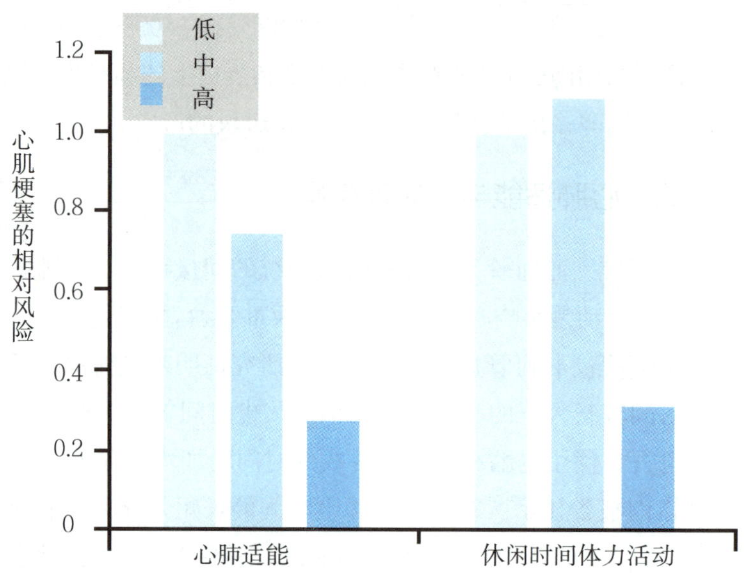

图8-18　男性心肺适能、体力活动和患心肌梗塞风险之间的关系

心肺适能可以更好地预示心血管疾病的发病率和死亡率，相比体力活动应优先考虑。个体的体适能水平很大程度上是由其最近几周或几个月所参加的体力活动来决定的，因此心肺适能与体力活动是密切相关的。虽然没有获得一致同意，但是大多数专家都认为心肺适能的有益健康影响大致上是由体力活动水平间接促成的。

二、运动预防心血管病的生物化学原理

运动作为一种预防心血管疾病的良好方式，其作用的生化机理是什么？

运动训练是一种生活方式的干预措施，它经济易得、方便实用。作为一种干预措施，运动训练对多种慢性疾病都能起到明显的预防作用。大量的研究已经证明，适当的有氧运动可以增强体质，可以预防和治疗高血压病，可以延缓动脉粥样硬化斑块的进展，增加冠状动脉的储备，在冠心病的康复中具有重要的作用。适当的运动可以维持或促进心肺功能的改善（表8-9）。体质增强改善了整体的生存率，并且预防心血管疾病和代谢综合征的发展。

表8-9　长期的运动锻炼对心血管的影响

组织	长期运动锻炼效果
心血管	降低负荷的心耗氧量 增加心输出量 改善内皮功能 降低交感活性 提高迷走张力 提高血压

运动锻炼对心血管疾病有益。运动伴随的能量消耗增加降低了心血管疾病发生的风险，表8-10阐述了运动锻练对心血管健康相关生物学指标的影响，由表可知运动锻炼能够改善血脂代谢、降低血压、减轻氧化应激和降低患肥胖、心血管疾病和糖尿病的风险等。有研究显示，增加体育锻炼可以降低高血压和高胆固醇血症患者的内皮功能障碍。体育锻炼与冠脉钙化的发病呈负相关。研究表明不同体力活动的人群其冠脉钙化程度不一样，静坐少动人群的冠脉钙化程度较高，中强度运动的人群的钙化程度次之，长期从事高等强度运动的人群最低（图8-19）。另外，运动可以降低心脏死亡率。

表8-10　运动锻炼带来的健康受益

项目	受益情况
总胆固醇	下降
低密度脂蛋白及其颗粒大小	下降
甘油三酯	下降
炎症因子	下降
血压	下降
肥胖、代谢综合征、糖尿病	下降
高密度脂蛋白	升高
血糖控制能力	升高

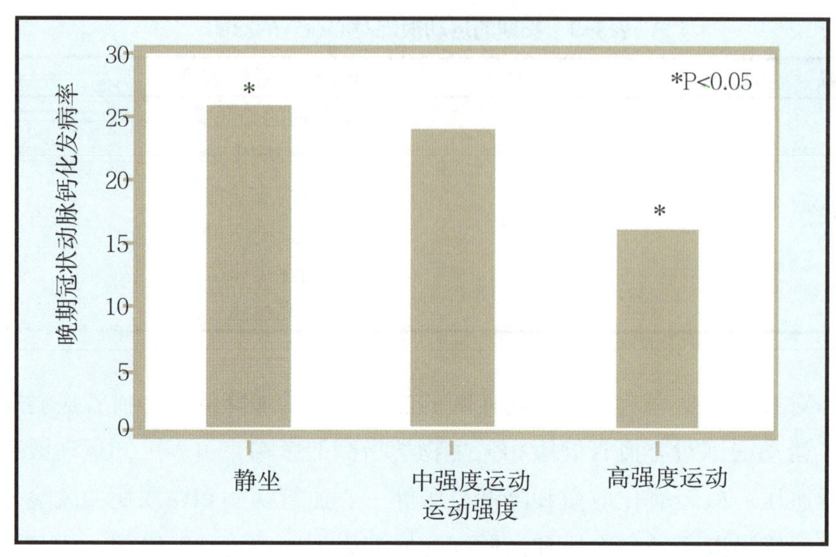

图8-19　不同体力活动人群其冠脉钙化程度的情况

（一）运动与内皮功能

静坐少动增加了心血管的死亡率及致残率。原因在于，静坐的生活方式可以导致内皮功能障碍，增加氧化应激，全身的炎症标记物升高。研究表明，运动可显著改善内皮血管的舒缩功能和降低心血管危险因素。

一氧化氮是一种很强的舒血管物质，能降低全身平均动脉血压，控制各种血管床的静息张力，增加局部血流，它在调节血管内皮功能方面具有重要的作用。另外，研究表明血浆内皮素-1水平升高与高血压程度呈正相关。因而，不少学者认为，内皮素-1过量释放是产生高血压的重要因素。许多研究表明运动对血管内皮细胞有着直接的影响，运动能够通过影响血管因子一氧化氮和内皮素-1来改善血管内皮功能。研究显示为期8周的运动训练（70%VO_2max，1时，3-4天/周）能够增加血清一氧化氮含量，降低血浆内皮素-1含量，从而达到降低血压的效果。

重要知识点

内皮功能障碍：由于内皮细胞产生的一氧化氮生物活性物质下降而造成的缩血管物质和舒血管物质失平衡的状态，它与高血压、冠状动脉硬化等心血管疾病的发生密切相关。

（二）运动与炎症反应

运动具有全身的抗炎效应。中等强度的体育锻炼使炎症标记物降低，同时降低致炎细胞因子（C-反应蛋白、血清淀粉样物A、白介素-6、可溶性细胞间黏附分子-1）水平。在国家健康和营养检查调查（NHANES）III中，规律性慢跑或跳有氧操人群的致炎标记物升高的可能性较小。277例冠心病患者中，3个月的运动锻炼计划能够使冠心病患者血清中C-反应蛋白超标水平显著降低。周围动脉疾病患者6个月的步行计划后其炎症标记物降低，跛行症状得到改善。

运动可以减轻代谢综合征的慢性炎症状态。在一项研究中发现：对患有心脏病的人群进行三个月的康复运动后，相对于对照组，运动组患者血清C-反应蛋白水平显著降低。（图8-20）

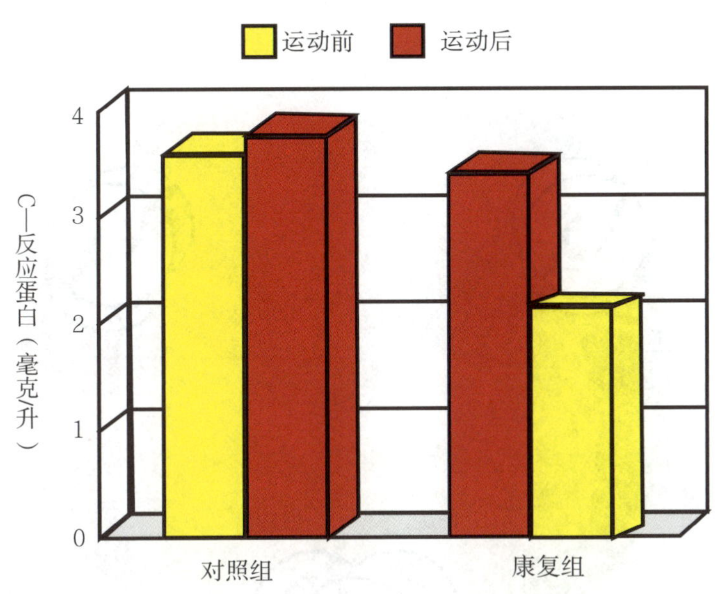

图8-20　不同体力活动水平与C-反应蛋白水平（Milani等，2004年）

（三）运动与胰岛素抵抗

> **重要知识点**
>
> 胰岛素抵抗：是指各种原因使胰岛素促进葡萄糖摄取和利用的效率下降，机体代偿性的分泌过多胰岛素产生高胰岛素血症，以维持血糖的稳定。

胰岛素抵抗是近年新发现的心血管疾病的危险因素，研究证明运动能够提高胰岛素的敏感性。8周有氧运动后运动组胰岛素抵抗指数（HOMA-R，空腹葡萄糖×空腹胰岛素/405）和炎症因子高敏C-反应蛋白显著降低，其原因可能是运动提高了胰岛素的敏感性。另外，游离脂肪酸可导致胰岛素抵抗，而运动能显著改善机体脂代谢，降低血液中游离脂肪酸水平，从而改善胰岛素敏感性。

（四）运动改善血压

高血压的影响因素包括基因、环境、民族和性别等（图8-21）。高血压对机体健康造成很大的危害，其可导致中风、血管损伤、心脏病或心力衰竭和肾衰竭等疾病（图8-22），因此对其的预防和治疗受到关注。运动对治疗高血压有明显的疗效。世界高血压联盟（WHL）指出，在高血压的处理中应注重和提倡体育锻炼，认为体育活动对高血压的控制是有益的。

血压由心输出量（心脏泵出的血量）和血管的总外周阻力（由血液黏度、血管长度和血管半径决定）决定。运动训练后不会发生心输出量的减少，表明总外周血管阻力的减少是体力活动降低安静时血压的首要机制。总外周阻力的相应变化首先由血管直径的变化影响。长期体力活动引起一定数量的神经和局部发生变化，减弱外周脉管系统的血管收缩状态，从而降低总外周阻力和血压。这些变化包括较少的交感神经对外周血管的影响和局部血管扩张神经通过相应因子（如一氧化氮）对血管的影响。

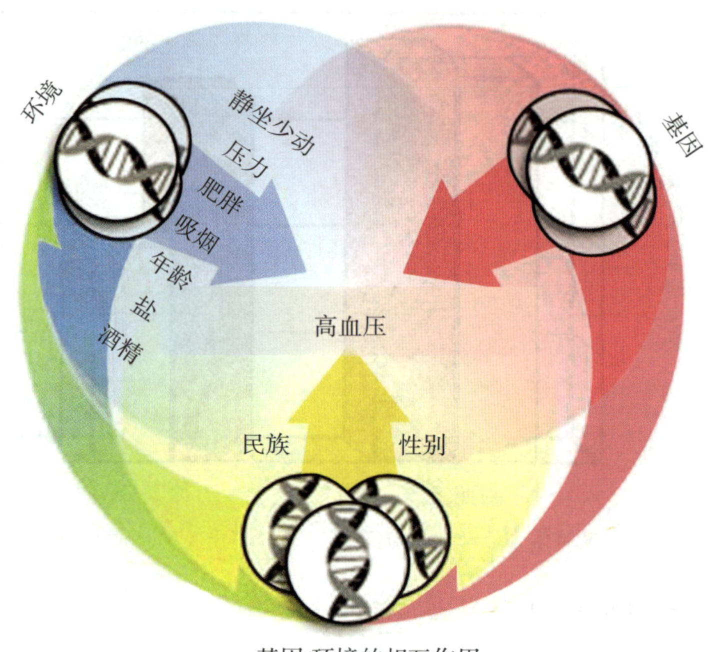

图8-21　高血压的影响因素

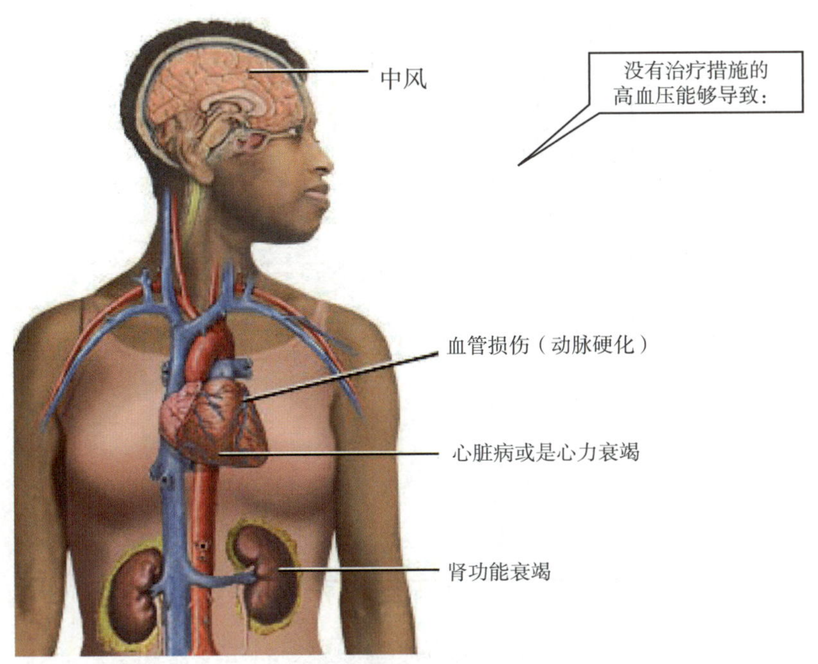

图8-22　高血压的危害

（五）运动与冠心病、中风和外周血管病

体力活动计划是改善患有外周血管病（Regensteiner和Hiatt，2002）、冠心病（Leon等，2005）、中风（Gordon等，2004）和高血压（Pescatello等，2004）等疾病人群的运动耐力、机能状态、心血管风险因素、心理状态和生活质量的有效治疗方法。此外，无体力活动和低水平心肺适能是心血管疾病患者全因死亡率的风险因素。图8-23表示的就是不同体力活动导致死亡率存在差异的例证。这项研究对患有冠心病的772名男性进行5年的跟踪调查，研究不同种类的体力活动与心血管疾病全因死亡率风险的关系。低强度-适宜强度体力活动如步行、园艺在本研究中表现得更为显著。

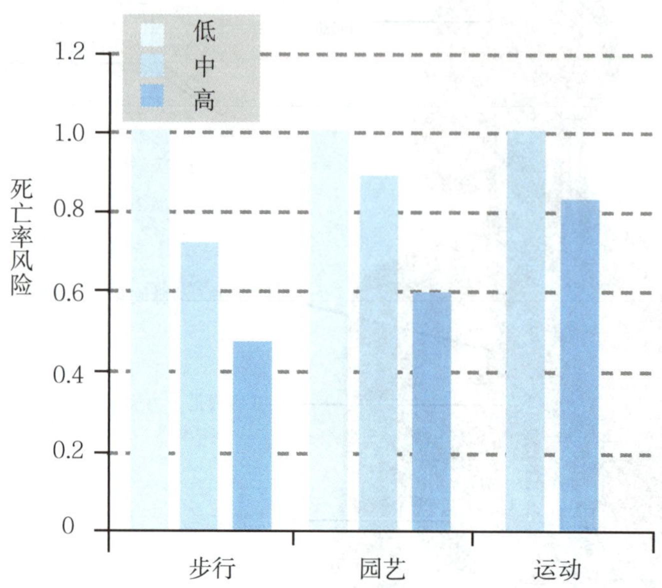

图8-23　体力活动对男性冠心病患者全因死亡率的影响

运动降低冠心病、中风和外周血管病有几个可能的生物化学机制，这三种心血管疾病的机制是相似的。体力活动降低血压、改善血脂谱图（例如甘油三酯减少、高密度脂蛋白或“好胆固醇”增加）以及减少全身炎症（例如减少血液C-反应蛋白水平），在这情况下可以减少心脏、大脑和外周血管的损害及动脉粥样硬化。体力活动也可以改善内皮机能（例如改善血管的舒张和收缩特性）并有抗血栓形成（例如减少血凝）的作用，从而进一步降低有害的心脑血管疾病的风险。

三、预防心血管病的适宜运动

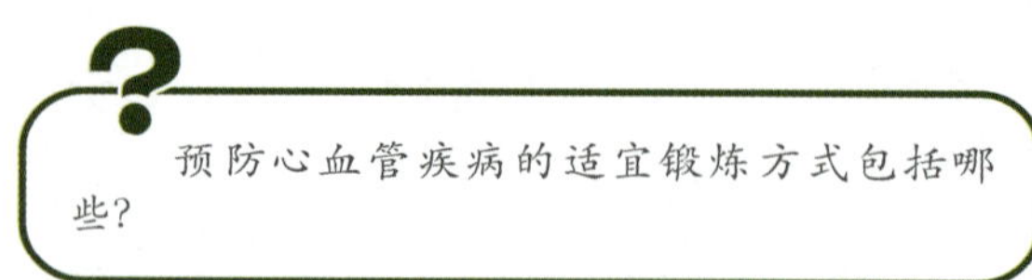

思考与交流

运动锻炼对心血管疾病具有良好的预防作用，但是不当的运动锻炼方式将导致严重的后果。心血管疾病包括冠心病、高血压等，不同的疾病其运动方式不一样，那么不同的心血管病类型其适应的锻炼方式什么?

现代科学已经证实，体育锻炼（走路、跑步、跳绳、跳舞、骑自行车、滑旱冰、球类等）对于心血管疾病具有良好的改善作用。它有助于提高心脏工作耐力，改善血管的外周阻力，对心血管疾病具有预防作用。由于人的年龄、性别、体质不同，运动方式的选择，运动强度的判断、把握就应根据各自的实际状况来安排。下面列举关于冠心病、高血压和中风的适宜运动方式。（表8–11）

表8-11　心血管和肺部疾病患者的体力活动指导原则

疾病名称	运动类型	频次（天/周）	持续时间和强度
冠心病	有氧	3~7	20~40分钟（连续或间断） 中等强度（40%~85%VO_2max）
	力量	2~3	8~10种不同动作、重复10~15次为1组，共1组
高血压	有氧	5~7	30分以上（连续或间断） 中等强度（40%~60%VO_2max）
	力量	2~3	8~10种不同动作、重复10~15次为1组，共1组
中风	有氧	3~7	20~60分钟（连续或间断） 中等强度（40%~70%VO_2max）
	力量	2~3	8~10种不同动作、重复10~15次为1组，1~3组
	柔韧	2~3	伸展10~30s
	神经肌肉	2~3	协调和平衡练习

（一）预防高血压的适宜运动

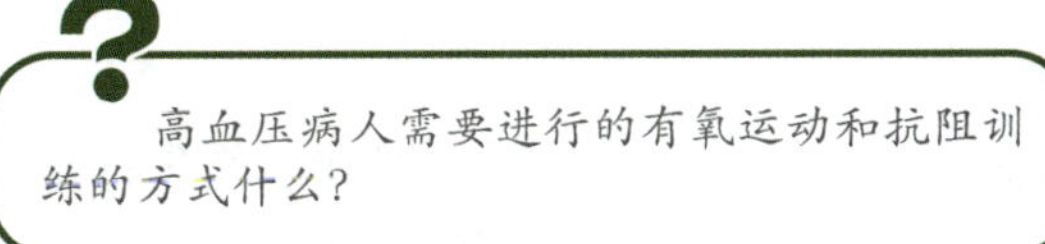

思考与交流

高血压患者因为血压较高，运动较易引起血压升高，因此哪些锻炼方式既可以降低血压，又可以避免出现由血压过高引起的不幸事件呢?

预防高血压的运动类型要以有氧代谢为主，要避免做推、拉、举之类的静力性练习或是憋气练习。应选择全身性的、有节奏的、容易放松的项目。较为适合高血压人群的运动方式主要有气功、太极拳、医疗体操、步行、健身跑、有氧舞蹈、游泳等。

1. 气功

气功包括两个概念：气，体内主要的能量；功，气运作的技巧。气功意念呼吸可以减少安静心率、呼吸频率、收缩压和心率–血压反应。气功可以通过调整副交感神经来稳定自主神经系统；气功可以通过增加副交感神经，减少交感神经/副交感神经比率，来增加心率变异性。研究表明一次气功练习可使收缩压下降2.1~2.4kPa，舒张压也有所下降。以放松功较好，练习原则强调松、静、降。要求配合意念和简单的动作。呼吸宜用顺呼吸法，不宜采用停闭呼吸法，要适当延长呼吸。动作宜采用大幅度的有松有紧、有张有弛的上下肢及躯干的交替和联合运动，切忌持续性紧张的长时间等长收缩运动。气功练习每天至少1次，每次30~50分钟，一般在练习2周后见效。

2. 步行

作为无运动习惯的高血压病患者的一种适应性锻炼，步行可按每分钟70~90步开始，速度为4千米/小时，以后可逐渐加快速度或在坡度上行走。国内应用医疗步行治疗高血压取得较好疗效的方案有3条：1600米平路，用15分钟走完800米，中途休息3分钟；2000米平路，用18分钟走完1000米，中途休息3~5分钟；2000米路程，中有两段长100米、斜度5~10度的短坡，用20~25分钟步行1000米，休息3~5分钟，继续用7~8分钟，走完500米平路，休息3分钟后再用20~30分钟上山，中间可适当休息。上山后休息5~10分钟，然后下山。

3. 健身跑

高血压患者的健身跑不要求一定的速度，而以跑步后不产生头昏、头痛、心慌、气短和疲劳感等症状为宜。心率一般控制在130次/分，先从1000米开始，待适应后，每周或每两周增加1000米，一般增至3000~5000米即可，速度为6~8分钟跑1000米。跑步时要精神放松，步伐平稳而有节奏，跑步要与呼吸自然相配合，如两步一吸，两步一呼。以跑步后血压仅有轻度升高，在10分钟内很快恢复，甚至低于运动前水平，至少30分钟内恢复至安静时水平为宜。游泳、自行车、郊游等的要求与健身跑一样。

4. 太极拳

太极拳是一种有氧运动。太极拳运动以其轻柔温和、均匀连贯、自然流畅、圆滑协调的特点受到人们的喜爱。其不仅可以延年益寿和养生健身，且最近的研究显示太极拳能够明显预防心血管疾病。动作柔缓均匀、连贯圆活，配合均匀而深沉的呼吸，使血管运动神经的稳定性及血管平滑肌弹性度提高，血管舒张，顺应性增高，血压下降。研究发现：2年的太极拳训练（每周练习时间不少于3次，每次练习30~40分钟）能明显减少受试者的收缩压和舒张压。6年后随访发现：与对照组相比，太极拳组腰围、臀围与对照组比较显著减小，慢性病的发病率、心脑血管病发病率和死亡率都较低。说明长期太极拳运动可改善中老年人群心脑血管危险因素，降低慢性病发病率。

5. 木兰拳套路

木兰拳套路是以阴阳两气合理运动为理论依据，是一种动功与静功相结合的养生之术。其对高血压患者的动静调节具有相当明显的作用。经常锻炼能够调节外周血管的舒缩功能，有效降低外周血管阻力，恢复正常血压范围。高血压的锻炼应该进行低强度运动，运动心率控制在120~130次/分，每周3~4次，每天早晚各打一套木兰拳。适应人群：I、II期高血压病患者、功能性高血压病患者、青少年高血压病患者。

6. 高血压的抗阻训练

思考与交流

抗阻练习较易引起憋气动作，因此容易引起血压升高，那么哪些抗阻练习时适合高血压患者的呢？

近年来提倡高血压患者可适当地进行力量运动。采用循环训练法，选用10~15个大肌肉群的练习，负荷强度为最大负荷量的40%~50%，每个练习重复15~20次，练习之间休息15~30秒，可进行2~3个循环，每周锻炼3次。高血压患者进行力量训练时，注意调节呼吸，不要憋气。注意监测心率，保持在目标心率之间。

（二）预防冠心病的适宜运动

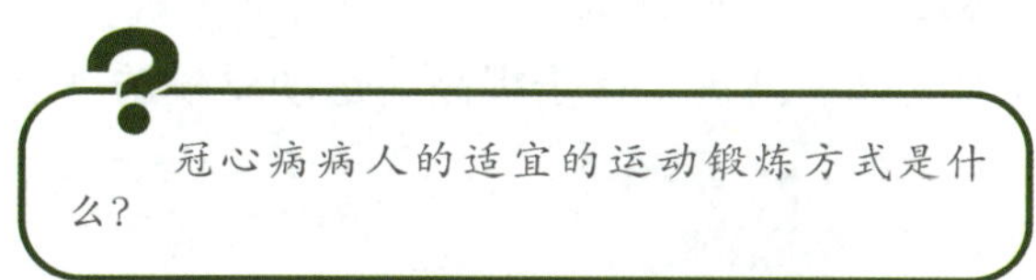

冠心病的发生与血脂异常密切相关。研究表明冠心病患者血清中的生化指标表现为高密度脂蛋白水平降低，血尿素水平升高、载脂蛋白A含量降低、载脂蛋白B增高等。研究证实胆固醇是冠心病发病的重要危险因素，血清胆固醇浓度增加使红细胞黏度增加，变形降低引起全血黏度增高，血清阻力增加；胆固醇增加可激活白细胞，释放大量超氧阴离子和自由基，引起红细胞损伤。甘油三酯存在于极低密度脂蛋白中，可经巨噬细胞损伤内皮细胞、平滑肌细胞，甘油三酯升高为先天性心脏病的一项独立危险因素，而各种治疗干预降低甘油三酯对降低先天性心脏病患病率、病死率及改善冠脉粥样硬化具有肯定的疗效。血清中的高密度脂蛋白通过结合低密度脂蛋白和极低密度脂蛋白释放给内皮细胞的胆固醇，促进胆固醇外运，将胆固醇直接或间接运往肝脏进行分解代谢，形成胆汁酸排出体外起到抗动脉硬化的作用。

冠心病患者进行体育锻炼可改善冠状动脉血液循环。以下是几种冠心病不同症状和不同阶段的运动康复方式。

1. 心绞痛间歇期运动

先慢速（每分钟70~110步）走500米，再中速走1千米，最后用慢速走500米，每走一段距离休息3~5分钟。每次20~30分钟，每日1~2次。

2. 陈旧性心肌梗塞已恢复较好者的运动

先慢速走300米，再中速走400米，最后用慢速走300米，每走一段可休息3~5分钟。每次15~20分

重要知识点

心绞痛：冠状动脉粥样硬化狭窄导致冠状动脉供血不足，心肌暂时缺血与缺氧所引起的以心前区疼痛为主要临床表现的一组综合征。心绞痛间歇期是指心绞痛没有发作的时段，可通过锻炼来缓解心绞痛的症状。

钟，每日1~2次。

3. 心肌梗塞患者住院后的运动

为防止心肌梗塞的复发，住院后的康复运动是一条重要的措施。现代康复医学认为：急性心肌梗塞患者住院后，若能早起床、早活动，将有利于早日康复。患者若无并发症，可按照以下顺序进行运动：住院后数日内在床上活动，如洗脸、刷牙、静坐、活动上半身等；在室内自由走动，上室内厕所；在走廊步行50米；在走廊步行150米，使用室外厕所；在走廊步行300米；在走廊步行600米；自己洗发，上下10级楼梯；入浴，上下20~40级楼梯；上下40~60级楼梯。患者在进行上述运动时，应注意以下几点：每天进行运动，运动量要循序渐进，逐步提高，运动要根据每个患者的病情来进行，随时调整。

> **重要知识点**
>
> 陈旧性心肌梗死：冠状动脉供血急剧减少或中断，引起相应的心肌细胞发生严重而持久的急性缺血性坏死，按病情发展过程，心肌梗塞发生8周以上者称为陈旧性心肌梗死。

> **重要知识点**
>
> 心肌梗塞：部分心肌血液循环突然全部中断而导致该部位心肌损伤，其症状是不同程度的胸痛、不适、虚弱、发汗、眩晕等。

4. 在家庭中的锻炼

家庭期间的体育锻炼的目的是使病人逐步恢复到正常人生活和工作，锻炼的内容可多样化，但是运动强度应严格控制，其采用的运动方式主要有：

（1）步行：这种运动方式的运动负荷较易控制，是发展心肺功能较好的手段，对冠心病尤为合适。适合冠心病患者的步行速度可分为慢速（70~90步/分）、中速（90~110步/分）、快速（110~130步/分），距离1000~3000米，每天1~2次，每次30~60分钟，心率不超过100~110次/分。

> **重要知识点**
>
> 家庭期间的体育锻炼：指病人的心血管疾病已经处于可控制期间，可以在家里进行康复，在此期间进行适宜的体育锻炼有助于加快疾病的康复。

（2）慢跑：每天1次，距离1500~2000米，速度4~8千米/时左右。此练习只适用于病情基本稳定，很少发作心绞痛，一般情况良好者。

（3）太极拳：选择一套简化太极拳，或练习其中的某几个动作，如野马分鬃、揽雀尾、云手等。练习时注意集中，肌肉放松，体位端正，配合自然腹式呼吸。

（4）气功：练放松功或强壮功，以卧式为主，配合坐功，呼吸不要过于绵长，切忌闭气。适宜于病情较重或合并有神经官能症的患者。每天练习2~3次，每次20~30分钟。

（5）舒心平气功：每天练习1~2次，每次练一遍。体质较好者略作休息后可以接着练。其功法见张广德著《导引养生功》，北京体育大学出版社出版。

小 结

慢性疾病主要指心血管疾病、糖尿病、恶性肿瘤、慢性阻塞性肺部疾病等。

糖尿病分为1型、2型和妊娠糖尿病。运动疗法是治疗糖尿病的一种有效的、科学的方法。流行病学研究证明有氧运动可加强肌肉对葡萄糖的摄取和利用，增加胰岛素敏感性，降低胰岛素抵抗，从而达到预防和治疗糖尿病的目的。美国糖尿病学会的糖尿病运动手册指出糖尿病病人应采用最高心率的60%~80%作为靶心率；运动方式有步行、跑步、骑自行车、游泳等；每次40~60分钟，每周3次以上。

减肥的最终目的主要是减去体内多余的脂肪，而运动本身能增加热量的消耗。目前研究认为肥胖的运动治疗主要是以有氧运动为主，辅以力量性运动。减肥运动的时间每次至少30分钟，每周3次以上；抗阻训练每个动作10次为一组，每一动作4~5组，组间休息最多不超过50秒，每周2~3次。

心血管疾病是冠心病、脑卒中、高血压等的总称。运动锻炼可以改善机体内皮功能障碍、降低全身炎症反应、提高胰岛素的敏感性等来预防和治疗心血管疾病。预防高血压的运动方式有气功、太极拳、医疗体操、步行、健身跑等。冠心病患者在冠心病恢复较好的阶段应该进行适当的体育锻炼，锻炼的形式包括步行、慢跑、太极拳、气功等，每天练习1~2次，每次大约30分钟。

思考题

1. 简述糖尿病的病因。
2. 简述糖尿病诊断的方法。
3. 试述糖尿病的生化机理。
4. 试述预防糖尿病的运动处方。
5. 试述肥胖产生的生化机理。
6. 简述运动预防肥胖的原理。
7. 简述适宜的减肥运动方式。
8. 简述心血管的发病机制。
9. 试述运动预防心血管的生化原理。
10. 简述心血管疾病的适应运动方式。

相关网站

1.中国知网：http://www.cnki.net/ 说明：查阅有关2型糖尿病、肥胖和心血管疾病的研究进展，了解慢性疾病的发病机制、运动锻炼预防慢性疾病的生化机理以及相应的最佳运动方式。

2.美国生物信息中心网站：http://www.ncbi.nlm.nih.gov/pubmed/和http://highwire.stanford.edu/ 说明：查阅国际上有关运动锻炼预防慢性疾病的机理，并结合自己的专项特点设计出预防慢性疾病的最佳运动方式。

3. 美国运动医学会网站：http://www.acsm.org/ 说明：查阅美国运动医学协会官方网站最新的关于运动促进健康的相关知识。

参考书目

1. Zhang Y Y，Proenca R，Maffei M，et al. *Positional Cloning of the Mouse Obese Gene and its Human Bomologue*[J]. Nature，1994，372:425-432.

2. T. Barry Levine, Arlene Bradley Levine. 代谢综合征与心血管疾病[M]. 张华，张代富，译. 北京：人民卫生出版社，2010.

3. Claude Bouchard,Steven N Blair, William L Haskell. *Physical Activity and Health*[M]. American: Human Kinetics,2012.

3. 李广平. 心血管病基础与临床研究进展[M].北京：中国医药科技出版社，2009.

4. Villena J，Viollet B，Andreelli F，et al. *Induced adiposity and adipocyte hypertrophy in mice lacking the AMP-activated protein kinase-alpha2 subunit.* Diabetes，2004，53(9):2242-2249.

5. Bray GA. Overweight is risking fate. *Definition, classification, prevalence and risks*[J]. Ann NY Acad Sci. 1987; 499: 14-28

6. Petrella RJ, Lattanzio CN, Demeray A, Varallo V, Blore R. *Can adoption of regular exercise later in life prevent metabolic risk for cardiovascular disease?* [J]. Diabetes Care. 2005;28(3):694-701.

7. 张忠英.运动减肥对肥胖儿童少年脂蛋白脂酶活性和血脂影响的研究[D]. 上海体育学院，2010.

8. 刘文，常翠青，赵小倩等，基于学校的有组织的运动干预对肥胖青少年BMI和糖、脂代谢的影响[J], 2008，27(3):329-333

9. Milani RV1, Lavie CJ, Mehra MR. *Reduction in C-reactive protein through cardiac rehabilitation and exercise training* [J] . J Am Coll Cardiol. 2004;43(6):1056-1061

第九章 运动营养与运动能力

内容概述

运动中能量的释放直接关系到运动成绩，运动后能量的摄入则是恢复的基础。控制热量的消耗与摄入之间的平衡对保持运动人群良好的机能状态十分重要。能量的测量方法，各营养素的来源，膳食指南，不同项目运动的营养特点，促进肌肉力量增加，促进能量代谢，促进疲劳的消除及控体重的营养，以及营养的生物化学评价方法。

本章主要介绍热能、营养素、膳食平衡、不同项群的营养特点及其提高运动能力的营养手段。

主要概念

推荐摄入量；
呼吸商；
营养素；
运动性脱水

学习目标

1. 掌握能量的表示单位及换算
2. 了解七大类营养素的功用，代表性含量丰富的食物
3. 掌握中国居民膳食指南的内容，了解目前运动员营养的主要存在问题
4. 掌握不同项群营养特点和要求
5. 掌握提高运动能力的营养手段
6. 了解运动营养状态的生物化学评定方法

引入

2000年8月8—10日，张健自辽宁省大连市旅顺口区老铁山镇陈岬角下海，至山东省蓬莱市蓬莱阁东海滩上岸，海域直线距离109千米，实际游程123.58千米。经过50小时22分艰难的水中跋涉后，张健成功地横渡了渤海海峡，创造了横渡海峡最长距离的世界纪录。2001年7月29日，张健成功游过英吉利海峡，用时11小时56分，横渡距离33.8千米，成为完成这一传统海峡横渡活动的中华第一人。

2001年7月24日的《北京晨报》："根据张健的训练状况以及英吉利海峡的潮汐变化等因素，张健此次横渡大约需要12小时左右。"关于横渡时张健吃的食品，曹建民教授介绍说，按照张健横渡渤海海峡的成功经验，结合英吉利海峡低水温的特点，吃以糖为主的高能量物质，同时为他补充专门研制的能够快速吸收和利用的饮料。

?

张健横渡海湾和海峡营养策略的影响因素有哪些?

第一节 运动中能量平衡

人体运动过程及各种生理过程均需要能量，不同的生理过程，如呼吸、心跳、血液循环、肌肉活动、神经活动，能量消耗各有特点。测试能量消耗，保证能量的供给，对于保持能量代谢的平衡和运动员的良好机能具有重要的意义。

一、能量的计量单位

现代科学通过定量的方法对人体运动和食物中的热量进行测量和评估。国际营养科学协会确认以焦耳作为统一使用的能量单位。我国传统单位为卡，现规定用焦耳。焦耳和卡之间的换算关系是：

1焦耳=0.239卡；1卡=4.184焦耳

具体案例：

1千克水升高1摄氏度，需要热量为4.184千焦耳，相当于1千卡。

75千克的人站立状态1分钟约消耗8.25千焦耳，相当于1.97千卡。

二、能量消耗的测试方法

人体能量消耗的测试方法主要有直接测热法、间接测热法。

（一）直接测热法

将被测者置于相对封闭的检测环境中，收集被测者在一定时间内（通过辐射、传导、对流及蒸发4个方面）发散的总热量。此类检测环境周围多布以水管，检测被测者散发的热使水温升高的程度进行计算，现代随着各种生物传感器的应用，包括对空气温度及流量的测试，测试也越来越准确。（图9-1）

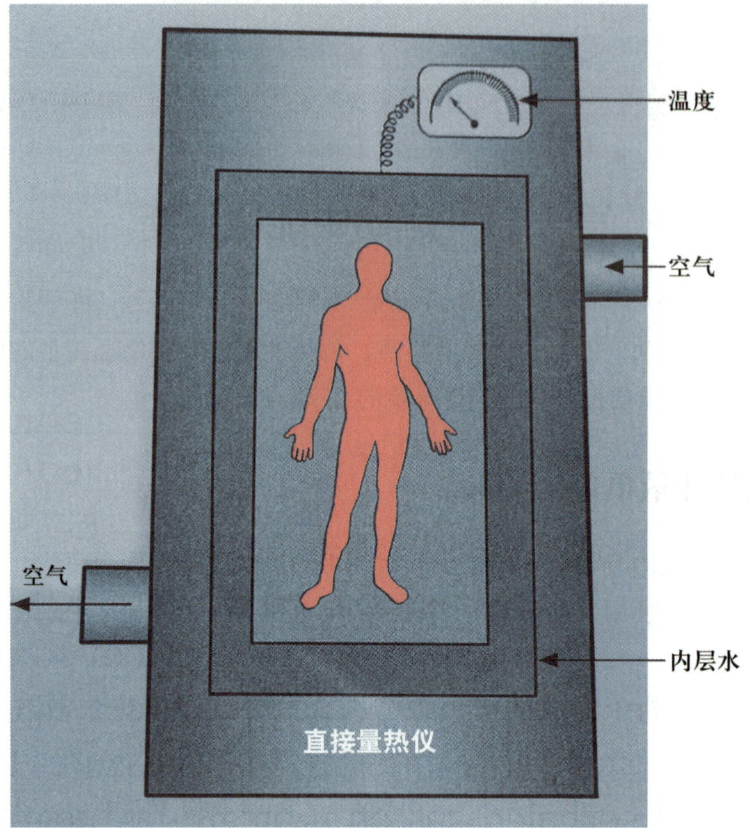

图9-1 直接测热法

（二）间接测热法

重要知识点

呼吸商：一定时间内机体的CO_2产量与耗O_2量的比值称为呼吸商（respiratory quotient，RQ）。

间接测热有多种方法，常用的有以下几种：

1. 呼吸商法

糖、蛋白质、脂肪氧化时，三者的呼吸商分别为1.0、0.8、0.7。（表9-1）日常生活中，营养物质不是单纯的，而是糖、脂肪和蛋白质混合而成的（混合膳食）。所以，呼吸商常变动于0.71~1.00。测试时采集受试者一定时间内的呼出气，测定呼出气量并分析呼出气中氧和CO_2的容积百分比。根据吸入气和呼出气中氧和CO_2的容积百分比的差数，可算出该时间内的耗氧量和CO_2排出量，可计算出实际呼吸商。

表9-1 三种热源物的相关数据

	食物热价（千焦/克）	耗氧量(升/克	CO_2产量(升/克)	氧热价(千焦/升)	呼吸商(RQ)
糖	16.7	0.83	0.83	21	1.00
蛋白质	16.7	0.95	0.76	18.8	0.80
脂肪	37.7	2.03	1.43	19.7	0.71

（王庭槐主编《生理学》，2008）

计算的基本步骤是：

（1）测出人体在实验时间内总的耗O_2量和CO_2产生量，并测出尿氮排出量；

（2）根据尿氮含量算出蛋白质的氧化量、耗O_2量、CO_2产生量和产热量；

（3）用人体总的CO_2产生量与蛋白质的CO_2产生量之差值，除以总的耗O_2量与蛋白质耗O_2量的差值计算出非蛋白呼吸商；

（4）根据非蛋白呼吸商，从表9-2中查出相应的氧热价，再乘以耗O_2量，算出非蛋白产热量和机体总的产热量。

表9-2 非蛋白呼吸商及氧热价

非蛋白呼吸商	氧化的百分比（%）		氧热价（千焦/升）
	糖	脂肪	
0.70	0.0	100.0	19.60
0.71	1.1	98.9	19.62
0.75	15.6	84.4	19.83
0.80	33.4	66.6	20.09
0.81	36.9	63.1	20.14
0.82	40.3	59.7	20.19
0.83	43.8	56.2	20.24
0.84	47.2	52.8	20.29
0.85	50.7	49.3	20.34
0.86	54.1	45.9	20.40
0.87	57.5	42.5	20.45
0.88	60.8	39.2	20.50
0.89	64.2	35.8	20.55
0.90	67.5	32.5	20.60
0.95	84.0	16.0	20.86
1.0	100.0	0.0	21.12

2. 双标水法

双标水法利用体内碳酸氢盐池的更新与CO_2生成速率成正比的原理，通过测量体内碳酸氢盐池的转换率（即稳定性同位素^2H和^{18}O在体液中的指数清除率）以计算CO_2的生成量，根据Weir's公式

$$EE\ (kJ/min) = 1.63\ VO_2 + 4.6\ VCO_2$$

其中VO_2为实际氧消耗量，VCO_2为二氧化碳生成量。

计算单位时间内能量的平均消耗量，从而得出一段时间内人体能量消耗量。

间接的热量测量法还有体力活动水平计算法、活动心率监测推测法、活动观察记录法、膳食调查反推计算等。

三、能量来源

人体的能量主要来自食物中的糖、脂肪和蛋白质。由于不同国家和民族的饮食习惯的差异，三者的比例有所不同。根据中国居民的饮食习惯和特点，中国营养学会推荐糖类物质占总能量需要量的55%~65%，脂类物质占20%~30%，蛋白质占10%~15%，即一般所说的混合膳食。（图9-2）

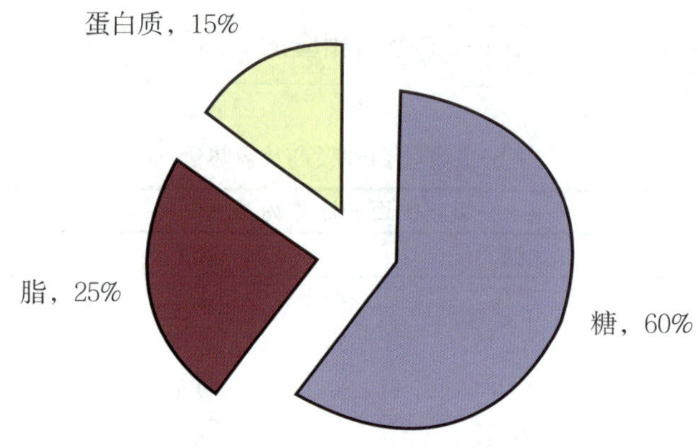

图9-2　居民能量供应来源建议

运动员在特定时期，如耐力项目运动前、大运动负荷（量）训练后，要求高糖膳食时，则要求膳食中糖类占总能量的65%以上。

四、能量需要量及膳食能量推荐摄入量

人体消耗的能量和从食物中摄取的能量达到平衡是理想的状态。即每日最佳的能量需要量等于人体每日消耗的能量。因为人每日活动的可变因素太多，无论是直接测热法还是各种间接测热法，都不可能完全监控一个人每天的真实能量消耗，所以实际中常将人群、性别、年龄和生理状态等情况分类，通过膳食营养素参考摄入量进行指导。

膳食营养素参考摄入量不仅对能量的摄入提供参考，也同时包括了其他各种身体所需要的营养素。中国营养学会2000年10月修订了中国居民膳食营养素参考摄入量，主要包括4项数据：平均需要量、推荐摄入量、适宜摄入量及可耐受最高摄入量。（图9-3）

（一）平均需要量

平均需要量是根据个体需要量的研究资料制定的，是根据某些指标判断可以满足某一特定性别、年龄及生理状况群体中50%个体需要量的摄入水平。这一摄入水平不能满足群体中另外50%个体对该营养素的需要。

（二）推荐摄入量

> **重要知识点**
> 推荐摄入量（Recommended Nutrient Intake，RNI）：可以满足某一特定性别、年龄及生理状况群体中绝大多数（97%～98%）个体需要量的摄入水平。长期摄入RNI水平，可以满足身体对该营养素的需要，保持健康和维持组织中有适当的储备。

推荐摄入量相当于传统使用的每日膳食营养素供给量，推荐摄入量的主要用途是作为个体每日摄入该营养素的目标值。

推荐摄入量是以平均需要量为基础制定的。如果已知平均需要量的标准差，则推荐摄入量定为平均需要量加两个标准差，即推荐摄入量=平均需要量+2SD（SD：标准差）。如果关于需要量变异的资料不够充分，不能计算SD时，一般设平均需要量的变异系数为10%。这样推荐摄入量=1.2×平均需要量。

（三）适宜摄入量

适宜摄入量是通过观察或实验获得的健康人群某种营养素的摄入量。制定时不仅考虑到预防营养素缺乏的需要，而且也纳入了减少某些疾病风险的概念。营养素是否足量可以依据适宜摄入量值进行营养摄入参考，依据适宜摄入量值进行营养摄入参考，基本可保证100%个体营养素不缺乏。

（四）可耐受最高摄入量

可耐受最高摄入量是平均每日摄入营养素的最高限量。当摄入量超过可耐受最高摄入量而进一步增加时，损害健康的危险性随之增大。可耐受最高摄入量并不是一个建议的摄入水平。“可耐受”指这一剂量在生物学上大体是可以耐受的，但并不表示可能是有益的，健康个体摄入量超过推荐摄入量或适宜摄入量是没有明确的益处的。可耐受最高摄入量的主要用途是检查个体摄入量过高的可能，避免发生中毒。

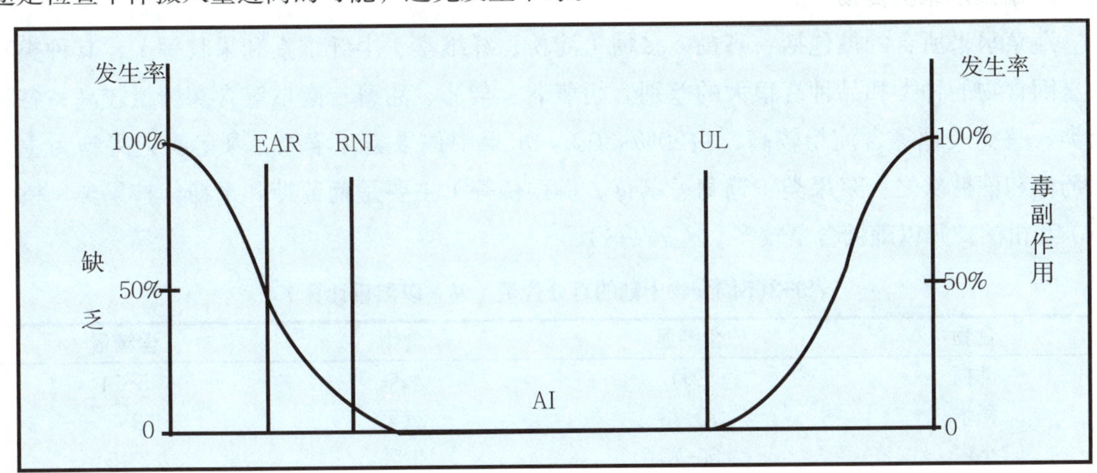

图9-3 中国居民膳食营养素参考摄入量4个参数的关系图

案例

一个男性皮划艇运动员每天差不多要接受6个小时的训练，一天从饮食中摄取约5000千卡的热量，可基本保持体重。这个数值差不多是一个以轻体力活动的三口之家（爸爸、妈妈和3岁男童）总热量摄入。

第二节 营养素来源

营养素是提供能量、机体构成成分和组织修复以及生理调节功能的物质基础，人体主要通过膳食来保证机体的营养素获得。

一、糖的食物来源、运动人群糖的需要量、膳食参考摄入量及运动中补糖的意义及方法

重要知识点

营养素（nutrient）：机体生长发育维持生命和进行生产的各种正常生理活动所需要的元素或化合物。

（一）糖的食物来源

人体糖的来源可以是单糖、二糖、寡糖和多糖，主要来源于植物性食物，动物性食物中含量很少。

1. 谷类食物

谷类包括小米、大米、玉米、小麦、大麦、高粱等等，含糖可达70%，谷类中的糖主要是淀粉，占总含糖量的90%，主要集中存在于胚乳中。谷类中的淀粉有两种，直链淀粉和支链淀粉。直链淀粉可以被β-淀粉酶完全水解成麦芽糖，而支链淀粉只有54%能被β-淀粉酶水解，因此支链淀粉较难消化。除淀粉外，谷类中还含有较多的纤维素。

2. 蔬菜水果类食物

蔬菜水果所含的糖包括：寡糖、多糖（淀粉、纤维素、半纤维素和果胶等），其种类和数量因食物的种类和品种有很大的差别。胡萝卜、蕃茄、甜薯、南瓜等含寡糖量较高；各种芋类、薯类及藕等含淀粉较高，占20%~30%。水果中仁果类（苹果、梨等）以果糖为主，葡萄糖和蔗糖次之；浆果类（葡萄、草莓、猕猴桃等）主要是葡萄糖和果糖；核果类（桃、杏）和柑橘类则以蔗糖含量较多。（表9-3）

表9-3 不同食物中糖的百分含量（%，以湿重计算）

食物	含糖量	食物	含糖量
蔗糖	100	水果	5~14
稻米	70~78	蔬菜	2~3
小麦	65~75	牛乳	2~5
粉条类	80~90	动物肝脏	2~3
薯类	20~30	畜禽肉类、水产品	0~1

（二）运动人群糖的需要量及膳食参考摄入量

糖是人体运动时的主要能量来源之一，所以运动人群糖的需要量应与总能量消耗相结合，即与运动时间和运动强度相结合。通常运动时间不长和强度不太大时，可依据中国营养学会推荐的膳食参考摄入量获取糖，糖类所提供能量占全日总能量的55%～65%为宜，其中可消化利用的糖类提供的能量不少于总能量的55%。

如进行长时间运动或职业运动员训练时，应将糖的摄入量增加到占总能量摄入的65%，大强度耐力运动的糖类供给量应为总能量的60%～70%，中等强度时为50%～60%，无氧运动时为65%～75%，其中精制糖的摄入不宜超过总能量的10%。

（三）运动中补糖的意义及方法

人体提供能量的三类物质中，糖类既能进行无氧代谢又能进行有氧代谢，其氧热价高于脂肪和蛋白质；糖有氧氧化时的代谢产物是水和二氧化碳，比蛋白质氧化和脂肪氧化对机体内环境影响小。所以，运动中糖供能比例的提高有利于延缓运动性疲劳的发生，有利于运动能力发挥。可采用运动前和运动中补糖的形式。（图9-4）

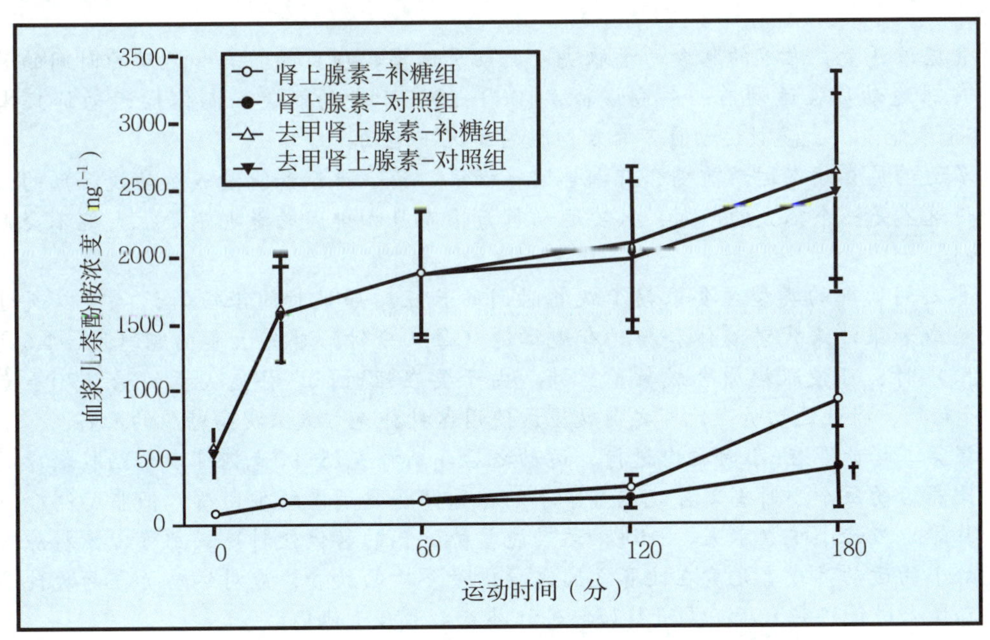

（CON:对照组；CHO补糖。N=10，50%最大摄氧量运动3小时）

图9-4　补糖与血浆儿茶酚胺水平

1. 补糖的数量

人体在运动时胃吸收葡萄糖的能力下降，每小时约50克，大量葡萄糖滞留在胃里，容易引起胃疼，将对运动产生不良影响。研究建议在赛前补充糖时，每千克体重约补充1克糖为宜，一次补糖的总量应控制在60克之内。长时比赛的进程中，运动中每隔20分钟补充含糖饮料或容易吸收的含糖食物，补糖量一般推荐20～60克/小时。

2. 补糖的时间

为了避免服糖后的胰岛素反应，不宜在赛前30～90分钟内吃糖，以免血糖有所下降；应在赛前15分钟或赛前2小时吃糖，这时血糖升高，补糖效果最佳，因为葡萄糖在运动开始前即已完成了肝糖原的合成过程，而在运动开始时即可分解为葡萄糖释放入血，使血糖含量升高，有利于提高运动员运动能力。

知识链接

运动前和比赛之间膳食的实用饮食指南

运动员比赛前和比赛中的膳食需要有计划性，并且需要实验验证。下面的指南可能有帮助：

提供运动员熟悉的食物，高糖（150~300克），适量的蛋白质和相对适量的脂肪和膳食纤维。避免食用使胃肠产生压力的食物（如奶制品对于患乳糖不耐症的运动员，酸的果汁，高强化饮食替代饮料或者不熟悉的能量棒）。考虑膳食的血糖负荷，运动前提供较低血糖指数的膳食。

膳食应该适量。准确的膳食的量取决于运动员体型、项目的特点和运动的时间的长短。例如，足球运动员在运动前一餐应该提供1000~2000千卡的能量，而体操运动员只需提供400~600千卡能量。大多数运动员不喜欢饱腹的情况下运动。

许多运动员喜欢在运动前喝含有咖啡因（咖啡、茶、可乐和能量或运动饮料）的饮料。一般来说这不是一个很大的问题，只要运动员习惯而且咖啡因的量也不是很大就不会产生不利的影响。

比赛之间饮食的类型主要依赖于就餐时间的长短。如果时间很短的话，可以通过使用运动饮料或者果汁来代替液体和糖。有规律地（每30分钟）补充大量的糖（1.2~1.6克·千克$^{-1}$·时$^{-1}$）时，可使肌糖原合成数量上升。由于要在短时间内补充大量的糖（70千克男性84~112克糖），因此运动员在比赛之前就应该使用这种补充方式来提高糖原的贮备。

如果第二场比赛在6小时之内进行，运动之后即刻补充75~90克糖可以帮助肌糖原的快速恢复。比赛后的每个小时重复补充这个水平的糖如高糖、适量的蛋白质、低脂肪膳食（汉堡包、麦片等）或者小吃（水果、糖块、运动能量棒、糖的替代饮料），都可以使糖原合成增加。年龄小的运动员或者儿童在比赛之间需要少量多次的饮食，应对运动员在两次比赛之间的饮料和饮食进行研究，从而弄清楚如何进行补充更适合于他们。

比赛前运动员补糖的关键点

一般在比赛前2~4小时进餐，取决于个人的喜好和比赛的时间。

比赛前一餐应该是高糖、中等的蛋白质、较低的脂肪和膳食纤维。比赛前补充糖促进了糖原的合成，较低的脂肪和膳食纤维帮助缓解胃肠的压力。运动前的一餐要注意血糖指数。较低的血糖指数更容易产生饱腹感和维持运动前血糖浓度更加稳定。

运动前一餐应该容易消化，对于运动员来说是一些常见的食物，不应该包括造成胃肠压力的食物。

如果运动员在比赛前太紧张以至于吃不下饭，可以选择一些易于消化的糖，比如说果汁、运动饮料等。

3. 补糖的种类

运动前通常选择低血糖指数食物，以降低胰岛素效应。运动中补糖时，因单糖更容易被利用，可选择果糖和葡萄糖，果糖和葡萄糖有各自不同的氧化途径，有利于很快被吸收。此外，因过多的单糖的饮料渗透压高可能加重运动中脱水的发生，通常建议选用含葡萄糖、果糖、低聚糖的复合糖。安静时或运动后，应补充高血糖指数的食物如葡萄糖等，有利于快速吸收，并刺激胰岛素分泌促进肌糖原的合成；补充果糖有利于肝糖原的合成。

知识链接

计算食物和膳食的血糖指数和血糖负荷

血糖反应一词是指机体在食用一定量的食物或混合食物后血糖和胰岛素浓度的上升情况。血糖反应是用计算机软件测得葡萄糖曲线下的面积，糖的血糖反应越大，血糖反应的曲线面积越大。例如，与扁豆相比，白面包使血糖上升得更高并且维持高血糖的时间更长，因此白面包产生更强的血糖反应。

为了使血糖反应更加标准化，研究者用血糖指数（GI）来进行食物的分类。GI是测得食用50克的任一种食物或者混合物2小时后的血糖反应。GI是用以下的公式计算的。

血糖指数（GI）=[（测试食物的血糖面积）/（参考食物的血糖面积）]×100

在这里的例子：

GI=（扁豆的血糖面积）/（白面包的血糖面积）×100

参考食物是典型的白面包，它的GI值是100，有时葡萄糖也被用作参考食物（GI=100）。一餐或者饮食中总的GI值可以用组成这餐或饮食中的食物已测得的GI值的加权平均数计算出来。测量是以一餐中每种食物所提供的糖的比值为基础的。这样，如果一种食物中糖占60%，那么这种食物对于这一餐GI的贡献值是食物中的GI值乘以60%。一餐中每一种食物所含的糖量按照这种方法计算后，值加起来就是总的GI值。

血糖负荷（GL）是用来确定一餐中或者饮食中血糖效应的一个概念，它取决于一餐中的糖的数量和来源。可以按照以下的公式进行计算：

血糖负荷（GL）=某种食物或者一餐的血糖指数（GI）×g 某种食物或者饮食中可利用的糖/100。

此概念摈弃了单纯以食物中糖的GI高低来衡量食物的质量。GL的提出解决了糖填充的质量和数量问题，与食物中单纯的GI或者糖的含量相比，GL能够更好表现糖的生理反应，成为当今最有效的反映衡量糖水平的工具，其在运动医学中的合理性、科学性以及应用前景更加广阔。

一些常见食物的血糖指数*

	食物名称	GI		食物名称	GI		食物名称	GI
高血糖指数(GI≥70)	葡萄糖	100	中度血糖指数(GI为55～70)	全麦面包	69	低血糖指数(GI≤55)	熟香蕉	52
	玉米薄片饼	84		1分钟燕麦	66		与水或牛奶煮成的麦片	49
	椰子汽水	77		牛奶什锦早餐	68		混合谷类面包	45
	即食土豆糊	83		圆形小甜面包	62		全麦麸	42
	烤土豆	85		软饮料	68		半熟米饭	47
	运动饮料	95		糙米/白米饭	59		牛奶	27
	豆冻	80		葛粉饼干	66		加味酸奶	33
	白面包	70		冰淇淋	61		巧克力	49
	西瓜	72		杧果	55		不熟的香蕉	30
	蜂蜜	73		橘汁	57		苹果	36
				蔗糖	65		果糖	20

*白面包（50克）作为参考食物。

GL比GI更能全面评价食物引起餐后血糖升高的能力。一般认为，GL值高于20为高血糖负荷食物，11～19为中等血糖负荷食物，小于10为低血糖负荷食物。食物的GL值越高，食用相同重量的食物对餐后血糖的影响程度越大。以90千卡热量为一个交换份，不同食物GL的交换表，见下表。

食物名称	交换份重（克）	每份食物（GL）	食物名称	交换份重（克）	每份食物（GL）
	粮谷类			粮谷类	
通心粉（白）	35	3.0	通心粉	25	8.9
米线	25	3.2	面条（小麦粉）	25	11.8
绿豆挂面	25	5.0	玉米面粥	25	9.4
白馒头	35	13.3	玉米面	25	12.8
寿司	25	9.6	小米（煮）	25	13.3
黄豆挂面	25	9.8	烙饼	35	14.7
方便面	25	7.2	荞面方便面	25	10.1
大米饭	25	16.2	黑米粥	25	7.6
小米粥	25	11.5	烧饼	35	20.2
通心面	25	8.5	糯米饭	25	17.8

（三）运动后和训练期间糖的补充

运动后补充糖的时间和速率影响糖原储存的数量。糖原的合成速率在运动后即刻是最高的，此时肌糖原耗尽，糖原合成酶的活性很高。因此，运动后补充的一个目标就是让糖快速的进入到合成系统中，特别是在运动后2小时内。贝克和同事们（1994）监控了7名受过训练的自行车运动员在力竭性运动3天前和运动后24小时的饮食。受试者在力竭性运动后给予高糖的饮料（12%的麦芽糖糊精）或者同等口味的安慰剂饮料。这个方案在2周后重复，直到所有的运动员都补充了糖和安慰剂（表9-4）。运动后补充了额外的糖的运动员，运动至力竭的时间延长了11%。一般运动员的膳食中仅含有每千克体重4克的糖，糖供能占总能量的50%。运动后即刻补充额外的高糖饮料，将糖的供能比例增加到68%（7克/千克体重），糖供能增加到500千卡/天。因此，即使是运动员自己选择饮食，运动后简单的将高糖的饮料加入到运动员的饮食中也能显著地提高他们总的糖和能量的摄入。研究中使用的高糖补充食品都是很方便的，而且可以保证在运动后提供足够的糖。当然，也需要添加一些其他营养的食物，并且不能替代运动后的一餐。

糖原耗竭运动后6小时的时间里，肌糖原的合成速率呈线性下降，大多数研究者都是测定这个时间段补充肌糖原的效果。凯兹和同事们（1998）发现和运动后即刻相比，运动后延迟2小时补充糖，糖原合成的速率降低47%。杜利和同事们（1993）报道了在力竭性运动后4小时的时间里，每隔15分钟补充每千克体重0.4克的麦芽糖糊精的情况下出现了糖原合成的最高水平（10毫摩尔/千克/小时），这种较高的糖原储存可能是补充糖更加的频繁（每15分钟）引起的较高的胰岛素反应。胰岛素刺激了细胞摄入葡萄糖用于糖原的储存，同时也刺激了糖原合成酶。如果一个80千克的男性需要补充一定量的糖来达到最高水平的糖原合成量（在4小时内，每15分钟补充0.4），他需要每小时摄入128克的糖或者4小时共摄入512克的糖。力竭性运动后摄入这个水平的糖对于很多运动员来说可能会有困难，但是补充时间最多不能超过运动后的6～8小时。

表9-4　运动后24小时补充、不补充糖（CHO）自行车运动员能量和糖的摄入以及自行车成绩

	3天代表性的饮食(千卡/千克体重)	运动后24小时的能量摄入(千卡/千克体重)	运动后24小时摄入的CHO(千卡/千克体重)	运动后24小时摄入的CHO(%能量摄入)	骑车时间(分钟)
补充CHO	34.3 ± 6.3	41.8 ± 9.7	6.8 ± 0.9*	68 ± 6*	72 ± 8**
安慰剂组	29.3 ± 8.5	34.8 ± 2.5	4.7 ± 2.5	55 ± 5	64 ± 11

CHO补充量=每千克体重3.0克糖；安慰剂组=无热量的饮料

受试者完成两种测试。记录完3天的饮食后，他们以70%VO_2max的强度运动至力竭，在后来的24小时的时间里，补充安慰剂或者糖。第二天，他们以70%VO_2max运动1小时，最后以85%VO_2max运动至力竭。

*运动后24小时组饮食中的CHO显著地高于运动前运动员自己选择的食物（$P<0.05$）。

*补充糖组的骑车时间显著地高于安慰剂组（$P<0.05$）。运动是以70%VO_2max运动1小时，然后以85%VO_2max运动至力竭。

1. 个人糖的总的摄入量

尽管运动员常常被建议饮食中糖提供的能量应占总能量的55%~65%，但对于一些人来说，这可能是不现实的目标。糖的推荐量以每千克体重的补充量作为依据可能是更加容易和现实的方法（表9-5）。仅仅以糖在饮食中供能比例（65%）来确定糖的摄入量还存在着一些问题。例如，一个80千克体重的男性运动员补充每天摄入5000千卡的能量，其中65%的能量来自于糖，那么就摄入了813克（3252千卡）的糖。这个等同于每千克体重补充10克的糖，超过了以最大速率合成糖原的糖的需要数量。对于这个人来说，如果饮食中糖的供能比占55%的话仍可以提供688克的糖，或者每千克体重提供8.5克糖（见表9-5中两种饮食中所有的食物成分）。对于大多数男性运动员来说，这种糖的水平可能更加现实并且能够完成，并且可以很容易地在大强度训练后进行糖原的合成。

女运动员一般每天摄入2200~2500千卡的能量，她们不可能像男性那样，每天摄入500~600克的糖来合成充足的糖原。例如，一个55千克体重的女性每千克体重补充6~7克的糖需要，那么每天就需要摄入330~385克的糖（表9~5）。这就等同于糖提供1320~1540千卡的能量（或者一天2000千卡的饮食，糖提供66%~77%的能量）。女性运动员总的糖的摄入量是在男性的推荐值500~600克/天以下，但是糖供能比却应该达到或者超过了推荐值的水平。高糖饮食可以避免女性运动员在运动中疲劳的发生。如果测试每天能量摄入仅2500千卡的女运动员，研究的结果可能会不同。女性每天需要2000~2500千卡的能量，糖供能占总能量的43%，不能够提供足够的糖用于肌糖原的合成。这种饮食仅提供215~268克的糖，或者说对于一个55千克体重的运动员，每千克体重仅补充3.9~4.8克的糖，这种糖水平对于日常训练或者比赛的大多数运动员来说就太低了。

表9-5　不同能量需求水平的男女运动员高、中等糖饮食的例子

	男性（80千克） 糖的供能比例%				女性（55千克） 糖的供能比例%			
	65%	55%	65%	55%	65%	55%	65%	55%
能量（千卡/天）	5000	5000	3000	3000	2500	2500	2000	2000
糖（%）	65	55	65	55	65	55	65	55
克/天	813	688	488	413	438	344	325	275
克/千克体重	10.2	8.6	6.1	5.2	7.9	6.3	5.9	5.0
蛋白质（%）	12	15	12	15	12	15	12	15
克/天	150	188	90	113	75	94	60	75
克/千克体重	1.9	2.4	1.1	1.4	1.4	1.7	1.1	1.4
脂肪（%）	23	30	23	30	23	30	23	30
克/天	128	167	78	100	64	83	51	67
克/千克体重	1.5	2．1	1.0	1.3	1.2	1.5	0．9	1.2

2. 肌糖原的超代偿

许多耐力运动员知道运动前肌糖原水平的最大化的好处是缓解疲劳的发生和发展。提高肌糖原贮备的方法为肌糖原超代偿或者糖原负荷法。Bergstrom和同事们在1967年引入了糖原负荷法的概念，这个经典的方法是在耐力比赛前1周进行。运动员前3天摄入糖饮食（50%的能量来自糖，每3000千卡能量中含有353克糖），进行递减运动量训练方案；随后的3天摄入高糖饮食（70%的能量来自糖，每3000千卡能量中含有542克的糖），在这3天运动很少或者几乎不运动，可以明显提高运动员肌糖原的贮备量。

运动员可以在训练期间或者在比赛前的递减训练中，通过摄入高血糖指数或者补充液体糖来使机体的糖原水平达到最大化。与极高的糖饮食（80%~90%的能量来自糖）相比，补充液体糖的优点是可以减轻胃肠不适。

耐力比赛前（>2小时）肌糖原水平的最大化可以提高运动能力。开始时较高的肌糖原水平可以通过推迟肌糖原的耗竭水平而不是节约肝糖原来提高耐力水平。应该注意的是运动前进行糖原负荷法不是总能够提高运动能力。一些运动员使用这种方法时会患有胃肠功能的紊乱，包括腹泻。腿部肌肉由于额外的糖原和水会变得很僵硬。许多运动员抱怨他们感觉自己很重而且不想运动，他们的体重也可能会有轻微的上升。运动员如果在比赛之前需要使用糖原负荷法的话，最好在之前的训练中试验一下。

表9-6　运动员的糖需要量

运动方式及恢复时机	推荐摄入量	举例
运动后即刻恢复阶段（0~4小时）	1克/千克体重·时	一个70千克的运动员运动后即刻应摄入70克（280千卡）糖，并且至运动后4小时每小时应该摄入70克糖
低强度中等时间运动的恢复	5~7克/千克体重·天	一个70千克的运动员一天应该摄入350~490克（1400~ 1960千卡）的糖（包括运动后即刻恢复时所摄入的糖）
中等至高强度运动的恢复	7~12克/千克体重·天	一个70千克的运动员一天应该摄入490~840克（1960~ 3360千卡）的糖（包括运动后即刻恢复时所摄入的糖）
每天超过4小时的极量运动恢复	≥10~12克/千克体重·天	一个70千克的运动员一天应该摄入700~840克（2800~ 3360千卡）的糖（包括运动后即刻恢复时所摄入的糖）

二、蛋白质的食物来源、食物蛋白质的营养评价、蛋白质需要量及膳食参考摄入量

（一）蛋白质的食物来源

蛋白质广泛存在于动物性食物和植物性食物中。动物性食物蛋白质含量高，其中含有丰富的必需氨基酸，所以多属于优质蛋白，如畜肉、禽肉和鱼肉蛋白质等。植物性食物中仅有

豆类也含有较多的优质蛋白，其他植物蛋白往往含有优质蛋白较少；谷类食物是我国居民主要食物之一，蛋白质含量为7%~10%，但谷类蛋白中的赖氨酸含量低，不利于吸收利用。

食物多样化，动物性蛋白、豆类蛋白和谷类蛋白的同时摄入，充分发挥蛋白质互补作用，提高蛋白质的利用率。

营养学上根据食物蛋白质所含氨基酸的种类和数量将食物蛋白质分三类，完全蛋白属于优质蛋白，半完全蛋白和不完全蛋白则不属于优质蛋白。

完全蛋白质，它们所含的必需氨基酸种类齐全，数量充足，彼此比例适当。这一类蛋白质不但可以维持人体健康，还可以促进生长发育。奶、蛋、鱼、肉中的蛋白质都属于完全蛋白质。此类蛋白质也是常说优质蛋白。

半完全蛋白质，这类蛋白质所含氨基酸虽然种类齐全，但其中某些氨基酸的数量不能满足人体的需要。它们可以维持生命，但不能促进生长发育。例如，小麦中的麦胶蛋白便是半完全蛋白质，含赖氨酸很少。食物中所含与人体所需相比有差距的某一种或某几种氨基酸叫做限制氨基酸。谷类蛋白质中赖氨酸含量多半较少，所以，它们的限制氨基酸是赖氨酸。

不完全蛋白质，这类蛋白质不能提供人体所需的全部必需氨基酸，单纯靠它们既不能促进生长发育，也不能维持生命。例如，肉皮中的胶原蛋白便是不完全蛋白质。

（二）食物蛋白质的营养评价

营养学主要从食物蛋白质含量、蛋白质被消化程度和被人体利用程度对蛋白质进行评价。

1. 蛋白质含量

蛋白质含量是食物蛋白质营养价值的基础，是指湿重的食物中含有蛋白质的重量，具体见表9-7。

表9-7　不同食物中蛋白质含量（%，以湿重计算）

食物名称	含量	食物名称	含量	食物名称	含量
牛奶	3.3	大米	8.5	马铃薯	1.9
鸡蛋	12.3	小米	9.7	油菜	2.0
猪肉（瘦）	16.7	面粉	9.9	大白菜	1.4
牛肉（瘦）	20.2	玉米	8.6	白薯	2.3
羊肉（瘦）	15.5	大豆	34.2	菠菜	2.0
鱼	12.0~18.0	豆腐干	18.8	花生	26.2

2. 蛋白质消化率

蛋白质消化率是指该食物蛋白质被消化酶分解的程度，此数值不仅反映了蛋白质在消化道内被分解的程度，同时还反映消化后的氨基酸和肽被吸收的程度。因为蛋白质消化率越高，则被机体吸收利用的可能性越大，营养价值也就越高。

蛋白质消化率（%）=食物氮-（粪氮-粪代谢氮）×100/食物氮

3. 蛋白质的生物价

蛋白质的生物价是指食物蛋白质消化、吸收后在体内贮留的程度。生物价的值越高，表明其被机体利用程度越高。计算公式如下：

生物价=储留氮×100/吸收氮

储留氮=吸收氮-（尿氮-尿内源性氮）

吸收氮=食物氮-（粪氮-粪代谢氮）

影响因素：当蛋白质摄取不足时，蛋白质所表现的生物价较高；相反，当蛋白质摄入过多时所表现的生物价较低。

4. 蛋白质净利用率

蛋白质净利用率表示摄入的蛋白质被机体利用的程度，是反映食物中蛋白质被利用的程度，它把食物蛋白质的消化和利用两个方面都包括了，因此更为全面。计算公式如下：

蛋白质净利用率（%）=储留氮×100/摄入氮=消化率×生物价

评价蛋白质营养价值的指标还有蛋白质功效比值、氨基酸评分、相对蛋白质值、净蛋白质比值、氮平衡指数等。

（三）蛋白质需要量及膳食参考摄入量

蛋白质营养需要量的确定需要考虑到以下几个方面的因素。

（1）食物总热量是否能满足需要。在糖类的摄入较高时，蛋白质的需要量可适当降低。

（2）运动或体力劳动总热量增加时，蛋白质的需要量占热量的比例保持不变，但总量会增加。对于训练初期或技术动作不熟练阶段的训练期，蛋白质的需要量增加，对组织的微损伤修复及运动性贫血发生的预防有益。

（3）在失眠、精神紧张、生活节律改变等应激情况下，蛋白质需要量增加6%~12%不等，但个体差异较大。

蛋白质的膳食参考摄入量应占膳食总热量的11%~14%，根据中国营养学会的建议，正常成人男、女轻体力活动分别为75克/天和60克/天；中体力活动分别为80克/天和70克/天；重体力活动分别为90克/天和80克/天。运动员在大负荷训练期间，蛋白质参考摄入量应不低于2克/千克体重，并且要求优质蛋白的比例不少于2/3。同时加强蛋白质营养状况的生物化学评定，如血清白蛋白、血红蛋白等。

三、脂类的食物来源、食物脂肪的营养评价、脂肪的膳食参考摄入量

（一）脂类的食物来源

脂类广泛存在于动物性和植物性食物中。植物性食物中谷类食物脂肪含量比较少，含0.3%～3.2%。但玉米和小米可达4%，大部分的脂肪是集中在谷胚中。常用的蔬菜类脂肪含量则更少，绝大部分都在1%以下。油料植物种籽、硬果及黄豆中的脂肪量却很丰富。（表9-8）因此，人们常利用其中一些油作为烹调用油，如豆油、花生油、菜籽油、芝麻油等。构成植物性食物脂肪的脂肪酸中亚油酸含量较高。菜油和茶油中的亚油酸含量比其他植物油少，小麦胚芽油中含量很高，1克小麦胚芽油中含亚油酸502毫克，同时还含亚麻酸57毫克。

表9-8　植物种籽和硬果中的脂肪含量

食物名称	脂肪含量（%）	食物名称	脂肪含量（%）
黄豆	18	花生仁	30～39
芥末	28～37	香榧子	44
大麻	31～38	落花生	48
亚麻	29～45	榛子	49
芝麻	47	杏仁	47～52
葵花子	44～54	松子	63
可可	55	核桃仁	63～69

动物性食物中含脂肪最多的是畜肉和禽肉，其中肥肉和骨髓中脂肪可高达90%，其次是肾脏和心脏周围的脂肪组织、肠系膜等。动物内脏的脂肪含量并不很高，大部分都在10%以下。构成动物性食物脂肪的脂肪酸多为饱和脂肪酸，禽肉和动物的内脏含有少量的亚油酸。

植物性食物含植物固醇，胆固醇只存在于动物性食物中。几种畜肉中胆固醇的含量大致相近，肥肉则比瘦肉高。动物的脑、内脏和蛋黄中含量高。鱼类一般和瘦肉的含量相近。

脑磷脂和卵磷脂并存于各组织中，而神经组织内含量比较高。动物性食物中的脑、心、肾、骨髓、肝、卵黄和植物性食物中的大豆均含有较高的卵磷脂。

（二）食物脂肪的营养评价

食物脂肪的营养评价主要注意以下几个方面：

1. 消化率

脂肪的消化率与它的熔点有关，含不饱和脂肪酸越多熔点越低，越容易消化。因此，植物油的消化率一般可达到100%。动物脂肪，如牛油、羊油，含饱和脂肪酸多，熔点都在40℃以上，消化率较低，为80%～90%。

2. 必需脂肪酸含量

植物油中亚油酸和亚麻酸含量比较高，营养价值比动物脂肪高。

3. 脂溶性维生素含量

脂溶性维生素含量高，营养价值高。动物的贮存脂肪几乎不含维生素，动物肝脏富含维生素A和D，奶和蛋类的脂肪也富含维生素A和D。植物油富含维生素E。

4. 各种脂肪酸的比例

营养学会推荐人体摄入的膳食脂肪酸中的饱和脂肪酸、单不饱和脂肪酸和多不饱和脂肪酸达到1：1：1的均衡比例，对人体健康有益。其亚油酸如能达到1%~2%总能量供给，则营养价值高。

（三）脂肪的膳食参考摄入量

脂肪的摄入可同时保证脂溶性维生素的营养，通常认为成人脂肪的膳食参考摄入量应占到总热量摄入的20%~30%。随着生活水平的不断提高，我国人民膳食中动物性食品的数量不断增多，脂肪摄入量亦随之增加。脂肪过高易引起肥胖、高血脂症、冠心病等。

运动员食用高糖膳食时，因为糖的比例增多，量增加，此时可以减少脂肪的量，不减少蛋白质量。因为糖在体内还可转变为脂肪，因此，不必担心脂肪缺乏。膳食中应保证必需脂肪酸的摄入，亚麻酸有着很高的保健价值，具有提高记忆力、保护视力、控制血压、改善睡眠、预防心梗和脑血栓、降低血脂及促进胰岛素分泌等多种功能。

四、常量元素、微量元素与运动

在组成人体的化学元素中，除碳、氢、氧和氮主要以有机化合物形式存在外，其余的统称为无机盐，又称矿物质或灰分。机体中含量大于0.01%者称为常量元素或宏量元素，如钙、磷、钠、钾、氯、镁与硫等7种；含量低于0.01%者，也有人认为低于0.005%者为微量元素或痕量元素。目前已确认为维持正常生命活动不可缺少的必需微量元素共有14种，即铜、铬、钴、氟、铁、碘、锰、钼、镍、硒、硅、锡、钒和锌。

（一）常量元素与微量元素的主要功能、摄入不足或过量的影响

常量元素与微量元素的主要功能及对人体的影响，见表9-9、表9-10。

表9-9 常量元素的主要功能、摄入不足或过量的影响

常量元素	在体内的主要功能	摄入不足的影响	摄入过量的影响
钙	促进骨骼和牙齿生长，肌肉收缩，膜电位，和神经递质传导，调节酶活性	骨质疏松，脆骨症，收缩性肌损伤，肌肉痉挛	不利于微量金属元素吸收，心律失常，便秘，肾结石，软组织钙化
氯	促进神经传导和胃酸分泌	肌抽搐	高血压
镁	促进蛋白质合成，金属酶辅酶，ATP酶，2,3-DPG的合成，骨骼组成部分	肌无力，乏力，没有食欲，肌肉震颤和痉挛	恶心，呕吐，腹泻
钾	维持膜电位，产生神经冲动，肌肉收缩，酸碱平衡	低钾症，肌肉痉挛，冷漠，没有食欲，心率不齐	高钾血症，心率不齐和心衰
磷	支持骨骼生长，缓冲骨骼肌收缩，是ATP、PCr、NADP、DNA、RNA和细胞膜的组成成分	骨质疏松，脆骨症，肌无力和肌肉痉挛	不利于铁、锌和铜的吸收，不利于钙代谢
钠	维持血液渗透压，产生神经冲动，维持酸碱平衡	低血钠症，眩晕，昏迷，肌肉抽搐，恶心，呕吐，食欲减退，癫痫发作	高血压，恶心
硫	维持酸碱平衡和肝功能	未知而且非常不可能发生	未知

表9-10 微量元素的主要功能及摄入不足和过量的影响

微量元素	在体内的主要功能	摄入不足的影响	摄入过量的影响
铬	对胰岛素的作用仍存在争议	糖原不耐受，脂质代谢受损	罕见毒害作用
钴	红细胞形成所需的维生素B_{12}的组成成分	恶性贫血	恶心，呕吐，死亡
铜	促进铁吸收，氧化代谢，形成连接组织，血色素合成，超氧歧化酶辅酶的组成成分	贫血，免疫功能受损，骨钙质流失	恶心，呕吐
氟	促进骨骼和牙齿生成	龋齿	牙齿着色，抑制糖原大量合成
碘	合成甲状腺素T3和T4	甲状腺囊肿，代谢迟缓	抑制甲状腺活性
铁	血红蛋白和肌红蛋白，细胞色素和金属酶的组成成分，促进免疫功能	贫血，乏力，易感染	高血红蛋白血症，肝硬化，心脏病，易感染
锰	能力代谢酶的辅酶，促进骨骼生长，脂肪合成	生长不良	乏力，意识错乱
钼	糖和脂肪能量代谢酶核黄素的辅酶	没有	罕见毒害作用
硒	谷胱甘肽抗氧化酶辅酶	心肌病，癌症，心脏病，免疫功能低下，红细胞脆性增加	恶心，呕吐，乏力，脱发
锌	金属酶组成部分，促进蛋白质合成、免疫功能，防止组织损伤，参与能力代谢和抗氧化作用	不利生长、疾病恢复，厌食症	不利于铁和铜的吸收，增加HDL/LDL比率，贫血、恶心、呕吐、免疫受损

（二）几种与运动能力关系密切的矿物质

1. 铁与运动

运动时的高能量代谢率与酶的活性、呼吸链的能量生成速率以及机体氧的供应能力关系密切，这些均与铁有关。当铁缺乏时，会导致血红蛋白合成减少、血红蛋白携氧能力下降以及能量代谢失调，机体的做功能力下降。更严重的导致运动性贫血，运动能力降低。

2. 钙与运动

灵敏素质、反应速度、心脏泵血能力和肌肉力量，这些运动能力都与钙离子存在十分重要的关系。心肌和骨骼肌收缩时对钙离子的依赖性很强。钙离子是肌肉兴奋收缩偶联的关键物质。细胞外液钙离子浓度的下降，必将引起心肌收缩能力的下降。而骨骼肌细胞内钙离子的储存量减少，可以引起骨骼肌收缩能力的下降，肌肉力量明显下降。

运动可以改善骨代谢，使骨矿物质含量增加。

3. 锌与运动

锌影响骨骼肌蛋白质和DNA合成，影响骨骼肌的生长和重量，影响能量代谢及酸碱平衡等，从而对运动产生直接影响。锌还可能通过锌酶系统影响雄性激素的合成与分泌，进而通过促进骨骼肌蛋白质合成，肌纤维粗大，维持竞争性意识等影响运动能力。锌是体内300多种酶的激活因子，也是超氧化物歧化酶（SOD）的重要组成成分，影响运动能力。运动期间给运动员补充锌可以提高无氧糖酵解能力，对发展肌力和速度耐力有良好作用。

4. 铬与运动

铬可能作为胰岛素功能的协同者，提高葡萄糖的利用。铬的补充有利于增加肌肉合成和脂肪的减少，补充铬可以提高应激状态下的动物体内免疫球蛋白，显著减少其血清皮质醇；有可能改善体液和细胞免疫功能；增强RNA 合成；可抑制肥胖基因的表达。在不同类型应激过程中，如剧烈锻炼、身体受伤、感染及高温或寒冷时，葡萄糖代谢发生很大改变，因而也使铬的代谢改变。如，创伤病人和高强度锻炼的人尿铬排出量升高。

5. 钠与运动

运动员一般不会缺乏钠，只有在高气温环境下进行大强度训练时，可随汗液丢失大量氯化钠。机体缺乏时肌肉会出现软弱无力、食欲减退、恶心、呕吐、头痛、腿痛和肌肉痉挛等症状。据报道，在气温为25～35℃时进行长跑训练，运动中氯化钠的丢失量可达24.77±2.31克，必须注意及时补充。长跑运动员钠的需要量每日可增到20～25克。如在比赛中失水量不超过3.5升，不要服用盐片。

6. 钾与运动

运动员在一般情况下钾的需要量每日为3～4克，但在大运动量和高气温环境下训练时，钾的总排出量为4.0～4.5克/天，如，运动员在29～30℃环境下跑步，体内钾的丢失量可高达6克/天，因此，运动员钾的每日需要量应为3～5克。钾的实际需要量还取决于运动强度和环境温度。

五、运动性脱水、再水合与运动能力、运动饮料的组成与补充

（一）运动性脱水

> **重要知识点**
> 运动性脱水：运动性脱水是指人们由于运动而引起的体内水分和电解质丢失过多的现象。

通常由在高温高湿环境下进行大负荷运动，人体大量出汗而未及时补充水所造成。也常见于按体重级别进行比赛的项目，如摔跤、举重等运动员为了参加低于自己体重级别的比赛而采取快速减体重的措施，造成机体脱水。

运动前没有充分饮水，运动中再不注意补水，机体就可能脱水，脱水程度也会随运动时间的延长而加重。尤其是长时间在热环境中运动，会使人体丢失大量水分，排汗率可超过2升/小时，有时排汗率甚至大于3升/小时。大量出汗导致体液（细胞内液和细胞外液）和电解质的丢失，使体内正常的水平衡和电解质平衡被破坏，则会发生脱水的症状。当失水量占体重的2%时，为轻度脱水，表现为口渴、尿少、尿比重增高及工作效率降低等。失水量占体重的4%时，为中度脱水。

运动性脱水发生时，机体的血液黏滞度增加，心脏的负荷增加；同时，氧运输能力下降，代谢产物的排出也减低，进而导致机体内环境失调，运动性疲劳发生。运动前或运动中补水，减少运动性脱水发生的程度，有利于提高运动能力。

（二）再水合与运动能力

脱水后及时再水合，并同时补充各种营养素，可加速恢复过程。运动前补水，可减少运动中脱水的发生率。通常长时间的运动，运动前、运动中和运动后均需要补水。

运动前补水，使机体达到最大水合状态。可以在运动前几天就注意补水，不至产生脱水。此外在运动前的15~20分钟补水400~700毫升，也可改善水合状态。

在运动过程中15~30分钟补充运动饮料或水100～300毫升。热环境中运动，饮水的间隔可适当缩短，每次的饮水量也适当减少，通常每小时不超过800毫升。

运动后补水也应以少量多次为原则，运动结束后可选择运动饮料和水。运动结束2小时内还需补水500~1000毫升。运动时间不超过1小时，则不推荐运动饮料，以矿物质水为宜。

知识链接

美国运动医学学院液体服用指导方针

时间	总量	相应调整
运动前2小时	喝500毫升（0.5升或大约17盎司）	无
运动中	喝600~1200毫升（0.6~1.2升或是大约20~40盎司）每小时	喝150~300毫升（大约5~10盎司）每15~20分
运动后	基于运动前和运动后即刻体重的改变量，喝足够的液体来恢复体重（16盎司液体=每英磅体重）	服用需要总量的150%的液体来恢复体重。这个量可以弥补尿液的丢失。如果只服用100%的补充液体，尿液丢失的量可诱发水分过少

（三）运动饮料的组成与补充

运动饮料是指营养素的组分和含量能适应运动员或参加体育锻炼、体力劳动人群的生理特点、特殊营养需要的无酒精饮料。

1. 运动饮料的组成

（1）一定浓度的糖

人体内糖存储量有限，运动肌、脑、红细胞等的糖供应直接关系运动能力。运动饮料中的糖提高肌肉的工作能力，维持中枢神经系统的供能，保证红细胞的能量供应。

（2）适量的无机盐

运动出汗导致钾、钠等无机盐的丢失，肌肉的兴奋收缩功能即可被影响，甚至出现肌肉痉挛，饮料中的无机盐有利于补回无机盐，使机能得以维持。运动饮料中的无机盐含量应低于人体的渗透压，如果饮料的渗透压高于人体，则会对水的吸收不利，建议用低渗饮料。但目前市售运动饮料多是高渗饮料。

（3）维生素和其他

有些运动饮料增加维生素和其他成分，比如，B族维生素、维生素C，以促进能量代谢，适宜的维生素有利于延缓疲劳。有些运动饮料还添加牛磺酸和肌醇，对于促进蛋白质合成，调节新陈代谢，加速疲劳消除有一定的作用，适合运动后饮用。

（4）无碳酸气、无或少咖啡因

碳酸气会引起胃部的胀气和不适，并通过对咽喉的刺激，造成饮用困难，影响水和其他营养物质的吸收。咖啡因有利尿作用，饮用含有咖啡因的饮料可以引起机体排尿量的增加，从而加重机体的脱水。

2. 运动饮料的补充方法

运动饮料的基本补充方法是每小时600~800毫升的总量，分3~4次喝完，与胃的排空速度相适应。

（1）运动前的补水

结合个人情况、运动项目和天气等具体情况，在运动前适量补水。运动前半小时最好摄入300~500毫升水，对维持体温恒定，延缓脱水发生有益。运动前15~20分钟补水400~700毫升水，可分次饮用。因为口渴的发生落后于机体的实际需要情况，不能在感到口渴时再喝水。

（2）运动中补水

运动中补水的目的在于防止过度脱水及过热引起的运动能力下降。运动中每15~30分钟补充150~200毫升运动饮料。在热环境下，运动饮料可以迅速地被组织吸收。一般补充总量为800~1000毫升/小时。

（3）运动后补水

因为运动员在运动中补水量往往小于丢失量，所以运动后也要补水，使水出量达到平衡。运动后应及时补水，以保持体内的水分平衡。水分补充量应与汗液丢失量大体一致。合理补水原则是少量多次。

已经调配过的饮料可直接饮用。此外，目前也有流行运动饮料冲剂，或称固体饮料，这种饮料需要自已调配，一般多用纯净水冲溶，应该注意产品说明中兑水量，尽量调配成低渗饮料，切忌将冲剂加到市售的运动饮料中混合饮用，如确因口味所喜，那要再加水稀释至等渗或低渗。

六、维生素的食物来源

（一）维生素的功用及来源

维生素在体内一般不能合成（维生素D除外），需要量少，但对代谢的作用大。维生素可分脂溶性和水溶性两类。维生素A、D、E、K属脂溶性，维生素B族和维生素C易溶于水。（表9–11）

表9–11　维生素的功用及食物来源

	维生素的功用	食物来源
脂溶性维生素		
维生素A	维持正常视力，预防夜盲症；维持上皮细胞组织健康；促进生长发育；增加对传染病的抵抗力；预防和治疗干眼病	鱼肝油、绿色蔬菜
维生素D	调节人体内钙和磷的代谢，促进吸收利用，促进骨骼成长	鱼肝油、蛋黄、乳制品、酵母
维生素E	维持正常的生殖能力和肌肉正常代谢；维持中枢神经和血管系统的完整	鸡蛋、肝脏、鱼类、植物油
维生素K	止血它不但是凝血酶原的主要成分，而且还能促使肝脏制造凝血酶原	菠菜、苜蓿、白菜、肝脏
水溶性维生素		
维生素B_1	保持循环、消化、神经和肌肉正常功能；调整胃肠道的功能；构成脱羧酶的辅酶，参加糖的代谢；能预防脚气病	酵母、谷物、肝脏、大豆、肉类

续表

	维生素的功用	食物来源
维生素B_2	又叫核黄素核黄素是体内许多重要辅酶类的组成成分，这些酶能在体内物质代谢过程中传递氢，它还是蛋白质、糖、脂肪酸代谢和能量利用与组成所必需的物质能促进生长发育，保护眼睛、皮肤的健康	酵母、肝脏、蔬菜、蛋类
泛酸(维生素B_5)	抗应激、抗寒冷、抗感染、防止某些抗生素的毒性，消除术后腹胀	酵母、谷物、肝脏、蔬菜
维生素B_6	在蛋白质代谢中起重要作用治疗神经衰弱、眩晕、动脉粥样硬化等	酵母、米糠、白米
维生素B_{12}	抗脂肪肝，促进维生素A在肝中的贮存；促进细胞发育成熟和机体代谢；治疗恶性贫血	肝脏、鱼肉、肉类、蛋类
肌醇	维生素B族中的一种，和胆碱一样是亲脂肪性的维生素	心脏、肉类
维生素C	连接骨骼、牙齿、结缔组织结构；对毛细血管壁的各个细胞间有粘合功能；增加抗体，增强抵抗力；促进红细胞成熟	新鲜蔬菜、水果
维生素PP(烟酸)	在细胞生理氧化过程中起传递氢作用，具有防治癞皮病的功效	酵母、谷物、肝脏、米糠
叶酸(维生素M)	抗贫血；维护细胞的正常生长和免疫系统的功能	蔬菜叶、肝脏

（二）维生素与运动

1. 维生素A与运动

维生素A的需要量与机体劳动强度、生理病理情况及视力的紧张程度有关。特别是运动过程中，人体会产生很多的自由基，这些自由基如果没有及时清除会导致肌肉细胞、心血管细胞以及全身各脏器细胞的完整性和功能受到损害。运动员每日维生素A的适宜摄入量为1500μgRE，视力紧张项目每日为1800μgRE。

2. 维生素D与运动

维生素D与运动的关系表现在骨骼的发育、神经肌肉兴奋性以及肌肉收缩能力等多个方面。钙离子是维持神经肌肉兴奋性的物质基础，也是引起肌肉收缩的关键物质，而神经肌肉兴奋性的高低与骨骼肌收缩能力的强弱是运动的前提和基础。维生素D的最主要功能是调节钙和骨的代谢。维生素D通过调节身体内部钙离子浓度，可以影响骨骼发育，身体的生长发育以及骨骼的健康状况都与维生素D的功能息息相关。

3. 维生素E与运动

维生素 E 可以促进蛋白质的合成，改善肌肉的血液供应和营养，可提高肌肉质量，对肌肉有抗疲劳作用，可以提高竞技能力。提高抗氧化还原反应使人体组织细胞获得较多的氧气供应，能有效地提高肌肉中氧的利用率，减少氧债，增强耐力，对耐力项目尤为重要。维生素 E 作为抗氧化剂对酶的活性及组织起到保护作用。

4. 维生素C与运动

维生素C可以促进胶原蛋白、肾上腺素以及肾上腺皮质激素合成；维生素C在氢离子转移系统中发挥作用；维生素C是体内化学反应效力很大的抗氧化剂；维生素C能促使机体对铁的吸收；维生素C可以减少负氧债量；维生素C这些作用对运动能力可产生多方面的影响。

5. 维生素B_6与运动

维生素B_6与血红蛋白（Hb）、肌红蛋白（Mb）细胞色素的生成有关。维生素B_6还能促进运动时糖异生作用，防止运动性低血糖的发生。维生素B_6能提高人体的有氧耐力 。

6. 维生素B_2与运动

维生素B_2与线粒体中发生的氧化反应关系最大，而且对于有氧性耐力运动也很重要。有人观察到机体对维生素B_2的需求似乎同能量的消耗或肌肉活动有关。维生素B_2缺乏主要发生在吃素食的运动员身上。如果膳食里未含奶类食品或其他动物脂肪的话，那么运动员膳食中就有可能缺少维生素B_2。

7. 维生素B_1与运动

维生素B_1在细胞内的数种生化反应中是一种重要的辅酶。缺少维生素B_1会影响糖的代谢。而在持续性的高强度有氧运动中糖代谢是主要能量来源，缺少维生素B_1可能还会导致血红蛋白（另一种影响有氧运动能力的因素）生成量减少。

七、膳食纤维概述、膳食纤维的食物来源与适宜摄入量、膳食纤维在运动人群的应用

（一）膳食纤维概述

膳食纤维是糖中的一类非淀粉多糖。包括纤维素、半纤维素、果胶和非多糖成分的木质素等。纤维素、半纤维素和木质素属不溶性纤维，果胶、树胶和胶浆可溶。

（二）膳食纤维的食物来源与适宜摄入量

植物性食物中都含有数量不等的各类膳食纤维。含量最多的是不可溶膳食纤维，它包括纤维素、木质素和一些半纤维素。谷物的麸皮，全谷粒和干豆类，干的蔬菜和坚果也是不可溶膳食纤维的好来源，可溶膳食纤维富含于燕麦、大麦、水果和一些豆类中。蔬菜和水果是膳食纤维（纤维素、半纤维素和果胶等）的重要来源。蔬菜中含果胶较多的有南瓜、胡萝卜、蕃茄等。水果中一般含有较多的果胶（如山楂、苹果和柑橘等），具有很强的凝胶力，加适量的糖和酸即可加成果酱和果冻制品。

中国营养学会建议正常成年人膳食纤维适宜摄入量为30克/天，并根据能量摄入调整，能量摄入越高，膳食纤维摄入量越高。

（三）膳食纤维在运动人群中的应用

膳食纤维虽然不能在运动中供能，但与热源性食物同时摄入时，可以减少脂肪的吸收，

可以延缓食物中糖的吸收，从而可起到降低膳食血糖指数的作用。

膳食纤维的大量摄取对健美塑身人群来说，可以减少油脂和其他高热能食物的摄入量，同时膳食纤维具有促进肠道蠕动、促进排便，有利于肠道中的毒素及时排出体外的功效。因此，膳食纤维对健美塑身人群提高健美塑身的效果是十分有利的。

目前对膳食纤维功效的研究表明：膳食纤维具有良好的吸水性，摄入一定量的膳食纤维可以增加饱腹感，减少对其他食物的摄入量；膳食纤维排空速率慢，减少食物的消化率；膳食纤维还具有促进肠道蠕动的功能，促进一些高热量的物质的排出体外。因此，对于减肥人群来说，膳食纤维是不可多得的有效减肥物质。

第三节　平衡膳食营养

平衡膳食是合理营养追求的目标。合理营养对运动人群来说可以促进机体充分发挥训练效果和比赛时的活动能力，加速运动后体力恢复，达到增强体质的目的。

为了给居民提供最基本、科学的健康膳食信息，卫生部委托中国营养学会组织专家，制订了《中国居民膳食指南》（2007年）。密切联系我国居民膳食营养的实际，对各年龄段的居民摄取合理营养，避免由不合理的膳食带来疾病具有普遍的指导意义。膳食指南是针对各国各地存在的问题而提出的一个通俗易懂、简明扼要的合理膳食基本要求，是一个有效的宣传普及材料。

重要知识点

合理营养：对运动人群来说可以促进机体充分发挥训练效果和比赛时的活动能力，加速运动后体力恢复，达到增强体质的目的。

一、中国居民膳食指南（2007年）

一般人群膳食指南适用于6岁以上人群，共10条。（1）食物多样，谷类为主，粗细搭配；（2）多吃蔬菜水果和薯类；（3）每天吃奶类、大豆或其制品；（4）常吃适量的鱼、禽、蛋和瘦肉；（5）减少烹调油用量，吃清淡少盐膳食；（6）食不过量，天天运动，保持健康体重；（7）三餐分配要合理，零食要适当；（8）每天足量饮水，合理选择饮料；（9）如饮酒应限量；（10）吃新鲜卫生的食物。

除一般人群膳食指南外，另有特殊人群的膳食指南，包括孕期妇女和哺乳期妇女膳食指南、儿童青少年膳食指南及老年人膳食指南。

知识链接

1980—2005年美国居民膳食指南演变

美国居民膳食指南在过去的15~25年试图回答这样一个问题即“美国人怎样吃可以保持健康”。美国居民膳食指南是为人们促进健康，降低慢性病风险，满足营养摄入需求以及积极生活的膳食建议。下表列举了自1980—2005年美国居民膳食指南的演变。

1980年	1985年	1990年	1995年	2000年	2005年
摄入不同类型食物	摄入不同类型食物	摄入不同类型食物	摄入不同类型食物	根据膳食金字塔选择食物	合理选择每类食物
保持适宜体重	保持理想体重	保持健康体重	保持食物摄入量与体力活动量的平衡以维持和控制体重	实现健康体重。每天进行体力活动	找到饮食与体力活动的平衡点
避免摄入过多的脂肪、饱和脂肪和胆固醇	避免摄入过多的脂肪、饱和脂肪和胆固醇	选择低脂肪、低饱和脂肪和低胆固醇的食物	选择低脂肪、低饱和脂肪和低胆固醇的食物	选择低饱和脂肪和低胆固醇的食物，摄入适量脂肪	选择低饱和脂肪、低反式脂肪和低胆固醇的食物
摄入富含淀粉和膳食纤维的食物	避免摄入过多的脂肪、饱和脂肪和胆固醇	增加蔬菜、水果和谷类食物摄入	增加谷类食物、蔬菜和水果摄入	每天摄入不同类型的蔬菜和水果	进餐时食用不同种类的食物
避免摄入过多食糖	避免摄入过多食糖	摄入适量食糖	摄入适量食糖	选择含糖适量的饮料与食物摄入	在减少能量摄入的同时增加营养素摄入
避免摄入过多钠	避免摄入过多钠	适量摄入食盐	适量摄入食盐	较少食盐的摄入	减少钠的摄入，增加钾的摄入
适量饮酒	适量摄入酒精饮料	适量摄入酒精饮料	适量摄入酒精饮料	适量摄入酒精饮料	适量摄入酒精饮料

二、膳食营养宝塔

根据《中国居民膳食指南》的核心内容，结合中国居民膳食的实际状况，把平衡膳食的原则转化成各类食物的重量，便于人们在日常生活中实行，以平衡膳食宝塔的形式表现出来。

（一）膳食宝塔结构

膳食宝塔共分五层，包含每天应吃的主要食物种类。膳食宝塔各层位置和面积不同，这在一定程度上反映出各类食物在膳食中的地位和应占的比重。新的膳食宝塔图增加了水和身体活动的形象，强调足量饮水和增加身体活动的重要性。（图9–5）

（二）膳食宝塔建议的食物量

膳食宝塔建议的各类食物摄入量都是指食物可食部分的生重。各类食物的重量不是指某一种具体食物的重量，而是一类食物的总量。

（三）中国居民平衡膳食宝塔的应用

1. 确定适合自己的能量水平

膳食宝塔中建议的每人每日各类食物适宜摄入量范围适用于一般健康成人，在实际应用时要根据个人年龄、性别、身高、体重、劳动强度、季节等情况适当调整。

2. 根据自己的能量水平确定食物需要

膳食宝塔建议的每人每日各类食物适宜摄入量范围适用于一般健康成年人，应用时要根据自身的能量需要进行选择。

3. 食物同类互换，调配丰富多彩的膳食

应用膳食宝塔可把营养与美味结合起来，按照同类互换、多种多样的原则调配一日三餐。见食物互换表。（表9-12～表9-14）

图9-5　中国居民平衡膳食宝塔，中国营养学会网站http://www.cnsoc.org

4. 要因地制宜充分利用当地资源

我国幅员辽阔，各地的饮食习惯及物产不尽相同，只有因地制宜充分利用当地资源才能有效地应用膳食宝塔。

5. 要养成习惯，长期坚持

膳食对健康的影响是长期的结果。应用平衡膳食，膳食宝塔需要自幼养成习惯，并坚持不懈，才能充分体现其对健康的重大促进作用。

表9-12　谷类薯类食物互换表（能量相当于50克米、面的食物）

食物名称	市品重量（克）*	食物名称	市品重量（克）*
稻米或面粉	50	烙饼	70
面条（挂面）	50	烧饼	60
面条（切面）	60	油条	45
米饭	籼米150克，粳米100克	面包	55
米粥	375	饼干	40
馒头	80	鲜玉米（市品）	350
花卷	80	红薯、白薯（生）	190

*成品按照与原料的能量比折算

表9-13　蔬菜类食物互换表（市品相当于100克可食部重量）

食物名称	市品重量（克）*	食物名称	市品重量（克）*
萝卜	105	菠菜、油菜、小白菜	120
樱桃西红柿	100	圆白菜	115
西红柿	100	大白菜	115
柿子椒	120	芹菜	150
黄瓜	110	蒜苗	120
茄子	110	菜花	120
冬瓜	125	莴笋	160
韭菜	110	藕	115

*按照市品可食部百分比折算

表9-14　水果类食物互换表（市品相当于100克可食部重量）

食物名称	市品重量（克）*	食物名称	市品重量（克）*
苹果	130	柑橘、橙	130
梨	120	香蕉	170
桃	120	杧果	150
鲜枣	115	火龙果	145
葡萄	115	菠萝	150
草莓	105	猕猴桃	120
柿子	115	西瓜	180

*按照市品可食部百分比折算

（以上三个表引自中国营养学会，2007）

三、运动员膳食金字塔

在瑞士举行的运动营养论坛上提出了适用于运动员的膳食金字塔。它是在瑞士普通人群膳食金字塔的基础上建立起来的。最初是为喜欢运动（体力活动水平，PAL=1.4）的健康成

年人制定的。运动员膳食金字塔满足了运动员日常训练对于额外能量与营养素的需求。（图9–6）

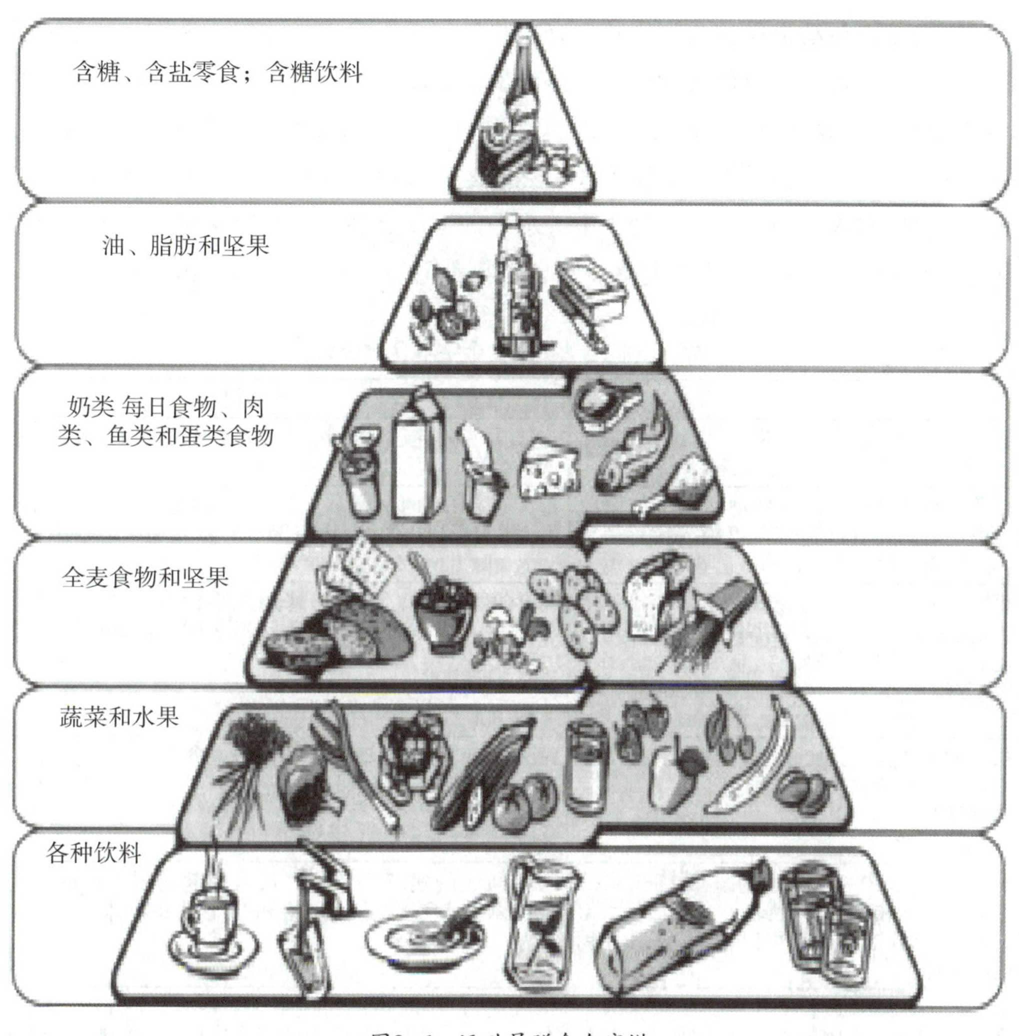

图9–6　运动员膳食金字塔

（运动员膳食金字塔对每周运动超过5小时的运动员，以瑞士运动营养协会提供的健康成年人膳食金字塔为基础制定。）

运动员膳食金字塔的受众是每日进行中等强度运动时间超过1个小时，每周运动时间不少于5小时。

中等强度运动是指持续运动，例如游速为2.5千米/小时的游泳，速度为8千米/小时的跑步和蹬骑负荷为2瓦/千克体重的功率自行车。还包括进行一些间歇性运动和集体项目运动，例如冰球、足球和网球。普通人膳食金字塔反映了膳食平衡，这对于运动员同样重要。膳食金字塔中的所有食物都可以选择，但值得注意的是运动员的饮食应包含金字塔中的所有类型食物。这些食物应根据季节来选择，应合理选择。规律性地补充富含维生素和/或矿物质营养品和饮料以及从食物中进行补充都会超过可耐受最高摄入量。

运动员要提高运动能力，需要坚持按照运动员膳食金字塔进行膳食补充。与普通人膳食金字塔不同的是，运动员膳食金字塔并没有按照每日摄入量提供建议，人们建议运动员膳食金字塔应该按照满足运动员最快的恢复，达到最佳运动状态为目的。附加的建议是针对每天进行1~4个小时进行锻炼的人。进行大强度大运动量的人群需要更多的能量和营养素。运动员的食物摄入量应根据其体重提供。体重50千克的运动员摄入的食物量较少，而体重为85千克的运动员摄入的食物量最多。体重处于中等水平的运动员摄入的食物量也处于中等水平（例如体重为67千克的运动员）。食物量多少可以在膳食金字塔中查找。（表9-15）

表9-15　运动员膳食金字塔食物份数

普通人	运动员
适量摄入含糖和盐的零食（例如软饮料、奶茶和功能饮料），适当摄入酒精饮料	与普通人的建议一致。但值得注意的是酒精饮料和低钠饮料会延长运动后恢复的时间
每日凉菜中可摄入10~15克植物油（例如菜籽油和橄榄油），每日通过炒菜可摄入10克植物油或10克黄油。每日摄入20~30克坚果	每天进行1小时运动则可增加5克油脂摄入。增加的油脂可通过不同形式的食物获得
每日可摄入100~120克畜禽肉或鱼肉；2~3个蛋；200克奶酪；60克硬奶酪；100~120克豆腐。此外，可摄入3份奶及奶制品（一份相当于200毫升牛奶或150~180克酸奶或200克干奶酪或30~60克奶酪）	与普通人的建议一致；普通人膳食金字塔为运动员提供了丰富的蛋白质和钙，因此不必增加额外的蛋白质和钙的补充
每天摄入3份主食，其中的2/3应为粗粮。1份相当于75~125克面包或60~100克干果（例如扁豆、鹰嘴豆）或180~300克土豆或45~75克米饭/面食/玉米/其他谷类食物	每天进行1小时运动应增加一份主食。 当每天运动超过2个小时，运动营养品/运动饮料可以替代膳食。1份运动食品=60~90克能量棒，或50~70克果冻，300~400毫升运动饮料
摄入3份蔬菜，其中一份为生的蔬菜（1份=120克，包括蔬菜沙拉或蔬菜汤），摄入2份水果（1份=120克或1把）或者可以喝200毫升无糖果汁或蔬菜汁	与普通人的建议一致；在没有引起肠胃不适的前提下，也可以摄入3份以上的蔬菜和2份以上的水果
每天喝1~2升不含糖的水（开水、矿泉水或果茶）适量饮用含咖啡因的饮料（咖啡、红茶和绿茶）	每天进行1小时运动，应增加400~800毫升运动饮料的补充。运动前和运动中应少量饮用运动饮料。每天进行1小时以上运动或以减肥为目的的运动中应摄入白水而不摄入运动饮料。运动后可摄入运动饮料。在运动的前、中、后均需要补水

运动员膳食金字塔包含了不同层级。第一等级为满足运动的额外能量需求。不同类型运动的能量需要量是不同的，运动员额外的能量需求为运动时0.4千焦/分钟或0.4千焦/千克体重（0.1千卡）。这大致相当于跑速为8千米/小时的跑步或以2瓦/千克体重的负荷蹬骑功率自行车。绝大部分间歇运动项目：冰球、足球和网球运动时的能量需求与此一致。

将不同项目的运动强度与运动量合并考虑，运动员膳食金字塔针对不同项目运动员提出了膳食营养素建议。运动员膳食金字塔涉及了运动员对不同类型食物的额外需求以及现实生活中这些食物需要量是否合理。长时间训练需要额外的食物补充，运动员的体重决定了食物补充量。额外补充运动食品和饮料例如运动饮料、能量棒和恢复性营养品均被综合考虑在内。体重不同的运动员所需能量的区别可以通过调整基本膳食金字塔中的食物摄入量解决。在金字塔的最后一层包括具体实施时是否按照膳食金字塔的建议进行，以满足能量需求和营养素摄入。

运动员膳食金字塔的作用得到了研究的证实。相关研究对不同体重运动员的饮食计划进行了168天的模拟。所有计划均按照个人的要求制订，并与推荐值进行比较。能量推荐值采用膳食参考摄入量提供的能量需要预测公式进行计算。通过能量需要预测公式计算的体力活动水平（PAL）1.4 [静坐少动（没有体力活动）]的男性与女性体力活动的相应系数值分别为1.1和1.2，采用能量需要预测公式计算得出运动员膳食金字塔的基本体力活动水平（PAL）值。之前定义的运动消耗额外能量为0.1千卡/千克/分，是指相对于静坐少动的人群在每天多运动1小时、2小时、3小时和4小时的能量消耗。预测的食物所需要量与实际需要量之间的相关性达到了97%。每天多运动1小时、2小时、3小时和4小时的人群糖的补充量分别为4.7、6.4、7.5和8.6克/千克体重。蛋白质的补充量分别为1.6、1.7、1.8和1.9克/千克体重。微量元素的补充量超过膳食参考摄入量水平1倍。运动员能量需求量为14MJ/天（334千卡/天）或更高，所有微量元素的需要量超出膳食参考摄入量数值的2倍至4倍。由于有较好的实用性，因此运动员膳食金字塔可以很好地指导运动员饮食。

知识链接

建立适合自己的膳食金字塔

鼓励人们建立适合自己的膳食金字塔。新的膳食金字塔网站提供了这样的机会让人们建立自己的膳食金字塔。访问MyPyramid.gov，点击自己的膳食金字塔计划，之后输入年龄、性别、体重、身高和体力活动水平用于计算出个人所需的能量。这样做的目的是根据每日能量需求制定饮食计划。网站还提供膳食金字塔追踪服务，可以建立膳食日记同时输入每日的活动量。这些膳食建议较运动员水平略低一些，但这些工具的使用（见表9-15）可以帮助人们树立正确的饮食方向。健康饮食和运动不仅仅针对当前，而是一个长时间的承诺。以下是帮助人们建立健康饮食的循序渐进的建议。

1. 逐步改变选择食物的方式

马上调整自己的饮食是很容易的。例如，选择含脂肪1%或2%的牛奶替代普通牛奶。如果时机成熟你也可以直接选择脱脂牛奶或含脂肪1%的牛奶。这些替代食物的选择可以帮助你减少脂肪和能量的摄入。另一个转变是增加粗粮面包的摄入或增加豆类的摄入。这一转变可以保证膳食纤维与微量元素的摄入。

2. 每日摄入的食物应包括五大类主要食物

你如果是素食主义者，应选择豆类、豆腐和其他高蛋白食物替代肉类。学会从基础水平开始建立自己的膳食金字塔——摄入大量的粗粮、水果和蔬菜。采用膳食金字塔使得进餐变得可以选择。如果进餐时你没有摄入蔬菜，你需要增加蔬菜沙拉的摄入，以炒的蔬菜替代汉堡包。记住脂肪不是敌人，选择单不饱和与多不饱和脂肪替代饱和脂肪和反式脂肪可以促进健康，降低疾病风险。

3. 制定合理的目标

不用把你所有喜欢的食物都剔除。这会导致你在剥夺食物结束后疯狂地摄取这些食物。尝试低糖和低盐食物。保持饮食和零食的平衡，学会选择健康的零食，减少对自动售货机的依赖。多选择低脂牛奶、果汁和水，尽量减少碳酸饮料的摄入。

4. 增加生活的乐趣

尝试新的食物。基于营养益处，进食时增加食物种类可以提高食欲。例如，在你的购物计划中增加新的蔬菜品种，尝试在餐馆中点新的菜品或者在食物中增加时令水果。如果你敢于尝试，你可以每周变化食谱，使得进餐变得有乐趣。

5. 增加液体补充

水是经常被我们遗忘的但十分重要的营养素。人们需要学会在平时以及进餐时饮水。此外，摄入水果、蔬菜、汤、咖啡、茶和果汁都会增加人体摄入的水分。对于年轻运动员来说，没有反映水需要量的较好指标。运动员即使不口渴也需要饮水，特别是在炎热的夏天。喝运动饮料是预防运动时脱水的主要手段。

6. 评价自己的生活方式

你运动吗？你体重稳定吗？你需要增加体重还是减去体重？考虑能够满足你现在生活方式的能量与食物消耗量。在选择各种食物时摄入足够的分量起码是最低摄入量以保持健康的体重。

四、膳食营养存在的问题

我国运动员存在的营养问题

1. 糖类摄入严重不足。

2. 蛋白质和脂肪摄入过多，存在肉即为营养的错误观念。

3. 维生素摄入不足，主要是维生素B_1、B_2、PP和维生素A。

4. 三餐热能分配不合理。早饭热量太少，晚餐热量太多。

5. 钙、铁、锌等部分无机盐摄入不足。其中钙摄入不足的运动员达25%，主要原因是忽视奶和豆制品的摄入。

6. 训练中不补充水，或补充不科学。不渴不补，补充白开水。

7. 烹调方式不合理。

8. 酸性食物与碱性食物搭配不合理。

9. 精制食物过多。

10. 某些矿物质摄入不足，如钙、铁等。

五、膳食营养的解决措施

针对我国运动员营养问题的解决措施

1. 主食多样化，粗粮细作。促进运动员多进食糖类。此外还可以在运动前、运动中和运动后以运动饮料的形式补充糖。

2. 纠正吃主食多发胖的认识，减少脂肪和蛋白质摄入量，增加主食量。改变烹调和选料，选用脂肪含量低的肉食，增加豆类及其制品，改变油炸和过油的烹调方式。

3. 生吃蔬菜，增加水果，多吃粗粮。

4. 一日5~6餐：（1）早操前果汁；（2）丰富的早餐；（3）训练中加餐；（4）食物搭配合理的午餐；（5）训练中的加餐；（6）适量的晚餐。

5. 训练中注重补充运动饮料，补充矿物质、维生素和糖，作为训练的组成部分。

6. 注重奶类及奶制品、含铁较多的食物的补充。

六、平衡营养食谱的制定原则和方法

运动营养的各项指导原则和运动员的营养状况的评定结果最终需要通过营养措施进行调查，以改善运动员的身体营养，提高身体素质和运动能力。其中最重要的营养措施就是膳食食谱的制定与实施。

（一）原则

1. 热量摄入与消耗平衡，保持适宜的体重和体成分。

2. 热能营养素的比例要合理。

3. 食物应多样化，保证充足的维生素和无机盐摄入。

4. 制定合理膳食制度，包括进食时间、次数、各餐能量分配和食物内容。

5. 食物加烹调方法科学营养，运动员膳食制作宜清淡、易消化吸收。

（二）方法

1. 确保每日膳食的食物结构合理，各种食物及营养素种类齐全、数量充足、比例适当，满足营养平衡要求。食物多样化，食物的种属越远越好。三大营养素即糖、脂肪、蛋白质占总能量的百分比分别为55~65%、20~30%、10~15%。每日主食500克左右，食用糖50克。每日能量摄入量应与每日能量的消耗量相平衡，避免摄入过多的能量。

2. 一日三餐的分配要合理，避免早餐过少，晚餐过多的弊病。三餐能量分配的适宜比例是早餐30%、午餐40%、晚餐30%。

食谱示例：2500千卡，适合体操项目的运动员

三餐/时间	食物	量	能量（卡路里）	食物交换
早晨小吃	全麦面包圈	1/2个	145	2份淀粉
	果酱	2茶匙	37	1份水果
	柚子	1/2个	60	1/2份水果
			合计：242	
早晨训练	运动饮料（6%）	480毫升	120	2份水果
			合计：120	
早餐	玉米片	3/4杯	98	1份淀粉
	麸皮谷类	1/4杯	39	1/2份淀粉
	蓝莓	1/2杯	41	1/2份水果
	亚麻籽油	1汤勺	36	1份油
	牛奶（1%）	240毫升	110	1份奶制品
			合计：324	
上午小吃	杏仁	6个	42	1份油
	葡萄干	4汤勺	108	2份水果
	新鲜苹果	1个	72	1份水果
			合计：222	
午餐	墨西哥面饼卷			
	瘦牛肉碎，5%脂肪	60克	109	2份瘦蛋白质
	豆泥，不含脂肪的	1/4杯	55	1/2份淀粉
	切达碎干酪	2汤勺	50	1/2高脂蛋白质
	沙拉	1/4杯	20	1份蔬菜
	玉米粉薄烙饼（7~8英寸）	1个	159	2份淀粉
	碎胡萝卜沙拉	1杯	50	2分蔬菜
	拌柠檬汁	2汤勺	8	—
	鲜梨	1个	96	1份水果
			合计：547	
下午小吃	脱脂水果酸奶	1/2杯	115	1份奶制品
	香草薄脆饼	5块	88	1份淀粉
			合计：203	
下午训练	运动饮料（6%）	16盎司	120	2份水果
			合计：120	
晚饭	烤鸡胸肉（去皮）	180克	142	3份瘦肉
	烤土豆	1大份	188	2份淀粉
	酸奶油	2汤勺	60	2份脂肪
	水煮四季豆	1杯	44	1杯
	玉米油	1杯	21	1份蔬菜
	醋和盐	调味	0	1份脂肪
			合计：496	—
晚上小吃	松软干酪（4%脂肪）	1/2杯	120	2份瘦蛋白
	果汁桃片	1杯	96	2份水果
			合计：216	
总食物	总卡路里：2490 糖（克）：647（67%） 蛋白质（克）：145（17%） 脂肪（克）：99（16%） 膳食纤维（克）：53.3	铁（毫克）：25 锌（毫克）：12 钙（毫克）：1156 钠（毫克）：3402 镁（毫克）：412 钾（毫克）：4663	维生素C（毫克）：198 维生素B_1（毫克）：1.35 维生素B_2（毫克）：1.79 尼克酸（毫克）：41.0 维生素B_6（毫克）：3.18 维生素B_{12}（毫克）：6.0 叶酸（毫克）：595	维生素A（IU）：18963 维生素D（IU）：125 维生素E（毫克）：6.9 维生素K（微克）：136

3. 保证富含优质蛋白质和脂肪食物的摄入量。运动员或青少年的蛋白质应主要由动物性（水产品和牛羊肉瘦肉）食物以及大豆制品来提供，少吃或不吃猪肉；肉、禽类、水产品200克左右，蛋50~100克。每日的脂肪应以含有不饱和脂肪酸为主的植物油为主，每日50克左右，严格控制动物性油脂的摄入。

4. 多吃蔬菜和水果，水果每天500克左右，蔬菜每天500克左右。蔬菜品种尽量多样化，蔬菜一半应为叶菜类，尽量多食用绿色和深色的蔬菜，蔬菜尽量避免长时间的高温烹调。

5. 主副食搭配要注意酸碱平衡。主食要做到粗与细、干与稀的平衡。副食要做到生熟搭配、荤素搭配平衡。

6. 每日吃奶类、豆类或其制品。每日奶类保证500毫升，豆类100~150克。

7. 注意膳食的食品安全卫生，不吃变质或可能被污染的食物。

第四节　不同项群运动员的营养需要特点

知识链接

合理的营养摄入是保持运动员的身体健康的根本条件，有利于维持运动员适宜的体重和体脂比例，有利于提高运动员的竞技能力和运动成绩。在膳食安排中，应根据运动员运动专项的特点，根据力量、爆发力、耐力、协调性等身体素质，因人而异地合理安排膳食中的营养搭配，做到科学膳食、营养膳食。

一、耐力性项群运动员的营养需要特点

耐力性运动项目主要包括马拉松、长跑、长距离游泳、长距离自行车、滑雪等，其特点是运动时间长、无间歇、运动强度小，以有氧代谢供能为主。运动过程中，消耗大量的能量和营养素，在运动后期，往往由于肌糖原耗竭、血糖下降、代谢平衡状态被破坏等引起运动性疲劳。膳食营养主要注意以下几方面。

（一）足量的糖摄入，运动前增加糖原储备，运动中保证糖的供应

耐力性项目的运动时间一般较长，主要以糖和脂肪的有氧代谢提供能量，能量消耗很大，可达每小时528~753千焦（150~1800千卡）。耐力性运动对各种营养素的要求均较高，若能量摄入不足，则可导致运动能力下降，影响训练和比赛。耐力性运动员的膳食中应多选择一些含糖丰富的食物，如馒头、面包、蜂蜜、饼干等。糖是耐力运动时最主要的能源物质，一般应占总热量的60%~70%。糖在人体内主要以肌糖原的方式储存，而肌糖原的积累需要运动训练和摄入糖相结合，因此，在平时的训练期间运动员应注意糖的摄取，从而进一步提高糖储备。如果运动员的一日三餐所摄取的能量不能满足需要，可在三餐外安排1~2次

加餐，加餐食物如含糖饮料、点心、水果、蛋糕等，在选择加餐食物时应考虑营养素的平衡和营养密度。耐力性运动员在长时间运动训练时，肌糖原被大量消耗，脂肪利用加速，同时部分蛋白质和氨基酸分解参与能量代谢，因此，运动员膳食蛋白质和脂肪的供给量也应较丰富。

（二）促进运动后糖的恢复

运动训练中适量补糖有利于提高运动能力，建议在长于1小时的运动中补糖。过量补糖会延长胃的排空时间，为提高运动能力和促进疲劳消除，推荐运动员摄入糖量为每千克体重8～10克。

运动促进糖的储存。实验表明，同样摄入混合膳食时，有训练者肌糖原存储量可达到无训练者的1.5倍。如按含糖8克/千克体重的标准摄入膳食，并减少训练量，则肌糖原含量可升高至175～200毫摩尔/千克肌肉湿重，达无训练者的2.5倍。运动员摄取中等至高糖膳食，肌糖原可逐日发生超量补偿。对于再次运动可延缓由肌糖原耗损引起的疲劳发生。

（三）及时和适量的液体补充

耐力性运动过程中出汗量很大，容易发生脱水症状，在运动前中后期适量补液有利于维持体内环境的稳定，在大量出汗的情况下，补充含糖量较低的饮料（小于6%的糖）有利于胃的排空和提高运动能力。大量出汗还会导致体内无机盐的丢失，这些无机盐的补充可在运动前或运动后通过饮用运动饮料补充，而不是在运动中补充。B族维生素和维生素C属于水溶性维生素，一般体内不易保存，且易通过汗液而丢失。B族维生素是物质代谢的重要辅助因子，维生素C的作用广泛，包括抗氧化、促进铁的吸收、促进睾酮合成、加快组织修复等，因此它们的供给量应随能量消耗的增加而增加。运动员在夏季或高温环境中进行耐力训练或比赛时，副食中应增加含盐较高的食品。注意在运动前中后期的合理补液，维持良好的水平衡，从而有利于预防脱水，延缓运动性疲劳及加快运动后的恢复。表9-16列出了长跑运动员在不同距离跑步后的体液丢失量和摄入量。

表9-16　长跑运动员在不同距离跑步后的体液丢失量和摄入量

跑步距离（千米）	液体摄入量（升/时）	估计出汗率（升/时）	体重减轻（千克）
32	0.15	1.35	2.4
42	0.4 ± 0.2	1.1 ± 1.1	2.4 ± 0.3
56	0.5	0.9	2.0
67	0.4	0.8	2.4
90	0.5	0.85	3.5

（四）铁和钙的补充

耐力性项目运动员缺铁性贫血的发生率较高，特别是女性运动员体内铁储备较低，由于月经失血再加上不良的饮食习惯，更容易发生缺铁性贫血。为改善运动员的铁营养状况，应加强铁含量丰富的食物的摄入，如动物血液制品、猪肝、木耳等。当运动员体内的铁储备正常时，不需要额外补充铁剂，以免铁蓄积引起中毒。

耐力性项目运动员尤其是女性运动员及少年运动员，在大运动量期间，钙的需求量和流失量增加，应注意观察钙的水平，并养成良好的饮食习惯，加强钙的营养，避免运动性骨量减少的发生。同时注意补铁和补钙的矛盾性，两者有一定的拮抗作用。

二、力量性项群运动员的营养需要特点

力量性运动项目如短跑、足球、举重、投掷、摔跤等，此类项目的运动员一般体重较重，需要肌肉有较强的力量和爆发力，还要求有较好的神经系统协调性以及良好的心理素质等。这类项目具有强度大、运动时间短、运动有间歇及无氧供能等特点，主要依靠磷酸原和糖无氧酵解供能。

（一）充足的蛋白质的摄入

一般力量性项目运动员肌肉质量较大，具有代谢酶活性高、激素调节水平活跃、运动训练期含氮物质流失多等特点。有些项目如摔跤、足球等，在运动中可能发生外伤，高温下剧烈运动时皮肤出汗也可丢失大量氮。而充足的蛋白质营养可补足运动中的消耗，促进肌肉、血液等蛋白质的合成和组织的修复。蛋白质营养还有助于增加运动员神经系统的兴奋性，加强神经反射活动，提高激素效应，增加肌肉爆发力。

因此，对于力量性项目运动员，补充蛋白质时要注意蛋白质的质和量两个方面。在质方面，要选择完全蛋白质及大豆蛋白质等优质蛋白质，其中优质蛋白质至少占总蛋白的1/3；在量方面，国外建议力量性项目运动员的蛋白质供给量应达到每千克体重1.4～1.8克，或占总能量的12%～15%，我国建议的供给量为每千克体重2.0克，注意不宜超过每千克体重3.0克。蛋白质摄入过多，会引起体液酸碱平衡紊乱、钙丢失增加、肝肾负担加重以及水分丢失增加等问题，对运动不利。为了预防因蛋白质摄入过多而引起的体液偏酸，应增加体内的碱储备。和其他项目一样，力量性运动员的膳食应当是平衡的，含有丰富的糖、维生素和无机盐，并要适当增加蔬菜和水果的摄入量。部分摔跤和举重等运动员还有减体重引起的脱水问题，及时补液将有利于脱水后重建血管功能。除了不鼓励运动员快速减体重外，还应注意糖的补充。

（二）合理使用营养补剂

力量性的项目，因肌肉合成和代谢的需要，可适应使用营养补剂。如氨基酸、多肽等。

肌酸和磷酸肌酸储量的增加有利于维持高强度运动时的ATP水平，并促进反复高强度运

动的间歇期磷酸肌酸的再合成。短期补充肌酸可使最大做功和最大力量增加5%～15%。补充肌酸时应根据运动员的实际体重严格掌握补充剂量，一般冲击剂量为每天20克，服用5～7天，维持剂量为每天2～5克，最好肌酸与葡萄糖同时补充，可以刺激胰岛素的分泌，使肌肉摄取肌酸的效率增加。但要注意补充量不当时，会引起体重增加和肌肉僵硬两种副作用。

复合氨基酸和清蛋白具有水溶性好、生物价高、无乳糖、支链氨基酸含量高的特点，有利于肌肉蛋白的合成。

三、技巧、灵敏性项群运动员的营养需要特点

技巧、灵敏性项目群一般包括乒乓球、击剑、体操、跳水、跳高等。运动员在运动过程中神经活动紧张，动作为非周期性，复杂而多样化，难度大，并对协调、速率和技巧性要求较高，同时由于技术的要求和完成高难度动作经常要注意控制体重和体脂水平，在供能方面主要依靠糖无氧酵解。

（一）根据训练和体脂进行膳食调配

技巧、灵敏性项群运动过程中以糖无氧酵解供能，因此，膳食中糖类以占总能量的60%～65%为宜。为保证神经活动紧张过程的需要，膳食中应提供充足的蛋白质，占总热量的12%～15%，如需减体重，蛋白质供应为总热量的18%左右。膳食脂肪的供给量不宜过高，以占20%～25%为宜，尤其要减少饱和脂肪酸的供给，这类项目的体脂控制是长期的，应避免身重或体成分的太大波动。

（二）充足的维生素和矿物质供应

技巧、灵敏性项目运动过程中神经活动或视力活动紧张，需求较多维生素、无机盐等营养素；另一方面，运动员由于要保持适宜的体重，一般采取限制饮食的措施控制体重，这常因营养素搭配不合理导致维生素和无机盐的营养不平衡，所以在膳食中要提供含B族维生素、钙、磷等维生素和无机盐丰富的食物，维生素B_1的供给量应达到每天4毫克，维生素C每天140毫克，对于乒乓球、击剑等视力活动紧张的项目应保证充足的维生素A供给，每天应达到1800μgRE（6000IU）。良好的钙储备对维持骨骼发育和健康以及神经肌肉的兴奋性起着重要作用，我国推荐运动员适宜的钙摄入量为每天1000～1500毫克，高于普通成人摄入量。女性运动员，由于控制体重引起月经紊乱、雌激素水平低，再加上钙摄入不足、饮食不规律等情况，有可能发展为女运动员骨质丢失，应注意综合预防。

四、球类项群运动员的营养需要特点

球类运动包括篮球、足球、排球、冰球等，此类运动具有运动强度大、能量消耗多、运

动时间长等特点，要求运动员具备力量、灵敏、速度、技巧等多方面的素质。

（一）重视膳食糖类及蛋白质营养

这类项目运动员的能量消耗很大，其膳食供给量应根据运动量的大小，保证充足的能量。膳食能量分配一般为：糖60%～65%，蛋白质10%～15%，脂肪20%～30%，应保证高糖饮食，尤其在运动前的3～4小时。试验表明，运动前补充含糖饮料，在足球赛后半场的跑动距离比饮用对照液者多40%。另有报道指出，足球运动员在练习赛前10分钟补充7%葡萄糖溶液0.5升，然后在比赛的半时再补充同浓度同量的葡萄糖，可节约肌糖原39%，疲劳产生时间延迟。我国对于足球、篮球、排球运动员建议的能量摄入水平是4200～4700千卡或更多。

球类运动员多在神经高度紧张的情况下运动，应注意蛋白质的供给，如氨基酸、蛋氨酸和赖氨酸等，有助于条件反射的建立。运动员的蛋白质供给量占总能量的12%～15%，还要注意选择含优质蛋白质的食物。另外，足球、篮球等直接身体接触的项目容易造成肌肉微细损伤，补充蛋白质有助于修复受伤的肌肉和组织。

（二）良好的水合状态

对于球类项目，这可能与儿茶酚胺分泌减少有关。一场比赛运动员可失水2升左右，脱水是间歇性运动引起疲劳和导致运动能力下降的主要原因，补液可以减轻疲劳感，提高运动员的耐力，运动前中后期均要注意及时补液。补液时宜选用低糖、等渗的运动饮料，含糖量不要过高，以免引起胃不适和延长胃排空时间。赛前一天和比赛当日应在赛前充分补液，使机体获得良好的水合状态。运动中补液应遵循积极主动、少量多次的原则，不仅是为了解决口渴感。尤其是在热环境中运动，更要注意补水。（表9-17、表9-18）

表9-17　足球运动员的燃料和液体

时间	推荐量
在常规训练期间	每天每千克体重摄入8~10克糖，或粗略为整个热量的60%~70%。 喝足够的水分来保持体重。深颜色的尿液是机体失水的标志
赛前	在比赛开始前3~4小时，吃一顿你熟悉的、易消化的、富含糖的膳食。 避免高脂肪（尤其是油炸的）食物。 避免高纤维食物，因为它们促使胃肠疼痛和胀气。 比赛前避免摄入固体食物，因为它们消化得非常慢。 紧张的运动员应该考虑小口喝一些流体食物
比赛中	尽一切可能喝含糖和电解质的运动饮料。 在半场休息时间，喝足够的运动饮料来保持赛前体重
赛后	运动后即刻吃一些糖来帮助补充肌糖原。 在运动后2~3小时内，每英磅减少的体重摄入24盎司（720毫升）水分（最好是运动饮料）。 在24小时内摄入足够的水和食物使体重恢复到赛前水平

（Dan Benardot，2011）

表9-18 满足篮球运动员液体和糖的需要

高强度训练	适用于每天训练刻苦和需要最大限度恢复每天肌糖原的篮球运动员	每天每千克体重7~10克或每天每英磅体重3.2~4.5克（对于一个155英磅的运动员每天500~700克）	运动前、运动后和运动中每天补充液体10~12杯（2.5~3升）
中等强度训练	适用于每天以中等强度训练少于1小时的篮球运动员	每天每千克体重5~7克或每天每英磅体重2.3~3.2克	运动前、运动后和运动中每天补水10~12杯（2.5~3升）
运动前	为了增加一个训练或比赛中能源物质的可用性和预先水化状态	1小时前每千克体重1克或2小时前每千克体重2克或3小时前每千克体重3克或4小时前每千克体重4克	训练前2小时补充16盎司或2杯（约为0.5升）(不含咖啡因、不含酒精)
运动中	在中等强度和高强度篮球训练和比赛期间提供一个额外的糖能源物质的来源	每小时30~60克	为了补充汗液的丢失每15分至少补充5~10盎司水（150~300毫升）
恢复	在艰苦的训练和一个比赛后，尤其是在一个具有连续比赛和日常训练的赛季期间，加快恢复和补水的速度	在运动后即刻和之后每2小时，每千克体重补充1~1.5克的含高糖类糖的饮料和食物;在运动后24小时内总共的糖摄入是每千克体重7~9克或大约24小时内补充500~600克	每英磅运动中丢失的体重补充20盎司（约为3杯）

（Dan Benardot，2011）

五、游泳运动员的营养需要特点

游泳运动包括自由泳、蛙泳、蝶泳、仰泳等，由于水的密度和导热性与空气不同，水的阻力大、温度低，所以游泳运动员在水中的散热量增加，能量消耗多。运动员根据专项特点参加不同类型的训练，每次训练的时间长、强度大，需要良好的营养为其提供充足的能量。

（一）能量消耗与补糖

游泳运动员因低水温对食欲的刺激，能量摄入量较高，由于通常池水温度（22~28 ℃）远低于身体温度，运动员热量散失过快，能量消耗较大，部分运动员的膳食摄入能量仍不能满足需求。中国游泳运动员每日能量摄入的推荐值是3700~4700千卡（平均4200千卡）（短距离）和4700千卡及以上（长距离）。游泳运动员的能量来源存在脂肪摄入过多和糖摄入较少的问题。由于游泳运动员的高能耗，膳食中糖的供能应占总能量的60%以上，以促进肌糖原的存储。运动中少数运动员在长时间运动后会出现血糖下降的现象，甚至达到低血糖水平，个体差异很大，对于此类运动员应采取运动前选择低血糖指数糖补充和运动中补糖的措施。运动后补糖可促进肌糖原的恢复，长时间高强度、大运动量的训练常可导致慢性肌肉疲劳，这与大强度训练后的肌糖原未能及时恢复有关，因此运动结束后应尽快补糖，并采用高血糖指数食物进行膳食糖补充。

（二）较多的蛋白质和低脂肪饮食

蛋白质的分解会因慢性肌糖原耗竭和膳食能量不足而加速，而蛋白质的含量降低会使瘦体重减少，力量下降，影响运动成绩。竞技游泳运动员在大运动量期间对蛋白质的需求量增加，因此应增加蛋白质的摄入量至每天1.5~2.0克/千克体重，占总热量的12%~15%。为保持体重游泳运动员应适度控制脂肪摄入，在低温度刺激下，机体内部代谢有利向脂肪合成转化，如较多脂肪摄入，则有可能使体脂增加。

此外，在大运动量期间，小剂量的补铁有助于预防血红蛋白和铁蛋白含量的降低，尤其是长距离游泳运动员，更需要较多的维生素及无机盐补充，以防止运动性贫血的发生。

第五节 运动营养补剂

运动能力关系密切的几个因素，如肌肉含量与肌内力量、能量的快速释放、疲劳的消除及体能恢复、控体重或减体重，是运动中特别受到关注的，尤其在竞技运动项目中，一直以来，科学家们都在寻找可以使得这些因素有利运动能力发挥的营养方法或其他方法。此外，在训练过程，营养、训练安排不合理等造成的运动员运动能力整体低下的调整，以及如何进行客观的评价等都是当今体育领域十分关心的问题。

一、增加肌肉合成代谢和肌力的特殊营养补剂

肌肉力量通常与肌肉肌力大小和肌肉的体积有关，肌肉体积的增大和肌力的增加需要的条件是：（1）合成肌肉的蛋白质原料；（2）促进蛋白质合成的最佳激素环境。

（一）合成肌肉的优质原料类

1. 促进肌肉体积增大

人体蛋白质的基本来源是膳食蛋白质，在普通膳食蛋白质的基础上，使用具有高生物活性的蛋白质和氨基酸的补充，以满足运动员的需要，有利于蛋白质的合成。近年来运动界应用生物界制备的高生物活性的蛋白质和氨基酸作为促进运动员蛋白质合成的营养，包括乳清蛋白、酪蛋白、大豆蛋白、卵白蛋白以及这些蛋白的分类制剂和水解产物——包括某些寡肽和游离氨基酸等，这些高生物活性的蛋白质和氨基酸不但能促进机体蛋白质的合成代谢，而且还具有其他的生物学功能。

2. 促进肌肉力量增大

肌肉ATP是直接能源物，磷酸肌酸可迅速合成ATP，是能量利用、储存的重要物质。肌酸在骨骼肌、心肌及大脑等组织中，由肌酸激酶催化而转变成含有高能磷酸键的磷酸肌酸。当肌肉收缩，ATP不足时，能为ADP提供高能磷酸根，以补充ATP。补充肌酸的作用已被广大健美爱

好者和运动员所认识，口服肌酸可使肌肉中的磷酸肌酸的贮量提高30%~40%。肌酸的填充可以快速提升能量，增加肌肉的爆发力和耐久力，提高身体素质和运动成绩。

（二）促进蛋白质合成的最佳激素环境

体内促进蛋白质合成的激素主要有睾酮、生长激素、胰岛素，通过营养因素刺激这些激素的释放，有利于蛋白质合成。

提高睾酮的特殊运动营养品主要有：激力皂甙及蒺藜提取物，锌，硼，传统的补肾中药如肉苁蓉、淫阳藿、巴戟天、淫阳藿、熟地等，以及目前通过兴奋剂检测的中药产品廷伟、生力君、长白景仙灵等和提取物——雄鹿精华渗透泵。

鸟氨酸和α-酮戊二酸（OKG）不但能提高生长激素、胰岛素和胰岛素样生长因子Ⅰ的水平，而且可抑制肌纤维的降解，节约蛋白质，起到修复肌肉损伤的作用。

常用的补充卵磷脂、泛酸、维生素C、钾、锌镁素等以促进机体生长激素的分泌，也取得了良好的效果。由于生长激素的分泌具有脉冲式的特点，尤其生长激素的分泌的多少与睡眠的时间、质量有关。因此，改善和提高睡眠质量、适当延长睡眠的时间可以促进自身生长激素的分泌。

促进自身胰岛素分泌的特殊运动营养品有有机铬、谷氨酰胺、OKG、锌镁素等。铬是胰岛素发挥生物学作用所必需的微量元素，铬是胰岛素的协同因子，与胰岛素受体中巯基配位形成二硫键，促使胰岛素发挥最大生物学效应。谷氨酰胺是一种强有力的胰岛素分泌刺激剂，研究表明通过补充谷氨酰胺，可以提高其机体生长激素和胰岛素样生长因子的分泌，这对机体运动后的恢复能力具有积极的意义，锌通过激活羧基肽酶B，促使胰岛素原转变为胰岛素。每个胰岛素分子含有两个锌原子，锌能稳定胰岛素结构，协助葡萄糖在细胞膜转运，并与胰岛素活性有关。

二、促进能量代谢的特殊运动营养

（一）1，6二磷酸果糖（FDP）的补充与运动能力

自20世纪70年代起，FDP就被广泛地应用于心脏骤停、心肌梗死、心肌缺血及肾缺血等治疗上。近年来运动界对FDP对运动能力的影响进行了大量的研究，发现FDP对运动能力的提高具有十分积极的意义。糖是运动时的主要能量来源，糖在分解供能过程中先要磷酸解，然后再进行分解代谢，提供能量。口服FDP比口服葡萄糖或淀粉引起的胰岛素效应降低，故在运动中、前、后任何时间都可以服用，做到随时通过补糖而提高能源。因此，FDP是一种很好的营养素。

（二）核糖的补充与运动能力

核糖是合成ATP的起始分子，是核酸的重要组成部分。核糖也是合成嘌呤核苷酸的重要前体物质。所以它是骨骼肌和心肌合成能量物质的重要原料。由于核糖可以加快骨骼肌和心肌磷酸核糖焦磷酸（PRPP）的合成速度，消除了磷酸戊糖途径中葡萄糖-6磷酸脱氢酶活性低的限制，使嘌呤核苷酸的合成速度成倍增加。所以，补充核糖可以提高运动能力。

三、促进疲劳消除和体能恢复的特殊运动营养补剂

与运动性疲劳的产生相伴随的生化变化主要有，自由基增多、免疫失调、微细损伤、体内糖储存量下降、酸性产物增加等，促进疲劳的消除和体能的恢复主要是纠正以上改变。

（一）抗氧化剂

补充外源性抗氧化剂可降低运动时内源性自由基的生成和脂质过氧化具有积极的作用。常用的主要有：维生素E、维生素C、谷氨酰胺和谷氨酰胺肽、类胡萝卜素、辅酶Q、蕃茄红素、螺旋藻系列产品、葡萄籽、虾青素、牛磺酸、N-乙酰半胱氨酸、硒、某些中药成分（如人参、黄芪等）以及某些植物提取剂等，其中效果较好的抗氧化剂是葡萄籽、虾青素、维生素C、维生素E和番茄红素。

（二）增强免疫力

大负荷强度的运动训练易导致机体产生免疫抑制，往往运动员在大负荷训练期间易出现免疫力的降低，使得运动员患易感疾病的概率大幅度增加。增强免疫力包括医疗手法和营养手段，对于竞技运动员而言，应注意不能含兴奋剂。常用的包括蛋白质类、氨基酸和短肽类、天然物质及提取物、中药制品、化学合成等物质。

（三）改善内环境

壳聚糖又称脱乙酰甲壳素、几丁聚糖等，是甲壳素脱乙酰化反应后的产物。壳聚糖主要是从虾和蟹的外壳中提取。壳聚糖具有很强的吸附凝聚性和螯合性，可以吸附机体内的毒素和自由基等，也可以与Cu^{2+}、Hg、Cd、Fe、Ag等金属离子螯合排出体外。另外，壳聚糖带有弱碱性和阳离子性，在体内，壳聚糖可以结合多余的酸，改善体内的酸性环境。

四、减轻和控制体重的特殊运动营养

饮食控制和体力活动是有效的控制体重的方式。因为全社会肥胖人群的增多，从代谢调节角度，采用外源性的特殊营养品来促进酯解来降体脂也被广泛应用。

（一）丙酮酸

丙酮酸是糖代谢的中间产物。服用丙酮酸和二羟丙酮加速脂肪代谢的机制目前还不清楚，可能的原因是服用丙酮酸可以通过丙酮酸羧化支路生成草酰乙酸，草酰乙酸是乙酰辅酶A进入三羧酸循环的受体，草酰乙酸的增加可以促进脂肪酸代谢生成的大量乙酰辅酶A进入三羧酸循环被彻底氧化生成二氧化碳和水，从而加速了脂肪酸的代谢，改善机体体成分；服用丙酮酸可以引起胰岛素的降低，从而有利于脂肪的分解代谢。

（二）L－肉碱

L－肉碱是活化的长链脂肪酸穿过线粒体内膜的载体，L－肉碱可以促进长链脂肪酸进入线粒体基质被高活性的β－氧化酶系统所氧化。运动实践中一般采用口服肉碱2~6克，分两次服用，便可显著提高血浆和肌肉内肉碱的浓度。由于肉碱是肌肉的天然成分，小剂量的补充未发现任何副作用，但大剂量补充会引起腹泻等不利影响。

（三）膳食纤维

纤维素比重小、体积大，进食后充填胃腔，需要较长时间来消化，延长胃排空的时间，使人容易产生饱腹感，减少热量的摄取；同时膳食纤维减少了摄入食物中的热量比值；纤维素在肠内会吸引脂肪而随之排出体外，有助于减少脂肪积聚。因此提高膳食中膳食纤维含量，可使摄入的热能减少，在肠道内营养的消化吸收也下降，最终使体内脂肪消耗而起减肥作用。

（四）丙醇二酸

丙醇二酸即2-羟基丙二酸，可抑制人体内糖类转化为脂肪，阻止体内脂肪堆积，有减肥和预防冠心病的功效。黄瓜和冬瓜等食物中都含有这种化学物质。

五、运动机能低下的防治

运动机能低下伴随着过度训练发生，运动员表现为低血睾酮、低免疫力及运动性贫血，这三种表现有一定的递进性，首先出现低睾酮，进而出现免疫力下降，进而出现运动性贫血，即运动员如发生运动性贫血，则往往同时存在低睾酮和低免疫力的情况。因此，应加以十分的注意，不能仅针对某一表症，而是应进行全面的调理，包括训练负荷、营养、睡眠休息，甚至是心理等多个方面，此处仅简要说营养调理。

基本要求是合理的膳食，结合使用运动营养补剂。

（一）膳食要求

食物的品种要多样，配比适宜，营养素均衡。以谷类为主保证糖类的摄入，每日采用三餐制或多餐制。加餐可采用糖和优质蛋白的组合，以利于蛋白质的吸收和利用。注意多吃蔬菜、水果、薯类，每天牛奶或酸奶不可少。肉类的食物要适量，多吃水产品、海产品、豆类及豆制品。注意多喝水。不空腹参加运动，空腹时体内糖原存储量减少，此时的运动自身消耗多。

（二）运动营养补剂的使用

1. 促进睾酮及生长激素分泌的营养品

如上文提到的促进睾酮和生长激素分泌的营养品均可以使用，对于运动机能低下的运动员而言，激素不仅有利于蛋白合成，而且也有利于免疫能力、血红蛋白和红细胞的生成。

2. 抗氧化和增强免疫力的营养品

如上文提到的多酚、番茄红素 、硒、类胡萝卜素、虾青素、葡萄籽、大蒜素、GLA 、硫辛酸，以及维生素C 和维生素E 等抗氧化剂，可适量补充，并注意肽类、氨基酸的补品的应用。

3. 促进血红蛋白和细胞生成的营养品

运动员出现运动性贫血现象除了补充含铁和相关的维生素营养，如血红铁素、乳酸亚铁、柠檬酸铁、焦磷酸铁、铁蛋白、维生素B_{12}、叶酸、乳铁传递蛋白、葡萄糖酸亚铁等以外，还应该注意进行消化机能的调理，并调理机体的运化机能。这一方面中医中药具有一定的优势，如：当归、阿胶、茯苓、人参、党参、首乌、白术、大枣、川芎、益智仁、三七皂甙、熟地、陈皮、枸杞、益母草等。

小　结

运动的能量释放与供应是运动能力的核心，常用焦耳或卡为单位来表示能量。运动中热量的直接测试比较难，通常用间接法，如呼吸商法、双标水法来进行推算。中国居民的膳食来源的热量中糖：脂肪：蛋白质分别为55%~65%：20%~30%：10%~15%，运动员应增加糖的比例。常用RNI来指导膳食营养素摄入量。

运动员所需的各种营养素主要应从膳食中摄取，不同的食物中营养素的种类和含量不同。因此，运动员需要摄取多种食物以满足各种营养素的需要。如糖主要来源是谷类及其制品；优质蛋白质的来源主要是动物性食物，运动员应主要摄入鱼肉、禽肉和牛羊肉，动物性蛋白质应占每天蛋白质摄入量的60%左右，豆类及其制品是运动员植物性蛋白质的良好来源；运动员必须严格控制脂肪的摄入，但是必须每天摄入一定量，并以含不饱和脂肪酸为主的植物油为主，同时坚果类含有较多的不饱和脂肪酸可以适当摄入；矿物质和维生素在体内承载多种功能，应注意合适补充，水果、蔬菜、坚果类等是矿物质和维生素的良好食物来源；运动训练过程中少量多次补充运动饮料有利于缓解运动性脱水的发生和发展。

不同项目运动员由于其项目的代谢特点、训练特点不同，自然其膳食营养具有项目的特点，运动员应根据本项目运动训练和比赛的能量消耗特点进行膳食营养的补充。

运动营养补剂是为了更好地满足运动员的需要发展而来的一类特殊运动营养品，根据运动员的不同目的使用不同的运动营养补剂，同时应加强运动员身体机能的监控来有针对性地应用运动营养补剂以达到最佳效果。

思考题

1. 呼吸商、食物热价的概念。
2. 推荐营养素摄入量的概念，利用这一指标应注意哪些问题？
3. 营养素的概念。
4. 糖类的食物来源及运动中补糖的方法。
5. 运动员蛋白质需要量与运动能力的关系。
6. 钙、铁、锌、铬、钠、钾等与运动能力的关系。
7. 运动性脱水的概念及防治。
8. 维生素A、D、E、C及B族维生素与运动能力的关系。
9. 膳食纤维有什么作用？
10. 中国居民的膳食指导提出了哪十条？
11. 运动员膳食营养的存在问题及解决办法。
12. 力量类、灵敏类及综合性运动项目的营养特点。
13. 促力运动营养补剂在减重、增加肌力、增强免疫力、促进能量代谢的应用方法。

推荐阅读材料

1. Krista Austin, Bob Seebohar. *Performance Nutrition Applying the Science of Nutrient Timing*[M]. Human Kinetics, 2011.

2.中国营养学会. 中国居民膳食指南[M]. 西藏人民出版社，2008.

3. 贝纳多特. 高级运动营养学——细致调节膳食摄入实现最佳运动成绩[M]. 人民体育出版社，2011.

4. Jose Antonio. *Essentials of Sports Nutrition and Supplements*[M]. Humana Press, 2008.

参考书目

1. 莫恩.运动营养/运动医学百科全书·第七卷[M].北京：人民体育出版社，2005.
2. 张钧.运动营养学[M].北京：高等教育出版社，2006.
3. 顾景范.临床营养学[M].上海：上海科技出版社，1990.
4. 曹建民.体能与营养恢复[M].北京：北京体育大学出版社，2009.
5. Dan Benardot. 高级运动营养学[M].安江红，等译. 北京：人民体育出版社，2011.

附录1：针对一堂体操训练课专项素质训练的生化监控

一、课时计划

练习内容	练习目的	练习方法	练习时间
专项素质训练	通过专项身体素质练习，提高体能，为技术训练服务	1. 腰腹肌力量：仰卧收腹举腿、俯卧两头起（各30个，2组） 2. 仰卧、俯卧静力控制（各1分钟，1组）	10分钟

二、生化监控方案

（一）采用的监控指标

针对体操专项素质训练以力量训练为主的特点，采用血清肌酸激酶、尿蛋白指标进行测试。

（二）监控方案

1. 训练开始前对运动员进行安静状态下血清肌酸激酶与尿蛋白的测试，以此为基准值作为评价训练情况的参考标准。测试前要求运动员安静休息3~5分钟，以更好地反映安静状态下的身体状态。

2. 运动员完成所有专项素质练习结束后15分钟测试血清肌酸激酶，练习结束15分钟后取运动员的全部尿液测试尿蛋白水平。

上述监控的主要目的是评价运动员的训练量与训练强度是否达到了训练课的要求。

（三）拓展

如有可能，可在练习结束后4个小时再进行一次采样，评价运动员的恢复情况。

附录2：针对一堂篮球专项训练课的生化监控

一、课时计划

练习内容	练习目的	练习方法	练习时间
一、摆脱接球投篮练习	目的：提高摆脱接球投篮准确性和投篮后快速冲抢篮板球的能力	①摆脱接②传球投篮，②传完球摆脱接③的球投篮，依次进行 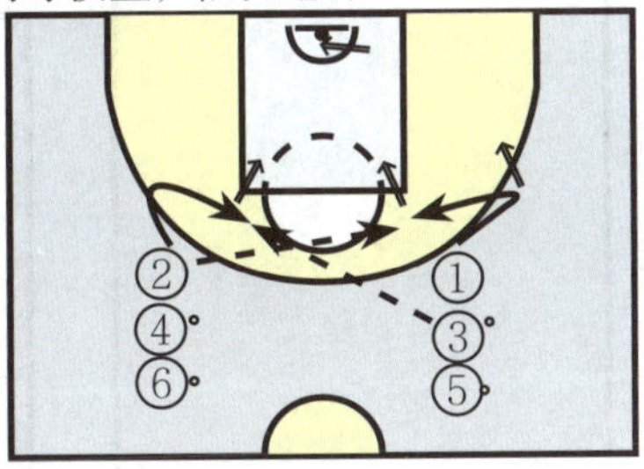	15分钟
二、全场三人“8”字围绕传球上篮加投篮练习	目的：巩固“8”字围绕传球上篮的熟练性，提高投篮命中率	方法：“8”字围绕传球推进，结速时②接①的传球上篮，①接⑥的传球投篮，③接⑤的传球投篮，投篮后抢篮板球排到队尾。④、⑤、⑥以同样方法向对侧传球，然后接⑧、⑨的球投篮 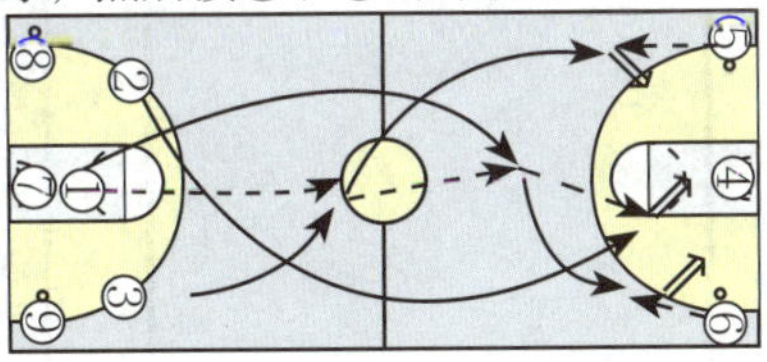	15分钟

续表

练习内容	练习目的	练习方法	练习时间
三、掩护和交换防守配合练习	目的：改进掩护配合和交换防守配合的方法与时机	方法：4人一组，半场二对二，进攻队员进行掩护，防守队员交换防守，进攻队员投进篮练习结束，防守队员抢到篮板球攻守转换，继续练习，直到投进篮练习结束，换下一组练习 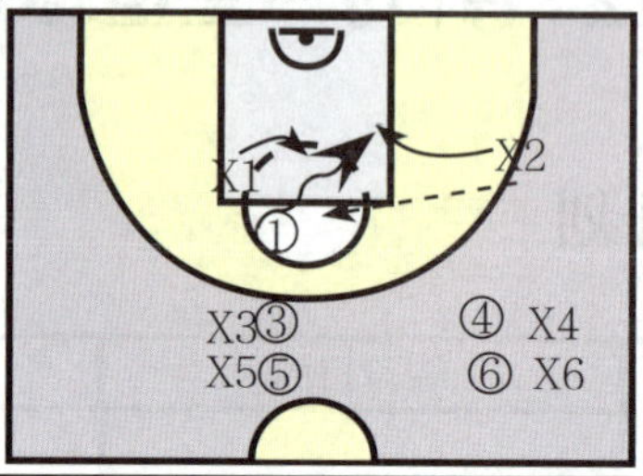	15分钟
四、学习挤过、穿过和绕过防守配合	目的：初步掌握挤过、穿过和绕过防守配合的方法和要求	方法1：滑步到每个标志物时积极向前跨出一步，从标志物前挤过 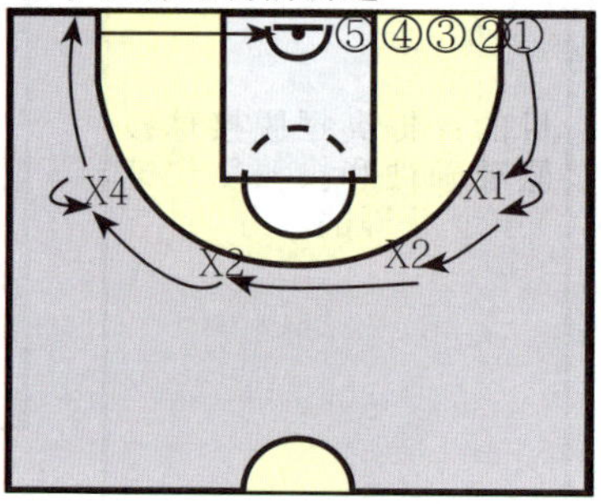 方法2：如图②给①掩护，然后①给③做掩护，进攻队员沿三分线不断进行掩护配合。防守队员根据规定进行挤过、穿过或绕过练习 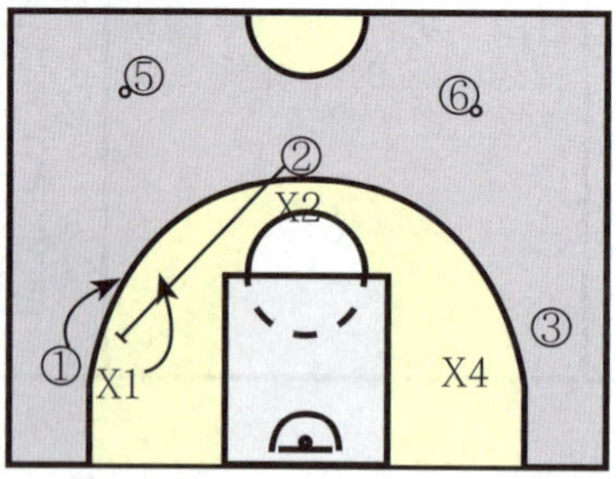	20分钟

二、生化监控方案

（一）采用的监控指标

篮球作为一项在高速运动中对抗的项目，需要具备较强速度与速度耐力。这些均涉及人体的糖酵解代谢水平以及有氧代谢对乳酸的消除能力。所有上述能力均是通过训练课中的各个环节来实现的。而这些训练效果的体现可以依靠血乳酸水平的变化来反映。因此，针对篮球专项课血乳酸是十分适宜的监控指标。

（二）监控方案

1. 针对摆脱接球投篮练习的监控

该训练的主要目的是提高摆脱接球投篮准确性和投篮后快速冲抢篮板球的能力。摆脱与快速均需要具备较强的糖酵解能力。因此，可采用血乳酸评价糖酵解能力。

评价方案如下：

（1）测试安静状态下运动员的血乳酸水平。要求测试前应安静3~5分钟。

（2）在每组训练间歇期间测试血乳酸水平，反映训练对于运动员糖酵解代谢能力的影响，最后，观察训练前后血乳酸的变化情况，评价运动训练的效果。

2. 全场三人“8”字围绕传球上篮加投篮练习的监控

该训练的主要目的是巩固“8”字围绕传球上篮的熟练性，提高投篮命中率。由于投篮需要摆脱对手，出现空当后进行，因此需要练习者在以较高的速度行进中进行投篮。同时投篮需要反复进行，这种行进中的速度也应有一定的保持。因此，这一训练运动员需要具备一定的糖酵解代谢水平，也要具备一定的乳酸耐受能力。上述两项能力均可采用血乳酸指标进行评价。

评价方案如下：

（1）测试训练开始前运动员的血乳酸值，作为评价的参考标准。同时由于之前训练已经有乳酸的生成，此处血乳酸值也可以作为运动员乳酸消除能力的参考指标。

（2）每次训练结束后测试血乳酸水平评价训练对糖酵解能力的影响。

（3）每组训练间歇期间测试血乳酸水平，评价血乳酸的消除情况以及运动员对乳酸的耐受能力。

3. 掩护和交换防守配合练习和挤过、穿过和绕过防守配合练习的监控

掩护和交换防守配合练习和挤过、穿过和绕过防守配合练习是在基本练习的基础上结合比赛实际进行的综合性练习。这些练习需要对基本动作十分熟悉，同时也需要具备在高速移动下完成运动的能力。因此属于大强度对抗训练。这对于糖酵解代谢水平与乳酸消除能力较高。

评价方案如下：

（1）与之前评价方案一致，测试训练开始前运动员的血乳酸值，作为评价的参考标准。同时由于之前训练已经有乳酸的生成，此处血乳酸值也可以作为运动员乳酸消除能力的参考指标。

（2）每次训练结束后测试血乳酸水平，评价训练对糖酵解能力的影响。

（3）每组训练间歇期间测试血乳酸水平，评价运动员对乳酸的耐受能力。

（三）拓展

上述测试期间，为了便于今后监控的方便，可以同时以佩戴心率表或摸脉搏测试的方法进行心率监测，发现血乳酸变化与心率变化之间的联系，将乳酸评价与心率评价联系起来，形成以心率评价为手段的建议评价方式。

附录3：针对一堂以有氧为主的游泳训练课的生化监控

一、课时计划

教学内容	练习目的	练习方法	练习时间
游泳训练	提高有氧代谢能力	热身：1×600米（EN1）（包括：300米自由泳与300米任意游） 打腿/划水：16×50米（EN3）2×(4×划水45秒包干 4×打腿 55秒包干) 间隔15秒 100米放松 划水：10×100米（EN2） 2×(3×100米自由泳 1分20秒包干） 2×100 米自由泳1分15秒包干 第1组徒手划水+划手掌练习 第2组划手掌练习 技术游：1×200米（EN1） 25米摇橹划水练习/ 50米技术游 / 25米抬头自由泳 配合游：6×150米（VO_2max） 自由泳—蝶泳—自由泳 蝶泳—自由泳—蝶泳 自由泳—仰泳—自由泳 仰泳—自由泳—仰泳 自游泳—蛙泳 —自由泳 蛙泳—自由泳—蛙泳 2分20秒包干 脚蹼练习: 1×400米（EN1）任意泳姿 放松: 100米	90分钟

二、生化监控方案

（一）采用的监控指标

一堂以有氧训练为主要目的的游泳课，其核心是提高运动员的有氧代谢能力，即在较高运动强度下完成运动时乳酸处于较低水平。因此，采用血乳酸可以较好进行相关评价。同时采用心率监测与乳酸评价相结合，为监控的简化提供依据。

（二）监控方案

1. 针对热身训练的监控

热身的目的是在正式训练开始前提高运动员能量代谢水平。采用如下方案监控：

（1）在训练开始前要求运动员在安静状态下休息3~5分钟后测试血乳酸值并记录当时的心率作为评价的参照标准。

（2）热身结束后即刻记录心率并在运动后3~5分钟测试运动员的血乳酸值。

（3）比较热身前和热身后血乳酸值和心率的变化进行评价。

（4）热身阶段要求运动员运动前后血乳酸几乎没有变化。

2. 针对打腿/划水、划水、技术游练习的监控

上述三种训练均为训练的重点科目，且训练安排角度主要针对有氧展开。采用监控方案如下：

（1）在每组训练开始前要求运动员在安静状态下休息3~5分钟后测试血乳酸值并记录当时的心率作为评价的参照标准。

（2）每组练习结束后即刻记录心率并在运动后第3~5分钟测试运动员的血乳酸值并记录当时的心率，同时记录运动员的成绩。

（3）比较运动前和运动后血乳酸值和心率的变化进行评价。

（4）这一训练要求运动员运动前后血乳酸出现一定程度的上升，但不明显。

3. 针对配合游练习的监控

配合游是在打腿、划水单独训练之后展开的全套技术动作训练，重复次数较多且运动量较大。采用监控方案如下：

（1）每组训练开始前要求运动员在安静状态下休息3~5分钟后，测试血乳酸值并记录当时的心率作为评价的参照标准。

（2）每组练习结束后即刻记录心率并在运动后第3~5分钟测试运动员的血乳酸值并记录当时的心率，同时记录运动员的成绩。

（3）测试整个训练结束后第5分钟、第7分钟、第9分钟的血乳酸值并测试当时的心率。

（4）比较每组运动后血乳酸值和心率与运动前的变化进行评价，同时观察整个训练结束后血乳酸的下降情况。

（5）这一训练要求运动员运动前后血乳酸出现一定程度的上升，但不明显。同时整个训练结束后乳酸值在恢复期下降较为迅速。

4. 针对脚蹼练习的监控

脚蹼练习为长距离有氧训练，一方面消除之前训练产生的乳酸，一方面再次进行有氧练习提高有氧能力。采用监控方案如下：

（1）记录开始脚蹼练习前运动员的血乳酸值和心率作为参考标准。

（2）脚蹼练习结束后3~5分钟测试血乳酸值，同时测试练习结束后第7分钟、第9分钟的血乳酸值并测试当时的心率。

（3）通过练习前后血乳酸值与心率的变化以及练习结束后第7分钟、第9分钟的血乳酸值并测试当时的心率进行评价。

附录4：针对一堂排球训练课的生化监控

一、课时计划

教学内容	练习目的	练习方法	练习时间
专项训练	1. 通过打防调提高调整球和防守能力。 2. 通过专位扣拦练习增加队员连续扣球突破和拦网能力。 3. 进行集体对抗提高防守反击能力。 4. 通过发球练习提高发球的攻击性	准备活动（25分钟）： 拉韧带：全队围圈进行头部、上肢、下肢、手腕、脚踝各关节拉伸。 跑步：绕排球场跑，每人喊口号领跑1圈。移动传垫球。 要求：球有一定弧度，准确性高 基本部分（135分钟）： 二人传垫球（5分钟） 方法：相隔6米左右对传垫球 要求：弧度好，准确性高 三人打防调（30分钟） 要求：积极主动，打吊结合，调整队员可将球调向任何一人 专位扣拦（30分钟） 每组攻手每人完成10次好球×4组 6对6抛球对攻（40分钟） 不加快攻对攻每轮10个球×6轮；加快攻对攻每轮10个球×6轮 要求：防守积极，找没拦网手的地方取位，防起球后调整球质量要高，保护要积极 发球（30分钟） 要求：按自己比赛时的发球技术练习。减少失误，发出的球要有攻击性 结束部分（15分钟）： 放松跑（3分钟） 拉伸运动（12分钟）	175分钟

二、生化监控方案

（一）采用的监控指标

这是一堂排球专项学生的专项训练课，主要训练技战术能力。由于排球运动是以糖酵解供能为主、有氧供能为辅助的运动项目，因此，应对专项训练中的糖酵解能力以及有氧供能能力进行监控。所以，采用血乳酸与心率进行监控。

（二）监控方案

1. 针对准备活动的监控

准备活动的目的是在正式训练开始前提高学生能量代谢水平。采用如下方案监控：

（1）在训练开始前要求学生在安静状态下休息3~5分钟后测试血乳酸值并记录当时的心率作为评价的参照标准。

（2）热身结束后即刻记录心率并在运动后3~5分钟测试学生的血乳酸值。

（3）比较热身前和热身后血乳酸值和心率的变化进行评价。

（4）热身阶段要求学生运动前后血乳酸几乎没有变化。

2. 针对基本部分的监控

基本部分是对专项动作的集中练习，主要动用糖酵解供能完成。采用监控方案如下：

（1）在每组训练开始前要求学生在安静状态下休息3~5分钟后测试血乳酸值并记录当时的心率作为评价的参照标准。

（2）每组练习结束后即刻记录心率并在运动后第3~5分钟测试学生的血乳酸值并记录当时的心率。同时记录学生的完成情况。

（3）比较运动前和运动后血乳酸值和心率的变化进行评价。

（4）这一训练要求学生运动前后血乳酸出现一定程度的上升。

3. 针对结束部分的监控

结束部分主要目的是进行调整，特别是针对基本部分训练中训练的乳酸进行一定消除，需要一定的有氧代谢能力。采用监控方案如下：

（1）每组训练开始前要求学生在安静状态下休息3~5分钟后测试血乳酸值并记录当时的心率作为评价的参照标准。

（2）测试整个训练结束后第5分钟、第7分钟、第9分钟的血乳酸值并测试当时的心率。

（3）比较每组运动后血乳酸值和心率与运动前的变化进行评价，同时观察整个训练结束后血乳酸的下降情况。

（4）这一训练要求学生运动后血乳酸在恢复期下降较为迅速。

附录5：针对一堂足球训练课的生化监控

一、课时计划

教学内容	练习目的	练习方法	练习时间
跑动中接传球练习	快速中完成传接球	距离72米，在12秒内完成，共完成15组 要求：两人一球，相距10米左右，（在两个罚球区之间）跑动中相互做传接球练习。（脚背内侧、脚背正面、脚背外侧。）	25分钟
跑动中长传球练习	快速中完成动作。提高传跑的质量	距离72米，在12秒内完成，共完成10组 要求：两人一组，相距20米左右，（在两个罚球区之间）跑动中相互做传接球练习	20分钟

二、生化监控方案

（一）采用的监控指标

足球的跑动中传接球与跑动中长传球均要求运动员在快速移动的情况下做到精准传球。因此，对运动员的跑动速度、传球速度要求较高。同时要在12秒内完成训练，这是一种对磷酸原供能要求很高的训练方式。所以，对于这两个训练的监控采用血乳酸和心率指标评价运动员的磷酸原代谢能力。

（二）监控方案

1. 针对跑动中传接球训练的监控

要求运动员在12秒内完成训练，需要较强的磷酸原供能水平。采用如下方案监控：

（1）在每次训练开始前要求运动员在安静状态下休息3~5分钟后测试血乳酸值，并记录当时的心率作为评价的参照标准。

（2）每组练习结束后即刻记录心率，并在运动后3~5分钟测试运动员的血乳酸值。

（3）比较运动前和运动后血乳酸值和心率的变化进行评价。

（4）这一训练要求运动员运动前后血乳酸增加不明显，心率出现显著提高。

2. 针对跑动中长传球练习的监控

要求运动员在12秒内完成训练，需要较强的磷酸原供能水平。采用如下方案监控：

（1）在每次训练开始前要求运动员在安静状态下休息3~5分钟后测试血乳酸值，并记录当时的心率作为评价的参照标准。

（2）每组练习结束后即刻记录心率并在运动后3~5分钟测试运动员的血乳酸值。

（3）比较运动前和运动后血乳酸值和心率的变化进行评价。

（4）这一训练要求运动员运动前后血乳酸增加不明显，心率出现显著提高。

附录6：针对一堂举重训练课的生化监控

一、课时计划

教学内容	练习目的	练习方法	练习时间
抓举专项练习	1. 以抓举系列训练为主，注意动作节奏、强度的变化。 2. 加强技术动作练习，并且有针对性地进行，以达到特定的目的	悬垂抓举 （发力拉+悬垂抓举） 85%~90% 2+3/6组 宽挺蹲+支撑 80%~90% 3+2/6组 后蹲 90%~100%~80% 3-1-5/6组 肌肉练习 1. 卧拉 2. 弓身 强度：每项4组 每组8~10次 跑步（校园2~3圈）	65分钟

二、生化监控方案

（一）采用的监控指标

这是一堂举重专项训练课，以练习抓举专项动作为目的。举重训练均为短时间爆发力练习，因此对运动员磷酸原代谢能力要求较高，所以采用血乳酸与心率对专项训练进行监控。此外，训练课上还进行了专门的肌肉练习和跑步放松训练，所以采用血清肌酸激酶和血乳酸对这两项训练进行监控。

（二）监控方案

1. 针对悬垂抓举、宽挺蹲+支撑、后蹲训练的监控

举重训练特点是短时间、爆发力训练，采用如下方案监控：

（1）在每次训练开始前要求运动员在安静状态下休息3~5分钟后测试血乳酸值，并记录

当时的心率作为评价的参照标准。

（2）每组练习结束后即刻记录心率，并在运动后3~5分钟测试运动员的血乳酸值。

（3）比较运动前和运动后血乳酸值和心率的变化进行评价。

（4）这一训练要求运动员运动前后血乳酸增加不明显，心率出现显著提高。

2. 针对肌肉练习的监控

这一训练属于力量训练一部分。采用如下方案监控：

（1）在每次训练开始前要求运动员在安静状态下测试血清肌酸激酶值。

（2）练习结束后测试运动员的血清肌酸激酶值。

（3）比较运动前和运动后血清肌酸激酶值的变化进行评价。

（4）这一训练要求运动员运动前后血清肌酸激酶值出现上升。

3. 针对跑步练习的监控

跑步练习主要是通过积极的有氧运动促进运动员的恢复。采用如下方案监控：

（1）跑步前测试运动员血乳酸值作为评价的参照标准。

（2）跑步结束后3~5分钟测试运动员的血乳酸值。

（3）比较运动前和运动后血乳酸值的变化进行评价。

（4）这一训练要求运动员跑步前后血乳酸值较训练期间进一步下降。

附录7：针对一堂短跑速度训练课的生化监控

一、课时计划

教学内容	练习目的	练习方法	练习时间
短跑运动员速度训练	提高运动员的移动速度。要求在训练中除发展运动员的反应速度、动作速度和频率外，还要注重力量素质的发展	力量练习 杠铃高翻：50千克×8个+60千克×6个+70千克×4个+80千克×2个 杠铃深蹲：80千克×5个+90千克×4个+100千克×3个+110千克×2个 速度练习 加速跑：80米×3次 站立式起跑：40米×2次 站立式起跑：110米×2次 跳跃练习 立定三级跳：5组 立定五级跳：4组 立定十级跳：3组 放松慢跑及拉长练习	90分钟

二、生化监控方案

（一）采用的监控指标

这是一堂短跑速度训练专项课。短跑取胜的关键是有较高的速度，而较高速度的关键是提高肌肉力量。这堂训练课以速度、力量训练为主，所以采用血清肌酸激酶、血乳酸和心率对这两项训练进行监控。

（二）监控方案

1. 针对力量训练的监控

力量训练通过对肌肉的刺激提高肌肉的反应速度，增强肌肉收缩速度，为力量打下基础。采用如下方案监控：

（1）在每次训练开始前，要求运动员在安静状态下休息3~5分钟后测试血清肌酸激酶值并记录当时的心率作为评价的参照标准。

（2）力量训练结束后3~5分钟测试运动员的血清肌酸激酶值，运动结束后即刻记录心率。

（3）比较训练前和运动后血清肌酸激酶值和心率的变化进行评价。

（4）这一训练要求运动员运动前后血清肌酸激酶值有一定增加，心率出现显著提高。

2. 针对速度、跳跃训练的监控

速度、跳跃训练的目的就是提高短跑运动员在运动时的跑速，因此这些训练主要针对磷酸原与糖酵解代谢能力的提高展开。采用如下方案监控：

（1）在每次训练开始前要求运动员在安静状态下测试血乳酸值。

（2）每组练习结束后测试运动员的血乳酸值。

（3）比较每组运动前和运动后血乳酸值的变化进行评价。

（4）短跑训练由于均采用短距离训练，主要提升最大速度，应具备较高的磷酸原能力，因此训练前后运动员血乳酸与安静时相比上升幅度不大；跳跃训练由于也是提高磷酸原能力，因此，血乳酸变化也相似。

3. 针对放松慢跑与拉长训练的监控

放松慢跑与拉长训练主要是通过积极的有氧运动促进运动员的恢复。采用如下方案监控：

（1）跑步前测试运动员血乳酸值作为评价的参照标准。

（2）跑步结束后3～5分钟测试运动员的血乳酸值，继续测试运动后第7分钟、第9分钟的血乳酸值。

（3）比较运动前和运动后血乳酸值的变化以及血乳酸的消除速度进行评价。

（4）这一训练要求运动员在慢跑和拉长训练前后血乳酸值较训练期间进一步下降，且随着时间延长血乳酸持续降低。

附录8：针对一堂1万米跑训练课的生化监控

一、课时计划

教学内容	练习目的	练习方法	练习时间
1万米专项训练课	提高运动员有氧耐力与速度能力	长跑 进行14千米跑，间歇后再进行16千米跑，间歇后再进行18千米跑。 要求跑速由4分20秒/千米逐渐提高至4分5秒/千米 短跑 先进行30分钟轻松跑，之后进行200米快速跑，第1组8次，第2组10次，第3组12次。 要求每次跑动完成时间为33～34秒之间。	全天

二、生化监控方案

（一）采用的监控指标

这是一堂针对田径1万米跑运动员的专项训练计划。通过3组距离逐渐递增，速度逐渐递增的训练提高运动员的有氧能力。通过3组次数逐渐增加的200米短跑训练，提高运动员的速度能力。有氧能力与速度能力的提高均可以依赖于血乳酸和心率进行监控。

（二）监控方案

1. 针对长跑训练的监控

长跑训练通过逐渐递增的跑动距离和跑速加大对人体有氧代谢系统的刺激。采用如下方案监控：

（1）在每次训练开始前要求运动员在安静状态下休息3~5分钟后测试血乳酸值并记录当时的心率作为评价的参照标准。

（2）每组训练结束后3~5分钟测试运动员的血乳酸值，同时测试运动后间歇期第7分钟、第9分钟血乳酸值并记录当时的心率。

（3）整个训练结束后测试运动后第5分钟、第7分钟、第9分钟、第12分钟血乳酸值并记录当时的心率。

（4）比较每组训练前和运动后血乳酸值和心率的变化进行评价。

（5）观察整个训练结束后第5分钟、第7分钟、第9分钟、第12分钟血乳酸值与心率同之间的差异以及与运动前的差异。

（4）这一训练要求运动员在每次训练前后血乳酸值增加幅度不大，心率上升明显。但各组之间血乳酸和心率值有升高趋势。同时整个训练结束后第5分钟、第7分钟、第9分钟、第12分钟血乳酸值与心率下降幅度明显。

2. 针对短跑训练的监控

短跑训练的目的主要是提高运动员在跑步期间的加速、冲刺能力，对糖酵解能力的要求较高。采用如下方案监控：

（1）运动员进行30分钟轻松跑结束后3~5分钟测试血乳酸值作为评价的参考标准。

（2）每组练习结束后3~5分钟测试运动员的血乳酸值。

（3）比较每组运动前和运动后血乳酸值的变化。

（4）比较每组运动后血乳酸值与30分钟放松跑后血乳酸值的变化。

（4）随着训练组数逐渐增加，短跑训练后的血乳酸值应比30分钟放松跑出现增长，且与自身比较也逐渐增加。

附录9：针对一堂太极拳专项训练课的生化监控

一、课时计划

练习内容	练习目的	练习方法	练习时间
太极拳专项训练	提高16式太极拳套路动作演练的熟练性和推手实战应用技术	16式太极拳练习 1. 拳势：野马分鬃、左右穿梭、揽雀尾 2. 16式太极拳套路练习 要求：动作规范，配合协调、完整连贯、动作轻灵沉稳，熟练流畅。 推手条件实战要求 1. 指定一方进攻，另一方防守，伺机使用方法。 2. 规定防守一方必须在1分钟内使用出方法	60分钟

二、生化监控方案

（一）采用的监控指标

太极拳专项训练由于运动时间较短，且存在一定的力量与速度要求，主要依赖糖酵解供能能力的提高。因此，可以采用血乳酸和心率进行监控。

（二）监控方案

1. 针对提高16式太极拳练习的监控

该项练习主要是巩固16式太极拳的基本动作，因此练习期间时间均较短。采用监控方案如下：

（1）训练开始前让运动员安静3~5分钟测试安静时血乳酸与心率。

（2）每组练习结束后3~5分钟测试血乳酸，运动结束后即刻测试心率。

（3）每组练习结束后血乳酸值和心率与运动前进行比较评价。

（4）每组练习结束后血乳酸值和心率值应比运动前增加。

2. 针对推手条件实战练习的监控

该项练习主要是在巩固基本动作的基础上进行实战运用的练习。采用监控方案如下：

（1）训练开始前让运动员安静3~5分钟测试安静时血乳酸与心率。

（2）每组练习结束后3~5分钟测试血乳酸，运动结束后即刻测试心率。

（3）每组练习结束后血乳酸值和心率与运动前进行比较评价。

（4）每组练习结束后血乳酸值和心率值应比运动前增加，且较提高练习结束后血乳酸值与心率值显著增加。

附录10：针对一堂初中中长跑训练课的生化监控

一、课时计划

教学内容	练习目的	练习方法	练习时间
中长跑技术	1. 让学生基本掌握中长跑技术的主要环节，学会正确地分配体力； 2. 进一步提高学生的耐力素质及肌肉的抗疲劳能力，增强体质，促进身体全面发展	1. 起跑技术 练习2～3次 运动强度60% 2. 起跑加速跑 练习2～3次 运动强度50% 3. 途中跑 练习2～3次 运动强度50%	45分钟

二、生化监控方案

（一）采用的监控指标

中长跑是有氧代谢、糖酵解和磷酸原三种供能系统兼有的混合代谢项目。因此需要对上述三项能力均进行监控。由于血乳酸和心率均能很好地进行区分三种供能系统的能力与运动强度，因此监控指标采用血乳酸和心率进行。

（二）监控方案

1. 针对起跑与起跑加速跑的监控

起跑训练主要增强学生跑动起始阶段迅速提升速度的能力。这与磷酸原供能系统关系密切，应该使学生在较短距离加速跑训练中以最快的速度完成，但血乳酸值较低。

（1）在安静状态下进行血乳酸测试并记录安静心率。

（2）学生在每次起跑与起跑加速跑练习结束后，即刻测试心率并在运动结束后3~5分钟测试血乳酸值。

（3）比较运动前和运动后血乳酸值和心率的变化，评价学生在起跑阶段对于磷酸原供能系统的动员能力。

（4）这一训练要求学生运动前后血乳酸几乎没有变化。

2. 针对途中跑的监控

途中跑阶段对学生的乳酸耐受能力要求较高，因此途中跑训练主要测试乳酸耐受能力。

（1）在第一次途中跑练习前和结束后的第5分钟、第7分钟和第9分钟分别测试学生的血乳酸值，并测试当时的心率。

（2）通过运动前与运动结束后血乳酸值的比较，找到血乳酸在运动结束后达到12毫摩尔/升的时间点和心率值，便于确定下次进行途中跑训练的时间。

附录11：针对一堂初中足球训练课的生化监控

一、课时计划

教学内容	练习目的	练习方法	练习时间
撞墙式二过一战术	1. 让学生基本掌握撞墙式二过一战术要领； 2. 增强学生传球跑动意识	1. 假动作运球练习：10米折返，练习次数：2～3次，运动强度50% 2. 撞墙式二过一战术练习，训练方式：10米距离，练习次数：3～5次，运动强度50%	45分钟

二、生化监控方案

（一）采用的监控指标

足球的撞墙式二过一战术既要求学生具有较高的折返跑速度，也需要学生具有较高的加速冲刺能力。较高的折返跑速度主要通过糖酵解能力的提高来实现，而较高的加速冲刺能力主要通过磷酸原代谢能力来实现。因此需要针对上述两种能量代谢能力进行评价。

（二）监控方案

1. 针对假动作运球练习训练的监控

采用10米折返练习，主要目的是提高往返的速度和速度耐力，这依赖于糖酵解能力。采用如下方案监控：

（1）在每次训练开始前要求学生在安静状态下休息3~5分钟后测试血乳酸值，并记录当时的心率作为评价的参照标准。

（2）每次练习结束后即刻记录心率，并在运动后3~5分钟测试学生的血乳酸值。

（3）比较运动前和运动后血乳酸值和心率的变化进行评价。

（4）这一训练要求学生运动前后血乳酸显著增加。

2. 针对撞墙式二过一战术练习的监控

撞墙式二过一战术采用在10米距离上进行训练，要求用最快的速度完成动作，因此依赖于磷酸原能力。采用监控方案如下：

（1）在每次训练开始前，要求学生在安静状态下休息3~5分钟后测试血乳酸值，并记录当时的心率作为评价的参照标准。

（2）每次练习结束后，即刻记录心率，并在运动后第3~5分钟测试学生的血乳酸值，并记录当时的心率。

（3）比较运动前和运动后血乳酸值和心率的变化进行评价。

（4）这一训练要求学生运动前后血乳酸几乎没有变化。

附录12：针对一堂初中短跑训练课的生化监控

一、课时计划

教学内容	练习目的	练习方法	练习时间
短跑技术	1. 巩固和提高短跑技术动作； 2. 发展爆发力，促进身心发展	1. 学习原地高抬腿：练习次数：2~3次，运动强度为中等强度。 2. 学习直道途中跑技术：练习次数：2~3次，运动强度为中等强度	45分钟

二、生化监控方案

（一）采用的监控指标

短跑训练是提高学生速度能力的一种练习方式。磷酸原能力与糖酵解能力是决定短跑运动能力的关键。对上述能力的监控反映在生化指标上主要是以血乳酸的变化为基础辅助心率监测进行。

（二）监控方案

1. 针对原地高抬腿跑训练的监控

原地高抬腿跑训练需要学生保持较快的抬腿频率和较高的抬腿高度，因此需要动用磷酸原供能或糖酵解供能。针对高抬腿跑训练的监控主要针对磷酸原供能或糖酵解供能展开。

（1）在每次训练开始前，要求学生在安静状态下休息3~5分钟后测试血乳酸值，并记录当时的心率作为评价的参照标准。

（2）每次练习结束后，即刻记录心率，并在运动后3~5分钟测试学生的血乳酸值。

（3）比较运动前和运动后血乳酸值和心率的变化进行评价。

（4）这一训练要求学生运动前后血乳酸显著增加。

2. 针对直道途中跑的监控

直道途中跑主要是通过训练学生迅速完成直道的跑动实现提高磷酸原供能或糖酵解供能能力，以达到提高跑动速度的目的。针对直道途中跑训练的监控主要针对磷酸原供能或糖酵解供能展开，同时还应监控运动后的恢复情况。

（1）在每次训练开始前要求学生在安静状态下休息3~5分钟后，测试血乳酸值并记录当时的心率作为评价的参照标准。

（2）每次练习结束后，即刻记录心率，并在运动后第3分钟、第5分钟、第7分钟、第9分钟测试学生的血乳酸值并记录当时的心率。

（3）比较运动前和运动后血乳酸值和心率的变化进行评价。

（4）这一训练要求学生运动前后血乳酸显著增加。

附录13：常用训练监控生理生化指标及简要评价方法

指标	监控目的	功能与评价	来源
心率（HR）	一次/组动作的运动强度	可作为最大摄氧量强度以下强度训练的强度定量指标，对最大摄氧量强度以上的训练只能定性分析	由心肌窦房结发出冲动，受交感神经、迷走神经调控，受呼吸等因素影响
	阶段性训练效果评估	系统耐力训练后安静心率下降，或同样负荷的亚极限以下强度运动后即刻心率下降，或心率恢复速度提高，均说明心功能提高，有氧能力提高	
	阶段性机能状况评估	短期内基础心率突然明显加快，提示运动员不能适应当前训练负荷，机能状态下降；如心率突然显著减慢，提示可能有疾病或过度训练的存在	
血红蛋白（Hb）	一堂训练课或一个训练日的训练负荷	既能够反映训练负荷强度也可以反映负荷量，连续测定恢复期值可以监测一个小周期训练负荷的变化一个小周期训练后如果下降明显说明运动员不能适应训练负荷下降超过20%为过度训练的表现之一	在骨髓、脾脏等造血器官生成，受蛋白与铁营养、及EPO激素等影响
	血液携氧能力	男运动员Hb低于120克/升 ，女运动员低于110克/升 时，可诊断为贫血男运动员Hb达到160克/升 ，女运动员达到140克/升 时，最适宜发挥人体最大有氧能力	
红细胞系（红细胞、Hct、RDW、MCV等）	血液携氧能力	大负荷训练后数值下降程度与疲劳水平正相关另外辅助血红蛋白指标对贫血进行诊断与分析	单位血液中红细胞的数量、体积、血液中所占的容积比值等
血清睾酮（T）	一个训练周期的训练负荷	反映一个小/大训练周期训练负荷大小如一个周期的训练后明显下降则表明训练负荷过大，运动员不能适应；如不下降或下降幅度不大，表明运动员能够适应	由下丘脑－垂体－性腺轴调控，由性腺和肾上腺分泌
	运动员恢复能力评估	运动后恢复期，血清睾酮高，表明机能状态好，恢复能力强；血清睾酮低，表明机能状态差或恢复能力差	
血清皮质醇（C）	一个训练周期的训练负荷	一个周期训练后，相同负荷运动时，血清皮质醇浓度上升的幅度下降，是适应运动量的表现，表明训练负荷合适；如上升幅度增加，表明训练负荷过大	由下丘脑－垂体－肾上腺轴调控，由肾上腺皮质分泌
	运动员恢复能力评估	运动后恢复期，血清皮质醇持续偏高，恢复到正常水平的时间长，表明机能状态差或对负荷不适应	

续表

血清肌酸激酶（CK）	一堂训练课或一个训练日的训练负荷强度	随着运动强度增大肌酸激酶会升高，反映一堂课/一个训练日训练负荷强度；连续测定恢复期值可以监测一个小周期训练负荷强度的变化；测定次日恢复值可评定肌肉疲劳的恢复情况	大强度运动或运动损伤造成骨骼肌细胞或心肌细胞受损、凋亡，CK由肌细胞中渗透到血液
	肌肉的损伤及恢复情况	大幅度异常升高时表明有肌肉损伤，连续监测可反映肌肉损伤的早期恢复情况	
血乳酸（BLa）	一次/组动作的运动强度	运动后测定最高血乳酸水平可精确定量分析运动强度	糖酵解代谢终产物
	阶段性训练效果评估	训练一个阶段后，同样负荷运动后血乳酸水平下降说明训练水平与运动能力提高；同样负荷运动后血乳酸清除速率提高说明有氧能力提高	
血氨（BNH3）	一次/组动作的运动强度	评定极限或亚极限强度无氧运动中ATP-CP系统供能情况	大强度运动中AMP的降解；长时间耐力运动中氨基酸降解
	阶段性训练效果评估	相同负荷运动后，运动员血氨升高的幅度减少表明训练水平提高	
血尿素（BU）	一堂训练课或一个训练日的训练负荷量	课后测定反映耐力训练负荷量，值越高反映训练负荷量越大；次日测定恢复值可评定机体的恢复情况，超过7毫摩尔/升表示疲劳未完全恢复，提示训练负荷过大；连续测定恢复期值可以监测一个小周期训练负荷量的变化	蛋白质和氨基酸分解最终代谢产物
尿蛋白	一堂训练课或一个训练日的训练负荷	课后测定，既能够反映训练负荷强度也可以反映负荷量度，需结合训练目的、方法，并结合训练成绩来评价；测定次日恢复值可评定机体的恢复情况，连续测定恢复期值可以监测一个小周期训练负荷的变化	肾小球滤过率升高、肾小管回吸收率下降及分泌增加
尿酮体	一堂训练课或一个训练日的训练负荷量	课后测定，反映耐力训练负荷量，大负荷量训练后升高；属于辅助性指标	脂肪酸分解代谢中间产物
尿潜血、尿胆红素、尿胆原	一堂训练课或一个训练日的训练负荷量	课后测定，反映耐力训练负荷量，大负荷量训练后升高；属于辅助性指标	红细胞及红细胞破坏后血红蛋白代谢产物由肾脏排至尿液
无氧功率	一个训练周期无氧训练效果	评价一个周期无氧训练方法和负荷安排的合理性、有效性	由ATP-CP及糖无氧酵解系统做功能力决定
最大摄氧量（VO_2max）	一个训练周期有氧训练效果	评价一个周期有氧训练方法和负荷安排的合理性、有效性	由心肺氧转运、肌肉有氧代谢做功能力等决定
无氧阈	一个训练周期有氧训练效果	评价一个周期有氧训练方法与负荷安排是否合理和有效	由肌肉有氧做功能力决定

（引自冯连世，2006）

附录14：常用运动员生化监控指标正常参考值

常用运动员生化监控指标正常参考值

生化指标	正常参考值
血乳酸	1~2毫摩尔/升
血清肌酸激酶	男10～100单位/升 女10～60单位/升
血尿素	<8毫摩尔/升
血清睾酮	男运动员 270~1000 纳克/分升（或 9.5~35.0 纳摩尔/升） 女运动员 10~100纳克/分升（或 0.35~3.50纳摩尔/升）
血清皮质醇	上午8时: 6~2纳克/分升或165~720纳摩尔/升 下午4时: 2~9纳克/分升或 55~250纳摩尔/升 午夜0时: 2~5纳克/分升或 55~140纳摩尔/升
尿蛋白	<10毫克/分升

附录15：国际体力活动问卷

体力活动调查

该问卷将分别对您过去7天在工作、交通、家务和闲暇活动中身体活动的时间进行询问，请您回忆后在横线上填写。

想一想在最近7 天里你做过所有的重体力活动，重体力活动是指强而有力的身体活动，是指耗费体力的身体负荷且让你呼吸较正常更为急促的活动。

中等强度体力活动是指适度的活动，是指适度的身体负荷并且让你呼吸比正常费力一些的活动。轻微体力活动是指轻微的活动，是指日常生活中没有负担且不费力的活动。

（参考附表：体力活动梅脱赋值表）

第一部分：工作有关体力活动

本部分是询问您的工作情况，这里的工作包括有酬工作、农活和其他您在家庭外从事的无偿工作。不要包括家务劳动，这方面的问题将在第三部分问及。

1.1 您现在属于在职或在家庭外从事无偿工作（如义工）吗?

□ 是

□ 否（跳至第二部分：交通行程有关体力活动）

下面的问题是关于您在过去7天中进行的工作中的体力活动，这不包括您在上下班路上的体力活动情况。请只考虑那些每次至少10分钟的体力活动。

1.2 在过去7天中，您有几天在工作中进行重体力活动，例如搬（举）重物、挖掘、铲土、装卸货物或是在工作中爬楼梯等？仅回忆那些至少10分钟的活动。

一周______天；

在这几天中，您每天在工作中进行这些重体力活动的时间为：

平均每天 ______ 小时 ______ 分钟。

在过去7天中，您有几天在工作中进行中等强度体力活动，例如搬（举）轻物？不要包括走路。（只计算那些每次至少10分钟的活动）

一周______天；

在这几天中，您每天在工作中进行这些中等强度体力活动的时间为：

平均每天 ______小时 ______ 分钟。

1.4 在过去7天中，您有几天在工作中每次步行至少10分钟？请不要包括上下班路上的步行。

一周______天；

在这几天中，您每天在工作中步行的时间：平均每天______小时______ 分钟。

1.5 在过去7天中，您有几天在工作中保持站立（如售货）（只计算每次超过10分钟的站立）？

一周______天；

在这些天中，您每天工作时站立的时间为：平均每天______小时______分钟。

第二部分：交通行程有关体力活动

本部分的问题是关于您交通行程的体力活动，包括上下班、购物、买菜、去电影院等。

2.1 在过去7天中，您有几天乘机动车，如火车、公共汽车、电车、轿车（出租车）（包括在车内站立和坐着的时间）？

一周______天；

在这几天中，您每天乘车的时间为：平均每天______ 小时______ 分钟。

以下两题请您只考虑骑自行车和步行情况。

2.2 在过去7天中，您有几天骑自行车每次至少10分钟？

一周______天；

在这几天中，您每天骑车的时间为：平均每天______ 小时______ 分钟。

2.3 在过去7天中，您有几天步行每次至少10分钟？

一周______天；

在这几天中，您每天步行的时间为：平均每天______ 小时______ 分钟。

第三部分：家务有关体力活动

此部分是指最近7天您在家里及家庭周围所从事的一些身体活动，如家务、园艺、庭院工作、一般维修工作及在家照顾小孩或老人。请只考虑那些每次至少10分种的身体活动。

3.1 在过去7天中，您有几天在院子里进行重体力活动，例如搬（举）重物、铲雪、砍树、在庭院或花园挖土？（只计算那些每次至少10分钟的活动）

一周______天；

在这几天中，您每天在院子里进行重体力活动的时间为：

平均每天______ 小时______ 分钟。

3.2 在过去7天中，您有几天在院子里进行中等强度体力活动，如搬（举）轻物、扫楼梯或在花园里耙草？（只计算那些每次至少10分钟的活动）

一周______天；

在这几天中，您每天在院子里进行中等强度体力活动的时间为：

平均每天______小时______分钟。

3.3 在过去7天中，您有几天在室内进行中等强度体力活动，如擦窗户、手洗衣服、拖地板、吸尘、扫地、搬（举）轻物？（只计算那些每次至少10分钟的活动）

一周______天；

在这些天中，您每天在室内进行中等强度体力活动的时间为：

平均每天______小时______分钟。

3.4在过去7天中，您有几天在室内进行轻微体力活动，如做饭、洗碗、整理床铺、机洗衣服等家中轻微的活动等（统计所有活动时的时间）？

一周______天；

在这些天中，您每天在室内进行轻微体力活动的时间为：

平均每天______小时______分钟。

第四部分：娱乐休闲时间的体力活动

本部分是关于您在过去7天中在娱乐休闲（游戏、健身、运动和休闲）时进行的体育锻炼或运动，只考虑那些每次至少10分种的体力活动。请不要包括那些您在上面已经回答过的体力活动。

4.1 不包括您前面已经提过的步行，在过去7天中，娱乐休闲时，您有几天一次步行至少10分钟，如散步、逛街、串门（只计算步行，站立不计）？

一周______天；

在这几天中，您在娱乐休闲时步行的时间为：

平均每天______小时______分钟.

4.2 在过去7天中，您有几天娱乐休闲时进行中等强度体力活动，如打太极拳、跳交谊舞、一般速度的游泳、一般速度的骑单车等？

一周______天；

在这几天中，您每天娱乐休闲时进行中等强度体力活动的时间为：

平均每天______小时______分。

4.3 在过去7天中，您有几天娱乐休闲时进行重体力活动，如跑步、快速游泳、踢足球、打篮球、打网球、跳绳、健身房内跳健身操、快骑单车等？（只计算那些每次至少10分钟的活动）。

一周______天；

在这几天中，您每天娱乐休闲时进行重体力活动的时间为：

平均每天______小时______分钟。

第五部分：静坐时间

最后的问题是关于您处于静坐的时间，包括您在工作单位和家中，坐在办公桌前，电脑前，坐着或躺着看电视，拜访朋友和看书等的时间，不要包含已经填答过的搭乘机动交通工具的静坐时间。

5.1 在过去7天中，您的工作日有______天，休息日有______天？

5.2 在过去7天中，在每个工作日，您处于静坐的时间大约为

平均每天______小时______分钟。

5.3 在过去7天中，在每个休息日，您处于静坐的时间大约为：

平均每天______小时______分钟。

国际体力活动问卷体力活动计算方法

1. 首先确定不同类型体力活动的梅脱值

表1 国际体力活动问卷梅脱赋值表

体力活动类别	体力活动强度	梅脱值
工作有关体力活动	轻微	2.3
	步行	3.3
	中等	4.0
	大强度	8.0
交通行程有关体力活动	乘坐机动车	1.5
	步行	3.3
	骑自行车	6.0
家务有关体力活动	轻微	2.5
	中等（屋内）	3.0
	中等（院子里）	4.0
	大强度（院子里）	5.5
休闲时间的体力活动	步行	3.3
	中等	4.0
	大强度	8.0

2. 采用公式进行计算

体力活动量（梅脱–分钟/周）=体活动梅脱值×体力活动时间（分钟）/天×活动天数

工作期间体力活动量（梅脱–分钟/周）=工作有关步行活动量+工作有关中等强度体力活动量+工作期间大强度体力活动量

交通行程体力活动量（梅脱–分钟/周）=步行活动量+骑自行车活动量

家务有关体力活动量（梅脱–分钟/周）=大强度家务有关活动量（院子里）+中等强度家务有关活动量（院子里）+中等强度家务有关活动量（屋内）

休闲时间体力活动量（梅脱–分钟/周）=步行活动量+中等强度休闲时间体力活动量+大强度休闲时间体力活动量

体力活动总量（梅脱–分钟/周）=工作期间体力活动量+交通行程体力活动量+家务劳动活动量 +休闲时间体力活动量

附录16：人体常用生化指标与营养素正常值

血液蛋白质正常参考值

生化指标	正常参考值
血清蛋白质总量（克/升）	60~80
白蛋白(克/升)	40~55
球蛋白(克/升)	20~40
运铁蛋白(克/升)	2.0~4.0

血脂正常参考值

生化指标	正常参考值
血清总胆固醇（TC）	2.9~5.2毫摩尔/升 (100~200微克/分升)
总甘油三酯 (TC)	0.22~1.2毫摩尔/升 (20~110微克/分升)
低密度脂蛋白胆固醇（LDL-C）	1.56~3.12毫摩尔/升 (60~120微克/分升)
高密度脂蛋白胆固醇（HDL-C）	0.9~2.2毫摩尔/升 (30~85微克/分升)
载脂蛋白A-Ⅰ（apoA-Ⅰ）	1000~1600（毫克/升）
载脂蛋白A-Ⅱ（apoA-Ⅱ）	300~400（毫克/升）
载脂蛋白B（apoB）	600~1120（毫克/升）
载脂蛋白C-Ⅱ（apoC-Ⅱ）	30~50（毫克/升）
载脂蛋白C-Ⅲ（apoC-Ⅲ）	80~120（毫克/升）
载脂蛋白E（apoE）	30~60（毫克/升）

铁正常值及营养状况

生化指标	正常参考值	铁储存耗空期	红细胞生成缺铁期	缺铁性贫血期
血清铁蛋白（微克/升）	12~300	≤12	<12	<12
运铁蛋白饱和度（%）	>35	≤35	<16	<16
红细胞游离原卟啉（微克/L）	<300	≥300	>1000	>1000
血红蛋白（克/L）	>130（男）	>130	>130	<130
（WHO标准）	>120（女）	>120	>120	<120
红细胞压积（%）	40~50（男）			
	37~48（女）			
平均红细胞容量（立方微米）	80~90			

钙、镁、磷、钾正常参考值

生化指标	正常参考值
血清钙（毫摩尔/升）	2.25~2.75
游离钙（毫摩尔/升）	0.94~1.26
血清无机磷（毫摩尔/升）	0.75~1.25（成人）
	1~1.5（儿童）
血清[Ca]×[P]	>30
血清碱性磷酸酶（菩氏单位）	1.15~4.0（成人）
	5~15（儿童）
血清镁（毫摩尔/升）	>0.7
血清钠（毫摩尔/升）	130~150
血清钾（毫摩尔/升）	3.5~5.5

维生素A正常参考值

生化指标	正常参考值	临界缺乏	缺乏
成人血清或血浆视黄醇 儿童血清或血浆视黄醇 （毫克/升）	0.70~1.75 >0.3	0.35~0.70 0.2~0.29	<0.35 <0.2
血浆视黄酸（微摩尔/升）	10~13		
血浆RBP（微摩尔/升）	1.9~4.28		
脱羟视黄醇/视黄醇	<0.03	>0.03	
相对剂量反应（RDR） 4小时耐量测试	<20%	>20%	
血浆维生素A （微摩尔/升）	≥10.5	7.4~10.5	<7.4
肝脏维生素A （微摩尔/升）	>70	17.5~70	<17.5

维生素E正常参考值

生化指标	正常参考值	临界缺乏	缺乏
血清维生素E （微摩尔/升）	>17	12~17	<17
红细胞H_2O_2（%）	<10	10~20	>20

维生素B_1参考值

生化指标	正常参考值	临界缺乏	缺乏
E-TKA AC值	<1.2	1.2~1.25	>1.25
TPP效应（%）	<15	15~25	>25
RBC中硫胺素（微摩尔/升）	>90	70~90	<70
尿中硫胺素（微克/克肌酐）	>66	27~66	<27
24小时尿中硫胺素（微克/天）	>100	40~100	<40
4小时负荷尿硫胺素（微克）	≥200	100~199	<100

常用运动员生化监控指标正常参考值

生化指标	正常参考值
血乳酸	1~2毫摩尔/升
血清肌酸激酶	男10~100单位/升 女10~60单位/升
血尿素	<8毫摩尔/升
血清睾酮	男运动员 270~1000 纳克/分升 （或 9.5~35.0 纳摩尔/升） 女运动员 10~100纳克/分升 （或 0.35~3.50纳摩尔/升）
血清皮质醇	上午8时: 6~2纳克/分升或165~720纳摩尔/升 下午4时: 2~9纳克/分升或 55~250纳摩尔/升 午夜0时: 2~5纳克/分升或 55~140纳摩尔/升
尿蛋白	<10毫克/分升

中英文对照及英文缩略词表

（按照汉语拼音首字母顺序排序）

B

中文名	英文名	英文缩写
白色脂肪组织	white adipose tissue	WAR
白细胞介素4	interlcukin-4	IL-4

C

中文名	英文名	英文缩写
CCAAT增强子结合蛋白家族	CCAAT enhancer binding protein	C/EBPs
CD4+T细胞	CD4+T cell	CD4
CD8+T细胞	CD8+T cell	CD8
C反应蛋白	C-reactive protein	CRP
超氧化物歧化酶	superoxide dismutase	SOD

D

中文名	英文名	英文缩写
代谢综合征	metabolic syndrome	MS
低密度脂蛋白	low density lipoprotein	LDL
低密度脂蛋白胆固醇	low density lipoprotein cholesterol	LDL-c
毒碱酰基转移酶	carnitine acyl transferase	CAT
多巴胺	dopamine	DA

E

中文名	英文名	英文缩写
二磷酸腺苷	adenosinediphosphate	ADP

F

中文名	英文名	英文缩写
非胰岛素依赖型糖尿病	non-insulin-dependent diabetes mellitus	NIDDM
肥胖	obesity	ob

G

中文名	英文名	英文缩写
γ-氨基丁酸	γ - aminobutyricacid	GABA
干扰素γ	interferon γ	INF-γ
甘油三酯	triglyceride	TG
高密度脂蛋白	high density lipoprotein	HDL
高密度脂蛋白胆固醇	high density lipoprotein cholesterol	HDL-c
睾酮	testosterone	T
个体无氧阈	individual anaerobic threshold	IAT
谷胱甘肽过氧化物酶	glutathione peroxidase	GSH-Px
骨骼肌葡萄糖转运载体4	skeletal muscle glucose transporter 4	GLUT-4
骨骼肌脂蛋白脂肪酶	lipoprteinlipase	LPL
国际体力活动问卷	international physical activity questionnaire	IPAQ
过氧化氢酶	catalase	CAT
过氧化物酶体增殖物激活受体	peroxisome proliferator-activated receptor	PPAR

H

中文名	英文名	英文缩写
核糖核酸	ribonucleic acid	RNA
琥珀酸脱氢酶	succinatedehydrogenase	SDH
环磷酸腺苷	cyclic adenosine monophosphate	cAMP
黄体生成素	luteinizing hormone	LH
活性氧	reactive oxygen species	ROS

J

中文名	英文名	英文缩写
肌钙蛋白亚单位	troponin subunit	TnC
肌酸激酶	creatine kinase	CK
极低密度脂蛋白	very low density lipoprotein	VLDL
缬氨酸	valine	Val
解偶联蛋白	uncoupling protein	UCPs

K

中文名	英文名	英文缩写
快肌纤维	fast twitch fiber	FOG

L

中文名	英文名	英文缩写
亮氨酸	leucine	Leu
磷酸果糖激酶	phosphofructokinase	PFK
磷酸肌酸	creatine phosphate	CP
磷脂酰肌醇3-激酶	phosphatidylinositol 3-kinase	PI3K
卵磷脂胆固醇酰基转移酶	lecithin cholesterol acyltransferase	LCAT
卵泡刺激素	follicle-stimulating hormone	FSH

M

中文名	英文名	英文缩写
梅脱	metabolic equivalent of energy	MET

N

中文名	英文名	英文缩写
内皮素	endothelin A	ETA
尿素氮	blood urea nitrogen	BUN
皮质醇	cortisol	C

P

中文名	英文名	英文缩写
苹果酸脱氢酶	malate dehydrogenase	MDH
葡萄糖耐量试验	glucose tolerance test	GTT
葡萄糖转运蛋白	glucose transporter	GLUT

Q

中文名	英文名	英文缩写
去甲肾上腺素	norepinephrine	NE

R

中文名	英文名	英文缩写
乳糜微粒	chylomicyonscm	CM
乳酸脱氢酶	lactate dehydrogenase	LDH
乳酸阈	lactate threshold	LT

S

中文名	英文名	英文缩写
3-甲基组氨酸	3-methylhistidine	3-MH
三磷酸腺苷	adenosinetriphosphate	ATP
色氨酸	tryptophan	TRP
神经肽	neuropeptide Y	NPY
丝裂原活化蛋白激酶	mitogen-activated protein kinase	MAPK

T

中文名	英文名	英文缩写
糖化血红蛋白	glycosylated hemoglobin	GHb
糖化血红蛋白	hemoglobin A1c	HbA1c
糖尿病	diabetes	DB
体力活动	physical activity	PA
托Toll样受体4	toll–like receptors 4	TLR4
脱氧核糖核酸	deoxyribonucleic acid	DNA

W

中文名	英文名	英文缩写
无氧阈	anaerobic threshold	AT
5–羟色胺	5–hydroxytryptamine	5–HT
5羟吲哚乙酸	5–hy–droxyindole acetic acid	HIAA

X

中文名	英文名	英文缩写
心率变异性	heart rate variability	HRV
心血管疾病	cardiovascular disease	CVD
血红蛋白	hemoglobin	Hb
血尿素	blood Urean	BU

Y

中文名	英文名	英文缩写
一氧化氮	nitric oxide	NO
一氧化氮合成酶	nitric oxide synthase	NOS
胰岛素抵抗	insulin resistance	IR
胰岛素生长因子–1	insulin–likegrowthfactors–1	IGF–1
胰岛素受体底物	insulin receptor substrate	IRSs
胰岛素依赖型糖尿病	insulin–dependent diabetes mellitus	IDDM
乙酰胆碱	acetylcholine	Ach
异亮氨酸	isoleucine	Ile
异柠檬酸脱氢酶	isocitrate dehydrogenase	ICDH
游离脂肪酸	free fatty acid	FFA

Z

中文名	英文名	英文缩写
载脂蛋白A	apolipoprotein A	ApoA
支链氨基酸	branched-chain amino acid	BCAA
脂蛋白	lipoprotein	LP
脂蛋白脂酶	lipoprotein lipase	LPL
脂肪酶	hormone-sensitive lipase	LPS
脂肪酸ZF	fatty acid	FA
脂肪细胞决定和分化依赖因子1/醇调节元件结合蛋白1	adipocyte determination and differentiation factor-1/ sterol regulatory binding protein1	ADD1/ SREBP1
脂联素受体	adiponectin receptor	Adipo R
肿瘤坏死因子	tumor necrosis factor	TNF
转录辅助活化因子	transcriptional coactivators	PGC-1
转录因子核因子κB	nuclear transcription factor κB	NFκB
棕色脂肪组织	brown adipose tissue	BAT
总胆固醇	total cholesterol	TC
最大乳酸稳态	maximum lactate steady state	MLSS
最大摄氧量	maximal oxygen uptake	VO2max
最大重复次数	repetition maximum	RM

策划编辑：佟　晖
责任编辑：佟　晖
责任校对：未　茗
版式设计：李　鹤

图书在版编目（CIP）数据

运动生物化学 / 《运动生物化学》编写组编.
-- 北京 : 北京体育大学出版社, 2013.8（2022.7重印）
高等教育体育学精品教材
ISBN 9787-5644-1401-6

Ⅰ. ①运… Ⅱ. ①运… Ⅲ. ①运动生物化学一高等学校一教材 Ⅳ. ①G804.7

中国版本图书馆CIP数据核字(2013)第189871号

运动生物化学　　《运动生物化学》编写组　编

出版发行：北京体育大学出版社
地　　址：北京市海淀区农大南路1号院2号楼2层办公B-212
邮　　编：100084
网　　址：http：//cbs.bsu.edu.cn
发 行 部：010-62989320
邮 购 部：北京体育大学出版社读者服务部 010-62989432
印　　刷：北京瑞禾彩色印刷有限公司
开　　本：787mm × 1092mm　　1/16
成品尺寸：185mm × 260mm
印　　张：23
字　　数：560千字
版　　次：2013年8月第1版
印　　次：2022年7月第4次印刷
定　　价：80.00元